Maria Smyshliaeva

Von Čičikov bis Chodorkovskij:

Unternehmer im Literatur- und Mediendiskurs Russlands

Ost-West-Express. Kultur und Übersetzung,
herausgegeben von Jekatherina Lebedewa
und Gabriela Lehmann-Carli, Band 17

Maria Smyshliaeva

Von Čičikov bis Chodorkovskij: Unternehmer im Literatur- und Mediendiskurs Russlands

Frank & Timme
Verlag für wissenschaftliche Literatur

Umschlagabbildung: Lubok-Abbildung eines Hausierers, Lithographie, Russland, Mitte des 19. Jahrhunderts

ISBN 978-3-86596-542-4
ISSN 1865-5858

Herstellung durch das atelier eilenberger, Taucha bei Leipzig.
Printed in Germany.
Gedruckt auf säurefreiem, alterungsbeständigem Papier.

www.frank-timme.de

Bei uns in Russland verhält man sich zu literarischen Figuren wie zu lebenden Menschen und umgekehrt. (…) Der Autor hat aus dem Werk über Chodorkowski einen Krimi gemacht: Er hat ihn vor den Augen der ganzen Welt ins Gefängnis gebracht und noch vor Beginn der Gerichtsverhandlung zum Gauner erklärt – ein offensichtliches Gogol-Plagiat mit seinem Tschitschikow. Denkt man über Chodorkovskij nach, könnte einem außerdem Stolz aus Gontscharows Oblomow *einfallen – der hat alles außer der Sympathie des Lesers. In Russland bekommt es der geschickte, praktische, unternehmerisch begabte Mann nicht so sehr mit Neid, als vielmehr mit normaler russischer Antipathie zu tun.*

Viktor Erofeev, *Russische Apokalypse*

Inhaltsverzeichnis

1 Einleitung 9

1.1 Thema und Fragestellung 9

1.2 Ausgangsposition und Zielsetzung 12

2 Theoretischer Rahmen und Begriffsbestimmung 17

2.1 Diskursbegriff 18

2.2 Das Feld der Diskursforschung 22

2.3 Diskursanalyse in der Literaturwissenschaft 27

2.3.1 Foucaults Diskurstheorie und die Literatur 33

2.3.2 Literatur als Interdiskurs (Jürgen Link) 36

3 Ökonomische Diskurse in der russischen Literatur 42

3.1 Kommerzialisierung der literarischen Sphäre 42

3.2 Antiökonomie der Religion 46

3.3 Unternehmer in der russischen Literatur 48

3.3.1 Geschichtlicher Kontext 49

3.3.2 Diskursive Hierarchie der literarischen Helden 54

3.4 Medien und Literatur 105

4 Kritische Diskursanalyse der Zeitschrift OGONJOK 107

4.1 Methodische Bemerkungen 107

4.2 Diskursposition der Zeitschrift OGONJOK 114

4.3 Diskursive Ereignisse 119

4.3.1 Untersuchungszeitraum 120

4.3.2 Diskursive Ereignisse (Zeitschrift OGONJOK) 121

4.4 Strukturanalyse 127

4.4.1 Typologie der Unternehmer als Analyseraster 127

4.5 Feinanalyse 157

4.5.1 Methodische Bemerkungen zur Feinanalyse 157
4.5.2 Feinanalyse 1: Der »Neue Russe« 164
4.5.3 Feinanalyse 2: Der »Oligarch« 194
4.5.4 Feinanalyse 3: Der »Intellektuelle« 230

4.6 Gesamtanalyse 258

5 Resümee 266

Anhang 269

Literaturverzeichnis 283

Tabellenverzeichnis 295

Danksagung 296

1 Einleitung

1.1 Thema und Fragestellung

Michail Chodorkovskij ist einer der bekanntesten russischen Unternehmer mit einem zwiespältigen Weltruhm.[1] Einst durch Ölgeschäfte zu einem der reichsten Männer Russlands aufgestiegen, wurde er vor sechs Jahren wegen Steuerhinterziehung strafrechtlich verfolgt und verurteilt. Seitdem hat sich Chodorkovskij zu einem der schärfsten Kritiker des russischen Regimes profiliert und gilt sogar als politischer Opponent Putins.

Diese Entwicklung wird auf verschiedenen Diskursebenen intensiv diskutiert. In den westlichen und auch russischen Medien wurde einem Vertreter der russischen Businessschicht noch nie zuvor so viel Aufmerksamkeit geschenkt wie dem ehemaligen Jukos-Chef. Die Medien und die Leser verfolgen gebannt den Verlauf der Jukos-Gerichtsprozesse, und der Fall Chodorkovskij wird von den Russlandforschern als ein Lackmustest für Russland proklamiert. In Russland spaltet sich die Gesellschaft in zwei Lager: pro und kontra Chodorkovskij. Sein Schicksal hat mittlerweile dergestalt an symbolischer Kraft gewonnen, das es zu einer Schlüsselfrage in der Bewertung von Putins Russlandpolitik geworden ist.

Dies veranlasste prominente Figuren der literarischen und intellektuellen Welt des heutigen Russlands, wie Boris Akunin und Boris Strugackij (2008), sowie später Ljudmila Ulickaja (2009) mit Chodorkovskij in Form von Interviews und Briefwechseln in einen Dialog zu treten, der jetzt in Buchform erschienen ist[2]. Die Intelligencija, die nach ihrem Selbstverständnis der neuen ökonomischen Elite und der Geschäftswelt insgesamt ablehnend gegenüberstand, wendet sich nun Chodorkovskij zu, den sie als neuen »Märtyrer«

1 »Michail Chodorkovskij war Ende der 1990er Jahre einer der reichsten Männer Russlands. Im Oktober 2003 wurde er festgenommen und im Mai 2005 wegen Steuerhinterziehung und planmäßigen Betrugs ebenso wie sein Kompagnon Platon Lebedev – zu neun Jahren Haft verurteilt. Ein Jahr dieser mittlerweile auf acht Jahre reduzierten Strafe verbrachte er in einer Besserungskolonie im südostsibirischen Krasnokamensk, zwei weitere Jahre im Untersuchungsgefängnis von Čita.« (Sapper, M./Weichsel, V./Radetzkaja, O. (2010): Briefe aus dem Gefängnis. In: *Osteuropa*, 1/2010) Im Dezember 2010 fanden weitere Prozesse statt, die die Freilassung von Chodorkovskij verhindern sollten. Die Richter plädieren für weitere sechs Jahre Haft für den berühmtesten Häftling Russlands.

2 Михаил Ходорковский (2010): *Статьи, диалоги, интервью*. Издательство »Эксмо« Москва.

stilisiert[3], um eigene Fragen anhand seines Verhältnisses zur staatlichen Macht, zu neuen und vor allem alten Werten u.a. zu klären. Sich behutsam »vortastend«, wie es Ljudmila Ulickaja selbst ausdrückt, werden gemeinsame Ansatzpunkte gesucht und diskutiert, mit dem Ergebnis, dass die Intellektuelle dem Unternehmer bescheinigt: »Alles, was Sie jetzt machen und sagen, überzeugt mich, dass mit Ihnen alles in Ordnung ist, mit Ihrem Verstand, mit Ihrem Herz und mit Ihrem Gewissen!«[4]. In diesem exemplarischen Freispruch von dem jahrhundertlangen Stigma, mit welchem die russischen Unternehmer in den führenden Diskursen seitens der Intellektuellen belegt waren, offenbart sich zum einen der traditionelle moralische Habitus der russischen Intelligencija, zum anderen jedoch deutet sich ein Wandel im Diskurs[5] an, der die Rolle der ökonomischen Akteure in der Transformationsgesellschaft Russland in neuem Licht erscheinen lässt.

Aus diskursanalytischer Perspektive bildet genau diese Wendung einen interessanten Ansatzpunkt: Erstmalig haben russische Schriftsteller einen direkten Dialog mit Unternehmern gesucht, deren ökonomische Welt des Tausches, des Eigentums, des realen Kapitals sie zu einem bevorzugen Angriffsobjekt in ihren literarischen und philosophischen Debatten auserkoren hatten und noch immer haben. In ihren Briefen argumentieren die Autoren in den historisch gewachsenen Mustern des Intelligencija-Diskurses, indem sie ununterbrochen mit literarischem Material »sprechen« und Chodorkovskij nach seinem Verhältnis zu neuen und alten Werten, zu seinen ethischen Grenzen und Prinzipien befragen (»Wo liegen Ihre ethischen Grenzen?«; »Wie kann man jetzt eigene Ehre, eigene Werte erhalten?« »Wie verändern sich diese Werte?« usw.). Doch auch die prominente Intelligencija muss einsehen, dass sie die gesellschaftlichen Probleme ohne ökonomisches Wissen und praktische Gesinnung nicht zu lösen vermag.[6]

3 Seit Chodorkovskij wegen Steuerhinterziehung im Gefängnis einsitzt, inszeniert er sich als unbeugsamer Regimegegner und wird von Künstlern und Bürgern geradezu verehrt. (*Spiegel-Online*, http://www.spiegel.de/thema/michail_chodorkowski/dossierarchiv-2.html- Stand: 14.02.2011).

4 »И все, что Вы сейчас делаете и говорите, убеждает меня в том, что с Вами все в порядке: с умом, с сердцем, с совестью.« Ljudmila Ulickaja Brief 9, in: *Novaja Gazeta* 11.09.2009.

5 Auf den Begriff »Diskurs« werde ich im theoretischen Teil genauer eingehen, an dieser Stelle soll der »Diskurs« als ein System von Aussagen über ein bestimmtes Thema, das durch ein Bündel von diskursiven Regeln geprägt ist, verstanden werden. (Vgl. Foucault 1973).

6 So räumt Ljudmila Ulickaja ein: »Es ist schwer für mich, mit Ihnen zu diskutieren. Sie haben im Gegensatz zu mir große Erfahrung und konkrete Kenntnisse des wirtschaftlichen Prozesses« (*Мне с Вами дискутировать трудно — у Вас большой опыт и конкретные знания процесса управления*) und weiter »ich begriff, dass ich weder genügend Qualifikation noch Interesse für

Aus diesen Gesprächen kristallisieren sich wichtige Eckpfeiler des russischen Unternehmerdiskurses heraus, in welchem die Antagonie zwischen der »denkenden« Intelligencija und der »handelnden« Unternehmerschaft deutlich hervortritt. Im Gegensatz zu dieser aktuellen Diskussion findet man in der russischen Literatur und Philosophie aus diachroner und synchroner Perspektive kaum Anhaltspunkte für die Anerkennung wirtschaftlicher Akteure und die Sphäre des Kommerzes insgesamt. Die Dominanz des antiökonomischen und anti-marktwirtschaftlichen Habitus der russischen Intelligencija prägte die gesellschaftlich akzeptierte Wertehierarchie entscheidend mit. Die Veränderungen diesbezüglich wurden von der Intelligencija kritisch betrachtet und diskursiv konterkariert. Vor diesem Hintergrund haben ökonomische und soziale Transformationsprozesse und vor allem ihre Internalisierung in der russischen Gesellschaft seit je einen mächtigen Kontrahenten: den von der geistigen Elite vor allem auf der Ebene der Literatur geführten Diskurs.

Die Literatur in Russland stellt dementsprechend ein Phänomen dar, das historisch eine zentrale Stellung innerhalb des Systems gesellschaftlicher Kommunikation eingenommen hat. In literarischen Werken fanden die politischen, philosophischen und gesellschaftlichen Debatten statt, die über die literarische Fiktion weit hinausgingen.[7] Durch den Literaturzentrismus der russischen Kultur wurde die interdiskursive Funktion des literarischen Schreibens in den Vordergrund gerückt. Indem die Autoren über die verschiedenen aktuellen gesellschaftlichen Themen in ihren Werken diskutieren, übertragen sie das Wissen aus verschiedenen Bereichen in eine anschauliche und allgemeinverständliche Form und ermöglichen damit ein Gespräch über ihre eigenen Diskursgrenzen hinweg.

Dabei unterlagen bestimmte Themengebiete innerhalb des literarischen Diskurses stärker historischen und kulturellen Reglementierungen als andere. In der russischen Kultur war das Denken und Kommunizieren über Geldfragen und ökonomische Akteure über eine längere Zeit nur innerhalb eines

die Themen besitze, die für Sie von großer Bedeutung sind«. (*А потом поняла, что нет у меня ни достаточной квалификации, ни подлинного интереса к тем темам, которые для Вас столь важны*) Am Ende des Briefwechsels möchte sie die Position des Beobachters einnehmen, indem sie die Bühne den praktischen Rationalisten überlässt: »Sie werden kämpfen, und ich im Eckchen sitzen und zuhören, das war schon seit Jugendzeit meine Lieblingsbeschäftigung: den klugen Gesprächen zuzuhören« (*Вы будете сражаться, а я сидеть в уголке, наблюдать и слушать; это с юности мое любимое занятие — послушать умные споры*).

7 Vgl. dazu Lebedewa, Jekatherina (2008): *Russische Träume. Die Slawophilen – ein Kulturphänomen.* Frank&Timme Verlag; Städtke, Klaus (Hrsg.) (2002): *Russische Literaturgeschichte.* Metzler Verlag.

begrenzten diskursiven Raumes möglich. Zum einen spielte dabei die russisch-orthodoxe Religion mit ihrer Ablehnung des individuellen Erfolgs und der Dämonisierung des Geldes eine nicht zu unterschätzende Rolle, zum anderen hat der hohe Stellenwert von moralischen und nichtmateriellen Werten innerhalb des russischen Adels und später der russischen Intelligenz das Verhältnis zur praktischen Rationalität des Unternehmers entscheidend mitgeprägt.

Die breite Thematisierung der Geldproblematik und besonders das Erscheinen der Unternehmerfiguren im literarischen Diskurs der russischen Kunstliteratur beginnen mit der Etablierung eines neuen Literaturkonzeptes. Mit der in den 30er Jahren des 19. Jahrhunderts entfachten Debatte über die Kommerzialisierung der Literatur und die Professionalisierung der schriftstellerischen Tätigkeit verfestigte sich die Meinung, dass Kunst und Geld unvereinbar sind. Zwar haben die russischen Autoren angefangen mit Puškin versucht, dieses Dilemma durch die Trennung beider Bereiche zu lösen, doch blieb dieser Konflikt lange Zeit bestehen. Denn Geld repräsentierte entgegengesetzte Wertevorstellungen (Tauschbarkeit, Vergleichbarkeit, Profanisierung) und wurde somit als Kraft verstanden, die sämtliche kulturelle Werte unterminiert und zur Entwertung der Kunst und der Literatur führt.

Dieses tiefe Misstrauen gegenüber dem Geld und seinen Repräsentanten durchzog seitdem den russischen literarischen Diskurs und prägte entscheidend die Wahrnehmung und Bewertung der ökonomischen Sphäre in Russland. Zwar findet man diese ablehnende Haltung gegenüber der Unternehmerschicht auch in anderen Literaturen, in Russland jedoch war die Gewichtigkeit des geschriebenen Wortes und die hohe moralische Autorität der Schriftsteller viel entscheidender als in anderen europäischen und amerikanischen Diskursgesellschaften.

1.2 Ausgangsposition und Zielsetzung

Die Ausgangsthese der Arbeit ist somit in der Ansicht verankert, dass bei der konkreten Gestaltung und Ausformulierung der Unternehmerbilder im kulturellen Bewusstsein der russischen Gesellschaft der Literatur eine besondere Bedeutung zukommt. Es war zu prüfen, ob die von der Literatur hervorgebrachten Denkmuster und Unternehmertypen bis auf den heutigen Tag in den Medien und auch in der Literatur selbst fortwährend reproduziert werden. Im Laufe der Analyse konnte festgestellt werden, dass nicht nur literarische

Figuren wie Čičikov bei Gogol', Andrej Stol'z bei Gončarov oder Ostap Bender bei Il'f und Petrov, sondern auch der dem literarischen Diskurs eigene antiökonomische Duktus in den auf unterschiedlichsten Ebenen geführten Debatten über Unternehmer allgegenwärtig ist.

Aus diskurstheoretischer Perspektive bietet die Analyse der aktuellen Medien ein interessantes Forschungsfeld. Denn nur so kann die These von der Reaktualisierung der literarischen Diskurse in den gegenwärtigen Medien, die nach der Perestrojka die meinungsbildende Funktion von der Literatur übernommen hatten, überprüft und bestätigt werden.

Die interdisziplinäre Forschungsperspektive dieser Arbeit an der Schnittstelle zwischen Literaturwissenschaft und sozialwissenschaftlicher Transformationsforschung konnte durch das methodische und theoretische Bindeglied der Diskursanalyse verknüpft werden. Sie erlaubt es, den Austausch zwischen der Literatur und anderen Diskursen zu untersuchen. Die Diskursanalyse erscheint besonders geeignet, Wandlungsprozesse aus interdisziplinärer Sicht zu beleuchten. Mit ihrer Hilfe kann der Fokus auf konkrete Ereignisse und Prozesse gerichtet werden, die Veränderungen im kulturellen Bewusstsein, in der Wertehierarchie oder im Selbstbild einer Gesellschaft auslösen oder die selbst ein Ergebnis dieser Veränderungen sind.

Es wird in der Arbeit davon ausgegangen, dass Veränderungen stets von kulturellen Implikationen begleitet werden: Alte Vorstellungen, Werte und Ordnungen treffen auf neue, prallen mit ihnen zusammen oder werden auf der diskursiven Ebene reintegriert und reproduziert. Somit befinden sich die Transformationsprozesse in einem Bündel von Beziehungen zwischen neuem und altem Wissen, d.h. in einem Wandel der Ordnung des Diskurses. Diese Betrachtungen treffen unter anderen auf die Anfang der 90er Jahre initiierten und bis heute andauernden Transformationsprozesse in Osteuropa und vor allem in Russland zu, die als Ausgangspunkt der vorliegenden Arbeit gewählt worden sind.

Diese Sichtweise entspricht der neuen Entwicklung innerhalb der Transformationsforschung, die ein Überdenken der transformationstheoretischen Annahmen bewirkte, infolgedessen historische, regionale und kulturelle Determinanten immer mehr in den Fokus der Forscher gerieten[8]. Dabei

8 Die Transformationsforschung hat seit längerem erkannt, dass ein Transfer westlicher Entwicklungsmodelle auf die Transformationsländer des östlichen Europa sich als Versuch eines künstlichen Überstülpens entpuppte, der den Realitäten und Spezifika dieser Länder nicht gerecht wurde. Mit Blick auf die besonders »schwierigen« Transformationsländer, wie Russland, wo sich im

entdecken die Transformationsforscher diskurs- und symbolorientierte Ansätze für einen neuen Problemzugang[9], bei dem Kultur nicht als feststehende, unveränderliche Größe zu begreifen ist, die durch Umfragen aufzudecken ist, sondern als ein kollektiv fluktuierender Fundus von Werten und Einstellungen verstanden wird, welche auf der Ebene der Semiose nicht nur ihren Ausdruck, sondern auch ihre Formung und Legitimation erfahren. Durch diese Wende in der Betrachtung der Transformationsprozesse in Osteuropa entwickelten die Vertreter verschiedener diskursorientierter Ansätze[10] neue Perspektiven auf die Prozesse des gesellschaftlichen Wandels. Bis heute fehlen jedoch die literaturwissenschaftlich orientierten Forschungen zum Themenkomplex »Transformation und Diskursanalyse«. Diese Lücke soll mit dieser Arbeit geschlossen werden.

Aus der literaturwissenschaftlichen Perspektive werden für die vorliegende diskursanalytisch motivierte Arbeit mehrere Ziele und Anwendungsbereiche gesehen:

- Die Betrachtung der Literatur aus diskursanalytischer Perspektive erlaubt es mir, die Literatur als einen eigenen Diskurs zu begreifen, der das Wissen über gesellschaftliche Phänomene nicht einfach

Zuge der politischen und wirtschaftlichen Veränderungen hybride gesellschaftliche Strukturen mit alten und neuen, autoritären und demokratischen Elementen entwickelt haben, stoßen die gängigen Theorien und Konzepte der Transformationsforschung unausweichlich an ihre Grenzen. Die Diskussion verlief zuerst zwischen zwei Lagern, die man als »kreativistische Optimisten« und »kulturalistische Pessimisten« bezeichnete. (Vgl Bönker, F./Beichelt, T./Wielgohs, J. (2004): Kulturelle Determinanten postsozialistischer Gesellschaftsentwicklung. Ein Diskussionsüberblick. In: *Berliner Debatte Initial*, 5-6/2004, S. 4-12) Während die ersteren die kulturellen Hinterlassenschaften als irrelevant betrachteten und auf die Anreizeffekte von Institutionen und auf den rationalen Habitus von *homo oeconomicus* setzten, haben die »Pessimisten« kulturelle Hinterlassenschaften des Staatssozialismus, so wie starken Nationalismus, das Fehlen einer Kultur des Kompromisses, hohes Institutionenmisstrauen, ideologisches Vakuum, tiefsitzenden Egalitarismus usw. als Haupthindernis für die Konsolidierung demokratischer Prozesse in Osteuropa identifiziert und zum Hauptargument ihrer Forschung gemacht. (Vgl. Bönker/Beichelt 2004; Crawford, Beverly/Lijphart, Arend (1997): Old Legacies, New Institutions: Explaining Political and Economic Trajectories in Post-Communist Regimes. In: Dies. (Hrsg.): *Liberalization and Leninist Legacies*. Berkeley: The Regents of the University of California, S. 1-39 u.a.).

9 Fein, Elke (2003): Diskursanalyse als Baustein einer integraleren Transformationsforschung. In: *Krisen und Konflikte im Osten Europas. Beiträge für die 11. Brühler Tagung junger Osteuropa-Experten, Arbeitspapiere und Materialien der Forschungsstelle Osteuropa Bremen*. Bremen, S. 125.

10 Fairclough, N./Wodak, R. (2008): The Bologna Process and the Knowledge-Based Economy: a Critical Discourse Analysis in Approach. In: Fairclough, N./Jessop, B./Wodak, R. (Hrsg.): *Education and the Knowledge-based Economy in Europe*. Amsterdam: Sense Publishers; Fairclough, N. (2005b): Critical Discourse Analysis in Trans-Disciplinary Research on Social Change: Transition, Re-Scaling, Poverty and Social Inclusion. In: *Lodz Papers in Pragmatics*, 1/2005, S. 37-58; Jones, P.R./Krzyżanowski, M. (2008): Identity, Belonging and Migration: Beyond Constructing »Others«. In: Delanty, G./Jones, P.R./Wodak, R. (Hrsg.): *Identity, Belonging and Migration*. Liverpool; Galasinska, A./Krzyżanowski, M. (Hrsg.) (2009): *Discourse and Transformation in Central and Eastern Europe*. Basingstoke, New York: Palgrave Macmillan.

transportiert, sondern die Vorstellungen darüber in spezifischen literarischen Repräsentationsformen erst produziert. Durch die Analyse literarischer Texte können die Veränderungen des tradierten kulturellen Wissens über den russischen Unternehmer identifiziert und interpretiert werden.
Die diskursive Dimension der Literatur evoziert jedoch die Regelhaftigkeit der Wissensproduktion. Aus dieser Perspektive werden die diskursiven Reglements, wie z.B. Ein- bzw. Ausschließungsmechanismen, betrachtet. D.h. es wird untersucht, welche diskursiven (wie z.B. die in der russischen Kultur verankerte Trennung zwischen dem Geist und dem Materiellen) und nicht-diskursiven (wie z.B. die zunehmende Kommerzialisierung der russischen Literatur) Praktiken den Unternehmerdiskurs beeinflusst haben.

- Dabei werden die literarischen Werke als Knotenpunkte im Netzwerk verschiedener Diskurse betrachtet, die nicht nur auf eine außertextuelle Wirklichkeit verweisen, sondern vor allem auf andere Diskurse und Texte. Diese diskursiven und textuellen Verschränkungen werden im Laufe der Analyse ans Licht gebracht und näher untersucht.
- Durch die Anwendung der diskursanalytischen Methode rückt die historische Dimension der Literatur in den Vordergrund der Betrachtung. Durch den genealogisch operierenden Ansatz wird der geschichtliche Verlauf des literarischen (sowie medialen) Diskurses genauer untersucht. Dabei gehe ich, Foucaults folgend, von der Prämisse aus, dass die literarische und mediale Konstituierung des russischen Unternehmers partiell als Reproduzierung bzw. Aktualisierung des bereits Gesagten geschieht. Diese Annahme erlaubt es mir, die »Verzahnung« und die Integration des literarischen Materials im aktuellen Mediendiskurs am Beispiel der Unternehmerthematik zu rekonstruieren.
- Darüber hinaus werden die Überschreitungen der Grenzen des hegemonialen Unternehmerdiskurses am Beispiel der Literatur untersucht. In Anlehnung an Foucault wird nach den (einem Diskurs immer immanenten) alternativen Sichtweisen und Gegendiskursen geforscht, die auf das Umdenken und die Umwertung der ökonomischen Phänomene in Russland hinweisen können.

- Letztens wird konkret anhand eines umfangreichen textuellen Korpus untersucht, mit welchen u.a. literarischen Mitteln (Metapher, Charaktere, Oppositionen, narrative Schemata usw.) die sprachliche Konstituierung des russischen Unternehmers in den untersuchten Diskursen stattfindet.

Im Rahmen der Arbeit wird somit eine diskursanalytische Perspektive mit literaturwissenschaftlicher Schwerpunktsetzung eröffnet, die den Konstruktionscharakter der umfangreichen Veränderungen in den postkommunistischen osteuropäischen Ländern am Beispiel Russlands zu erklären versucht. Auf dem Hintergrund der neuen sozialen und ökonomischen Notwendigkeiten mit der immer wichtiger werdenden Rolle ökonomischer Akteure in der marktwirtschaftlich orientierten Gesellschaft bekommt der geschichtliche diskursive Konflikt zwischen dem inkommensurablen Werteethos der russischen Intelligencija einerseits und der »praktischen Rationalität« der Unternehmer andererseits besondere Brisanz. Die vorliegende diskursanalytische Untersuchung soll einen Beitrag dazu leisten, anhand eines begrenzten und spezifischen Gegenstandes Einsichten in die komplexen Vorgänge des Transformationsprozesses zu erlangen, die auf anderem Wege nicht zu erhalten wären. Die Arbeit bedient sich eines stringenten diskursanalytischen Duktus, der der Tatsache geschuldet ist, dass im Prozess der Untersuchung selbst erst die konkreten methodischen Analyseverfahren entwickelt werden, deren Wirksamkeit anhand des ausgewählten empirischen Materials ständig erprobt und überprüft wird.

2 Theoretischer Rahmen und Begriffsbestimmung

In diesem Kapitel werde ich die für diese Arbeit relevanten theoretischen Ansätze zur Diskursanalyse präsentieren, wobei ich besonders das thematische Konzepts des sozialen und ökonomischen Wandels berücksichtigen und den Fokus der Forschungsperspektive auf die Verbindung zwischen der Diskursanalyse und der Literaturwissenschaft legen werde. Diese Forschungsverknüpfung liegt nicht zuletzt darin begründet, dass sich die Grenzen einzelner Wissenschaftsbereiche und einzelner Disziplinen oft als zu eng erweisen, um komplexe gesellschaftliche Phänomene adäquat zu untersuchen. Es geht darum, die disziplinübergreifenden Methoden fruchtbar zu machen und dadurch zu neuen Erkenntnissen zu gelangen und neue Erkenntniswege zu entdecken.

Im Rahmen der Literaturwissenschaft öffnet die diskursanalytische Erweiterung eine neue Perspektive und verändert das traditionelle Verständnis von Literatur. Literatur wird in diesem Sinne als ein eigenständiger Diskurs verstanden, der Wissen z.B. über ökonomische Veränderungen nicht einfach nur transportiert, sondern die Vorstellungen und Szenarien darüber erst produziert und somit selbst eine sprachliche Wirklichkeit schafft. Durch die Analyse literarischer Texte können die im Rahmen der gesellschaftlichen Transformation vollzogenen Veränderungen der symbolischen Ordnungen, der tradierten kulturellen Werteorientierungen und der Deutungsmuster ans Licht gebracht werden, die sonst nicht sichtbar werden würden. Aus dieser theoretischen und methodischen Trias »Transformation-Literatur-Diskursanalyse« werde ich meinen eigenen theoretischen Zugang entwickeln. Dabei werden einige der im Folgenden dargestellten Ansätze aufgegriffen und den Zielen der vorliegenden Untersuchung angepasst.

Im Folgenden sollen die wichtigsten Begriffe geklärt und ein Überblick über die existierenden Ansätze der Diskursforschung gegeben werden. Dieser Schnitt durch das Feld der Diskursforschung erhebt keinen Anspruch auf Vollständigkeit und folgt den Zielen der vorliegenden Arbeit. Dabei wird ein besonderer Schwerpunkt auf die Theorien gelegt, die einen interdisziplinären Ansatz verfolgen, so z.B. die diskursanalytischen Ansätze zur Untersuchung ökonomischer Phänomene einer Kultur oder zur Analyse des gesellschaftlichen Wandels. Darüber hinaus soll die Diskursanalyse im Rahmen der Literaturwissenschaft betrachtet werden. Hier werden die relevanten Ansätze innerhalb der literaturwissenschaftlichen Forschung erläutert und daraus eigene Perspektiven abgeleitet und näher erörtert. Diese Übersicht soll auch dazu dienen, die Forschungslage zu diesem Themenkomplex zu präsentieren und eine Forschungslücke zu identifizieren, die für meine Arbeit relevant ist.

2.1 Diskursbegriff

Um terminologische Verwirrung zu vermeiden, ist es wichtig, von Anfang an deutlich zu machen, aus welcher theoretischen Perspektive der Begriff »Diskurs« in dieser Arbeit verstanden und verwendet wird. Besonders vor dem Hintergrund einer Konjunktur diskursanalytischer Begriffe und zahlreicher heterogener Auffassungen von »Diskurs« in den jeweiligen weit gestreuten Diskurstheorien ist eine Präzisierung und Abgrenzung dieses Begriffs unumgänglich. Ungeachtet des weiten Spektrums lassen sich mindestens vier Typen des Diskursbegriffs unterscheiden. Simone Winko beschreibt in ihrem Beitrag *Diskursanalyse, Diskursgeschichte*[11] die unterschiedlichen Verwendungen dieses Terminus:

- (1) Aus linguistischer Sicht wird »Diskurs« als »zusammenhängende Rede, kohärente Texte«[12] verstanden. Für die Analyse solcher Rede werden strukturalistische, sprechakttheoretische und andere linguistische Verfahren benutzt. Als wichtige Analyseobjekte dienen Sprachfunktionen und die Konstruktionsleistung in den untersuchten Texten.
- (2) In der Philosophie wird »Diskurs« als ein »Kommunikationstyp, mit dem sich die Personen über den Geltungsanspruch von Normen verständigen«[13], aufgefasst. Dieser Diskursbegriff wurde vor allem von Jürgen Habermas und den Vertretern der »Frankfurter Schule« geprägt.

11 Winko, Simone (1996): Diskursanalyse, Diskursgeschichte. In: Arnold, Heinz Ludwig/Detering, Heinrich (Hrsg.)(1996): *Grundzüge der Literaturwissenschaft*, 3. Aufl.. München: Deutscher Taschenbuch Verlag, S. 463-478.

12 Ebenda, S. 464.

13 Ebenda.

- (3) Der dritte Typus des Begriffes »Diskurs« kommt in der Erzähltheorie zur Geltung, hier spiegelt er den formalen Charakter einer Erzählung wider. »Er bezeichnet das Erzählen, die Narration, während das Erzählte, die Handlungsfolge, »histoire« genannt wird«[14].
- (4) Die vierte Verwendungsweise des Begriffes »Diskurs« ist disziplinübergreifend und erstreckt sich auf Philosophie, Soziologie, Psychologie, Geschichte und Literaturwissenschaft. Ein Diskurs wird hier als »ein System des Denkens und Argumentierens«, das durch einen gemeinsamen »Redegegenstand, durch Regularitäten der Rede und Relationen zu anderen Diskursen bestimmt ist«[15] verstanden. Eine wichtige Annahme besteht darin, dass Diskurse nicht als Einzeltexte, sondern als Komplexe betrachtet werden, »die sich aus Aussagen und den Bedingungen und Regeln ihrer Produktion und Rezeption in einem bestimmten Zeitraum zusammensetzen«[16].

In der vorliegenden Untersuchung wird der Diskursbegriff im Sinne von (4) verwendet und soll im Weiteren in seinem Ursprung bei Foucault genauer erklärt und präzisiert werden.

Der Diskursbegriff, der von Foucault entwickelt wurde, setzt sich sowohl vom linguistischen Diskursbegriff als auch vom alltäglichen Diskursverständnis als »Gespräch« oder »Diskussion über ein Thema« ab. Im foucaultschen Verständnis sind Diskurse spezifische Praxisformen, die in einem Wissensbereich oder einem sozialen Feld die Sprechpraxis reglementieren. Diejenigen, die am Diskurs teilnehmen, sind diesen Regeln (zumeist vorbewusst) unterworfen. Daher kann man den Diskursbegriff nach Foucault als ein System von Aussagen, deren Erscheinen durch einen Bündel von diskursiven Regeln geprägt wird, definieren. Als Folge dieser reglementierten Produktion beinhaltet das System der produzierten Aussagen auch die diskursiven Regeln, d.h. dass weitere Aussagen, die in diesem Kontext entstehen, an diese Regeln gebunden sind, wenn sie mit der Art und Weise des Aussagens konform gehen. Diskursive Regeln nach Foucault sind die Art und Weise, wie Diskurselemente untereinander in Beziehung gesetzt werden:

14 Vgl. Genette, Gérard (1966-1972): *Figures I-III.* Paris; ders. (1979): *Introduction à l'Architexte.* Paris; ders. (1998): *Die Erzählung.* München.

15 Titzmann, Michael (Hrsg.)(1991): *Modelle des literarischen Strukturwandels.* Tübingen: Niemayer, S. 406.

16 Winko 1996, S. 464.

Und man wird schließlich verwiesen auf die Herstellung von Beziehungen, die die diskursive Praxis selbst charakterisiert; und man entdeckt auf diese Weise keine Konfiguration oder Form, sondern eine Gesamtheit von Regeln, die einer Praxis immanent sind und sie in ihrer Spezifität definieren.[17]

Diese Regeln kann man nicht als ahistorische – grammatikalische oder logische – begreifen, sondern muss sie als spezifisch historische herausarbeiten. Sie bringen die Begriffe, die Objekte, die Äußerungsmodalitäten und die diskursiven Strategien hervor. Der foucaultschen Diskurstheorie liegt somit ein Verständnis zugrunde, nach dem die diskursive Praxis nicht einfach sprachliche Abbildung einer vordiskursiven Realität ist, sondern diese Bedeutungen und das Wissen darüber erst produziert.

Ich möchte an präzisen Beispielen zeigen, dass man bei der Analyse der Diskurse selbst die offensichtlich sehr starke Umklammerung der Wörter und der Dinge sich lockern und eine Gesamtheit von der diskursiven Praxis eigenen Regeln sich ablösen sieht. Diese Regeln definieren keineswegs die stumme Existenz einer Realität, keinesfalls den kanonischen Gebrauch eines Wortschatzes, sondern die Beherrschung der Gegenstände. […] Eine Aufgabe, die darin besteht, nicht – nicht mehr – die Diskurse als Gesamtheiten von Zeichen (von bedeutungstragenden Elementen, die auf Inhalte oder Repräsentationen verweisen), sondern als Praktiken zu behandeln, die systematisch die Gegenstände bilden, von denen sie sprechen. Zwar bestehen diese Diskurse aus Zeichen; aber sie benutzen diese Zeichen für mehr als nur zur Bezeichnung der Sachen. Dieses mehr macht sie irreduzibel auf das Sprechen und die Sprache. Dieses mehr muss man ans Licht bringen und beschreiben.[18]

Somit stellen Diskurse nicht eine »Materialität des zweiten Grades«, die Abbildung der Realität, sondern eine eigene Realität dar. Sie bringen das Wissen hervor, das durch die Diskurse erst kommunizierbar gemacht wird:

17 Foucault, Michael (1973): *Archäologie des Wissens*. Frankfurt a. M., S. 70.

18 Ebenda, S. 74.

Diskurse gelten nicht als wesenhaft passive Medien einer In-Formation durch Realität, sozusagen als Materialität zweiten Grades bzw. als, ‚weniger materiell' als die echte Realität. Diskurse sind vielmehr vollgültige Materialitäten ersten Grades unter den anderen.[19]

Foucault nimmt in seinen historischen Analysen die Rekonstruktion der Macht diskursiver Praktiken in der Hervorbringung von sozialen Klassifikationen, Kategorien, Identitäten und Denkstilen vor. Demnach üben Diskurse besonders in Verbindung mit nicht-diskursiven Praktiken eine gewisse Macht aus und beeinflussen unser Denken und Handeln entscheidend[20]. Auf diese Machtwirkungen von Diskursen fokussieren sich vor allem die Vertreter der Kritischen Diskursanalyse und erklären aus dieser Überlegung heraus ihren Ansatz:

Basically ‚critical' is to be understood as having distance to the data, embedding the data in the social, taking a political stance explicitly, and focus on self-reflection as scholars doing research.[21]

Diskursanalysen, die sich an Foucault orientieren, setzen ihre Perspektive nicht nur auf der Mikro-Ebene an, d.h. sie betrachten die wirkmächtige Kraft von Diskursen nicht als Effekt der einzelnen Individuen, sondern als kollektive und historische Formation und erweitern ihren Blick auf die Meso- und Makroebene der Gesellschaft. Durch ihre subjektivierenden Effekte wirken die Diskurse auch in die Mikroebene hinein, indem sie Identitäten und Körperlichkeiten formieren.[22] Somit kann die Perspektive einer Diskursanalyse alle drei Ebenen umfassen und geht über den Rahmen einer einfachen sprachlichen Analyse weit hinaus, indem sie den gesellschaftlichen Kontext in den Vordergrund stellt.

19 Link, Jürgen (1996): Wie »ideologisch« war der Ideologiebegriff von Marx? Zur verkannten Materialität der Diskurse und Subjektivitäten im Marxschen Materialismus. In: Scholz, R./Bogdal, K.-M. (Hrsg.): *Literaturtheorie und Geschichte: Zur Diskussion materialistischer Literaturwissenschaft.* Opladen: Westdeutscher Verlag, S. 40.

20 Vgl. dazu Diaz-Bone, Rainer/Krell, Gertraude (Hrsg.) (2009): *Diskurs und Ökonomie. Diskursanalytische Perspektiven auf Märkte und Organisationen.* Wiesbaden: VS-Verlag.

21 Wodak, R. (2001): What CDA is about – a summary of its history, important concepts and its developments. In: Wodak, R./Meyer, M. (Hrsg.): *Methods of Critical Discourse Analysis.* London: Sage, S. 9.

22 Diaz-Bone/Krell 2009, S. 21.

2.2 Das Feld der Diskursforschung

Im folgenden Abschnitt werden die diskursanalytischen Ansätze im Rahmen der Diskursforschung positioniert und ihre wichtigen Annahmen und theoretischen Schwerpunkte erörtert. Dabei sind diejenigen Theorien von besonderem Interesse, die (1) dem kritischen Ansatz folgen, (2) sich mit dem Wechselverhältnis zwischen dem gesellschaftlichen Wandel und der Veränderung der diskursiven Ordnung beschäftigen, sowie (3) als integrative Ansätze im Rahmen der Literaturwissenschaft neue Perspektiven öffnen.

Die Arbeiten von Michel Foucault haben zum größten Teil sowohl die internationale als auch die Diskursforschung im deutschsprachigen Raum entscheidend geprägt. Foucault erweiterte in den 60er Jahren im Anschluss an Gaston Bachelard[23], den Vertreter der französischen Epistemologie, die Analyse von Wissensordnungen und legte mit der *Archäologie des Wissens* (1973) einen Entwurf für eine Theorie der diskursiven Praxis vor. Die anderen Vertreter des französischen (Post)-Strukturalismus (wie Claude Lévi-Strauss, Jacques Derrida, Roland Barthes und Jacques Lacan) prägten zwar den Diskursbegriff mit, dennoch gilt Foucault heutzutage als unbestrittene Referenz für die Diskursforschung.

Im deutschsprachigen Raum knüpft die Gruppe um den Literaturwissenschaftler Jürgen Link und dessen Zeitschrift KULTURREVOLUTION an die Theorie von Foucault an und bietet seit den 1980er Jahren ein wichtiges Forum für die Diskursforschung. Im Zentrum ihrer Forschung steht die Diskurstheorie der Kollektivsymbolik[24], auf die ich im folgenden Abschnitt genauer eingehen werde. Im Anschluss an Link wurde am Duisburger DISS-Institut die foucaultsche Diskursforschung in zahlreichen empirischen Studien ausgearbeitet. Der Gründer dieser Forschungsrichtung, Siegfried Jäger, legte als erster Forscher im deutschsprachigen Raum ein Methodenbuch zur qualitativen Diskursanalyse, *Kritische Diskursanalyse* (2001), vor. Er entwickelt

23 Bachelard, Gaston (1978): *Die Bildung des wissenschaftlichen Geistes. Beitrag zu einer Psychoanalyse der objektiven Erkenntnis.* Frankfurt a. M.: Suhrkamp; ders. (1980): *Die Philosophie des Nein. Versuch einer Philosophie des neuen wissenschaftlichen Geistes.* Frankfurt a. M.: Suhrkamp; ders. (1988): *Der neue wissenschaftliche Geist.* Frankfurt a. M.: Suhrkamp

24 Link, Jürgen (1984): Über ein Modell synchroner Systeme von Kollektivsymbolen sowie seine Rolle bei der Diskurs-Konstitution. In: Link/Wülfing (Hrsg.): *Bewegung und Stillstand in Metaphern.* Stuttgart: Klett-Cotta; Drews, A./Gerhard, U./Link, J. (1985): Moderne Kollektivsymbolik. In: *Internationales Archiv für Sozialgeschichte der deutschen Literatur*, 1. Sonderheft, S. 256-273; Becker, Frank/Gerhard, Ute/Link, Jürgen (1997): Moderne Kollektivsymbolik (Teil II). In: *Internationales Archiv für Sozialgeschichte der deutschen Literatur*, 1997/22, S. 70-154.

orientiert an Foucault einige diskursanalytische Kategorien und ein Analyseverfahren, das das »große Gewimmel«[25] des Diskurses erst analysierbar macht. Jäger versucht, die foucaultschen Kategorien zu vervollständigen und ein handhabbares Verfahren zur Diskursanalyse zur Verfügung zu stellen.

Jäger definiert »Diskurs« als einen »Fluss von sozialen Wissensvorräten durch die Zeit«[26], der aus der Vergangenheit kommt, die Gegenwart bestimmt und in der Zukunft transformiert weiter fließt. Diskurse spielen eine große Rolle bei der Formierung des individuellen und kollektiven Bewusstseins und üben somit Macht aus. Nach Jäger besteht das Ziel der Diskursanalyse darin, einen Diskursstrang oder mehrere miteinander verschlungene Diskursstränge historisch und gegenwartsbezogen zu untersuchen. Jäger schlägt ein Schema der Diskursanalyse vor, für das er mehrere Schritte bei der empirischen Analyse der Diskursfragmente ausarbeitet. Jägers Verfahren wird in modifizierter Form als Grundlage für die weitere diskursanalytische Untersuchung fungieren und dementsprechend im methodischen Teil genauer ausgearbeitet und erklärt.

Hier gilt festzuhalten, dass Jäger sich als Vertreter der Kritischen Diskursanalyse versteht, ebenso wie Ruth Wodak, die in Wien eine Schule der Kritischen Diskursanalyse gegründet hat[27]. Auch um Hannelore Bublitz hat sich eine Gruppe von Diskursforschenden formiert, die ebenfalls eine sozialkritische Form der an Foucault orientierten Diskurstheorie erarbeitet hat.[28]

Im angelsächsischen Raum widmet sich vor allem der britischer Diskursanalytiker Norman Fairclough, der ausgehend von den Arbeiten des Linguisten M.A. Halliday an die Diskurstheorie von Foucault anschließt, der kritischen Betrachtung und Analyse von Diskursen. Fairclough vermittelt in seiner *Critical Discourse Analysis*[29] Methoden zur Textanalyse unter Rückgriff auf die soziologische Ausrichtung des Diskursbegriffs. Er verändert die Theorie der diskursiven Praxis als Theorie von Formationsregeln bei Foucault in Richtung eines Diskurskonzeptes, das die diskursive Praxis als Praxis der Textprodukti-

25 Jäger, S. (2001): *Kritische Diskursanalyse*. Duisburg: DISS-Studien, S. 154.

26 Ebenda.

27 Wodak, R./Meyer, M. (2001)(Hrsg.): *Methods of Critical Discourse Analysis*. London: Sage

28 Bublitz, Hannelore (1999): *Foucaults Archäologie des kollektiven Unbewussten*. Frankfurt a. M./New York: Campus; dies.(2003): *Diskurs*. Bielefeld: Transcript.

29 Siehe z.B. Fairclough, N. (2001): Critical Discourse Analysis as a method of Social-Scientific Research. In: Wodak, R./Meyer, M. (Hrsg.): *Methods of Critical Discourse Analysis*. London: Sage, S. 121-138.

on und der Textrezeption begreift und diese Praxis in einen soziologischen Analyserahmen integriert. Er stellt eine vom Text ausgehende soziologische Interferenz auf Formen der Sozialstruktur und sozialer Prozesse ins Zentrum der Analyse. Der Diskurs wird seinerseits in einer dialektischen Beziehung zur Sozialstruktur gesehen: die Diskurse werden durch das Soziale geprägt und wirken konstitutiv auf die sozialen Formen zurück. Fairclough hat verschiedene kleinere Diskursanalysen durchgeführt und Grundzüge seiner Methode expliziert.

Interessant sind im Zusammenhang mit den Zielen der vorliegenden Untersuchung seine Arbeiten zum ökonomischen und sozialen Wandel aus der Perspektive der Kritischen Diskursanalyse. In seiner Studie *Discourse and Social Change*[30] initiierte Norman Fairclough die CDA-(Critical Discourse Analysis) Forschung zum gesellschaftlichen Wandel. Fairclough stellt in dieser Studie fest, dass in der letzten Zeit ein signifikanter Wandel in der sozialen Funktion der Sprache vollzogen wurde, ein Wandel, der die Wichtigkeit der Sprache innerhalb der sozialen Veränderungen reflektiert:

Many of this social changes do not just involve language, but are constituted to a significant extent by changes in language practices; and it is perhaps the one indication of the growing importance of language in social and cultural change that attempts to engineer the direction of change increasingly to include attempts to change language practices.[31]

Somit impliziert er, dass die wichtigsten diskursiven Veränderungen, wie z.B. »Technologisierung, Demokratisierung und Modifizierung der Diskurse« als Schlüsselprozesse definiert werden können, die in verschiedenen nationalen Kontexten und innerhalb bestimmter temporärer Abschnitte beobachtet werden können.[32]

In seiner Analyse des sozialen Wandels betrachtet Fairclough die diskursiven Dimensionen der transformierten sozialen Ordnung. Besonders in Kontexten von Krisensituationen und Instabilität schaffen die unterschiedlichen

30 Fairclough, N. (1992): *Discourse and Social Change*. Cambridge: Polity Press.

31 Ebenda, S. 6.

32 Fairclough, N. (1996): Technologisation of Discourse. In: Caldas-Coulthard, C./Coulthard, M. (Hrsg.): *Texts and Practices: Reading in Critical Discourse Analysis*. London: Routledge, S. 92-106; Chouliaraki, L./Fairclough, N. (1999): *Discourse in the Late Modernity. Rethinking Critical Discourse Analysis*. Edinburgh: Edinburgh University Press.

Gruppen sozialer Akteure verschiedene konkurrierende Strategien des Wandels, die durch Diskurse vermittelt werden. Die erfolgreichsten Strategien werden implementiert und lenken den strukturellen Wandel. Aus der Perspektive der Kritischen Diskursanalyse sind diese Strategien nicht nur synchron und diachron ausgerichtet, sondern beinhalten auch Vorstellungen über die Zukunft. Die Implementierung erfolgreicher Strategien basiert auf den dialektischen Verhältnissen zwischen den Diskursen und anderen Momenten des Sozialen. Sie finden ihren Ausdruck in der Operationalisierung von Diskursen und Narrativen im Rahmen des weitgehenden sozialen und materiellen Wandels, führen neue Praktiken, Institutionen, Organisationsroutinen u.a. ein und implantieren neue Identitäten und ihre Materialisierung in den Veränderungen der physischen Welt. Fairclough stellt fest, dass das größte Problem der Transformation gerade darin besteht, dass die Menschen in den mittel- und osteuropäischen Ländern nur schwer den »neuen« Diskurs der Transformation akzeptiert und internalisiert haben. Den Veränderungsprozessen sollte ein rhetorischer Vorbereitungsprozess vorausgehen[33], der den Menschen die Reformen fassbar und nutzbar macht, die vorhandene Distanz überwindet, so dass sie sich die neuen Werte und Vorstellungen zu eigen machen können.[34]

Dieser Ansatz wurde im Laufe der letzten Jahre in den verschiedenen Kontexten der Transformationsprozesse unter anderem auch in Ost- und Mitteleuropa immer weiter von Fairclough und seinen Mitdenkern ausgearbeitet und erweitert. Die Vertreter verschiedener diskursorientierter Ansätze (Wodak, Fairclough, Krzyżanowski, Galasinska u.a.) entwickeln neue Perspektiven auf die Prozesse des sozialen Wandels im allgemeinen und in den Transformationsländern des östlichen Europa insbesondere, die nach ihrer Ansicht nicht

33 In diesem Zusammenhang liefert die vergleichende Analyse der tschechischen und russischen Privatisierungspolitik von Hilary Appel (2000) ein positives Exempel, wie die Berücksichtigung kultureller Einstellungen bei der diskursiven Vorbereitung der neuen Reformen zu einem erfolgreichen Transformationsergebnis führen kann. Appels zeigt, wie die geglückte Massenprivatisierung in Tschechien sich nicht einfach den günstigen Ausgangsbedingungen verdankte, sondern vor allem dem ausgeklügelten Design der Privatisierungsmaßnahmen geschuldet war. Dagegen setzten die russischen Eliten bei der Durchsetzung und Ausgestaltung des Privatisierungsprogramms nur auf ökonomische Anreize ohne auf das kulturelle Koordinatensystem und eine rhetorische Vorbereitung der beabsichtigen Maßnahmen zurückzugreifen. (Vgl. Appel, Hillary (2000): The Ideological Determinants of Liberal Economic Reform. The Case of Privatization. In: *World Politics*, 52/2000, S. 520-549; Bönker, Frank/Wielgohs, Jan (2004): Kultur als Transformationsbarriere: Entwicklungslinien einer Diskussion. In: Stykow, Petra/Beyer, Jürgen (Hrsg.): *Gesellschaft mit beschränkter Hoffnung? Die ungewisse Aussichtslosigkeit rationaler Politik.* Wiesbaden: VS, S. 231).

34 Fairclough, N. (2003): *Analysing Discourse: Textual Analysis for Social Research*. London: Routledge; Fairclough, N./Jessop, R./Sayer, A. (2004): Critical Realism and Semiosis. In: Joseph, J./Roberts, J. (Hrsg.): *Realism, Discourse and Dekonstruktion*. London: Routledge.

ohne Berücksichtigung der diskursiven und textuellen Ebene betrachtet werden können[35]. Dies geht nicht nur aus der theoretischen Prämisse hervor, dass »discourse constitutes society and culture as well as being constituted by them«[36], sondern liegt in der Annahme verankert, dass der Prozess der Transformation eine tiefgehende Mediation zwischen den Diskursen und der Gesellschaft voraussetzt.

Wenn man sich den ökonomischen Phänomenen mit Hilfe der Diskursanalyse nähern will, sind noch weitere Analyseperspektiven zu erwähnen, die wirtschaftliche Systeme als Diskursordnungen betrachten. Dies sind vor allem die Ansätze Pierre Bourdieus und Harrison Whites, die sich mit der Bedeutung diskursiver Praktiken in soziologischen Marktmodellen beschäftigen. Beide Theorien fungieren als strukturalistisches Marktmodell. Bourdieu konzipiert Märkte als soziale Felder, in denen verschiedene wirtschaftliche Akteure, abhängig von Form und Volumina ihres Kapitals, eine Position einnehmen.[37] Dem Bourdieuschen Marktmodell liegt die Überlegung zugrunde, dass bei der Konstruktion der Marktordnung auf diskursive Ressourcen und Strategien zurückgegriffen wird, um die eigene Sichtweise und Position zu stärken und somit das symbolische Kapital zu vergrößern. Harrison White versteht Märkte als Netzwerke, in denen die Produzenten sogenannte Qualitätsnischen einrichten.[38] Diskursive Praktiken werden als ein konstituierendes Element für das Funktionieren und die Stabilität des Marktes verstanden, da sie die Qualitätsordnung hervorbringen und reproduzieren. In Deutschland hat insbesondere Sophie Mützel das Whitesche Marktmodell weiter diskurstheoretisch ausgearbeitet und auf den Medienmarkt bezogen.[39]

35 Fairclough, N./Wodak, R. (2008): The Bologna Process and the Knowledge-Based Economy: a Critical Discourse Analysis in Approach. In: Fairclough, N./Jessop, B./Wodak, R. (Hrsg.): *Education and the Knowledge-based Economy in Europe*. Amsterdam: Sense Publishers.

36 Ebenda, S. 18.

37 Bourdieu, Pierre (2002): *Der Einzige und sein Eigenheim*. Hamburg: VSA; ders. (2005a): *The social structures of the economy*. London: Polity; ders. (2005b): Principles of economic anthropology. In: Smelser/Swedberg (Hrsg.): *Handbook of economic sociology*. Princeton, S. 75-90.

38 White, Harrison C. (2000): Modeling discourse in and around markets. In: *Poetics* 27, 2-3/2000, S. 117-133.

39 Vgl. Mützel, Sophie (2007): Marktkonstitution durch narrativen Wettbewerb. In: *Berliner Journal für Soziologie*, 17/2007, S. 451-464.

2.3 Diskursanalyse in der Literaturwissenschaft

Der Blick auf die Literatur aus diskursanalytischer Perspektive eröffnete auch der Literaturwissenschaft neue Möglichkeiten und Wege. Dabei basiert dieser Blick in der Folge der literaturwissenschaftlichen Rezeption der Diskurstheorie Foucaults vor allem auf dem interdisziplinären Charakter des Wissens. Durch die Entstehung neuer Bereiche und neuer Produktionstechniken des Wissens sind unsere Wissensvorräte einer ständigen Transformation unterworfen. Die Literatur nimmt an diesen Prozessen teil. Sie ist nicht einfach durchzogen von Figuren des Wissens, sondern konstruiert sie mit und produziert neues Wissen in spezifischen literarischen Repräsentationsformen.

Die Wendung der literaturwissenschaftlichen Praxis in eine diskursanalytische Richtung Ende der siebziger Jahre hatte nicht zuletzt ihren Grund in der lauter werdenden Kritik an traditionellen Wissenschaftskonzeptionen mit ihrem Objektivitätsideal und ihrer Fixierung auf Rationalität und Wahrheit[40]. Aber auch die traditionelle interpretative hermeneutische Praxis, die Suche nach der Bedeutung der Texte, die nur als »Träger von etwas vermeintlich Wichtigerem«[41] verstanden werden, scheint im Spiegel der neuen Literaturentwicklung des 20. Jahrhunderts nicht mehr zu genügen.

Die Diskursanalyse verfolgt nicht das Ziel, zu einem adäquaten Sinnverstehen des Textes zu gelangen. Statt des traditionellen triadischen Kommunikationsmodels (Autor, Text, Leser) untersuchen die Diskursanalytiker Prozesse, Relationen, intertextuelle Verweise.[42] In den diskursanalytischen Modellen ist der Autor nicht mehr autonom, sondern wird von der vorgängigen symbolischen Ordnung bestimmt, an die jeder Mensch durch seine Sprache gebunden ist. Literarische Werke erscheinen als Knotenpunkte im Netzwerk verschiedener Diskurse und verweisen nicht auf eine außertextuelle Wirklichkeit, sondern auf andere Texte. Die Texte sind ein Teil des Diskurses und sind offen, die Leser haben dadurch die Möglichkeit, ihre eigene Lesart zu entwickeln.

Diskursanalytiker haben das Spektrum der literaturwissenschaftlichen Fragestellungen erweitert. Zum einen wurde die Medialität der Literatur stärker in den Blick gerückt. Texte sind demnach nicht nur Transportmittel für Wissen und Bedeutung, wichtig erscheinen auch ihre Materialität und ihre Beschaf-

40 Winko 1996, S. 471.

41 Ebenda.

42 Ebenda.

fenheit. Sie berücksichtigen viel stärker die Beziehung zwischen literarischen Texten und neuen Darstellungstechniken wie z.B. Film oder Fotografie. Es werden auch andere Wissensformen untersucht, so kommen jetzt auch Alltagswissen, kulturelle Wahrnehmungsmuster und Kulturbereiche wie Mode, Essgewohnheiten und dergleichen in den Blick, die Wahrnehmung literarischer Texte wird dadurch komplexer und differenzierter. Es werden Querbeziehungen zu anderen, im klassischen Sinne nicht-literarischen Textsorten, wie z. B. zu Medientexten, geschaffen, indem man journalistischen Texten eine gewisse Literarizität zuschreibt, die sich im Gebrauch von literarischen Formen wie Bildern, Symbolen, Vergleichen, Analogien, narrativen Schemata und fiktionalen Elementen widerspiegelt[43]. Dabei lassen sich drei Richtungen diskursanalytischer Literaturwissenschaft unterscheiden:

- Historisch-psychoanalytische Variante

Für die historisch-psychoanalytische Richtung sind die Einleitungen zu den Bänden F.A. Kittlers *Urszenen*[44] und *Aufschreibesysteme*[45] charakteristisch. Foucaultsche Grundannahmen werden mit Konzepten der Psychoanalyse und der Linguistik verbunden. Angenommen wird, dass es unbewusste kulturelle Verbote gibt, »die das Sprechen steuern«[46] und sich einem reflexiven Erfassen entziehen, und zum anderen »Mythen«, die diese Verbote verschleiern. Beides aufzudecken ist Ziel der Diskursanalyse. Zu den Diskursen, die diese Verbote und Mythen verwenden und reproduzieren, zählen auch Interpretationen im traditionellen Sinne, die als Kommentare verstanden werden, die literarische Texte lediglich verdoppeln.

Ferner werden solche Diskurse untersucht, denen »paradoxe Sprechakte« zugeschrieben werden: Rhetorik und Literatur. In einem literarischen Text wird der wahrheitsfunktional bestimmte Diskurs alltäglicher oder wissenschaftlicher Rede durch selbstbezügliches Sprechen »übertreten«, d.h. literarische Texte thematisieren immer ihr eigenes »Geschriebensein«.[47] In den konkreten Analysen werden Beziehungen zwischen literarischen und anderen Texten und Dokumenten (pädagogischen, naturwissenschaftlichen usw.)

43 Ebenda, S. 472f.

44 Kittler, F./Turk, H. (Hrsg.)(1977): *Urszenen. Literaturwissenschaft als Diskursanalyse und Diskurskritik*. Frankfurt a. M.: Suhrkamp

45 Kittler, Friedrich (1985): *Aufschreibesysteme 1800/1900*. München: Wilhelm Fink Verlag.

46 Vgl. Kittler/Turk 1977.

47 Vgl. Winko 1996, S. 473.

hergestellt, die demselben Diskurs angehören. Das Bindeglied wird meist in einem gemeinsamen Thema, einem Denkmuster oder einer Schreibtechnik gesucht. Auch die eigenen Bezugstheorien werden mit den historischen Texten gekoppelt. Ferner werden direkte Verbindungen zwischen fiktionalen und nicht-fiktionalen Informationen hergestellt.

- Historisch-philologische Variante

Diese literaturwissenschaftliche Diskurstheorie ist vor allem mit dem Namen von Nikolaus Wegmann[48] verbunden. In Rückgriff auf Foucault plädiert Wegmann für eine philologische Konzentration auf die Schrift und nicht auf den dahinter versteckten Sinn. Ein Ziel dieser Richtung liegt in der Revision literaturhistorischer Klassifikationen, beispielsweise des Epochenbegriffs »Empfindsamkeit«. Das Vorgehen traditioneller Literaturwissenschaftler, nur bestimmte Typen von Kontextwissen zu berücksichtigen, also stark auszuwählen und so ein einheitliches Bild einer Epoche zu entwerfen, wird abgelehnt. Statt dessen soll nach den diversen Diskursen gefragt werden, die einander in einem bestimmten Zeitraum überschneiden, ergänzen und widersprechen, nach diskursiven Abgrenzungsstrategien und nach der »Leitdifferenz«, die z.B. »empfindsames« Sprechen kennzeichnet[49].

- Semiotische Variante

Semiotische Diskursanalytiker benutzen semiotische Modelle und Verfahren für die Analyse und stellen ein Repertoire textanalytischer Kategorien zur Beschreibung textueller Mikro- und Makrostrukturen zur Verfügung. In den Mittelpunkt rücken dabei die besondere Funktionsweise literarischer Texte und das Verhältnis von Literatur und Diskursen. Literatur wird von dem bereits erwähnten prominentesten Vertreter dieser Richtung, Jürgen Link, als Spezialdiskurs aufgefasst, der die interdiskursiven Elemente, vor allem »Kollektivsymbole«, aufnimmt und verarbeitet[50].

Unter dem System der Kollektivsymbole versteht Jürgen Link diejenigen Sinn-Bilder, die aus ihrer sozialhistorischen Bedeutung im kollektiven Be-

48 Wegmann, N. (1988): *Diskurse der Empfindsamkeit. Zur Geschichte eines Gefühls in der Literatur des 18. Jahrhunderts*. Stuttgart: Metzler; ders. (2000): *Bücherlabyrinthe. Suchen und Finden im alexandrinischen Zeitalter*. Köln: Böhlau.

49 Vgl. Wegmann 1988.

50 Link, Jürgen (1983): *Elementare Literatur und generative Diskursanalyse*. München: Fink, Wilhelm; Link Jürgen/Link-Heer, Ursula (1990): Diskurs/Interdiskurs und Literaturanalyse. In: *LiLi*, 77/1990, S. 88-99.

wusstsein verankert und in der Gesellschaft wie eine kognitive Tiefenstruktur vorhanden sind. Die semiotische Diskursanalyse untersucht die Funktion der Kollektivsymbole in literarischen Texten; darüber hinaus analysiert sie das Netzwerk der Beziehungen, in dem ein Text mit der Verwendung eines bestimmten Symbols steht. Die unterschiedliche Verwendung eines Symbols ermöglicht es, die verschiedenen Diskurse miteinander zu kombinieren[51].

Neben den kurz vorgestellten existieren auch Ansätze der Diskursanalyse, die auf anderen Theorietraditionen basieren und andere Methodologien entwickelt haben, wie die Konversationsanalyse und die Rahmenanalyse, aber auch die Analyse von Narrationen, Metaphern, Rhetorik und Kategorisierungen, die einem weiter gefassten Diskursbegriff folgen.

Entsprechend den Zielen meiner Arbeit bin ich auf die Ausarbeitung eines interdisziplinären methodischen Konzeptes angewiesen, das eine Selektion heterogener theoretischer Ressourcen erfordert. Wie bereits erwähnt, gehe ich vom Diskursbegriff im Sinne Foucaults aus und knüpfe dementsprechend an seine Theorien an, um dann den foucaultschen Ansatz aufzugreifen und weiterzuentwickeln. Im Rahmen der literaturwissenschaftlichen Forschung ist es vor allem die Interdiskurstheorie von Jürgen Link (die sog. semiotische Richtung), die die Diskursanalyse nach Foucault mit den Elementen der generativen Erzähltheorie und unbewussten Symbolforschung verbindet.

Links Theoriegebäude werde ich im nächsten Schritt näher erläutern. Der Ansatz von Link erlaubt mir gleichermaßen, sowohl die literarischen als auch die medialen Texte, die für ihn den sog. Interdiskurs bilden, diskursanalytisch zu untersuchen. Leider hat weder Foucault noch Link eine handhabbare Methode ausgearbeitet, mit der sich Texte empirisch untersuchen lassen. Wie in der Einleitung angedeutet, konzipierte Foucault z.B. keine explizite Diskursanalyse für die Untersuchung literarischer Texte und bezeichnete seine Theorie als »Steinbruch«[52], aus dem sich andere Wissenschaftler einzelne Steine zu ihren Zwecken herausbrechen können. Aus diesem und weiteren Gründen wird das Forschungsdesign der vorliegenden Arbeit durch die Methode der Kritischen Diskursanalyse[53] ergänzt.

Die Kritische Diskursanalyse zielt zum einen auf die Entwicklung eines Analyserahmens, der in semantischer Weise die Diskurse mit ihren jeweiligen

51 Vgl. Winko 1996, S. 473f.

52 Foucault, Michel (1991): *Die Ordnung der Diskurse*. Frankfurt a. M, S. 24.

53 Siehe Jäger 2001.

sozialen und kulturellen Kontexten verknüpft. Dieser Analyserahmen macht es möglich, eine große Menge an aktuellem und historischem Textmaterial zu analysieren. Zum anderen begreift Jäger, wie auch andere Diskursanalytiker dieser Forschungsrichtung (z.B. Norman Fairclough) die Kritische Diskursanalyse als Methode für die historische Analyse. In der genealogisch operierenden Diskursanalyse können aktuelle Äußerungen (z.B. in den aktuellen Mediendiskursen) als Aktualisierung des bereits Gesagten (z.B. in den literarischen Diskursen) identifiziert und interpretiert werden. Statt Diachronie und Synchronie schematisch zu trennen, interessiert sich die Kritische Diskursanalyse für ihr Zusammenspiel.

Die aktuellen Diskurse werden somit auf der Folie der vorangegangenen Diskurse analysiert, die sich durch eine historische Serie von Texten und nicht-diskursiven Praktiken konstituiert haben. Zum dritten erlaubt der kritische Anspruch dieser diskursanalytischen Methode, nicht nur die meistens wenig transparenten Zielwirkungen bestimmter diskursiver Elemente und Strategien offenzulegen und nach Machtverhältnissen innerhalb einer Ordnung zu fragen, sondern öffnet zudem eine neue Perspektive, aus der die »Evidenzen«, »Tatsachen« und »Wahrheiten« der jeweiligen Disziplin als soziale Konstruktionen erkannt und hinterfragt werden können.

Mein eigener Forschungsansatz ergibt sich aus der Verknüpfung der literaturwissenschaftlichen Diskursanalyse, die im folgenden Abschnitt spezifiziert wird, mit dem kritischen Ansatz der Methodologie von Siegfried Jäger. Auch das enge Verständnis von literarischen Texten, die fiktionale Szenarien innerhalb des begrenzten Raumes der institutionalisierten Literatur schaffen, wird um weitere Textsorten erweitert. So werden z.B. narrative Strukturen identifiziert und untersucht, die in den aktuellen Medientexten zu einem der wichtigen konstitutiven Elemente gehören. Diese Hinwendung zu medialen Textsorten geschieht nicht zufällig, sondern wird durch die Veränderungen innerhalb der diskursiven Ordnung im Russland der 90er Jahre bestimmt.

Im Zuge der Prozesse von Glasnost' und Perestrojka war die Möglichkeit der freien Meinungsäußerung und der Unabhängigkeit der Medien gegeben. Mit voranschreitender Pressefreiheit avancierten die Medien zum gesellschaftlichen Sprachrohr und leiteten nicht nur den Prozess der Geschichtsbewältigung ein[54], sondern reflektierten und diskutierten darüber hinaus die gegen-

54 Durch die Presse bahnte sich ein Fluss von enthüllenden und enttabuisierenden Materialien seinen Weg, in Form von Reportagen, Dokumentationen, Erinnerungen, Leserbriefen, Diskussio-

wärtigen Ereignisse und Veränderungen. Presse und Fernsehen wurden zu den wichtigsten Medien des öffentlichen Diskurses. Zusammen mit dem Wandel der Rolle der Medien ging der Verlust der Vorrangstellung des literarischen Diskurses einher. Die besondere Rolle der Literatur und des Autors als exklusive Instanz der Wahrheit wurde im neuen Diskurs relativiert und dekonstruiert. Die neuen russischen Autoren, die der Postmoderne zugerechnet werden, distanzierten sich von der Rolle als »Lehrer des Lebens«. Die Schriftsteller verkündeten den thematischen Rückzug aus der Gesellschaft und ihrer Probleme, weg vom moralischen und pädagogischen Appell und der Sozialkritik. Marginale und tabuisierte Themen fanden Eingang in die Literatur, das Private und das Intime wurden zum Ausgangspunkt des literarischen Schaffens.[55]

Die der Literatur zuvor zugewiesene Rolle übernahmen nun die publizistischen Medien. Dieser Paradigmenwechsel im russischen diskursiven Raum wird im Rahmen der vorliegenden Arbeit reflektiert. Die Vorarbeiten dazu haben gezeigt, dass die Autoren von Presseartikeln in den öffentlichen politischen Debatten auffallend oft mit literarischem Material argumentieren. Die mediale Diskursebene »verzahnte« sich in der Transformationszeit mit der literarischen und geschichtlichen, die Literatur wurde als eigener Diskurs in ihrer synchronen und diachronen Dimension in den publizistischen Diskurs integriert.

Diese Tatsache bedingte die Ausweitung meiner Forschungsperspektive auf mediale Texte, denen entsprechend der Tradition des russischen Literaturzentrismus eine gewisse Literarizität eigen ist. Diese Perspektive ist ebenfalls diskursanalytisch motiviert, denn von diesem Blickwinkel aus betrachtet lässt sich unter anderem feststellen, dass das Narrative ein Strukturprinzip vieler Diskurse ist[56]. Anders gewendet: Eine literaturwissenschaftlich motivierte Untersuchung kann auch nicht-literarische (im vorliegenden Fall mediale) Diskurse analysieren. Diese Betrachtungsweise stellt noch ein relativ neues Aufgabengebiet innerhalb der literaturwissenschaftlichen Forschung dar, zu der diese Arbeit einen Beitrag leisten will. Auch mit dem von mir entwickelten

nen und Polemiken; aber auch die Werke von verfemten und verbotenen Autoren wurden einem breiten Publikum zugänglich gemacht.

55 Vgl. Lauer, Reinhard (2000): *Geschichte der russischen Literatur von 1700 bis zur Gegenwart.* München: Beck, S. 860f.

56 Kolckenbrock-Netz, Jutta (1988): Diskursanalyse und Narrativik. Voraussetzungen und Konsequenzen einer interdisziplinären Fragestellung. In: Fohrmann, J./Müller, H. (Hrsg.): *Diskurstheorien und Literaturwissenschaft.* Frankfurt a. M., S. 268.

Forschungsdesign betrete ich Neuland, wobei ich fruchtbare Analyseergebnisse und neue methodologische Erkenntnisse erwarte.

Im Folgenden werden die Ansätze von Michel Foucault und Jürgen Link zur Diskursanalyse in Hinblick auf die Literatur und die Literaturwissenschaft skizziert und die theoretischen Prämissen für die vorliegende Untersuchung abgeleitet.

2.3.1 Foucaults Diskurstheorie und die Literatur

Die bisherige Applikation diskursanalytischer Annahmen auf die Literatur hat sich insbesondere auf die Beobachtung Foucaults gestützt, dass die Literatur von verschiedenen Diskursformationen durchkreuzt wird. In der *Archäologie des Wissens* heißt es:

Die archäologischen Gebiete können ebenso durch 'literarische' oder 'philosophische' Texte gehen wie durch wissenschaftliche Texte. Das Wissen ist nicht nur in Demonstrationen eingehüllt, es kann auch in Fiktionen, in Überlegungen, in Berichten, institutionellen Verordnungen, in politischen Entscheidungen liegen.[57]

Die Wissensproduktion geschieht also auch in literarischen Texten, da sie durch heterogene diskursive Praktiken geregelt sind. Der literarische Diskurs wird immer von sogenannten Ausschließungsmechanismen wie Verboten, Kommentaren, Methoden, Grenzziehungen, Theorien, Ritualen und Doktrinen eingegrenzt.

Obwohl die Theorie der Diskursanalyse Foucaults nicht literaturtheoretisch ausgelegt und sein Verhältnis zur Literatur als höchst widersprüchlich zu bezeichnen ist, gewann die Literaturwissenschaft durch Foucault starke Impulse und erfuhr eine neue Entwicklung. Die Diskursanalyse eröffnete der Literaturwissenschaft eine neue Perspektive, weg von den traditionellen Interpretationsschemata der Hermeneutik, an der Foucault stark Kritik übt. In seinem Frühwerk aus den sechziger Jahren, *Die Ordnung der Dinge*, formuliert er seine Absage an die hermeneutische Praxis mehr als deutlich:

Deshalb erscheint die Literatur immer mehr als das, was gedacht werden muss, aber ebenso wohl und aus dem gleichen Grund als das, was in

57 Foucault 1973, S. 246.

keinem Fall ausgehend von einer Theorie der Bedeutung gedacht werden kann. Wenn man sie von der Seite des Bezeichneten her (von daher, was sie bedeutet, von ihren »Ideen« her, von ihrem Versprechen und dem her, worin sie engagiert) oder von der Seite des Bezeichnenden her (mit Hilfe von der Linguistik oder der Psychoanalyse entlehnten Schemata) analysiert, ergibt sich kaum ein Unterschied, es ist nur eine Episode.[58]

Im gleichen Werk schreibt Foucault der Literatur der Moderne subversive Funktionen zu, sie dient als Ausgangspunkt für eine Kritik an jenen wissenschaftlichen Konzeptionen, die auf dem Boden der Philosophie entwickelt worden waren. Er betrachtet die Literatur als einen Gegendiskurs, der sich im Gegensatz zum wissenschaftlichen Diskurs außerhalb der üblichen Diskurszwänge befindet und somit die dort existierenden Grenzen überschreiten kann. Die Literatur stellt die Wirklichkeit und die Modelle ihrer Wahrnehmung, die in der Wissenschaft wie im Alltag als normal gelten, in Frage. Sie gibt dem Leser die Möglichkeit, über das Alltägliche hinauszublicken und besitzt somit subversive Kräfte.

In *Archäologie des Wissens* ist ein starker Bruch in der Betrachtung der Literatur zu beobachten. Mit der zunehmenden Konzentration auf gesellschaftliche Zusammenhänge und Machtmechanismen grenzt Foucault die Rolle und Möglichkeiten der Literatur ein, indem er die Literatur als Bestandteil der herrschenden Diskurse betrachtet. Literatur werde von poetologischen Doktrinen regiert und durch politische, ökonomische, juristische, medizinische Diskurse strukturiert.

Foucault übt vor allem Kritik an der hermeneutischen Trias von Autor, Werk und Leser. In den Zuschreibungen von Texten zu jeweils einem Autor sieht Foucault »Verknappungsprinzipien«[59], die den Diskurs beschränken. Es geht ihm nicht um das intersubjektive Wechselspiel zwischen Leser und Autor, sondern um die reine »Faktizität des Diskurses«[60]. Die Autoren gelten als Repräsentanten des Diskurses im Text, sie herrschen nicht über das Gesagte, sondern werden vom Diskurs beherrscht und erfüllen unter der Macht des Diskurses nur eine Funktion der Diskursregulierung[61]. Foucault lehnt die

58 Foucault 1974, S. 77.

59 Foucault 1973, S. 34.

60 Ebenda, S. 56.

61 Vgl. Baasner, Rainer (1996): *Methoden und Modelle der Literaturwissenschaft. Eine Einführung.* Berlin, S. 136.

Autonomie des Subjekts, das sich hinter der Materialität des Textes verberge und dessen ursprüngliche Aussage seine eigentliche Bedeutung ausmache, ab[62]. Texte werden als Elemente des Diskurses verstanden, die durch die Analyse erneut ihre Bedeutung gewinnen, die über ihre »sprachliche Repräsentationsfunktion hinausreicht, eine Bedeutung, die in der historischen Alltagspraxis zu finden ist«[63]

Auf der Grundlage von Foucaults Überlegungen zur Literatur öffnen sich verschiedene Zugänge zur Analyse literarischer Werke. Für die vorliegende Untersuchung ergeben sich folgende theoretische Prämissen:

- Als Erstes wird die russische Literatur als ein eigenständiger Diskurs betrachtet, der »aus dem Ensemble der tatsächlich gehaltenen Diskurse [...] eine spezielle Funktion erhält«[64] und durch bestimmte Regeln und Ausschließungsmechanismen reguliert wird. Durch die Analyse werden diese Reglements ermittelt und im Hinblick auf den Verlauf des Unternehmerdiskurses interpretiert. Dabei geraten für die russische Kultur spezifische diskursive (wie z.B. die Trennung des Geistes vom Materiellen, der antiökonomische Duktus der religiösen Postulate, die Ablehnung des individuellen Erfolgs oder das diskursive Festhalten am holistischen Prinzip der russischen Kultur u.a.) und nicht-diskursive (wie z.B. die Professionalisierung und die Kommerzialisierung des russischen literarischen Feldes, die Veränderungen des institutionalisierten Status der Literatur u.a.) Praktiken ins Zentrum der vorliegenden Diskursanalyse.

- Als Zweites werden literarische Texte in ihrer epistemischen Funktion[65] beschrieben und dabei eine mögliche Art der Überschreitung der Episteme thematisiert. D.h., es werden Anzeichen dafür ermittelt, inwieweit einige literarische Werke russischer Autoren sich gegen die im Denken einer bestimmten Zeit vorherrschenden Vorstellungen über den Unternehmer und den durch ihn präsentierten ökonomischen Habitus wenden und diese in Frage stellen. Eine Diskursanaly-

62 Vgl. Foucault 1973, S. 78.

63 Ebenda, S. 34.

64 Foucault, Michel (1991): *Die Ordnung der Diskurse*. Frankfurt a. M., S. 229.

65 Unter der Episteme versteht Foucault das historische Apriori des Wissens. (Foucault 1973, S. 24).

se der in Frage kommenden Literatur wird dann die vielfältigen Modalitäten dieser diskursiven Überschreitung erkunden.

- Drittens rückt die Frage der historischen Dimension des Diskurses in den Vordergrund meiner Untersuchung. In der Diskursanalyse nach Foucault scheint es fast unmöglich zu sein, dem »historischen Apriori«[66] auszuweichen. In den genealogisch operierenden Diskursanalysen können Äußerungen als Aktualisierung des bereits Gesagten gelesen und in ihrer Genese offen gelegt werden. Diese Überlegungen sind besonders für die Verknüpfung des literarischen und medialen Diskurses wichtig. Denn der literarische Diskurs über den russischen Unternehmer erlebt in der Zeit nach der Perestrojka mit der Neuhierarchisierung der öffentlichen Diskurse und der Vorrangstellung der Publizistik gewissermaßen seine Fortsetzung in den Medien. Diese Prämisse wird in der folgenden methodischen Erläuterung zur Kritischen Diskursanalyse ausführlicher erklärt.

2.3.2 Literatur als Interdiskurs (Jürgen Link)

Eine weitere Anwendungsmöglichkeit der Diskursanalyse nach Foucault bietet die Theorie des Interdiskurses von Jürgen Link, einem der führenden Vertreter der Diskursanalyse in Deutschland. In seinen theoretischen Ausführungen stützt er sich explizit auf Foucault[67] und verbindet die Diskursanalyse mit Elementen der generativen Erzähltheorie und unbewussten Symbolforschung, um eine Art generatives Grundgesetz der Literatur aufzustellen[68]. Das generative Formgesetz der Literatur besteht nach Link in der »Kombinatorik der Diskurse«[69]. Der literarische Diskurs ist demnach »ein diskursintegrierender Diskurs«[70], der gerade durch dieses Merkmal der Integration fremder Diskurse seine Eigenständigkeit gewinnt.

Link baut seine Argumentation auf der Tatsache auf, dass die moderne Gesellschaft besonders seit Beginn der Arbeitsteilung im Industrialisierungszeitalter sich immer mehr ausdifferenziert, was mit einer Funktionstrennung der

66 Foucault 1973, S. 183.

67 Link 1983, S. 9; Link/Link-Heer 1990, S. 92.

68 Vgl. Klawitter, Arne/Ostheimer, Michael (2008): *Literaturtheorie – Ansätze und Anwendungen*. Göttingen: Vandenhoeck & Ruprecht, S. 169.

69 Link 1983, S. 15.

70 Ebenda, S. 48.

kulturellen Diskurse einhergeht. Die wachsenden Wissensvorräte der modernen Gesellschaft werden in spezielle, zunächst voneinander isolierte Diskurse (juristische, medizinische, ökonomische, religiöse u.a.) kanalisiert. Um einen Austausch zwischen diesen Spezialdiskursen, wie Link sie nennt, zu ermöglichen, braucht man einen Interdiskurs, der das Wissen aus verschiedenen Einzeldiskursen kumuliert und für Laien kommunizierbar macht. Unter Interdiskurse fallen bei Link politische, journalistische und populärwissenschaftliche Texte, die Alltagssprache und nicht zuletzt die Literatur.[71]

Jürgen Link stellt die Literatur sogar ins Zentrum seiner Überlegungen. Die Literatur stellt für ihn einen »Sonderfall« dar, hier werden bestimmte »interdiskursive Elemente als eigener Diskurs konstituiert«[72]. Literatur als Interdiskurs vollzieht »Reintegration, Kopplung mit anderen diskursiven Formationen, kulturelle [...] Verzahnungen«[73]. Beeinflusst von Foucault sucht Link in seiner Theorie nach Parallelen zur eigenen Argumentation. So betrachtet Link z.B. die Literatur ganz im Sinne der foucaultschen Logik, indem er auf ihren institutionalisierten Status, der über Ein- und Ausschließungsmechanismen kontrolliert wird, hinweist. Darüber hinaus greift Link Foucaults Begriff der »diskursiven Formation« auf und versteht ihn als »historisch spezifische Resultate der für die Moderne grundlegenden Dialektik zwischen Diskursspezialisierung und interdiskursiven Reintegration des durch Spezialisierung produzierten Wissens«[74]. Bei der Analyse der »diskursiven Formation« ist dann entsprechend Link zwischen spezialdiskursiven und interdiskursiven Elementen zu unterscheiden. Auch die »Dispositive«, die Foucault in der *Archäologie des Wissens* näher bestimmt, begreift Link als »interdiskursive Netzwerke«[75], durch die Spezialwissen aus den juristischen, ökonomischen, politischen, medizinischen usw. Diskursen selektiv »gekoppelt und gebündelt zum Einsatz gebracht werden können«[76].

Somit akkumuliert die Literatur als eigenständiger Diskurs das Wissen aus den Spezialdiskursen, die sie nach eigenen Regeln reformuliert, transformiert,

71 Vgl. Link 1983.

72 Ebenda, S. 17.

73 Link, Jürgen (1988): Literaturanalyse als Interdiskursanalyse. Am Beispiel des Ursprungs literarischer Symbolik in der Kollektivsymbolik. In: Fohrmann, Jürgen/Müller, Harro (Hrsg.), S. 285.

74 Ebenda.

75 Ebenda, S. 286.

76 Ebenda.

aus denen heraus sie neue Bedeutungen entwickelt, ohne auf den ursprünglichen Sinn angewiesen zu sein. Die Integration des Wissens aus den Spezialdiskursen erfolgt in der Literatur auf eine für sie spezifische Weise: die (nichtoperativen) interdiskursiven Elemente, die Link als »elementar-literarische Anschauungsformen«[77], wie etwa Analogien, Metaphern und Symbole, auffasst, werden aus der Tendenz zur Reintegration der Spezialdiskurse generiert und »dienen ihrerseits als ‚Rohstoffe' für die Literatur«[78].

Link versucht, seine These anhand der interdiskursiven Entstehung und der literarischen Verarbeitung des Begriffs »Kollektivsymbol«, den er zu den elementar-literarischen Anschauungsformen zählt, zu veranschaulichen. Unter Kollektivsymbolen versteht Jürgen Link diejenigen Sinn-Bilder, die aus ihrer sozialhistorischen Bedeutung heraus im kollektiven Bewusstsein verankert sind. Als kollektiv können die hier gemeinten Symbole insofern angesehen werden, als sie nicht nur in einem einzelnen Text zu finden sind, sondern gewissermaßen zum kommunikativen und kulturellen Gemeinbesitz einer Gesellschaft gehören. Durch die Analyse der Kollektivsymbole wird es möglich, etwas über den grundsätzlichen Weltbezug einer Gesellschaft in Erfahrung zu bringen.

Als Beispiel verwendet Link das Symbol des (Fessel-)Ballons, das seit der Erfindung des Ballons im 18. Jahrhundert häufig in literarischen und journalistischen Texten gebraucht wird. In diesem Beispiel findet die Interferenz mehrerer Diskurse statt. Link identifiziert verschiedene Diskurse, die im und durch das Kollektivsymbol des Fesselballons zum Ausdruck kommen:

Einerseits repräsentiert der Ballon die Serie der Maschinen (er wurde in der ersten Phase als ‚aerostatische Maschine' bezeichnet), d.h. der Anwendungen des naturwissenschaftlichen Diskurs-Blocks; andererseits gehörte er zu den zirkusähnlichen Jahrmarktsspektakeln, ja zu den zuvor für den religiösen Diskurs reservierten Wundern. Wie eine ‚Explosion' zerriss das unglaubliche Vehikel also vor allem die Diskursgrenze zwischen ‚Wissen' und ‚Glauben' (...) und wurde so wegen seiner sinnlichen

77 Ebenda.

78 Ebenda.

Erfahrbarkeit durch große Menschenmassen zum empathischen Symbol des ‚Fortschritts'.[79]

Wichtig ist auch Links Feststellung, dass das Kollektivsymbol aus verschiedenen diskursiven Positionen unterschiedlich bewertet werden kann. So wurde das Ballon-Symbol von den radikalen Aufklärern/Revolutionären wegen der symbolischen Bedeutungen des »Fortschritts« und des »Aufbruchs« positiv bewertet, die Gegner fügten diesem Symbol eine negative Wertung zu, indem sie das Ballonsymbol mit Begriffen wie »Vulkan« und »Flut« in Verbindung brachten und auf Gefahren hinwiesen. Somit sind Kollektivsymbole in ein semantisches Raster eingebettet, das jedoch kollektiv erweitert werden kann. Positive und negative Konnotationen bestimmen die Grundstruktur von Kollektivsymbolen. Diese Ambivalenz ist die Bedingung für ihren Gebrauch, weil es erst dadurch möglich gemacht wird, unterschiedliche Positionen und Konflikte diskursiv auszutragen. Indem Kollektivsymbole durch neue Konnotationen und Bewertungen erweitert werden, passen sie sich dem historischen sozialen Wandel an. Das System der Kollektivsymbole kann als eine Art Netz mit Kreuz- und Querverweisen aufgefasst werden. Der literarische Diskurs greift die Kollektivsymbole auf, »verfremdet« sie häufig oder verändert ihre Bedeutung oder ihre Bewertung.[80]

Die Applikation der vorgestellten theoretischen Prämissen von J. Link für die vorliegende Untersuchung ermöglicht mir zusätzlich zu Foucaults Diskursanalyse eine weitere Herangehensweise an die Analyse literarischer Texte:

- Links Überlegungen zur Literatur als Interdiskurs bieten besonders für die Untersuchung der russischen Literatur, die sich, wie bereits dargelegt (siehe Abschnitt 1.1.), durch ihre historisch determinierte und im Laufe der Zeit verfestigte interdiskursive Funktion auszeichnet, eine geeignete theoretische Grundlage, um die Integration des Unternehmerdiskurses und seine Verschränkungen mit anderen relevanten Diskursen im Rahmen der Literatur zu analysieren. Es wird untersucht, wie und mit welchen Mitteln die russische Literatur als einer der wichtigsten gesellschaftlichen (Inter-)Diskurse die narrativen Szenarien und Applikationsvorlagen dafür schaffte, um den rus-

79 Ebenda, S. 289.

80 Vgl. Ebenda.

sischen Unternehmer als Phänomen wahrzunehmen und zu bewerten.

- Meine Perspektive auf die literarischen Werke verändert sich insoweit, als dass ich ihre Entstehung aus einem historischen diskursintegrativen Spiel annehme und nicht nur aus dem Blickwinkel der Intention eines einzelnen Autors betrachten werde. Die Position des Autors werde ich jedoch entgegen der foucaultschen Auffassung der Funktion des Autors[81] nicht völlig aus der Analyse ausklammern. Ich werde die Position des Autors als eine Schnittstelle diachroner und synchroner diskursiver und nicht-diskursiver Praktiken betrachten, die in Form von Texten zum Ausdruck gebracht wird. In diesem Sinne soll erläutert werden, wie der jeweilige russische Autor innerhalb der literarischen Sphäre positioniert wird: es wird unter anderem danach gefragt, ob er als ein anerkannter Autor im Diskurs fungiert, wie er institutionell eingebunden ist, durch welche Ausschlussmechanismen sein Schreiben begrenzt wird (wie z.B. Zensur, Zugang zu öffentlichen Diskursproduktionsorten wie Verlagen, Zeitschriften u.a.), welches spezialdiskursives Wissen der Autor in den literarischen Diskurs einbringt u.a.

- Darüber hinaus wird erforscht, wie und auf welche Weise die von Link induzierte Diskursintegration stattfindet, untersucht wird, welche Charaktere, Subjekt-Situationen, Argumentations- und Narrationsschemata bzw. welche Symbole und Metaphern bei der Konstituierung des Unternehmers in den literarischen und in weiterer Untersuchung in den medialen Texten Anwendung finden. Dabei werden ihre Konnotationen und die Bewertung im Text genauer untersucht.

Aus dieser Präzisierung der theoretischen Ansätze von Michel Foucault und Jürgen Link und daraus abgeleiteten Fragen an die eigene Arbeit ergibt sich der theoretische Rahmen meiner Untersuchung, der in den folgenden Abschnitten weiter herausgearbeitet und empirisch am Beispiel des diskursiven

81 Vgl. Foucault, Michel (1988): Was ist ein Autor. In: Ders.: *Schriften zur Literatur*. Frankfurt a. M., S. 7-31.

Phänomens des russischen Unternehmers in literarischen und medialen Diskursen geprüft wird.

3 Ökonomische Diskurse in der russischen Literatur

Wie im theoretischen Kapitel bereits angedeutet wurde, bedingte der Literaturzentrismus der russischen Kultur die besondere interdiskursive Funktion des literarischen Schreibens. Heterogene Diskurse durchkreuzten die Werke russischer Schriftsteller, die diverse politische, kulturelle, juristische und ökonomische Vorstellungen ihrer Zeit präsentierten und literarisch verarbeiteten. Dabei unterlagen bestimmte thematische Bereiche einer stärkeren Einschränkung als andere.

Zu einem solchen thematischen Bereich gehörte in der russischen Kultur insgesamt und in der Literatur insbesondere der ökonomische Diskurs. Die Gründe dafür liegen zum einen auf der Ebene der institutionalisierten Literatur und in den Vorstellungen der Autoren über ihre eigene Rolle, zum anderen findet man diese auf der Ebene der gesamtgesellschaftlichen Diskurse, die einen spezifischen ökonomischen Habitus auf der Folie der religiösen, moralischen und werteorientierten Vorstellungen produzierten. Diese Gründe sollen im Folgenden genauer erklärt werden, weil sie einen Schlüssel zur weiteren Untersuchung wirtschaftlicher und gesellschaftlicher Phänomene in Russland darstellen und das Verständnis einiger wichtiger Regeln dieser Produktion erleichtern.

3.1 Kommerzialisierung der literarischen Sphäre

Die breite Thematisierung der Geldproblematik und besonders das Erscheinen der Unternehmerfiguren im literarischen Diskurs der russischen Kunstliteratur wurden erst in den 1840er Jahren augenscheinlich. Diese Entwicklung ging nicht zufällig mit der Etablierung eines neuen Literaturkonzeptes einher, das sich primär in der veränderten gesellschaftlichen Situation des Autors, sekundär auch in der literarischen Bearbeitung ökonomischer Themen niederschlug. Damit ging eine Entwicklung zu Ende, die noch in der Romantik als Antagonismus zwischen modernen und traditionellen dichterischen Rollenentwürfen (Beruf vs. Berufung) fassbar war. Aus dem Basiskonflikt der 1820er und 1830er Jahre zwischen Geniekult und wachsender Kommerzialisierung der literarischen Sphäre setzte sich immer mehr ein professionelles Autorenkonzept durch[82].

Vor allem Puškin, als eine der anerkanntesten Figuren im literarischen Diskurs Russlands, reflektierte dieses Problem nicht nur in zahlreichen poetologischen Texten, sondern lieferte auch als Autor ein Beispiel dafür, wie schwierig dieser Prozess zu akzeptieren und zu bewältigen war und gibt somit die Richtung vor, die sich diskursiv immer mehr verfestigte. Puškin markierte gewissermaßen den Übergang zwischen zwei Epochen, bei dem die romantischen Vorstellungen von der Inkommensurabilität (Unaustauschbarkeit) der Gefühle plötzlich den neuen Regeln der realen Geldwirtschaft weichen mussten.

Die Romantik begründete ihre literarische Authentizität durch den Bezug zu nicht tauschbaren Werten, dies bestimmte auch den romantischen Helden und das semantische Feld der romantischen Liebe, die sich dadurch auszeichnete, dass sie weder verhandelbar noch austauschbar sei. Das Geld repräsentiert genau die gegenteiligen Werte: völlige Tauschbarkeit, keine Verpflichtung absoluten Werten gegenüber, es macht alles vergleichbar und kommensurabel. Natürlich wird dort, wo das romantische Verständnis von Literatur und Kunst eine axiomatische Bedeutung innehat, die Kommerzialisierung der Kunst als die Zerstörung der Literatur begriffen werden.[83] Mit dem Eingreifen der kommerziellen Sphäre in das Literaturleben wurde das Festhalten an den inkommensurablen Werten, als nicht haltbares Konzept für das self-fashioning des Autors, in Frage gestellt:

Wenn sich der romantische Held über inkommensurable Werte definiert und der Dichter über die Nähe zu seinem Helden, dann kann dem Dichter nichts Schlimmeres geschehen, als dass man sein Dichten mit dem Geldverdienen und damit der allgemeinen Vergleich- und Tauschbarkeit in Beziehung setzt.[84]

82 Vgl. Grob, Thomas (2004): Inkommensurabilität, Tausch und Verschwendung: Puškin und das Geld. In: Guski, A./Schmid, U.(Hrsg.), S. 329-359.

83 Vgl. Ebenda.

84 Ebenda, S. 335.

Puškin versuchte, dieses Dilemma zu lösen, indem er eine scharfe Grenze zwischen dem Dichten einerseits und dem Verkauf seiner Werke andererseits zog. Das äußerte sich darin, dass Puškin sich nach außen als professioneller Autor stilisierte, aber dieses Dichterbild nicht in den literarischen Diskurs projizierte. Für ihn bestand eine unüberwindbare Trennlinie zwischen der Dichtung als Inspirationsprozess und dem Dichtungsprodukt, das auf dem Markt zum Kauf angeboten wird.[85] So formulieren die Worte des Buchverkäufers an den Poeten aus dem berühmten Gedicht *Das Gespräch des Buchhändlers mit dem Dichter* (*Разговор книгопродавца с поэтом* – 1824) das Credo Puškins: »Не продается вдохновение,/ Но можно рукопись продать«[86]. Puškin brachte zwei Positionen in den literarischen Diskurs ein: eine des Dichters, der dem romantischen Modell treu bleibt, und eine des Geschäftsmannes, der eine neue Epoche repräsentiert und die Literatur als ein kommerzielles Produkt begreift. Die elegischen Bilder der Vergangenheit, als die Dichtung noch einen inkommensurablen Wert darstellte, wurden den neuen Bedingungen des Literaturmarktes gegenübergestellt. Freiheit war nun nur mit Geld zu erreichen, und das Geld verdrängte die Elegie und Unbekümmertheit der von kommerziellen Interessen freien Dichtung. Puškin führte dem Leser diesen Wandel vor Augen, indem er die elegischen Bilder verwarf und sein Dichter die Bedingungen des Buchhändlers akzeptiert, die Poesie wird zu Prosa: »Вы совершенно правы. Вот Вам моя рукопись. Условимся«[87]. Sein eigenes Dichterbild, eines Poeten, der über der Menge steht und von göttlicher Inspiration beflügelt wird, verfestigte sich mit der steten Steigerung seiner Einnahmen in der zweiten Hälfte der 20er Jahre des 19. Jahrhunderts. Es kam zu einer verschärften Dichotomie im Selbstbild des Dichters.

Auch andere Schriftsteller wurden in den Strudel der ökonomischen Veränderungen involviert und verarbeiteten diesen Paradigmenwechsel literarisch. Mit der in den 30er Jahren des 19. Jahrhunderts entfachten Debatte über den Zustand der Literatur und über das Thema »Geld und Literatur« breitete sich die Befürchtung aus, dass mit der Kommerzialisierung der Literatur das Ende jeder Kunst zu erwarten sei. Im Diskurs über die Literatur und im Literaturdiskurs selbst verlor die Kunst ihre »Unschuld, mit der über Geld

85 Vgl. Ebenda, S. 336.

86 »Gefühl kann man zu Markt nicht bringen,/ Doch Manuskripte jederzeit.« (Puškin, A.S. (1999): *Die Gedichte*. Frankfurt a. M.: Insel-Verlag, S. 203).

87 »Sie haben vollkommen Recht. Hier mein/ Manuskript. Schließen wir gleich ab« (Puškin 1999, S.203).

gesprochen oder geschwiegen werden konnte«[88]. Geld konnte nicht mit dem damaligen ästhetischen Literaturverständnis vereinbart werden. Im Prozess der Kommerzialisierung der Literatur spitzte sich die Diskussion über die Unterminierung sämtlicher kultureller Werte zu. Das Geld wurde jetzt als eine Kraft verstanden, die die reine Inspiration des Dichterischen abgelöst hatte und die Profanierung der Literatur herbeiführte.[89] Es wurde auch allmählich klar, dass Geld nicht mehr außerhalb dieses Systems betrachtet werden konnte.

Die zunehmende Institutionalisierung der Literatur, die mit der technischen Entwicklung des Buchdrucks und der steigenden Nachfrage auf dem Büchermarkt einherging, erweckte in den Reihen der Kommerzialisierungskritiker das Argument, dass das Ästhetische der Literatur durch ihre Vervielfältigung entwertet werde. Dadurch zeichneten sich Veränderungen des literarischen Kommunikationsmodells ab: An Stelle des engen Freundeskreises und der unmittelbaren Kommunikation im literarischen Salon trat die anonyme Leserschaft, die die Qualität der Literatur an der Quantität: in Auflagen- und Honorarhöhen maß.[90]

Durch diese Veränderungen wurden die diskursiven Funktionen der Literatur erweitert, man konnte als Autor, Kritiker oder Leser nicht mehr unmittelbar Einfluss auf den Verlauf der Diskurse nehmen. Der literarische Diskurs wurde immer mehr institutionalisiert, der Autor dagegen verlor seine Autonomie, indem er den diskursiven und nicht-diskursiven Regeln zunehmend unterworfen wurde. In diesen Befürchtungen um den Verlust der höheren Rolle der Literatur und Herabstufung der Autoren zu reinen Geschäftsleuten lag einer der Gründe für das tiefe Misstrauen gegenüber Unternehmertum, Profit und Geld, das den russischen literarischen Diskurs ab der Mitte des 19. Jahrhundert durchzog und entscheidend mitprägte.

Die Literatur entwarf in ihrer Ablehnung des Tausches gegen Geld eigene Gegenmodelle: In Gončarovs Roman *Oblomov* (*Обломов* - 1859) z.B. träumt der Held von einer ideellen Welt fernab von wirtschaftlichen Prozessen, von einer

88 Grob 2004, S. 331.

89 Die Frage nach der zunehmenden Professionalisierung der Literatur wurde innerhalb der russischen literarischen Kreise kontrovers diskutiert, dabei bildeten sich in den 30er Jahren des 19. Jahrhunderts zwei Pole: auf einer Seite standen Zenkovskij, Bulgarin und Greč, die das literarische Honorar als Fortschritt für die Stellung des Autors begrüßten, auf der anderen Seite polemisierten die philosophisch geprägten Moskauer Kreise (Nadeždin, Ševyrev und Polevoj), die eine philosophisch begründete Ästhetik propagierten und einen erbitterten Kampf gegen die kommerzialisierte Literatur führten.

90 Vgl. Ebenda.

Utopie der naturalwirtschaftlichen Ordnung; zu nennen ist auch die Hinterhofidylle zweier Liebender in Dostoevskijs frühem Roman *Arme Leute* (*Бедные люди* - 1846), deren Tauschmodell von Emotionen und Gedanken an der Realität des mächtigeren Tauschtypus »Geld gegen Liebe« scheitert.[91] In dem Maße, wie die Dichter immer mehr in Berührung mit dem Geld kamen und von seinem realen Wert abhängig wurden, erlangten die wirtschaftlich determinierten Elemente in der Literatur zunehmend eine negative Prägung So bestand die Privatkorrespondenz von Fedor Dostoevskij überwiegend aus Kalkulationen, Kostenplänen und Berechnungen, in seinen Werken im Rahmen des literarischen Diskurses jedoch wird das Thema Geld (höchst) tabuisiert, schon die bloße Berührung mit Geld oder das Geldzählen werden negativ belegt, ja gar verteufelt (z.B. in *Die Brüder Karamazov* (*Братья Карамазовы* – 1880)).[92]

Die Honorare, die die Autoren für ihre Werke erhielten, wurden nicht öffentlich bekannt gegeben, man schämte sich fast dafür. Die eigenen wirtschaftlichen Interessen wurden verschleiert. In Anlehnung an Pierre Bourdieu[93] schreibt Andreas Guski, dass »der literarische Diskurs dadurch symbolisches Kapital akkumuliert, dass er im Tempel der Kunst gegen das reale Kapital zu Felde zieht, sich auf dem Markt aber heimlich mit diesem verbündet«[94].

3.2 Antiökonomie der Religion

Eine weitere Erklärung für den überwiegend negativen Umgang mit den ökonomischen Erscheinungen im Rahmen des literarischen Diskurses bieten die religiösen Vorstellungen von Geld, Arbeit und Ökonomie in der russischen Gesellschaft und Kultur. Die Ostkirche verurteilt viel stärker als die westlichen Kirchen Geld, Handel und das Streben nach Profit[95].

Im russischen religiösen Denken dominierte stets die Fixierung auf moralische und soziale Fragen, die ihren Ausdruck in den gesellschaftlichen Bewe-

91 Guski, A./Schmid, U.(2004)(Hrsg.): *Literatur und Kommerz im Russland des 19. Jahrhunderts. Institutionen, Akteure, Symbole.* Zürich (Basler Studien zur Kulturgeschichte Osteuropas).

92 Vgl. Ebenda, S. 19.

93 Bourdieu, Pierre (1999): *Die Regeln der Kunst. Genese und Struktur des literarischen Feldes.* Frankfurt a. M., S. 354.

94 Guski 2004, S. 19.

95 Hörisch, Jochen (1996): *Kopf oder Zahl - Die Poesie des Geldes.* Frankfurt a. M., S. 26.

gungen des 19. Jahrhunderts fand. Der Ausdifferenzierung des wirtschaftlichen Bereichs mit den voranschreitenden ökonomischen Reformen standen die russischen Eliten zu diesem Zeitpunkt ablehnend gegenüber. Diese Position erklärten sie aus der Weltsicht der russisch-orthodoxen Kirche, die eine Zersplitterung der Gesellschaft, die zu einer Behinderung der Persönlichkeitsentwicklung führe, verurteilt. Dieser Ganzheitsgedanke in der Tradition der russisch-orthodoxen Kirche, der zum tragenden Element des religiösen Diskurses wurde, prägte auch die Slawophilen und stellte die Grundlage der religiös-philosophischen Suche Kireevskijs und Chomjakovs dar.[96] In der einheitlichen russischen Gesellschaft sahen sie keinen Platz für die ökonomische Sphäre, die zu eben jener zweifelhaften Zersplitterung der Gesellschaft führe:

Wenn die Wissenschaft der Politischen Ökonomie damals [im russischen Mittelalter] existiert hätte, so wäre sie dem Russen zweifellos nicht verständlich gewesen. Mit seiner ganzheitlichen Weltanschauung hätte er die Notwendigkeit einer gesonderten Wissenschaft vom Reichtum nicht verstanden. Er hätte nicht begriffen, wie man absichtlich das Streben der Menschen nach äußeren Bedürfnissen stimulieren kann, nur um ihre Anstrengungen zur materiellen Produktion zu erhöhen. Er wusste, dass die Mehrung des Reichtums eine der sekundären Bedingungen des gesellschaftlichen Lebens darstellt und sich deshalb nicht nur in enger Verbindung mit den anderen, höchsten Bedingungen befindet, sondern diesen völlig untergeordnet sein sollte.[97]

Der Desintegration der Gesellschaft durch die voranschreitende wirtschaftliche Entwicklung setzten die Slawophilen das Modell der *obščina*, der russischen dörflichen Gemeinde, entgegen. Sie sahen in dieser Institution die Kraft, die eine sich bereits abzeichnende Differenzierung der russischen Gesellschaft aufhalten könne.[98] Die Art des gemeinschaftlichen Wirtschaftens hielten sie

96 Vgl. Zweynert, Joachim (2002): Die »ganzheitliche Gesellschaft« und die Transformation Rußlands. In: Höhmann, Hans-Hermann (Hrsg.): *Wirtschaft und Kultur im Transformationsprozeß. Wirkungen, Interdependenzen, Konflikte.* Bremen: Edition Temmen, S. 16.

97 Zweynert 2002, S. 17.

98 Ebenda, S. 18.

für ein integratives Element, das alle ihre Mitglieder innerhalb der russischen Gesellschaft miteinander verbinde[99].

Max Weber stellt in seinen Studien zu psychologischen Auswirkungen und soziologischen Folgen von religiösen Konzepten für die Gesellschaft, Staat und Wirtschaft[100] zwei Religionssysteme gegenüber: das westliche katholisch-protestantische Christentum einerseits und das orthodox-ostkirchliche andererseits. Den wichtigsten Unterschied sieht Weber in den Formen der Askese und in den aporetischen Konstellationen, wie dem religiös bedingten Weltentzug. Während in der Westkirche mit ihrer katholischen und verstärkt in der protestantischen Tradition eine aktive »innerweltliche Askese« verfolgt wird, in der das Individuum als »Werkzeug Gottes« zum jenseitigen Handeln in ökonomischer und ethischer Hinsicht bewegt wird, geht es in der russisch-orthodoxen kirchlichen Tradition weniger um das Handeln, sondern vielmehr um mystische Teilhabe, bei der ein Mensch »nicht Werkzeug, sondern ‚Gefäß' des Göttlichen ist«[101], das Handeln wird mit der rationalen Seite des Daseins verbunden und wird als zerstörerische Kraft auf dem Weg zur Erlösung gesehen.

Somit formte der religiöse Diskurs in Russland die Wahrnehmung entscheidender ökonomischer Mechanismen, indem er das aktive Handeln, die rationale Gesinnung, das Streben nach Erfolg und individueller Bereicherung als gemeinschaftsschädigend und destruktiv in ihrem Wesen vehement ablehnte, stark verurteilte und sprachlich negativ besetzte. Die Wichtigkeit der religiösen Vorstellungen in der russischen Gesellschaft, die zum tragenden Element der nationalen Identität erhoben wurden, trug ebenfalls dazu bei, dass diese Vorstellungen über eine längere Zeit die religionsphilosophischen und nicht zuletzt literarischen Diskurse stark mitgeprägt haben.

3.3 Unternehmer in der russischen Literatur

Wenn man diese Annahmen anhand konkreter literarischer Werke zu prüfen versucht, wird man schnell feststellen, dass es eine kaum zu bewältigende Aufgabe wäre, die ökonomischen Diskursstränge in ihrer voller Breite inner-

99 Ebenda.

100 Weber, M. (1988): *Gesammelte Aufsätze zur Religionssoziologie*. Bd. I. Tübingen.

101 Weber 1988, S. 446.

halb des literarischen Diskurses zu rekonstruieren und zu analysieren. Deswegen ist eine gewisse Fokussierung der Forschungsperspektive erforderlich, die es möglich macht, bestimmte Phänomene innerhalb dieses großen Komplexes aufzugreifen und zu untersuchen. Im Laufe der Vorarbeiten hat sich herausgestellt, dass besonders in den literarischen Unternehmerfiguren und nicht selten in ihren Kontrahenten die Bündelungen der ökonomischen Bedeutungen und Vorstellungen stattfinden. Am Beispiel dieser Protagonisten kreuzen sich verschiedene Diskurse und die literarischen und literaturkritischen Debatten darüber sind besonders brisant.

Die Einbettung der literarischen Verarbeitung der Unternehmerthematik in historische Kontexte soll an dieser Stelle weitere Einblicke in die dominierenden diskursiven sowie nicht-diskursiven Mechanismen und Praktiken gewähren. Die literaturwissenschaftlichen und historiographischen Arbeiten von Beth Holmgren, Alfred Rieber, Kyril Fitzlyon u.a. liefern dafür aussagekräftige Beispiele[102], die ich in meine diskursanalytische Untersuchung der Literatur integriere und unter der Perspektive der diachronen Dimension des literarischen Diskurses und seiner Verquickungen mit anderen relevanten Diskursen erweitere.

Ich gehe insofern weiter, als dass ich nach Veränderungen und Brüchen im untersuchten Diskurs suche und gegendiskursive Tendenzen identifiziere und interpretiere. Ich betrachte die Regeln der literarischen Praxis im Kontext der nicht-diskursiven Praktiken und gewinne dadurch neue Erkenntnisse, die den historischen Verlauf des literarischen Diskurses verständlicher machen.

3.3.1 Geschichtlicher Kontext

Das Bild des Unternehmers in Russland, als Repräsentant ökonomischer Werte, war immer schon sehr ambivalent und unterschied sich stark von den Vorstellungen über diese ökonomische Schicht in Westeuropa, wo sie als eine tragende Säule des wirtschaftlichen Systems, als Vorreiter der ökonomischen und gesellschaftlichen Entwicklung begriffen worden war. Diese Einstellung hatte nicht zuletzt damit zu tun, dass den russischen Unternehmern nicht nur im Diskurs eine marginale Position[103] zugewiesen worden war, sondern auch

102 Holmgren, Beth (1999): *Rewriting Capitalism: Literature and the Market in Late Tsarist Russia and the Kingdom of Poland.* Pittsburgh: University of Pittsburgh Press; Rieber, Alfred (1982): *Merchants and Entrepreneurs in Imperial Russia.* Chapel Hill: University of North Carolina Press; Fitzlyon, Kyril (1977): *Before the Revolution: A View of Russia under the last Tsar.* Allen Lane.

103 Die Marginalisierung und das oft negative Image der Unternehmer in der russischen Literatur

im realen Leben innerhalb des staatlichen und gesellschaftlichen Modells Russlands, das mehr auf der militärischen Expansion als auf der ökonomischen Integration basierte.

Denn russische Unternehmer standen nie im Zentrum der Gesellschaft, im realen Leben nahmen diese Position die Generäle, hohen Beamte oder die klassenlosen Intellektuellen ein. Alfred Rieber erklärt dies mit einer starken Abgesondertheit der wirtschaftlichen Gruppen in Russland entlang der kulturell-territorialen Grenzen, die die weitere Entwicklung einer einheitlichen All-Russischen Unternehmerklasse behinderte.[104]

Das unternehmerische ökonomische Potential wurde in Russland auch nicht wirklich in die soziopolitische Macht transformiert, die es den Unternehmern erlaubt hätte, sich aktiv an der Gestaltung der gesellschaftlichen Prozesse zu beteiligen. Diese Macht wurde unter dem zaristischen Regime eher durch eine höhere Ausbildung, professionelle und gesellschaftliche Kontakte oder durch den Verdienst am Vaterland verdient.[105] Die Unternehmerschicht in Russland war sehr lange Zeit unfähig oder unwillig, auf die Veränderung ihres öffentlichen Images Einfluss zu nehmen.

Dabei spielte die besondere Wichtigkeit des russischen literarischen Diskurses bei der Formierung des gesellschaftlichen Bewusstseins eine nicht zu unterschätzende Rolle, sie lieferte Verhaltens- und Denkmuster, die die Wahrnehmung der Unternehmer in Russland stark prägten. Die als Folge gesellschaftlicher Marginalisierung entstandene relative Geschlossenheit der Unternehmergruppe, ihr Beharren auf den Traditionen und ihr Konservatismus trugen dazu bei, dass die Unternehmer in den Diskursen als eine destruktive, undurchsichtige und dunkle Macht gesehen wurden. In ihrer Tendenz zu konservativen religiösen Ansichten (viele von ihnen waren, wie bekannt, streng religiös, unter den Unternehmern waren auch viele durch ihre strengen religiösen Sitten bekannte Altgläubige[106]), strebte die russische Kaufmann-

wurden zusätzlich durch die Ungleichheiten in der russischen Organisation der Stände (*soslovie*) untermauert. Die russischen Kaufleute gehörten bis in die 70er Jahre des 18. Jahrhunderts zu den niedrigsten Schichten der städtischen Bevölkerung, die unter der schweren Last von Abgaben und körperlichen Bestrafungen litten.

104 Vgl. Rieber 1982, S. 54.

105 Vgl. Holmgren 1998, S. 18.

106 Die Zugehörigkeit russischer Unternehmer zu den Altgläubigen bildete die nationale Besonderheit dieser gesellschaftlichen Schicht. Während im Westen der Protestantismus die Religion des wachsenden Bürgertums war, bewegte sich die russische Kaufmannschaft im Rahmen der strengen religiösen Normen und Traditionen ihres Glaubens, der seinen Anhängern ein bestimmtes Verhalten auferlegte. Die strenge Familienhierarchie, Ablehnung von Geldverschwendung und

schaft nicht zu höherer Bildung und pflegte in der Regel keine Kontakte mit den aristokratischen Kreisen der russischen Gesellschaft. Sie war nicht in die aristokratische Salonkultur und in die literarischen Kreise involviert. Dadurch war ihnen der Zugang zu literarischen und anderen Diskursen in der russischen Gesellschaft verwehrt, sie traten nicht als Sprecher im Diskurs auf, als die sie ihren Standpunkt hätten vertreten können, sondern als diejenigen, über die geurteilt wurde.

Diese kulturelle und gesellschaftliche Isolation verstärkte die negative Einschätzung und das schlechte Image des russischen Unternehmers, das sich vehement in der Literatur niederschlug. Es kam zu einer relativen Verfestigung dieses Bildes im literarischen Diskurs. Besonders die wachsende Intelligencija, die nun aus verschiedenen Ständen aufrückte, fällte ihr negatives Urteil über den nationalen Unternehmer, das über lange Zeit zum Meinungsbild eines schreibenden Intellektuellen gehörte. Diese Bedeutungen wurden fortwährend reproduziert und erlebten eine gewisse Hegemonialität, die nur schwer zu durchbrechen war: Der russische Unternehmer als ein Mensch mit altmodischen Ansichten, mit konservativem Kleidungsstil, antiquierten Ansichten und unzeitgemäßer Lebensweise, mit kleinbürgerlichen Interessen, die nur das Geschäftliche, das Geld umfassten, mit religiöser Engstirnigkeit, die sich in der strengen Befolgung der kirchlichen Riten äußerte, ein Tyrann in der Familie und in der Arbeit.[107] Die Unternehmer wurden als die »unaufgeklärten« Russen dargestellt, die der gebildeten Klasse der russischen Gesellschaft gegenüberstanden. Somit wurde eine diskursiv verfestigte Opposition (gebildete Intelligencija vs. ungebildete Unternehmer) geschaffen, die sich bis in die heutige Zeit in der Literatur und in den Medien als besonders langlebig erwiesen hat.

Die russische Intelligencija, die als sprechendes, schreibendes Subjekt im literarischen Diskurs eine dominierende Position innehatte, machte diese Antipathie gegenüber der Unternehmer- und Wirtschaftswelt zum Ausgrenzungskriterium und bewertete sie im Gegensatz zu ihrer selbstentworfenen Identität als Intellektuelle. Ihr Streben nach radikalen sozialen Reformen und ihre oft klerikale Abstammung (viele von ihnen waren Kinder von russisch-orthodoxen Priestern) bestimmten ihre Ablehnung der »gelddeterminierten«

vieler weltlicher Freuden, paternalistische Verhältnisse in der Gemeinde förderten die Entstehung großer Familienvermögen unter den altgläubigen Kaufleuten.

107 Vgl. Fitzlyon 1977, S. 36.

Gesellschaft und der Schicht der Unternehmer als Träger dieser Geldideologie.[108]

Die Intelligencija avancierte in Russland zum Träger der so genannten »Werterationalität«[109]. In ihrer Orientierung auf die Erreichung höherer, moralischer und auch religiöser Werte bildete sie den geistigen Gegenpol zu den Unternehmern, die sich auf die Erreichung ihrer Ziele auf dem optimalsten und vorteilhaftesten Weg ausgerichtet hatten (»praktische Rationalität«). Belinskij als einer der wichtigsten Vertreter der russischen Intelligencija des 19. Jahrhunderts und ein einflussreicher Literatur- und Gesellschaftskritiker subsumiert dieses Verhältnis folgendermaßen:

Der Kaufmann ist ein Wesen, dessen Lebensziel darin besteht, Gewinn zu erbeuten, diesem Streben kann man keine Grenzen setzen. Es ist wie eine Meereswelle, die ihren Durst nicht löschen kann, sondern ihn noch mehr anfacht. Ein Händler kann keine Interessen haben, die seinem Geldbeutel nicht dienlich sind.[110]

Somit zeichnete sich eine weitere Opposition zwischen den schreibenden Intellektuellen als Vertretern der »Werterationalität« und den handelnden Unternehmern als Trägern der »praktischen Rationalität« ab, die im literarischen Diskurs zum dominierenden Element wurde.

Auch das Verhältnis zwischen dem Adel und dem Unternehmertum wurde innerhalb des literarischen Diskurses als ein dramatischer Kampf zweier unterschiedlicher moralischer Standards, zweier Wertesysteme gedeutet. Der Adel verstand sich als Verfechter eines bestimmten Werteethos, das auf einem Verständnis der angeborenen Edelmütigkeit, des Paternalismus, des prestigehaften Konsums, aber auch auf der Ethik des Pflichtbewusstseins, des Dienstes für das Vaterland und den Staat aufgebaut war.[111] Das Aufeinanderprallen unterschiedlicher Lebensauffassungen, der des Epikur-Aristokraten und der gegensätzlichen des rationalen Unternehmers, wurde von den Intellektuellen als schmerzvoll empfunden und im literarischen Diskurs verarbeitet. Sie begriffen den Aristokraten, den Besitzer der leibeigenen Bauern, nicht als

108 Vgl. Holmgren 1998, S. 19f.

109 Weber 1988, S. 386.

110 Berlin, P. (1913): Buržuazija v russkoj chodožestvennoj literature. In: *Novaja Žizn'*, 1/1913, S. 311.

111 Vgl. Holmgren 1998, S. 22.

einen Geschäftsmann, der nur um sein Wohl besorgt sein sollte, sondern als einen Vermittler zwischen den Bauern und dem Staat, als einen Organisator der landwirtschaftlichen Ordnung, der sich um die Schaffung erträglicher Arbeitsbedingungen für die Bauern kümmern sollte. Die reale Situation, in der die Mehrheit der Adeligen sich wenig um ihre gesellschaftlichen Pflichten kümmerten und ihre Gehöfte samt ihrer Bauern völlig vernachlässigten, sah aber völlig anders aus.

Diesen Zustand erkannten die russischen Schriftsteller des 19. Jahrhunderts und prangerten ihn an. Statt der Ethik des gesellschaftlichen Dienstes machte sich »noble Tatenlosigkeit« breit, die jeden Keim eines »gesunden Praktizismus« erstickte.[112] Diese diskursiv geschaffene Ethik verhinderte aber gleichzeitig das Sichtbarwerden der praktischen Rationalität der Unternehmer. Ihr Streben nach Gewinn und individuellem Erfolg wurde als egoistisch, nieder und asozial abgestempelt und gar verteufelt. Aus der Perspektive der Werterationalität der höheren Ziele wurde die Unternehmertätigkeit jeglichen Sinns beraubt. Sie wurde als gesellschafts- und persönlichkeitsfeindlich angesehen. Die Unternehmer, die ihr Leben auf den materiellen Erfolg ausrichteten, wurden als geschädigte Menschen verstanden.

Typisch für die Auffassung der Unternehmerschicht seitens der gebildeten Intelligencija und des Adels war die Degradierung und beinahe Stigmatisierung des Unternehmers als meščane[113], als einem Vertreter der niederen gesellschaftlichen Stände. Seit dem 19. Jahrhundert bürgerte sich in der russischen Sprache das Epitheton »meščanskij« in der Bedeutung »kleinbürgerlich, vulgär, bigott« ein. Damit verschwand die gesellschaftliche Unterscheidung zwischen dem Unternehmer und dem ärmeren Stadtbewohner (meščanin). Den beiden Gruppen wurden negative politisch-kulturelle Eigenschaften zugeschrieben, wie Konservatismus, Hinwendung zu materiellen Interessen, gesellschaftliche Ignoranz und Geschmacklosigkeit. Dieser Begriff, der bis in die heutige Zeit im russischen Sprachgebrauch in gleicher Bedeutung verankert ist, bietet ein Beispiel dafür, wie die Unternehmer auf der diskursiven Ebene entgegen der realen Entwicklung zur niedersten sozialen Gruppe degradiert und mit den negativen Bedeutungen, die damit verbunden waren, ausgestattet wurden.

112 Vgl. Ebenda.

113 *Meščane* – ein Teil der städtischen Bevölkerung des russischen Imperiums von 1775 bis 1917, die früheren *posad*-Bürger (Handwerker, Händler, Hausbesitzer u.a.). Sie bildeten Gemeinden, die mit einigen Selbstverwaltungsrechten ausgestattet waren.

Die russischen Schriftsteller waren in ihrer Ablehnung der Unternehmer natürlich nicht allein. Auch in Europa und in den USA mit ihrer Ausrichtung auf die puritanische Arbeitsmoral und die kapitalistische Ethik gab es Schriftsteller, die die Unternehmer und die Industriellen als Zerstörer der nationalen und gesellschaftlichen Moral sowie der künstlerischen Freiheit anprangerten.[114] Der Unterschied besteht hier in der besonderen Rolle des literarischen Diskurses und der Schriftsteller in Russland, die eine unbestreitbare moralische und soziale Autorität für sich beanspruchen konnten. Ihr geschriebenes Wort war viel gewichtiger als in anderen europäischen oder in den amerikanischen Gesellschaften. Ihre Meinung beeinflusste stark die führenden Bildungseliten der Gesellschaft und führte zu einer Verfestigung bestimmter Denkweisen, die als einzig richtig galten.

3.3.2 Diskursive Hierarchie der literarischen Helden

Weitere Gründe für die vehement negative Wahrnehmung der Unternehmer in Russland und ihr schlechtes Image in der russischen Literatur sind im literarischen Diskurs selbst und in seinen internen Ein- bzw. Ausschließungsmechanismen zu suchen.

Die amerikanische Literaturwissenschaftlerin Beth Holmgren beschreibt in ihrem Buch *Rewriting Capitalism. Literature and the Market in Late Tsarist Russia and the Kingdom of Poland* die ganze russische Literatur des 19. Jahrhunderts als die Geschichte einzelner literarischer Helden. Ich betrachte diese Überlegungen als die Beschreibung eines weiteren Ausschließungsmechanismus (im Sinne Foucaults), der die Darstellung des Unternehmers im Rahmen des Literaturdiskurses entscheidend mitprägte. Dabei stützt sich Holmgren auf frühere Überlegungen von Rufus Mathewson[115], der Folgendes bemerkt:

Russian imaginative literature – perhaps more than any other of the world's great literatures – has been concerned with the celebration of emblematic literary heroes. […] And the degree to which nineteenth-century Russians read their own spiritual history in the lives of their

114 Vgl. Z.B. Watts, Emily Stipes (1982): *The Businessman in American Literature*. Athens: University of Georgia Press.

115 In seinem Buch *The Positive Hero in Russian Literature* vertritt Mathewson die Meinung, dass der positive Held als ein Beispiel für das Verhalten der Leser in der Sowjetzeit ideologisch definiert war. Das ideale Modell, das im 19. Jahrhundert von russischen Schriftstellern geschaffen wurde, war ein zentraler Punkt im Kampf zwischen der literarischen Imagination und dem ideologischen Kritizismus.

literary heroes is a unique feature of the whole national literary experience.[116]

Mathewson entwickelt die These, dass für die russischen Schriftsteller die Schaffung der fiktionalen Szenarien und besonders der fiktionalen Helden im Rahmen des literarischen Diskurses eine besondere Rolle spielte. Diese Beobachtung wird durch die Distanz der Intelligencija zum Volk und ihrer Machtlosigkeit, auf der politischen Ebene etwas zu verändern, erklärt. Diese fiktionalen Szenarien dienten der imaginären Ausarbeitung der eigenen Rolle und der Funktion in der äußerst bürokratisierten und äußerst ungerechten autokratischen Gesellschaft Russlands. Die literarischen Helden vollbrachten das, was dem größten Teil der Intelligencija vorenthalten blieb, damit schufen die Autoren ein eigenes literarisches Universum mit einem klar definierten und festgelegten Wertesystem.

Auf diese Weise wurden die Grenzen des Unternehmerdiskurses ebenfalls klar vorgegeben, diese zu überschreiten waren die russischen Schriftsteller noch nicht bereit, denn für ihre Zwecke konnten sie sich zunächst nur einen Heldentypus vorstellen: weg vom passiven, antiideologischen Helden hin zum rationalen, aktiven Gestalter. Das aktive Handeln beschränkten sie jedoch auf die Ausarbeitung revolutionärer Ideen und deren Umsetzung in die Praxis. Auf der anderen Seite standen Schriftsteller, die zwar auch versuchten, unanfechtbare Helden zu schaffen, aber den rational handelnden Menschen als unmoralisch und vertrauensunwürdig ablehnten.[117] Deswegen waren für diesen Heldentypen die Entfremdung von anderen Menschen und die Ablehnung zielstrebiger Aktivität charakteristisch. Sie werden im späteren literaturkritischen Diskurs als »überflüssige Menschen« (lišnij čelovek) bezeichnet. Die diskursive Konstruktion des positiven Helden dominierte in der russischen Literatur der ersten Hälfte des 19. Jahrhunderts. Man polemisierte zwar auf der literaturkritischen Ebene gegen die Notwendigkeit dieser Helden für Russland, aber ihre Faszination für den Leser blieb ungebrochen. Sie beeindruckten die Rezipienten vor allem durch ihre träumerischen, nachdenklichen Charakterzüge und ihre Emanzipation vom Paternalismus des Staates dadurch, dass sie den staatlichen Dienst verweigern. Dieser Typus bestach durch

116 Mathewson, Rufus (1975): *The Positive Hero in Russian Literature.* Stanford University Press, S. 13f.

117 Mathewson 1975, S. 15.

seine intellektuellen und geistigen Eigenschaften und war mit Tatkraft und Aktivität eher unvereinbar.

Folglich konnte nur ein Vertreter der Intelligencija die Rolle des »echten« Helden in der hohen russischen Kultur übernehmen. Darin werden erneut die Grenzen der diskursiven Ordnung sichtbar. Der Heroismus, als positives Modell im Sinne dieses Diskurses, bedeutete, im Besitz hoher intellektueller Fähigkeiten zu sein. Der Unternehmer passte nicht in dieses Bild und eignete sich so kaum für die Rolle des positiven Helden im Diskurs. Er war in der Vorstellung der russischen Schriftsteller kein Denker, kein Führer und kein künstlerischer Mensch. Die wirtschaftliche Funktion, die er zu erfüllen hatte, forderte vom Unternehmer nicht nur aktives Handeln, sondern auch eine gewisse Begrenzung, die ihm die Konzentration auf ökonomischen Vorteile und Gewinnmaximierung erlaubte.[118] Einen weiteren Grund, dass der Unternehmer im Diskurs nicht als positiver Held auftreten konnte, sieht Beth Holmgren in der Tatsache, dass in Russland der Geist und das Materielle, politische Ideologie und das Geschäftsleben stets getrennt waren. Sie erklärt jedoch nicht, wodurch diese Trennung determiniert war und welche Auswirkungen dies auf den Unternehmerdiskurs hatte.

Ich versuche, dies auf der Ebene verschiedener Diskurse und im institutionalisierten literarischen System selbst zu eruieren, indem ich auf die Einwirkung des religiösen Diskurses auf die Literatur und auf die Trennung zwischen dem Kommerz der berufsschriftstellerischen Praxis und dem literarischen Schreiben hinweise.[119] So wurden, geprägt durch das diskursive Vorbild der religiösen Askese und der Enthaltsamkeit, das körperliche Vergnügen (wie z.B. üppiges Essen) und der Konsum materieller Güter angeprangert, denn dies war mit den Prinzipien, die die Intelligencija in Ehren hielt – wie Altruismus und der Dienst am Vaterland – nicht vereinbar. Wenn man nach literarischen Beispielen dafür sucht, findet man noch bei A.S. Puškin das Zelebrieren des irdischen Vergnügens (Champagner, Roastbeef, vorzügliches Essen in Puškins *Evgenij Onegin* (*Евгений Онегин* - 1831), das jedoch wenig später durch die Darstellung der Abartigkeit des menschlichen Appetits in *Die toten Seelen* (*Мертвые души* - 1842) von Nikolaj Gogol' diskursiv korrigiert und verurteilt wurde. In diesem Werk richtete Gogol' seine Kritik gegen einen maßlosen Konsum von Essen als Selbstzweck, was zum höchsten Ziel der Romanprota-

118 Vgl. dazu Schumpeter, Joseph (1993): *Theorie der wirtschaftlichen Entwicklung*. Berlin.

119 Ausführlicher dazu siehe Abschnitte 3.3.1. und 3.3.2.

gonisten erklärt wird. Gogol's kritische Einstellung wurde erstaunlicherweise von vielen anderen russischen Schriftstellern übernommen. Die Versuchung durch den Konsum wurde als eine Gefahr für den noblen Helden gebrandmarkt, da sie ihn angeblich von seinen hohen Aufgaben abbringen könne.

Diese Vorstellungen haben sich im literarischen Diskurs weiterhin verfestigt, so zeichnen sich die Helden von Lev Tolstoj (wie auch der Schriftsteller selbst)[120] durch den bewussten Verzicht auf Konsum aus, diesen Gedanken findet man auch in den Ideen und Lebensauffassungen von Dostoevskijs Helden und bei Turgenev plädieren die Protagonisten ebenfalls für Mäßigung in allen Dingen. Die russischen Kaufleute dagegen standen in starkem Kontrast zu diesem konstruierten Ideal des sich selbst züchtigenden Helden. Die Kaufleute zelebrierten die Lust am Essen und am Konsum, durch den ständigen Warentausch und das Streben nach Akkumulierung von Kapital unterschieden sie sich stark von dem im literarischen Diskurs entworfenen positiven Helden und wurden daher abgelehnt und diskursiv gebrandmarkt.

Gogol' stellt dieses Dilemma in seinem Roman *Die toten Seelen* deutlich dar: Čičikov, der Hauptheld des Romans, zeichnet sich durch seinen unermesslichen Appetit aus, sein ganzes Leben ist auf die Aneignung von Gütern und auf Konsum ausgerichtet, das ist der Motor seines Wesens, die wichtigste Kraft, die ihn am Leben hält und seine Energie lenkt.[121] Sein ganzer Lebensmechanismus besteht nur aus Gewinn und Konsum, aber es wird dem Leser vor Augen geführt, dass diese Handlungen destruktiv wirken und im Endeffekt zum Niedergang des Helden führen sowie sein tragisches Schicksal prädestinieren. Dieses Motiv findet man wiederholt in der russischen Literatur und man könnte die Reihe der selbstzerstörerischen Unternehmertypen fortsetzen: z.B. Rogožin aus dem Roman *Der Idiot* (*Идиот* – 1868) von Dostoevskij, zahlreiche Unternehmer aus Dramen von Ostrovskij, Foma Gordeev aus dem gleichnamigen Roman von Maxim Gor'kij (*Фома Гордеев* 1899)- u.v.m.

Wenn man bei Gogol' nach Gegenbeispielen zu Čičikov sucht, findet man eine einzelne, einsame Figur in der farbenprächtigen Palette der Unternehmer

120 Der bewusste Verzicht Tolstojs auf irdische Vergnügungen und Konsum gehörte besonders in der zweiten Hälfte seiner Schaffensperiode zu den bekanntesten von ihm proklamierten Prinzipien. Tolstoj bekannte sich zur vegetarischen Ernährungsweise, Mäßigung im Essen und in der Kleidung.

121 »Ihm [Čičikov – M.S.] schwebte ein Leben mit allen Genüssen und Freuden vor: Equipagen, ein gut eingerichtetes Haus, schmackhaftes Essen – das war es, was seine Gedanken unausgesetzt beschäftigte. [...] Alles, was nach Reichtum und Wohlstand schmeckte, machte auf ihn einen Eindruck, den er sich selbst nicht zu erklären vermochte« (Gogol, N. (1989): *Die toten Seelen*. Leipzig; Weimar: Kiepenheuer, S. 292).

im Roman *Die toten Seelen*, den Gutsbesitzer Kostanžoglo. Für ihn ist das Geschäft nicht von der Arbeit zu trennen, die ihn erfüllt und ihm den höchsten Genuss bereitet. Man könnte annehmen, dass mit dieser positiven Figur Gogol' den hegemonialen Unternehmerdiskurs aufzuweichen versucht, aber wenn man den Text genau analysiert, wird sichtbar, dass für Kostanžoglo nicht Geld und Profit im Vordergrund seiner Tätigkeit stehen, sondern Begeisterung, der Wunsch, etwas Sinnvolles zu vollbringen, die eher im Einklang mit der »Werterationalität« der Intelligencija stehen. Nichtsdestotrotz kann man Kostanžoglo als ein erstes literarisches Beispiel für eine mögliche Umwertung oder mindestens für einen Versuch begreifen, das Bild des Unternehmers differenzierter zu sehen.

Man muss die Arbeit lieben: ohne diese Liebe geht es nicht. Man muss die Wirtschaft lieb gewinnen. […] Schon allein die Abwechslung in der Tätigkeit, und was für eine Tätigkeit – es sind Beschäftigungen, die wahrhaft den Geist erheben. […] Und wenn man dabei sieht, wie zweckmäßig alles gemacht wird, wie alles um dich herum sich mehrt und Frucht und Gewinn bringt, so kann ich Ihnen gar nicht sagen, wie einem dabei zumute ist. Und nicht, weil sich das Geld vermehrt – Geld hin, Geld her -, sondern weil alles das Werk deiner Hände ist; weil du siehst, dass du die Ursache und der Schöpfer dieser Dinge bist und dass du wie ein Magier den Überfluss und Wohlstand ausstreust. Ja, wo finden Sie einen höheren Genuss?« sagte Kostanshoglo. Er erhob sein Gesicht, und plötzlich waren die Falten verschwunden. Wie ein Zar am Tage seiner feierlichen Krönung, so strahlte er, und von seinem Gesicht ging ein Leuchten aus.[122]

Ein solcher Unternehmer findet innerlich Gefallen an der vollbrachten Arbeit, für ihn ist nicht nur der Profit von Bedeutung, sondern auch der schöpferische Prozess, den er zur Erlangung desselben vollzieht. Wer nach Verbindungen zu den ökonomischen Spezialdiskursen sucht, würde dieses Unternehmerbeispiel im Typus des »neuzeitlichen Unternehmers«[123] bei Max Weber oder im

122 Gogol' 1989, S. 406f.

123 Das Handeln neuzeitlicher Unternehmer wird durch spezifische Verhaltensmuster geprägt, die ein regelrechtes »Ethos« konstituieren, das an bestimmte explizierbare Werte und Verhaltensmaximen gebunden ist. Weber nennt eine Reihe von moralischen Elementen, die dieses »Ethos« charakterisieren: ein ständiges Erwerbsstreben; strenge Legalität und sittliche Redlichkeit hin-

»schöpferischen Unternehmer« von Werner Sombart wiederfinden. Der »Schöpferische Unternehmer« zeichnet sich außerdem durch sein Interesse an technischen und organisatorischen Neuerungen, Initiative und Begeisterungsfähigkeit aus. Für ihn existiert das Geschäft nicht getrennt von seinen Überzeugungen, er ist mit Leib und Seele bei der Verrichtung seiner Tätigkeit dabei.[124]

Diese Tradition setzte sich im Laufe des literarischen Diskurses fort, die positiven Unternehmercharaktere in der russischen Literatur sind nicht in erster Linie gute Geschäftsleute, sondern vor allem leidenschaftlichste Naturen. Ein durchweg rationaler, vorsichtiger Unternehmertyp wäre unabhängig von seinem wirtschaftlichen Erfolg nie zum positiven literarischen Protagonisten avanciert. Bei Gogol' wird der überaus begeisterte, leidenschaftliche Gutsbesitzer Kostanžoglo den praktisch-rationalen, risikofeindlichen Sobakevič und Korobočka gegenübergestellt, denen Wagnisse und leidenschaftliches Interesse an der unternehmerischen Tätigkeit fremd sind.

Man findet auch zahlreiche Verquickungen der Literatur mit dem Frauendiskurs und stößt dabei auf unerwartete Konstellationen. Während die literarisch positiv besetzte Heldenhierarchie fast ausschließlich auf männliche Protagonisten beschränkt ist, findet man unter den Antihelden auch Frauenfiguren. Sie kann man in zwei Gruppen aufteilen: die Unternehmerinnen als Täterinnen oder Unternehmertöchter und –frauen als Opfer. Die literarischen Beispiele der Unternehmerinnen zeichnen sich jedoch durch ausgesprochen abstoßende Züge aus, wie z.B. die hartherzige, hässliche, alte Wucherin aus dem Roman *Schuld und Sühne* (*Преступление и наказание* - 1866) von Dostoevskij oder die grausame Kaufmannsfrau, und dreifache Mörderin, aus dem Roman *Lady Macbeth von Mzensk* (*Леди Макбет Мценского уезда* - 1865) von Nikolaj Leskov, sowie die unternehmerische Aksinja aus Čechovs Erzählung *Im Graben* (*В овраге* - 1900), die auf ihrem Weg zu wirtschaftlichem Erfolg nicht vor Betrug und Mord zurückschreckt.

Die Unternehmerinnen wurden so gesehen viel einseitiger und ablehnender dargestellt als die männlichen Protagonisten. Zum einen wurde dadurch auf die zerstörerische Kraft der Geldwirtschaft rekurriert, die besonders

sichtlich der Auswahl und Nutzung der Erwerbschancen und des Umgangs mit den Geschäftspartnern; ein streng kalkuliertes, abgesichertes Handeln; Offenheit gegenüber effizienzsteigernden Innovationen; die Unterordnung der eigenen Person unter ihre Aufgabe; die Abwertung des Konsums gegenüber dem Erwerb. (Weber 1988, S. 342).

124 Vgl. Sombart, Werner (1987): *Der Bourgeois*. Berlin: Duncker u. Humblot.

Frauen, die der wirtschaftlichen Sphäre meistens fern blieben, ins Verderben stürzen könne und selbstzerstörerisch wirke. Folglich wurde jedoch ihr Potenzial, unternehmerisches Talent zu entwickeln, diskursiv unterminiert. Zum anderen war den Frauen im literarischen Diskurs meistens die Rolle des Opfers vorgesehen. Eine aktiv handelnde Frau stellte eine Gefahr dar, denn sie konnte die bestehende Heldenhierarchie durcheinander bringen und wurde deswegen auf der diskursiven Ebene diskreditiert. Diese Situation wurde durch die gesellschaftlichen Gegebenheiten determiniert. Die weiblichen Mitglieder der Unternehmerfamilien hatten kaum eine gesellschaftliche Präsenz. Durch die ziemliche Begrenztheit und Geschlossenheit des Unternehmermilieus waren sie lange Zeit vom öffentlichen Leben ausgeschlossen. Diese Entwicklung spiegelte sich in der Literatur wieder, die Unternehmerinnenfiguren wurden in eine diskursive Rolle verdrängt, in der sie sich kaum für die Rolle des positiven literarischen Helden eignen konnten. Für die Frauen und Töchter von russischen Unternehmern war meist ausschließlich die Opferrolle vorgesehen. Ein repräsentatives Beispiel aus der russischen Literatur des 19. Jahrhunderts findet man im Drama *Gewitter* (*Гроза* - 1860) von Aleksandr Ostrovskij. Katarina Kabanova, die Protagonistin des Dramas, kann das schwere Leben in dem »dunklen Königreich« (wie der Literaturkritiker Nikolaj Dobroljubov es nannte)[125] des russischen Unternehmermilieus nicht ertragen und setzt ihrem Leben ein Ende. Auch hier kommen die destruktiven Tendenzen des Unternehmertypus zum Ausdruck: es werden keine anderen Alternativen für diese Heldinnen bereitgestellt als ihr Untergang und die Selbstzerstörung.

Die wenigen positiven Darstellungen der russischen Unternehmer in der Literatur stehen oft außerhalb des Diskurses der »höheren Literatur« und entsprechen insoweit nicht dessen Regeln, da diese Werke nicht selten einen nicht rein literarischen Charakter tragen. So z.B. die Prosa von Pavel Mel'nikov[126], der in den 70er-80er Jahren des 19. Jahrhunderts eine ausführliche ethnographische Studie über die Region Nižnij Novgorod schrieb, in der er

125 Vgl. Dobroljubov, N. (1947): Temnoe carstvo. In: *Izbrannye sočinenija*. OGIZ: Moskva, S. 96-168.

126 Pavel Mel'nikov, der unter dem Pseudonym Andrej Pečerskij (1818-1883) bekannt wurde, war ein zu seiner Zeit herausragender Schriftsteller und Ethnograph. Während seiner journalistischen Tätigkeit verfasste er zahlreiche historische und ethnographische Studien. Auch seine literarischen Werke haben oft einen fundierten ethnographischen und geschichtlichen Hintergrund. Er war Experte in Fragen der altgläubigen Konfession und thematisierte diese Problematik in seinen Werken. Besonders die Charaktere des altgläubigen Unternehmermilieus wurden zu Hauptthelden seiner Romane, die er, ungewöhnlich für die damalige Zeit, in einem positiven Licht darstellte und für die er eine gewisse Sympathie zeigte.

einige exotische Porträts altgläubiger Unternehmer präsentierte. Seine begabten, ehrlichen, gebildeten, westlich orientierten und toleranten altgläubigen Kaufleute, die er in seinen Werken *In den Wäldern* (*В лесах* - 1875) und besonderes in der Beschreibung *In den Bergen* (*На горах* - 1881) zeigt, stehen im auffallenden Kontrast zu dem hegemonialen Bild des literarischen Unternehmercharakters. Man kann diese Überschreitung der literarischen Episteme im Sinne Foucaults als einen Gegendiskurs identifizieren, aber Mel'nikov stellt eher eine Ausnahme dar, und seine Stimme blieb im Diskurs zu unbedeutend, um die Richtung der literarischen Darstellung der russischen Unternehmer tiefgreifend zu beeinflussen.

Anders ist es bei dem bereits erwähnten Dramenautor Aleksandr Ostrovskij (1823-1886), der zu seiner Zeit ein anerkannter Autor und eine einflussreiche gesellschaftliche Figur war. Ebenso dominant und allgegenwärtig wie in Ostrovskijs Privatleben, das von permanenten finanziellen Schwierigkeiten geprägt war, erscheinen die Themen Geld und Unternehmertum in seinem dramatischen Werk. Bei Ostrovskij nahm der Paradigmenwechsel im Verständnis der Rolle des Autors eine entscheidende Wendung. Seine Hinwendung zur Geldthematik stand nicht nur im Einklang mit einem Interesse für das Milieu der Kaufleute und mit dem Genre des realistischen Gesellschafts- und Sittendramas, in dem er sensibel auf soziale Umwälzungen reagierte, sondern auch mit seinem ökonomischen Habitus als Schriftsteller. Er suchte während seines ganzen Lebens nach Möglichkeiten, die finanzielle und rechtliche Lage der Dramenautoren zu verbessern. Er war ein Wortführer in der Diskussion um die Verbesserung der Urheberrechte für Dramatiker und verfasste eine Reihe von Schriften, in denen er fundiert Stellung bezog. Die von Ostrovskij kritisierten Punkte wurden teilweise in der Neufassung der Verordnung von 1882 über die Vergütung der Dramenautoren geändert, dies führte in der zweiten Hälfte des 19. Jahrhunderts zu einer Verbesserung der Lage der russischen Dramatiker[127].

Diese Befreiung aus dem Dilemma vieler Autoren erlaubte ihm vielleicht einen ungezwungeneren und differenzierteren Blick auf die Unternehmerproblematik in Russland. Ähnlich wie Mel'nikov-Pečerskij richtete Ostrovskij seine Aufmerksamkeit auf die soziale Gruppe der Unternehmer, nachdem sein Blick durch Beobachtungen besonders der Kaufmannschaft aus dem Moskauer

127 Vgl. Riggenbach, Heinrich (2004): Das russische Urheberrecht und die Honorarsituation im 19. Jahrhundert. In: Guski, A./Schmid, U. (Hrsg.), S. 215ff.

Zamoskvorečje-Kaufmannsbezirk und aus den Provinzstädten der Volgaregion und persönliche Kontakte mit den Kaufleuten dort geschärft worden war.[128]

Aus dem Geldverhalten seiner Figuren leitete Ostrovskij seine Überlegungen zum System der gesellschaftlichen und individuellen Werte ab, die in den 50er Jahren des 19. Jahrhunderts eine markante Veränderung erfuhren: Die anfänglich nur negativ gezeichneten Kaufleute (subsumiert unter dem Begriff *samodury*) rückten als kapitalkräftiger Stand allmählich in ein positives Licht. In seinen frühen Dramen *Es bleibt ja in der Familie* (*Свои люди – сочтемся* - 1849), *Setze dich nicht in den fremden Schlitten* (*Не в свои сани не садись* - 1853) und *Armut ist keine Schande* (*Бедность не порок* - 1854) präsentiert er dramatische, psychologisch gefärbte Sketche aus dem Moskauer Kaufmannsmilieu und schafft eine ganze Palette verschiedener Charaktere: die herzlosen und skrupellosen Unternehmerkinder in *Es bleibt ja in der Familie*, der weise und gutherzige Vater aus *Setze dich nicht in den fremden Schlitten* oder der gefallene Kaufmann als mitfühlender Mensch, der jedoch ein Trinker ist, in *Armut ist keine Schande*. Ostrovskijs Kaufmannstypen aus seinem wohl bekanntestem Drama *Gewitter*, Dikoj und Kabanov, wurden zu einem typischen Beispiel für ungebildete, machtbesessene Tyrannen in Familie und Geschäft. Dieser Typus (*samodur*) erlangte einen festen Platz im literarischen, alltäglichen und publizistischen Diskurs und wurde diachron und synchron immer wieder reproduziert.

In seinen späteren Werken versuchte Ostrovskij, seine Unternehmertypen differenzierter und einfühlsamer darzustellen. Ostrovskij war ein guter Beobachter und erlebte die neuen wirtschaftlichen Veränderungen in Russland in der zweiten Hälfte des 19. Jahrhunderts hautnah mit. Das Erscheinen einer neuen Generation im gesellschaftlichen Leben der Unternehmer, die keineswegs so ungebildet, tyrannisch oder konservativ war wie ihre Väter, entging nicht seinem Schriftstellerblick. Man findet in den späteren Dramen von Ostrovskij durchaus positive Unternehmerfiguren, die sich durch ihre vielseitigen Fähigkeiten, einen hohen Bildungsgrad und vorzüglichen Geschmack auszeichnen, wie z.B. der hart arbeitende *nouveau riche* Vasil'kov im Drama

128 Die Kommerzialisierung der Lebensverhältnisse, mit welcher der Kaufmannssohn Ostrovskij in seiner Eigenschaft als Moskauer Gerichtsbeamter immer wieder konfrontiert wurde, spiegelt sich in seinen Werken: »Bankrott« (*Банкрут* - 1847), »Es bleibt ja in der Familie« (*Свои люди – сочтемся* - 1850); »Arme Braut« (*Бедная невеста - 1852*); »Armut ist keine Schande« (*Бедность не порок* - 1854); »Ein erträglicher Posten« (*Доходное место* - 1856); »Tolles Geld« (*Бешеные деньги* - 1870); »Reiche Bräute« (*Богатые невесты* - 1976); »Braut ohne Mitgift« (*Бесприданница* - 1879) u.a.

Tolles Geld (*Бешеные деньги* - 1870) oder der großmütige, wenngleich menschlich ambivalente Belugin in *Belugins Hochzeit* (*Свадьба Белугина* - 1878)[129]. Unbestritten bleibt die Tatsache, dass der Unternehmer bei Ostrovskij zu einem wichtigen literarischen Helden avancierte und die Palette dieser Charaktere keineswegs auf ein ausschließlich negatives Image zu reduzieren ist.

Diese Differenzierung der Unternehmercharaktere bei Ostrovskij wurde jedoch durch die Literaturkritik teilweise revidiert. Der russische Literaturkritiker Dobroljubov hatte in seinen Arbeiten[130] über das frühe Werk Ostrovskijs dessen Rolle als Tadler des »dunklen Königreichs« der russischen Kaufmannschaft festgeschrieben. Dobroljubov erlebte jedoch die späteren Dramen von Ostrovskij nicht, in denen dieser ein durchaus verfeinertes Bild des Unternehmers zeichnete und den Unterschied zwischen den »alten« und den »neuen« Unternehmern sichtbar machte.[131] Dennoch determinierte der literaturkritische Diskurs die Wahrnehmung und Rezeption von Ostrovskij als Richter der russischen Unternehmerklasse über längere, weit über Ostrovskijs Tod hinausreichende Zeit.

Bei einem anderen Autor dieser Zeit, Ivan Gončarov (1812-1891), der sich im Gegensatz zu Ostrovskij dem realistischen Roman widmete, findet man ebenfalls eine intensive literarische Auseinandersetzung mit der Geldthematik. Gončarov siedelte die Handlung seiner Romane häufig im Spannungsfeld zwischen Romantik und Kapitalismus an. Seine Figurenpalette ist ebenfalls sehr breit und nicht weniger interessant und ambivalent als die Ostrovskijs. Einerseits treten in seinen Werken erfolgreiche, positiv konnotierte kapitalistische Akteure wie z.B. Andrej Štol'c auf (die jedoch in der Figurenhierarchie nicht den wichtigsten Platz einnehmen), andererseits richtete sich die Sympathie des Autors gerade auf Figuren ohne Sinn für das Ökonomische. Charakteristisch sind dabei dichotomische Figurenkonstellationen, in denen gegensätzliche ideologische Positionen miteinander konfrontiert werden (z.B. Aleksandr vs. Petr Aduev, Oblomov vs. Štol'c, Rajskij vs. Tušin). Auf diese Weise positionierte sich Gončarov im literarischen Diskurs. Darin spiegelt sich sein eigener Konflikt wieder, der in dem bereits angesprochenen Dilemma eines Schriftstel-

129 Dieses Drama wurde 1878 von A. Ostrovskij in Co-Autorschaft mit Nikolaj Solov'ev geschrieben.

130 Vgl. Dobroljubov (1947): Temnoe carstvo. In: *Sobranie sočinenij*. OGIZ: Moskva, S. 96-168; Ebd. Luč sveta v temnom carstve, S. 281-322.

131 Vgl. Holmgren 1998, S. 26.

lers in Russland zwischen dem ökonomischen Verhalten als professioneller Autor und seiner idealistischen Rolle als geistiger Führer bestand. [132]

Die Geldthematik durchzieht auf vielfältige Weise Gončarovs Biographie und Werk. So besuchte der zukünftige Schriftsteller acht Jahre lang eine kaufmännische Schule, bevor er an der Moskauer Universität Literatur studierte. Nach dem Studium entschied sich Gončarov für den staatlichen Dienst und wurde zuerst ein Beamter im Petersburger Außenhandelsministerium. Seine literarischen Bemühungen verlegte er auf seine dienstfreie Zeit, was durchaus dem traditionellen Verständnis eines russischen Autors der damaligen Zeit entsprach. Der literarische Durchbruch gelang Gončarov Ende der 40er Jahre des 19. Jahrhunderts mit seinem Roman *Eine gewöhnliche Geschichte* (*Обыкновенная история* -1847). Bereits in diesem Werk ist Gončarovs grundlegendes axiologisches System, platziert zwischen Kapitalismus und Romantik, ausgeprägt. In seinen späteren Romanen *Oblomov* (1859) und *Abgrund* (*Обрыв* - 1869) wird es weiter ausgearbeitet und bekommt neue Komponenten dazu. Die literarische Qualität dieser Werke ist nicht zuletzt dadurch begründet, dass Gončarov beide Pole dieser Dichotomie durchaus ambivalent bewertet.

Ein prägnantes Beispiel dafür liefert sein zweiter Roman *Oblomov*. Der Protagonist des Romans, Andrej Štol'c, zeichnet sich durch einen stark ausgeprägten ökonomischen Habitus aus und bildet somit einen Gegenpart zu dem träumerischen und handlungsunfähigen Oblomov. Der Titelheld des Romans ist ein Aristokrat, der seinen Staatsdienst quittiert und das Leben eines schreibenden Intellektuellen anstrebt. Mit seinen geistigen Fähigkeiten und seiner künstlerischen Sensibilität, seiner Unzufriedenheit mit seinen beruflichen Möglichkeiten und seiner kritischen Einstellung gegenüber der Gesellschaft setzt er die Reihe der »überflüssigen Menschen« fort. Aber die fiktionale Konstruktion des Protagonisten steht in einem neuen Kontext. Retrospektiv zeigt Gončarov die Kindheit Oblomovs und seine familiäre Umgebung. Dabei wird die völlige physische Abhängigkeit Oblomovs von seinen leibeigenen Dienern offen gelegt, ohne sie kann der Held sich nicht einmal anziehen. Die harte Arbeit der rechtlosen Bauern ermöglicht erst das Träumen Oblomovs, der selbst immer mehr in Lethargie verfällt. Sein Leben wird zunehmend von

132 Ökonomische Betrachtungen haben auch in »Fregatte ‚Pallada'« (*Фрегат »Паллада«* - 1858) Eingang gefunden. In diesem umfangreichen Reisebericht und in seinen Briefen konstruiert Gončarov über die Kritik an den realen Verhältnissen indirekt seine eigene Vorstellung einer idealen Ökonomie. Gončarov schwankt auch hier immer wieder zwischen rationaler Bewunderung und emotionaler Ablehnung des modernen Kapitalismus.

Konsumgewohnheiten geleitet, die endgültig seinen Niedergang besiegeln. Zwar macht Oblomov einige Versuche, diesen Routinen und Verhaltensweisen zu entfliehen, muss aber am Ende erkennen, dass er nicht die Kraft hat, den gewohnten Lebenskomfort und den Konsum materieller Güter aufzugeben und seine Entwicklung fortzusetzen. Bereits als Kind hatte er diese Lebensweise in seiner Familie vorgelebt bekommen und internalisiert: Mit vor Erregung bebendem Herzen erwarteten sie irgendeine Feierlichkeit, ein Bankett, eine Zeremonie, dann aber, wenn die Taufe, die Hochzeit oder das Begräbnis beendet war, vergaßen sie diesen Menschen und sein Schicksal völlig und versanken in ihre gewohnte Apathie, aus der sie erst durch ein neues gleichartiges Ereignis, nämlich durch einen Namenstag, eine Hochzeit und dergleichen, aufgerüttelt wurden.[133]

Durch die Beschreibung seiner Träume wird das Übergewicht der physischen Freuden und der angenehmen Tatenlosigkeit in seinem Leben evident. Seine nächtlichen Phantasien kreisen um den Konsum von selbstgemachten Marmeladen, eingelegten Pilzen usw. Mit der Zeit realisiert er nur noch seine auf physischen Komfort und ritualisierten Konsum gerichteten Träume, anderes kann er in seinem Leben nicht verwirklichen. Sogar seine Liebe gibt er auf, die als eine mögliche Chance, der Lethargie und dem Verfall zu entfliehen, hätte fungieren können. Seine Wahl fällt auf eine Frau, seine Köchin und Haushälterin Agafja Matveevna, die seine physischen Bedürfnisse und seinen Frieden sichert. Der geistige Verfall ist somit besiegelt, die wenigen Handlungen und Gesprächsthemen beziehen sich ab jetzt nur noch auf das Essen und Feste, die Oblomov mit gewissem Vergnügen beschreibt:

Seit Beginn des Sommers wurde im Hause von zwei großen Festen geredet: vom Johannistage, dem Namenstage des Bruders und vom Eliastage, dem Namenstage Oblomows; dies waren zwei wichtige Merktage. Und wenn es der Wirtin begegnete, auf dem Markt ein besonders vortreffliches Kalbsviertel zu kaufen oder zu erspähen oder wenn ihr eine Pastete besonders gut gelang, pflegte sie zu sagen: »Ach, wenn ich doch zu Johanni oder am Eliastage so einen Kalbsbraten bekäme oder wenn mir die Pastete so gelänge!« […] Wieder kam die Zeit der Geflügelpasteten und der Pasteten mit frischen Pilzen, auch die Zeit der frischgesalzenen Gurken, dann kamen die Beeren auf den Tisch. »Kalbsgekröse ist nicht

133 Gončarov, Ivan A. (2003): *Oblomow*. Frankfurt a. M., S. 178.

mehr gut«, sagte Wirtin zu Oblomow, »gestern verlangte man für zwei kleine Stücke siebzig Kopeken, dagegen gibt es frischen Lachs; kalte Gemüsesuppe könnte man täglich auf dem Tisch haben.[134]

Oblomovs ausschließliche Konzentration auf den Konsum stumpft auch seine geistigen Fähigkeiten und seine künstlerische Sensibilität ab. Am Ende des Romans lebt er am Rande der Gesellschaft, wo er sich eine bequeme Nische eingerichtet hat. Mit dieser Interpretation seines Helden bricht Gončarov im gewissen Maße das im literarischen Diskurs bis dahin verankerte Bild des »überflüssigen Menschen«, indem er ihn entgegen der alten Bedeutungen als einen bequemen Schmarotzer und passiven Konsumenten demaskiert. Darin wird ein gewisser Bruch im literarischen Diskurs sichtbar. Sein am Anfang des Romans angedeutetes Streben nach höheren moralischen Zielen und seine anfängliche Absage an materielle Werte werden im Verlaufe des Romans ins Gegenteil umgekehrt.

Dem entgegen steht eine weitere wichtige Figur des Romans, Andrej Štol'c, Oblomovs Freund aus Kindertagen. Štol'c vereint in sich zwei ethnische Wurzeln, einen deutschen Vater und eine russische Mutter. Die auf diese Weise konstruierte Figur kann als ein Versuch des Autors gedeutet werden, in einem Helden die Balance zwischen den Prinzipien des prüden, bürgerlichen, deutschen ökonomischen Habitus und der feinen, aristokratischen russischen Trägheit und Untätigkeit zu finden. Denn sein Vater prägte Andrejs Sinn für das Rationale und für das Geschäftliche, seine praktische Orientierung und das kaufmännische Geschick. Seine Mutter dagegen pflegte und unterstützte seinen Sinn für das Schöne, Erhabene, seinen Geschmack und sein Einfühlungsvermögen. Štol'c wurde auf diese Weise zum Hybrid zweier Kulturen, zweier Mentalitäten, aus denen ein neuer Unternehmertypus erwachsen konnte, gebildet, geistreich und kultiviert. Andrej Štol'c präsentiert einen starken Charakter, der die nationalen und sozialen Grenzen des Unternehmerstandes bricht:

Vielleicht war zur Bildung eines solchen Charakters gerade diese Mischung der Elemente erforderlich, aus denen sich Stolz zusammensetzte. Von jeher hat es bei uns fünf oder sechs stereotype Arten von tätig wirkenden Männern gegeben, die träge mit halben Auge umherblicken, ihre

134 Gončarov 2003, S. 545f.

Hand an die gesellschaftliche Maschinerie legen und sie schläfrig im altgewohnten Geleise erhalten, indem sie in die Fußstapfen ihrer Vorgänger treten. Nun ist aber der Schlaf aus den Augen gewichen, mutige, weite Schritte hallen, lebendige Stimmen werden laut... Wie viele Männer vom Schlage Stolzens müsste es noch mit richtigen russischen Namen geben.[135]

Man könnte annehmen, dass diese literarische Figur den endgültigen Bruch im literarischen Unternehmerdiskurs markiert und ein gewisses Umdenken über die Rolle der Unternehmer in der russischen Gesellschaft herbeigeführt hätte. Die durchaus positive Darstellung von Andrej Štol'c bei Gončarov konnte jedoch die diskursiv erstarrte Heldenhierarchie nicht erschüttern.

Die Gründe dafür sind bestimmt vielfältig, aber eine der wichtigsten Ursachen liegt in der Mächtigkeit einer einflussreichen literarischen Institution im Russland der damaligen Zeit, der Literaturkritik. Sie bestimmte über eine lange Periode die Rezeption von literarischen Werken in Russland. Auch Andrej Štol'c fiel dem harten Urteil der Literaturkritiker zum Opfer, denn sie »glaubten« nicht an ihn, sie kritisierten den auf sie schematisch wirkenden Charakter. So betrachtete z.B. N. Dobroljubov, der eine gewichtige Stimme innerhalb des literaturkritischen Diskurses innehatte, Štol'c als eine leblose Abstraktion, als einen reinen Charaktertyp, der eher künstlich auf den Leser wirke. Er sah innerhalb des damaligen russischen Gesellschaftssystems keinen Platz für einen solchen Helden, weil es, seinen Beurteilungen nach, für die mentalen Veränderungen, die Štol'c bereits durchgemacht hatte, noch nicht bereit sei. Andererseits sah Dobroljubov im aktiven Handeln von Štol'c nur ein individuelles Streben nach Erfolg und Anerkennung. Er habe, so die Meinung Dobroljubovs, keine Kraft, den Sumpf von *oblomovščina* zu durchbrechen und sich zum aktiven Reformer der Gesellschaft aufzuschwingen.[136] Gončarov

135 Ebenda, S. 239.

136 »Entsprechend dem Geist seiner Zeit hat Gončarov ein Gegengift zu Oblomov erfunden, den Andrej Štol' c. Aber (...) die Literatur kann nicht dem Leben vorweglaufen. Solche ganzheitlichen, aktiven Charaktere (...) wie Štol' c gibt es in unserer Gesellschaft noch nicht. (...) Deswegen sehen wir in Štol' c nur einen Menschen, der immer etwas macht, etwas organisiert, etwas erwirbt und dabei immer sagt, dass die Arbeit das Wichtigste sei. Aber wie er das schafft, etwas Sinnvolles dort zu vollbringen, wo andere nichts bewegen können, bleibt für uns ein Geheimnis. (...) Und wir verstehen nicht, wie Štol' c in seiner Tätigkeit Ziele und Bestrebungen aufgeben und sich zur Ruhe setzten konnte (...). Wie er sich mit seinem individuellen Glück zufrieden geben konnte. (...) Wir können nur eins sagen, dass Stolz nicht derjenige Mensch ist, der in einer Sprache, die für die russische Seele verständlich ist, sagen kann: ,Aufwärts!« (*Отдавая дань своему времени, Гончаров вывел и противоядие Обломову - Штольца. Но (...) литература не может забегать слишком далеко вперед жизни. Штольцев, людей с цельным, деятельным*

wurde somit vorgeworfen, dass er Štol'c nicht nur zu abstrakt dargestellt, sondern ihn auch ohne jegliche Thematisierung seiner gesellschaftlichen und sozialen Positionierung, seiner politischen und ethischen Ansichten, seiner Rolle im öffentlichen Leben dem Leser präsentiert hätte.[137]

Das Experiment von Gončarov mit seinem Unternehmer-Helden fand auch keine folgenreiche Resonanz unter den russischen Schriftstellern der zweiten Hälfte des 19. Jahrhunderts. Die literarischen Debatten über das »echte« Heldentum aus der Perspektive der Intelligencija wurden fortgesetzt. In dieser Zeit war der »echte« Held vor allem ein Revoluzzer, kein Unternehmer. Die Schriftsteller waren eher darum bemüht, auf literarischer Ebene die fehlenden Verbindungen zwischen der Intelligencija und den Bauern sowie später dem Proletariat herzustellen[138]. Der amerikanische Literaturwissenschaftler Louis Perlman weist zu Recht darauf hin, dass, obwohl Gončarov selbst aus dem Unternehmermilieu stammte, es ihm, wie der ganzen Unternehmerschicht, lange Zeit an sozialen und politischen Visionen mangelte[139]. In diesem Punkt scheiterte auch seine Hoffnungsträgerfigur Štol'c, die sowohl realitäts- als auch literaturdiskursfremd blieb.

Diese Situation änderte sich mit dem Heranwachsen einer neuen Generation von Unternehmern.[140] Sie waren gebildet und liberal gesinnt, durch ihr

характером (...) еще нет в жизни нашего общества. (...) Оттого из романа Гончарова мы и видим только, что Штольц - человек деятельный, все о чем-то хлопочет, бегает, приобретает, говорит, что жить - значит трудиться, и пр. Но что он делает, и как он ухитряется делать что-нибудь порядочное там, где другие ничего не могут сделать - это для нас остается тайной. (...) И мы не понимаем, как мог Штольц в своей деятельности успокоиться от всех стремлений и потребностей, (...) удовлетвориться своим положением, успокоиться на своем одиноком, отдельном, исключительном счастьи. (...) Можем сказать только то, что не он тот человек, который сумеет на языке понятном для русской души, сказать нам это всемогущее слово: »вперед!«) (Dobroljubov 1947, S. 93).

137 Vgl. auch Mathewson: »Goncharov's Stolz (in *Oblomov*), one of the most deliberate efforts to create a wholly positive, emblematically good man, is dismissed on two counts: the limited, mundane quality of his morality, and the abtractness of his literary portrait. The self-disciplined, practical businessman represents an advance, in some ways, over earlier types, but the practicality of his concerns denies him participation in loftier matters of social principle.« (Mathewson 1975, S. 54f.).

138 Vgl. Holmgren 1998, S. 30.

139 Perlman, Louis (1937): *Russian Literature and the Businessman*. New York, S. 41.

140 Die Söhne der bekannten Kaufmannsfamilien erkannten am Ende des 19. Jahrhunderts ihre politische Rolle und wurden auf diesem Feld hochaktiv, sie opponierten heftig gegen das Herrschaftssystem des Zarenreiches. 1912 entdeckte eine einflussreiche Gruppe russischer Unternehmer die Notwendigkeit zum politischen Handeln und gründete daraufhin die Partei der Progressisten. Zwar bildeten sie mit der Zeitung *Utro Rossii* eine lautstarke und finanzkräftige Stimme, die verbleibende Zeit war für die Durchsetzung der eigenen Ziele jedoch zu kurz. (Vgl. Dahlmann, D./Scheide, C. (Hrsg.) (1998): *„...das einzige Land in Europa, das eine große Zukunft vor sich hat.“* Essen).

wachsendes kulturelles, politisches und gesellschaftliches Engagement begannen sie nachhaltig das öffentliche Leben Russlands zu prägen.[141] Diese Transformation spiegelte sich jedoch nicht zeitgleich in der Literatur wider. Die Widerstände diesbezüglich waren auf der diskursiven Ebene der Literatur noch sehr stark. Die jahrzehntelange Verfestigung der literarischen Unternehmerbilder verhinderte die Durchbrechung und Novellierung dieser Vorstellungen. Aber die Grenzen des literarischen Unternehmerdiskurses wurden durchlässiger, die Söhne und Töchter der »alten« Unternehmer unterschieden sich stark von ihren konservativen Eltern, diese Veränderungen konnten innerhalb der öffentlichen Diskurse nicht unbeachtet bleiben.

In den historischen, ökonomischen und nicht zuletzt literaturwissenschaftlichen Spezialdiskursen wird dieser Entwicklung besonders in der letzten Zeit viel Aufmerksamkeit geschenkt.[142] Sie weisen auf eine enorme kulturelle Bedeutung der Unternehmernachfahren der zweiten und dritten Generation in der Zeit vor und nach der vorletzten Jahrhundertwende hin. So z.B. führt Kyril Fitzlyon aus:

It became increasingly difficult to speak of »the merchants« as a class or even as a homogeneous group or, indeed, as »merchants«; »industrialists« would have defined them better. Sharp and sharpening differences in the scale and nature of business enterprise, in income and education produced corresponding differences in manners and habits, attitudes and ways of life. As in other countries in transition from an agricultural to an industrial economy, Russia's social structure was breaking up. The tradition of noblesse oblige, and the upper reaches of »merchant« society

141 »The character of the merchant was, of course, modified when his sons became articulate and of cultural importance in Russia.« (Perlman 1937, S. 41).

142 Vgl. Z. B. Rieber, Alfred (1982): *Merchants and Entrepreneurs in Imperial Russia.* Chapel Hill: University of North Carolina Press; Kean, B. (1983): *All the Empty Palaces: The Merchant Patrons of Modern Art in Prerevolutionary Russia.* London: Barrie and Jenkins; West, James L. (1991): The Riabushinsky Circle: Burzhuaziia and Obshchestvennost'. In: Clowes, Edith u.a. (Hrsg) (1991): *Between Tsar and People: Educated Society and the Quest for Public Identity in Late Imperial Russia.* Princeton, S. 41-56; Norman, John (1991): Pavel Tretiakov and Merchant Art Patronage, 1850-1900. In: Clowes, Edith (1991), S. 93-107; Fitzlyon, K./Browning, T. (1977): *Before the Revolution: A View of Russia under the Last Tsar.* Woodstock, N.Y.: Overlook Press; Heller, Klaus (2004): Unternehmertum und Unternehmertypen im Russland des 19. Jahrhunderts. In: Guski, Andreas (Hrsg.) (2004): *Literatur und Kommerz in Russland.* Zürich, S. 77-96; Bochanov, V.P. (1992): *Krupnaja buržuazija Rossii* (kones XIXv.-1914. *Krupnaja.* Moskva; Dahlmann, D./Scheide, C. (Hrsg.) (1998): *…das einzige Land in Europa, das eine große Zukunft vor sich hat.* Essen; Heidenreich, B/ Heller, K./ Hoffmann, M (Hrsg) (1996): *Russlands unternehmerische Vergangenheit: ein Wegweiser in die Zukunft?* Berlin u.a.

led the way, probably more so in Moscow than elsewhere. The patronage of the arts was taken over by the new class of business tycoons, and their achievement is best, but no means exhaustively, recalled to this day by the Moscow Art Theatre and the Tretyakov Gallery, named after is founder and familiar to every tourist in Moscow.[143]

Die russische Unternehmerklasse wird dank dieser intensiven wissenschaftlichen Auseinandersetzung in neuem Licht gesehen. Das Denken und Kommunizieren über die vorrevolutionären Unternehmer wird aus unterschiedlichen Gründen möglich: Es wird anerkannt, dass die neuen weltgewandten und hochgebildeten Industriellen sich von der konservativen alten Kaufmannschaft stark unterschieden. Das Image des Unternehmers durchlebt eine späte Revidierung, die jedoch weiterhin ambivalent bleibt. Einerseits waren viele Unternehmer schöngeistige, einflussreiche Mäzene, die unter anderem auch zahlreiche russische Künstler materiell unterstützten, moderne Kunst sammelten und Galerien, Theater und Publikationen finanzierten. Häufig zeichneten sich die neuen Unternehmer durch einen früher für unmöglich gehaltenen exzellenten künstlerischen Geschmack und Altruismus aus. In ihrer Tätigkeit im Kulturbereich arbeiteten sie mit der russischen Intelligencija zusammen und finanzierten diejenigen Projekte, die vom Staat nicht subventioniert worden waren. Auf diese Weise verfolgten beide Gruppen, die Unternehmer und die Intelligencija, die gleichen Ziele und wurden von den gleichen Motiven geleitet, was früher ebenfalls undenkbar gewesen wäre. Andererseits blieb die Mehrheit der Unternehmer in ihren Ansichten tief slawophil verankert. Nicht zufällig investierten die erfolgreichen Unternehmer häufig ihr Geld in die Unterstützung von spezifisch russischer Kunst, weil sie sich anscheinend dazu verpflichtet fühlten, auf diese Weise die Dominanz der westlichen Kultur zu konterkarieren. Es gab auch einige Hybridbeispiele unter den vorrevolutionären Unternehmern, die versuchten, die moderne Denkweise mit der nationalen Gesinnung zu verbinden. So spekuliert z.B. John Bowlt darüber, dass Moskauer Unternehmer wohl nicht zufällig eine große Vorliebe für moderne, avantgardistische Kunst entwickelten. Er erklärt dies mit dem aufkeimenden Bewusstwerden der eigenen gesellschaftlichen Rolle als Avantgarde der Gesellschaft.[144]

143 Fitzlyon 1977, S. 36.

144 Vgl. Bowlt, John (1991): *Kazimir Malevich, 1878-1935*. University of Washington Press, S. 119.

Ungeachtet dieser Veränderungen blieb das Verhältnis der Intelligencija zum kulturellen und politischen Engagement russischer Unternehmer weiterhin problematisch. Sie artikulierten öffentlich ihr Misstrauen gegenüber der intensiven wohltätigen und sozialen Tätigkeit von ökonomischen Akteuren. Auch im literarischen Diskurs, der diesem gesellschaftlichen Erfolg ebenfalls ablehnend gegenüberstand, wurde die neue Entwicklung häufig ausgeklammert. Die Veränderungen in der Rolle der russischen Unternehmer in der Gesellschaft spiegelten sich nur zum Teil im literarischen Diskurs wider, in dem die positiven Seiten dieser Entwicklung vehement ignoriert wurden.

In dieser Zeit bekam die russische Literatur einen neuen, institutionalisierten Status. Darin sehe ich eine Veränderung der nicht-diskursiven Praktiken, die durch die Entwicklung der technischen Möglichkeiten und durch die Expansion der literarischen Presse bedingt war. Das hatte zur Folge, dass die Regeln für die Anerkennung als »seriöser« Autor auf dem »literarischen Olymp« sich änderten. Mit der wachsenden Präsenz der Presse wuchs der Bedarf der Leser nach einem breiteren Themenspektrum. Spannende Reportagen und narrativ präparierte Tagesgeschehnisse, die für das lesende Publikum von besonderem Interesse waren, rückten in den Vordergrund und die Journalisten traten in einem gewissen Sinne in Konkurrenz mit den Schriftstellern.[145] Manche Kritiker interpretierten diese Entwicklung als ein Zeichen der Devalvierung der Literatur und setzten somit die alte Debatte über die Rolle des Autors und über seine Position auf dem Literaturmarkt fort. Nichtdestotrotz trug dieser Wechsel dazu bei, dass literarische Werke für den russischen Leser besser verfügbar waren.

Folglich befand sich der literarische Diskurs im Zentrum der realen Geschehnisse und der aktuellen relevanten gesellschaftlichen Entwicklungen Russlands.[146] Diese Veränderungen der literarischen Ordnung führten tatsächlich zur Erweiterung von literarischen Themen, Genres und Perspektiven. Einige Autoren versuchten, die Tradition des russischen Realismus mit den Elementen des journalistischen Genres zu verbinden. In ihren Romanen strebten sie an, ein umfassendes Bild der russischen Gesellschaft zu präsentieren. Im Zentrum dieser Werke standen unterschiedliche gesellschaftliche

145 Viele Autoren dieser Zeit, deren Werke zum Kreis der »höheren« Literatur zählten, waren gleichzeitig Feuilletonschreiber oder Journalisten. Diese Erfahrung als Reporter oder Kommentator lieferte ihnen neue Themen und erweiterte ihren Wissenshorizont, was sie auch in ihren literarischen Werken thematisierten.

146 Vgl. Holmgren 1998, S. 32.

Schichten, darunter auch neue Unternehmer, die in zahlreichen russischen Regionen beobachtet und beschrieben wurden. In den Romanen von P.D. Boborykin (1836-1921) und A. Amfiteatrov (1862-1938) findet man solche »neuen« Helden, die »kultivierten Unternehmer«. Amfiteatrov beschrieb in seinen Romanen *Die Generation der 80er Jahre* (*Восьмидесятники* - 1908) und *Die Generation der 90er Jahre* (*Девятидесятники* - 1910) den Aufstieg und das Leben einiger russischer Unternehmerfamilien, und Boborykin verarbeitete in fiktionaler Weise (*Kitajgorod* (*Китайгород* - 1882), *Vasilij Tjorkin* (*Василий Теркин* - 1892) und *Auf dem Weg* (*Проездом* – 1894)) seine journalistischen Erfahrungen und schuf ein differenziertes Bild des Unternehmers.

Nichtdestotrotz scheinen diese Unternehmerfiguren in ein diskursives Korsett gezwungen worden zu sein. Sie durften nicht einfach »Unternehmer« sein, sondern mussten den Zielen und den Ideen der Intelligencija folgen. Wie die Forschung zu Boborykins Werk deutlich zeigt, avancierte ein Unternehmer nur dann zum literarischen Helden, wenn er in die Fußstapfen der Intelligencija trat[147]. Auf ihn wurden die Ziele und die gesellschaftliche Funktion der Intelligencija projiziert. An diesen Stellen zeigten sich die Grenzen des literarischen Diskurses zwar weniger undurchlässig, man konnte sie jedoch nicht ohne weiteres verwerfen oder brechen.

Die interessantesten Beispiele für Unternehmerfiguren dieser Zeit schufen jedoch zwei »schreibende Unternehmersöhne«, Maxim Gor'kij (1868-1936) und Anton Čechov (1860-1904).[148] Ihre Werke spiegeln nicht nur den gesellschaftlichen, sondern auch den literarischen Wandel wider. Alfred Rieber hebt in seiner Untersuchung die bedeutende Rolle beider Autoren für das literarische Schicksal des russischen Unternehmers hervor, indem er schreibt:

In Gorky's strong hands, the merchant emerged as an energetic, often violent, and ruthless entrepreneur whose moral sensibilities suffered under

147 Vgl. Perlman 1937, S. 139.

148 Maxim Gor'kij stammte aus einer Unternehmerfamilie. Sein Großvater Kaširin war ein Beispiel für einen sozialhistorischen Typus, der im Zuge der Entwicklung des Kapitalismus in Russland eine bedeutende Rolle zu spielen begann: er war ein ehemaliger Leibeigener, der sich zu einem angesehenen Färbereibesitzer in Nižnij Novgorod emporgearbeitet hatte. Trotz der harten Arbeit scheiterte sein Geschäft vor dem Hintergrund der massiven Entwicklung der Textilindustrie, die viele private Färbereien überflüssig machte. Anton Čechov war auch ein Händlersohn, sein Vater besaß in Taganrog, in Südrussland, ein kleines Kolonialwarengeschäft, das nur kurz seine Familie ernähren konnte und schließlich der kurzsichtigen Geschäftspolitik seines Vaters zum Opfer fiel.

the weight of his twin urges to transform the world and fill his own pockets. Chekhov gave us both sides.[149]

Gor'kij und Čechov weisen sowohl biographisch als auch literarisch manche Parallele auf, obwohl sich ihre Route durch die geschichtliche, politische und kulturelle Landschaft Russlands verschiedene Wege bahnten. Beide waren in Kleinunternehmer-Familien aufgewachsen, beide sahen sie die russische Gesellschaft zuerst aus der unteren, geld- und geschäftsdeterminierten Perspektive: Čechov von der Ladentheke seines Vaters aus, wo er als Kind sehr viel Zeit verbrachte, und Gor'kij aus dem Blickwinkel der Straße, wo er seine Jugend erlebte. Beide Schriftsteller passten sich später erfolgreich der Intelligencija an[150]. Diese Erfahrungen bestimmten die Position beider Schriftsteller im Diskurs, sie brachten eine neue, persönliche Perspektive in die literarische Darstellung von Unternehmern ein, die bis dahin außen vor geblieben war.

Gor'kijs frühes Werk stellt die Verarbeitung des Schicksals eines talentierten, aber von widrigen Umständen geplagten Individuums dar. Er lehnte sich gegen die Gesellschaft auf, die durch Geld, starre Klassenzugehörigkeit und konservative Familientraditionen determiniert war. Deswegen sind Gor'kijs Helden in seinem Frühwerk überwiegend außergewöhnliche Individuen, die sich über die ihnen auferlegten Grenzen der Klassenzugehörigkeit erheben. So entstand eine Reihe von Protagonisten, die Gor'kij *Vagabunden* oder *Barfüßer* (bosjaki) nennt. Dies sind sozial entwurzelte, außerhalb der herrschenden Moral stehende Helden, die keiner Ideologie folgen und nach einer Art Freiheit streben.[151] Es sind vor allem verarmte Bauern oder demobilisierte Soldaten, die durch das Land ziehen oder als Diebe oder Bettler in den Armenvierteln der großen Städte leben. Der junge Gor'kij begegnete diesen Menschen auf seinen Reisen und schätzte ihre Freiheitsliebe und ihren menschlichen Solidaritätssinn.

In seinem Werk stehen sie, wie auch Gor'kij, den Kleinbürgern und den Bauern ablehnend gegenüber und verachten den Egoismus der Reichen, deren Habgier sie verurteilen. So ist z.B. Čelkaš, der Held der gleichnamigen Erzäh-

149 Rieber 1982, S. 121f.

150 Vgl. Clowes, Edith u.a. (Hrsg.) (1991): *Between Tsar and People: Educated Society and the Quest for Public Identity in Late Imperial Russia*. Princeton, S. 274.

151 So schreibt Mathewson über Gor'kijs Suche nach seinem literarischen Helden: »He did not limit his search to a single class or look for a single set of admirable qualities through the range of castes and classes in Imperial Russia.« (Mathewson 1975, S. 166).

lung (*Челкаш* - 1894), der mit großer Sympathie, jedoch ohne Idealisierung von Gor'kij gezeichnet wird, charakterisiert. Der Autor unterstreicht zwar seine positiven Eigenschaften, wie Energie, Entschlossenheit und Unabhängigkeit, übersieht jedoch nicht seine kriminelle Natur. Als sozialer Außenseiter und gesellschaftlicher Rebell avanciert dieser Barfüßer (*bosjak*) zum literarischen Helden und erlangt einen anerkannten Platz im literarischen Diskurs. Gor'kij unterzog auf diese Weise die russische Gesellschaft einer kritischen Betrachtung. Er prangerte die Ordnung, die durch die Gier der Besitzenden (Unternehmer, Industrielle, Adel), ungleiche Geldverteilung und die hungerleidende Bauernschaft determiniert wurde, an. Er vermied jedoch die für die Intelligencija so typische Romantisierung der Bauern.[152] Mehr noch, Gor'kij begegnete dem russischen Bauerntum, das für ihn die barbarische, unzivilisierte Seite des russischen Charakters verkörperte, lebenslang mit großer Antipathie.[153]

Auf der Suche nach seinem positiven literarischen und gesellschaftlichen Helden schloss Gor'kij jedoch nicht nur die Bauern, sondern auch die Intelligencija aus. Das ist aus diskursanalytischer Perspektive ein markanter Bruch, denn zuvor wurde dieser gesellschaftlichen Klasse allein eine mögliche Führungsrolle zuerkannt. Gor'kij dagegen beschrieb die Intelligencija als eine sozial und psychologisch schwache Gruppe, die ihre führende Rolle bereits eingebüßt hätte. In seinem wohl berühmtesten Werk über die Intelligencija, *Das Leben des Klim Samgin* (*Жизнь Клима Самгина* – 1927-1936), schuf Gor'kij eine intellektuelle Figur, durch deren Wahrnehmungsprisma er die historischen Ereignisse in Russland beschrieb. In dieser Figur wird die Passivität und Schwäche der Intelligencija offensichtlich gemacht, gleichzeitig musste auch Gor'kij anerkennen, dass diese Gruppe sich innerhalb des eng kontrollierten gesellschaftlichen Raumes nicht frei entfalten konnte. Einige Gor'kij-Forscher sehen in seiner Figur des Barfüßers die endgültige Absage an und Degeneration des »überflüssigen Menschen«.[154]

In diesem Punkt erschütterte Gor'kij die bis dahin festgelegte Hierarchie der literarischen Helden und markierte den Riss im literarischen Diskurs, indem er der Intelligencija ihre führende Rolle und gesellschaftliche Mission

152 Vgl. Holmgren 1998, S. 34.

153 Vgl. Knigge, Armin (1994): *Maksim Gor'kij. Das literarische Werk*. München: Wewel, S. 15.

154 Vgl. Hare, Richard (1962): *Maxim Gorky: Romantic Realist and Conservative Revolutionary*. London: Oxford University Press, S. 27.

aberkannte. Trotz der vehementen Abneigung gegen den menschenverachtenden Kapitalismus suchte er im Unternehmermilieu, das er gut kannte, nach geeigneten positiven Helden. Für ihn waren dies vor allem die Typen, die sich durch starke Willenskraft, Energie und Initiative auszeichneten, so z.B. Ignat Gordeev, der Unternehmer aus seinem frühen Roman *Foma Gordeev* (*Фома Гордеев* - 1899), ein Charakter, den Gor'kij folgendermaßen beschreibt:

Kräftig, gutaussehend und nicht dumm, gehörte er zu jenen, die überall von Erfolg begleitet sind, weniger weil sie sonderlich begabt oder tüchtig waren, als vielmehr weil sie, mit ungeheuren Kräften ausgestattet, auf dem Weg zu ihren Zielen gar nicht die Muße finden, die Wahl ihrer Mittel zu bedenken, ja nicht einmal imstande dazu sind, und weil sie einzig das Gesetz ihrer Begierde kennen. Manchmal sprechen sie scheu von ihrem Gewissen, manchmal plagen sie sich weidlich damit ab. […] Als gäbe es drei Gordejews, so lebten drei Seelen in seiner Brust. Die eine, mächtigste, war nur gierig, und tat Ignat, was sie ihn hieß, war er von unbändiger Arbeitswut erfüllt. Diese Leidenschaft loderte in ihm Tag und Nacht, sie verbrannte ihn. […] Aber wenn die Jagd nach dem Rubel ihn auch beinahe aufrieb, war er doch nicht raffig im eigentlichen Sinne des Wortes, es kam vor, dass er sich gegen seinen Besitz geradezu gleichgültig verhielt. […] Die zweite Seele, die wilde, lüsterne Seele des hungergepeitschten Tieres. Er spielte sich frech und zynisch auf, trank […] er war ganz rappelig, in seinem Innern brodelte ein Schlammvulkan.[155]

Seine dritte Seele ist jedoch zutiefst reumütig und religiös geprägt. Nicht zufällig werden drei Seelen von Ignat Gordeev zum Ausdruck gebracht. Diese Ansicht korrespondiert mit dem Aufsatz *Zwei Seelen* (*Две души*), den Gor'kij 1915 schrieb und in dem er über die Problematik des russischen Nationalcharakters nachdenkt. Auch hier unterscheidet Gor'kij mehrere »Seelen«, die einem russischen Menschen innewohnen: die eine Seele, die asiatische, neige zu Passivität, Fatalismus und Träumerei, die andere »europäische« verkörpere den westeuropäischen Typus des denkenden und zielbewusst handelnden Menschen, einer starken Persönlichkeit, die zum Heroismus fähig sei.[156]

155 Gor'kij, Maksim (1976): *Foma Gordejew*. München: Winkler, S. 7ff.

156 Vgl. Knigge 1994, S. 14f.

Hier wird eine Anknüpfung an den historischen nationalen Diskurs sichtbar, indem Gor'kij seine Helden nicht nur im Rahmen einer sozialen Rolle betrachtet, sondern auch nach ihrer nationalen Eigenart fragt. Ignat Gordeev vereint in sich sogar drei Seiten: eine geschäftstüchtige, energische und von seiner Berufung inspirierte, die den eher rational, westeuropäisch orientierten Menschen verrät und an den Typus des charismatischen Unternehmers bei Weber erinnert, eine zweite, wilde, leidenschaftliche, maßlose, die eher mit den asiatischen Wurzeln verbunden ist, und die dritte, tief religiöse, bußfertige, wehmütige Seite eines russisch-orthodoxen Christen. Diesem Typen begegnete Gor'kij mit deutlicher Sympathie. Barry Scherr vertritt die Meinung, dass Gor'kij in diesem Helden das Potential gesehen habe, sich über das eigene Wohl zu erheben und die leidvolle Situation der anderen zu verbessern[157]. Diesen Glauben an den Unternehmer schöpfte Gor'kij erstaunlicherweise aus den Volkserzählungen seiner Großmutter.[158]

Der volkstümliche Diskurs, den Gor'kij als Kind internalisierte, war von einer gewissen Faszination für die nahezu fantastische Energie und Leidenschaft der russischen Unternehmer, die sich aus eigener Kraft nach oben gearbeitet hatten, geprägt. Ähnlich wie seine Landstreicher sind seine Unternehmer exzentrisch und rebellisch, manchmal bis zur Selbstzerstörung. Diese Unternehmer zeichnen sich zudem durch ihren unentwegten Tatendrang und einen größeren Handlungsspielraum aus, als ihn die rechtlosen Vagabunden haben. Gerade diese Eigenschaften, wie Exzentrik, Rebellion und unermüdliche Energie machen ihre Tiefe und Anziehungskraft aus, die nach Auffassung von Gor'kij den westeuropäischen Unternehmern fehlten.[159]

Aber dieser Typus bleibt eine singuläre Erscheinung in Gor'kijs literarischem Universum. Ihm entgegen treten im Roman zahlreiche negativ konnotierte Unternehmertypen, wie der zynische Kaufmann und gerissene Geschäftsmann Jakov Majakin mit seiner menschenverachtenden Lebensphilosophie des Geldes[160] oder der skrupellose und brutale Holzgroß-

157 Vgl. Sherr, Barry (1988): *Maxim Gorky*. Boston: Twayne, S. 36f.

158 Akulina Ivanovna Kaširina war nach den Worten Gor'kijs »der meinem Herzen nächste, verständlichste und teuerste Mensch«. Die Großmutter erscheint auch als eine Vertreterin der Talente und der Kunst des Volkes: sie war eine Virtuosin der Volkssprache, mit den Liedern, Märchen und Erzählungen der Großmutter beginnt die »Literatursprache« des künftigen Schriftstellers Gor'kij. (Vgl. Knigge, 1994, S. 24).

159 Vgl. Holmgren 1998, S. 39.

160 »Der sparsame Tischler findet für jedes Spänchen noch eine nützliche Verwendung – und so muss auch der Mensch für die Sache genutzt werden, ganz bis zum letzten Äderchen« (Gor'kij,

händler Ananij Ščurin. Aus diskursanalytischer Perspektive kann dies jedoch als ein Versuch gedeutet werden, einem bestimmten Unternehmertypus, wie Ignat Gordeev, Fähigkeiten zuzuerkennen, die ihn als einen positiven Helden konstituieren. Aber auch Gor'kij ließ die Kinder von Ignat Gordeev nicht seine Begabungen und seine Führungseigenschaften erben, so dass sich diese positiv besetzte Rolle in der nächsten Generation nicht weiter entfalten konnte.

Er beschreibt hier den bereits aus historischer Perspektive erläuterten Generationswechsel in den Unternehmerfamilien am Ende des 19. Jahrhunderts. Die Söhne und Töchter aus den erfolgreichen Unternehmerfamilien hatten sich von ihren Vätern entfremdet und distanziert. Gelöst jedoch hatten sie sich nicht, so befanden sie sich in einem Dilemma, gefangen zwischen den Ständen, zwischen den Klassen, zwischen den verschiedenen Lebensphilosophien, zu keiner richtig zugehörig. Deswegen wurden sie von Gor'kij häufig als Schwächlinge oder Krüppel dargestellt, unfähig zum Handeln, manchmal unfähig zum Überleben. Der Generationsbruch wird offensichtlich, seine Tragik besteht darin, dass die Väter kein geistiges Kapital an ihre Kinder weitergeben können, durch das Festhalten an ihrer Lebenseinstellung lassen sie den Kindern keine Möglichkeit zur freien Entfaltung. Auf der anderen Seite sind die Nachfahren nicht fähig, die positiven unternehmerischen Eigenschaften ihrer Väter und somit ihre Geschäfte zu übernehmen. Die einen wissen oft nicht, was sie mit ihrem Leben anfangen sollen und geraten nicht selten in den sozialen und gesellschaftlichen Abgrund.[161] Die anderen fliehen und verstecken sich vor den Forderungen des Lebens, wie z.B. der Sohn der Unternehmerin Vassa Železnova aus dem gleichnamigen Drama Gor'kijs, der keinen anderen Ausweg findet, als sich in einem Kloster abzuschotten. So resümiert Watts, dass die Kaufmannskinder zur nimmer endenden Selbstunzufriedenheit, Entfremdung und Selbstzerstörung verdammt sind.[162] In diesem Zusammenhang wird das alte diskursive Modell des selbstzerstörerischen Schicksals der Unternehmer erneut aufgegriffen und auf dem Hintergrund neuer historischer Begebenheiten weiter geführt.

1976, S. 116).

161 Der Sohn von Ignat Gordeev, Foma, begreift seine geistige Leere allmählich, entsagt sich dieser Gesellschaft und endet sein Leben als Irrer und Aussätziger.

162 »As a group, the children of both the old and new wealthy, of successful businessmen, seem to follow self-destructive paths or else refuse to follow their fathers into business. The children suffer and the families disintegrate. New money and old money, the children are damned, and the authors do not suggest any reason other than money.« (Watts, Emily Stipes (1982): *The Businessman in American Literature*. Athens: University of Georgia Press, S. 71).

Die Unternehmerthematik setzte Gor'kij in seiner autobiographischen Trilogie[163] fort, in der er die unglückliche Geschichte seiner kleinbürgerlichen Unternehmerfamilie schildert. Gor'kij, der nach dem Tod seines Vaters im Haushalt des Großvaters lebte, konnte die Generationentragödie beobachten und berichtet über die eigenen, oft schwierigen Erfahrungen damit im ersten Teil seiner Trilogie *Meine Kindheit* (*Детство* - 1913). Gor'kij beschreibt seinen Großvater als eine ambivalente Persönlichkeit: er verkörpert einerseits den autoritären Patriarchen, der über alles im Hause entscheidet, seine Frau mit Schlägen traktiert und seinen Unmut über jede ausgegebene Kopeke alle spüren lässt, andererseits ist er ein erfolgreicher Geschäftsmann, der seinen Betrieb klug und energisch führt.[164] Seine Onkel stellt Gor'kij als entartete Persönlichkeiten (faul, gierig, alkoholabhängig, brutal) und seine Mutter als leidendes Opfer dar.

Die positive weibliche Figur in diesem Werk ist seine Großmutter, die ihm Märchen und Volksgeschichten erzählt. Sie flieht vor der Realität in eine tiefgehende Religiosität. Aber auch sie entgeht ihrem tragischen Schicksal nicht und verfällt der Apathie und der Trunksucht. Sein wahrer Held wird der Vater, den er zuerst in Erzählungen seiner Großmutter kennenlernt und dementsprechend glorifiziert. Den Vater stellt Gor'kij sich als einen einsamen, stets ehrlichen und unbestechlichen Helden vor. Er solle die unternehmerische Initiative vom Großvater geerbt und eine Arbeitsethik ohne jegliche Spur von Materialismus verkörpert haben.[165] So wuchs Gor'kij auf, umgeben von männlicher Brutalität und Gier und von weiblicher Passivität und Aufopferung, und wurde Zeuge der Deklassierung und der Degradierung seiner mittelständischen Unternehmerfamilie. Diese Erfahrungen flossen in sein Werk ein, in dem die weiblichen Mitglieder der Unternehmerfamilien als Opfer dargestellt werden. An dieser Stelle sind die Verknüpfungen zum literarischen Unternehmerdiskurs bei Ostrovskij sichtbar, der der Frau eine ähnliche Rolle innerhalb des Unternehmermilieus zuschrieb.

Die Palette der Unternehmercharaktere endet damit nicht, in weiteren Werken von Gor'kij findet man vereinzelt interessante Unternehmerporträts. Im Gor'kijs zweitem Roman, *Drei Menschen* (*Трое* - 1900/1901), stellt der Autor

163 Die dreiteilige Autobiographie »Meine Kindheit« (*Детство*), »Unter fremden Menschen« (*В людях*) und »Meine Universitäten« (*Мои университеты*) umfasst die Zeit vom dritten bis zum 20. Lebensjahr Gor'kijs (1871-1888) und ist zwischen 1912 und 1923 entstanden.

164 Vgl. Knigge 1994, S. 23.

165 Vgl. Holmgren 1998, S. 38.

die Lebensgeschichte des aus dem Elend aufgestiegenen Unternehmers Ilja Lunev dar. Er ist insoweit mit dem psychologischen Typus Foma Gordeevs verwandt, als dass auch er seine unternehmerische Karriere und verzweifelt sein Leben aufgibt. Gor'kij zeigt am Beispiel dieser literarischen Figur das Scheitern eines falschen Ideals (Macht durch Besitz), eine Niederlage, die der Held jedoch mit gewissem Stolz anerkennt.

In den späteren Dramen *Vassa Železnova* (1910), *Die Zykovs* (*Зыковы* - 1914) und *Der Alte* (*Старик* - 1914) zeigt Gor'kij, wie der starke Charakter eines Unternehmers der alten Generation durch den Einbruch des neuen Zeitalters und durch den ungelösten Konflikt mit der Nachfolgegeneration an Kraft verliert und resigniert.[166] Zwar avancierte im späteren Werk Gor'kijs ein volkstümlicher Revoluzzer zu seinem bevorzugten Helden, der alle Widersprüche der Revolution in sich auflösen und den Traum vom Gottesbauerntum (*bogostroitel'stvo*) verwirklichen sollte[167], Gor'kij gelangen jedoch, nach Ansicht von Voronskij[168], die Vagabunden, die Kaufleute, die Narren und Sonderlinge durchweg besser und überzeugender als die Revolutionäre[169]. Die Anerkennung und sogar eine gewisse Bewunderung, die Gor'kij in der Darstellung seiner oft widersprüchlichen Unternehmercharaktere ausdrückt, wurde allerdings im späteren literaturkritischen Diskurs ausgeklammert, denn dies wäre mit seiner späteren Rolle als Verfechter der neuen sozialistischen Ordnung unvereinbar gewesen.

Ein anderer Zeitgenosse und Mentor Gor'kijs, Anton Čechov, nahm ebenfalls eine besondere Stellung innerhalb des literarischen Diskurses ein und eröffnete eine neue Perspektive auf das Phänomen des russischen Unternehmers, die so breit gefächert und differenziert war, wie es nie zuvor innerhalb der russischen Literatur möglich gewesen war. Wie bereits erwähnt, stammte Čechov wie Maxim Gor'kij aus einer Unternehmerfamilie. Sein Vater besaß einen kleinen Laden in Taganrog, in Südrußland, aber seine unternehmerische Karriere endete mit dem Bankrott, wie die von Gor'kijs Großvater Kaširin. Čechov half als Kind oft im Geschäft seines Vaters aus, aber im Gegensatz zur Gor'kijs Kindheit war die seine nie von extremer Härte und Düsterkeit des

166 Vgl. Knigge 1994, S. 58.

167 Ebenda, S. 16.

168 A. Voronskij, Chefredakteur der Zeitschrift KRASNAJA NOV' und ein guter Kenner von Gor'kijs Werk, schrieb 1926 einen Beitrag zur ersten sowjetischen Werkausgabe des Schriftstellers, in dem er die Idee einer tiefen Bewusstseinsspaltung als Wesensmerkmal Gor'kijs thematisierte.

169 Voronskij, A. (1982): *Izbrannye stat'i o literature*. Moskva, S. 43.

Familienlebens geprägt. Im Gegenteil konnte Čechov auf ein stabiles, vertrauensvolles Auffangnetz zurückgreifen, das Gor'kij verwehrt geblieben war. Seine fürsorgliche Mutter, das gute Verhältnis zu seinen fünf Geschwistern, die Möglichkeit, eine Ausbildung zu durchlaufen[170] spielten in Čechovs Leben eine große Rolle. Während Gor'kij einen langen beschwerlichen Weg, geprägt von schwerer körperlicher Arbeit und Entbehrungen, durchlaufen musste, bevor er schriftstellerisch und journalistisch tätig sein konnte, hatte Čechov bereits während seines Medizinstudiums die Möglichkeit, kurze Feuilletons und lustige Erzählungen zu publizieren. Durch sein Studium in der russischen Hauptstadt hatte Čechov bessere Möglichkeiten, sich als Schriftsteller zu profilieren und im literarischen Diskurs Fuß zu fassen. Darüber hinaus genoss Čechov im Gegensatz zu Gor'kij die Protektion des reichen, gebildeten und einflussreichen Verlegers Suvorin, der ihn professionell, finanziell und persönlich unterstützte.[171]

Seine besondere Stellung im literarischen Diskurs war dadurch gekennzeichnet, dass Čechov, selbst ein Unternehmersohn und Intellektueller, sich fern jeglicher Klassenzugehörigkeit positionierte. Gleich an wen Čechov sein literarisches Wort richtete, an einen einfachen Beamten oder an einen Intellektuellen, seine Position resultierte mehr aus Distanz und Klassenkritik als aus Loyalität und Sympathie gegenüber einer bestimmten gesellschaftlichen Gruppe. Čechov brachte im Unterschied zu Gor'kij nie explizit seine persönlichen Erfahrungen aus der Kindheit in seine Werke ein und begriff die Unternehmer nie als eine besondere Klasse.[172]

Die Überlegungen von Holmgren bieten einen Hinweis darauf, dass Čechov das Dilemma der professionellen Autoren, das in den 30er Jahren des 19. Jahrhunderts begann, nie ganz überwand. Seinen ökonomischen Habitus, geprägt von der ökonomischen Tätigkeit seines Vaters und seiner Kindheitserfahrungen im Geschäft der Eltern, brachte er nicht in sein literarisches Werk

170 Čechov absolvierte ein Medizinstudium. Diese Ausbildung als Arzt sicherte ihm überall und zu jeder Zeit ein stabiles Einkommen.

171 A.S. Suvorin (1834-1912) war Journalist, Verleger und Dramenautor. Er wurde bekannt als Eigentümer und eigentlicher Redakteur der Zeitung NOVOE VREMJA. Suvorin gelang es, ein Presse- und Verlagsimperium aufzubauen und Printmedien und Literatur zu Lesern sogar aus der weit entfernten russischen Provinz zu bringen. Suvorin war auch derjenige, der Čechov dabei unterstützte, den Sprung von der populären zur seriösen Literatur zu wagen. Er riet dem jungen Schriftsteller, das Schreiben wie am Fließband aufzugeben und sich emotional und ästhetisch einer höheren Aufgabe zu widmen.

172 Vgl. Holmgren 1998, S. 43f.

ein. Zuerst als Arzt tätig, später als professioneller Schriftsteller, thematisierte Čechov nie seinen eigenen Umgang mit Geld.

Was die beiden Schriftsteller allerdings verband war eine fehlende Idealisierung der russischen Bauern, die sie nicht mit dem verklärenden Blick der Intelligencija sahen. Seinem literarischen Schreiben verlieh Čechov keine ideologische Funktion, die ihm Antworten auf alle gesellschaftlichen Fragen gegeben hätte. Ihn interessierten vielmehr Charaktere, die sich mit ihren Illusionen und Paradoxien konfrontiert sehen und dadurch einen Sinn für universelle Gefühle angesichts persönlicher Beschränkungen und Frustration entwickeln. Man kann sagen, dass er das bis dahin fest verankerte literarische Heldentum ablehnte. Es gibt keine heroischen Helden bei Čechov, die eine bessere Welt in Aussicht stellen würden.

Obwohl Čechov seine Kindheit und frühe Jugend im Unternehmermilieu verbrachte, findet man seine literarischen Unternehmerfiguren erst in späteren Werken, so z.B. in den beiden kurzen Erzählungen *Weiberkönigreich* (*Бабье царство* - 1893) und *Ein Fall aus der Praxis* (*Случай из практики* - 1898) und in den Novellen *Drei Jahre* (*Три года* - 1894) und *In der Schlucht* (*В овраге* - 1899). Auch in *Der Kirschgarten* (*Вишневый сад* - 1903), seinem letzten Drama, thematisiert Čechov die Unternehmerproblematik, indem er einen Unternehmer der neuen Generation zeigt. Seine Unternehmerfiguren sind sehr ambivalent und nicht eindeutig zu bewerten. So schildert Čechov z.B. in der Erzählung *In der Schlucht* die erschreckende Geschichte einer Unternehmerfamilie. Im Zentrum der Geschehnisse stehen der bäuerliche Unternehmer Grigorij Cybukin und seine Familie, die in einem kleinen Dorf irgendwo in Zentralrussland leben. Cybukin, das Familienoberhaupt, zeichnet sich durch unternehmerisches Geschick und einen ausgeprägten Familiensinn aus:

> *Grigorij besaß einen kleinen Lebensmittelladen, aber das war bloß eine Ablenkung. Tatsächlich handelte er mit Wodka, mit Vieh, mit Leder, mit Korn, mit Schweinen, mit allem, was möglich war. […] Er kaufte Holz ein, verlieh Geld gegen Prozente und war überhaupt ein sehr geschäftstüchtiger Alter.*[173]

Der Alte war immer schon ein Familienmensch und er liebte seine Familie mehr als alles andere auf der Welt. Aber in das patriarchale Idyll dringen die

173 Čechov, A. P. (1947): *Polnoe sobranie sočinenij i pisem*. Sočinenija 7. Moskva, S. 547.

neuen kapitalistischen Verhältnisse ein, zerrütten und zerstören seine Familie. Die unternehmerische Aksinja, die in die Familie eingeheiratet hatte, übernimmt die Geschäfte vom alten Cybukin. Sie lernt schnell, wie die neuen Regeln des wirtschaftlichen Lebens funktionieren, und macht sich diese zu Nutzen. Auf ihrem Weg zum wirtschaftlichen Erfolg verwirft sie nach und nach die traditionellen Werte der Familie und schreckt selbst vor dem Mord an ihrem kleinen Neffen nicht zurück, der als Erbe für das Land vorgesehen ist, auf dem Aksinja eine Ziegelfabrik bauen will. Am Ende der Erzählung wird auch der alte Cybukin aus dem Haus gejagt und beendet sein Leben auf der Straße. Das Handeln der Protagonisten ist von den neuen ökonomischen Verhältnissen geprägt, die ihr tragisches Schicksal prädestinieren. Čechov zeigt jedoch, dass die bäuerlichen Ladenbesitzer und ihre Familien einen Kreis aus brutalen Tätern und Opfern gleichzeitig bilden. Ihre Geschäftstätigkeit verursacht bloß Neid, Gier und Grausamkeit, die zum psychischen und physischen Niedergang führen.

Auf der anderen Seite stehen die leidenden Charaktere der neuen Generation von Unternehmern, deren innere Tragik Čechov in seinen Werken aufdeckt. Er zeigt, dass die Töchter und Söhne der alten Kaufmannschaft zwar ein Beispiel für Klassenmobilität und Fortschrittsdenken darstellen, aber in Wirklichkeit von zahlreichen Zwängen gefesselt sind. Das sind vor allem die Zwänge ihres Standes, der für sie einen bestimmten Weg vorsieht. Das Streben, sich davon zu befreien, ist sehr stark, aber dieses zu verwirklichen, schaffen nur die wenigsten von ihnen.

In den Erzählungen *Weiberkönigreich* und *Ein Fall aus der Praxis* fokussiert Čechov seine Perspektive nicht auf die Unternehmersöhne, sondern auf die Töchter und bringt so eine neue Wendung in den literarischen Unternehmerdiskurs. Statt mit dem Komplex »starker Vater - schwacher Sohn«, den Gor'kij dem Leser anschaulich vor Augen führte, beschäftigte sich Čechov mit dem Komplex »strenger Vater – leidende Tochter«[174].

In beiden Erzählungen sind es die Töchter der reichen Unternehmer, die unter der Last ihres Standes leiden und diesem zu entfliehen versuchen. Die Tragik dieser Figuren besteht darin, dass die Unternehmertöchter als sensible und begabte Frauen, als die Čechov sie darstellt, keine Möglichkeit haben, ihr Leben selbstständig zu gestalten und sich von der von den Vätern auferlegten Bürde zu befreien. So leben sie gefangen zwischen ihren Träumen, Wünschen

174 Vgl. Holmgren 1998, S. 44.

und ihrem Leiden. So muss z.B. Anna Glagoleva aus der Erzählung *Weiberkönigreich* als einzige Erbin die Leitung der Fabrik ihres Onkels übernehmen. Diese Aufgabe empfindet sie als große seelische Last und fühlt sich dem ganzen geschäftlichen Trubel fremd: »Als der Vater noch lebte, gab es mehr Ordnung, weil er selber ein Arbeiter war und wusste, was zu tun war. Ich dagegen habe keine Ahnung und mache nur Dummheiten«[175]. Gegenüber dem befreundeten Anwalt Lysevič äußert Anna ihre Bedenken und Ängste:

Verstehen sie mich doch, ich trage allein die Verantwortung für eine riesige Fabrik, für zwei Tausend Arbeiter, für die ich mich vor Gott verantworten muss. Die Menschen, die für mich arbeiten, erblinden und werden taub. Es ist schrecklich, so zu leben, ich habe Angst! [...] So ein Leben weiter zu führen oder einen Menschen zu heiraten, der genau so wie ich zu nichts fähig ist, kann ich nicht, es wäre ein Verbrechen. Ich kann so nicht weiter leben, - sagte sie entschieden, - ich kann nicht.[176]

Anna ist keine Neureiche, die ihren Besitz zur Schau stellt, sondern eine uneigennützige Reisende, die die Schönheit der Landschaften bewundert und genießt. Sie hegt ein idealistisches Bild von der Vergangenheit, als die Familie noch arm war und sie mit ihrer Mutter unter einer Decke schlief. Die schönen Erinnerungen an die verlorene Familie, an die kleinen Freuden ihres Kinderdaseins holen sie immer wieder ein und versetzen sie in eine melancholische, weltfremde Stimmung. Sie sucht nach einem Ausweg, der ihrem Leben einen Halt gibt, aber dieses Traumgebilde ist äußerst fragil. Der Weg zurück ist für sie insofern versperrt, als dass sie ihren Komfort und den hohen Lebensstandard aufzugeben nicht bereit ist. Die Fesseln der Bequemlichkeit, geknüpft durch den neuen gesellschaftlichen Status und durch das reichlich vorhandene Geld, binden auch ihre geistigen Möglichkeiten und verdammen sie zur Passivität.

Čechov beschreibt ausführlich, wie das Essen und die festlichen Rituale im *Weiberkönigreich* langsam ihr Leben bestimmen:

Anna Akimovna war so hungrig, weil sie seit dem Morgen noch nichts gegessen hatte. Sie bekam zuerst einen bitteren Kräuterschnaps, den sie

175 Čechov 1947, S. 298.

176 Ebenda, S. 320.

austrank und dazu Speck mit Senf aß. Sie fand es ausgesprochen schmackhaft. Dann brachte das Zimmermädchen noch die Pute, eingelegte Äpfel und Stachelbeeren. Auch das gefiel ihr sehr gut.[177]

Diese detaillierten Beschreibungen des festlichen Essens korrespondieren mit dem Zelebrieren der Essensrituale im Roman *Oblomov* von I. Gončarov, die als Zeichen für den allmählichen geistigen Niedergang des Helden gedeutet werden können. Das Leben im Wohlstand, determiniert durch materielle Interessen, wird auch von Čechov als nichtig und amoralisch dargestellt. Annas Weg interpretiert Robert Jackson als »Kapitulation des bürgerlichen Ethos«[178].

Mit diesen Unternehmerporträts vollzog Čechov eine entscheidende Revision der literarischen Traditionen, die von der schreibenden Intelligencija vertreten worden waren. Statt eine Karikatur auf die neue Klasse der Unternehmer zu zeichnen, wertete Čechov diese Figuren auf und zeigte sie in einem tiefgründigen menschlichen Dilemma gefangen, determiniert durch ihre Herkunft und ihre gesellschaftliche Position zwischen den Ständen. Viele seiner Unternehmercharaktere besitzen ein hohes Maß an Selbstreflexivität und werden als nachdenkliche und komplexe Individuen dargestellt. Seine Heldinnen wie Anna Glagoleva oder die Unternehmertochter aus *Ein Fall aus der Praxis* werden als sensible, tiefe Naturen herausgearbeitet. Diese Interpretation der Frauen aus den Unternehmerfamilien ist auf der Folie des untersuchten Diskurses ein literarisches Novum.

Čechov vollzog innerhalb des literarischen Diskurses eine entscheidende Revision der alten Bilder und schuf eine bis dahin kaum bekannte Vergeistigung des Unternehmerimages. Čechovsche Unternehmer sind zwischen ihrem Status und ihrem Empfinden hin- und hergerissen und zeichnen sich durch psychologische Tiefe und Individualität aus. Čechov versuchte, einen inneren Schnitt dieser Gruppe im Rahmen des literarischen Diskurses vorzunehmen, und zeigte ihre Tragödien, Schwächen, Krankheiten, die eine typische Unternehmerfamilie von innen zermalmen. Somit wird der Unternehmerdiskurs mit einem psychologischen Diskurs verquickt, was bis dahin kaum zu beobachten war. Die Unternehmer wurden aus dieser Perspektive neu gedeutet.

177 Ebenda, S. 326.

178 Jackson, Robert (1987): *Chekhov: A Collection of critical Essays*. New Jersey: Prentice-Hall, S. 92.

Čechov destigmatisierte ferner die diskursiv verankerte kausale Verbindung zwischen dem Unternehmer und der Dominanz seiner materiellen Interessen. Zwar genießt Anna Glagoleva feine Kleidung und gutes Essen, wie auch Laptev aus Čechovs Novelle *Drei Jahre* leidenschaftlich Kunstwerke sammelt, doch werden diese Figuren nicht bloß auf ihren Wohlstand reduziert. Čechov versuchte evident zu machen, dass das Geldausgeben zur Natur ihrer Geschäfte gehört. Viel öfter zeigt er aber auf, dass die Konsumgewohnheiten seiner Protagonisten nie über ihren menschlichen Interessen stehen.

Als letztes Beispiel möchte ich auf Čechovs Drama *Der Kirschgarten* eingehen. Hier findet man eine ganze Palette an Charakteren, die weder Verbrecher noch Helden oder Opfer sind. Das Sujet verdichtet sich um den Verkauf des Kirschgartens, den die in finanzielle Schwierigkeiten geratenen adeligen Besitzer an ihren früheren Bauern und jetzigen neureichen Unternehmer Lopachin verkaufen müssen. Die Adeligen Ranevskaja und ihr Bruder Gaev, die den Kirschgarten als einen idealisierten Ort ihrer Jugend, geistige Quelle der Ruhe und Träume verherrlichen, sind von dem ökonomischen Vorhaben des neuen Besitzers bestürzt. Lopachin beabsichtigt nämlich, den Kirschgarten abzuholzen und an dessen Stelle Ferienwohnungen zu bauen, die er dann gewinnbringend vermieten kann. Der idealistischen, fremd jeglicher materiellen Interessen stehenden Vorstellung der adeligen Besitzer steht die kalkulierte, völlig unsentimentale Entscheidung des Geschäftsmannes Lopachin gegenüber.

Die Naivität und die geistige Verträumtheit der adeligen Geschwister zerschellt an den harten Realien des von kapitalistischen Verhältnissen geprägten Lebens. Čechov bewirkt hier ein äußert subtiles Spiel der Charaktere, die durch eine Schwarz-Weiß-Perspektive nicht zu begreifen sind. Zwar vergießen Ranjevskaja und Gaev bittere Tränen angesichts ihres Traum- und Statusverlustes, aber ihre Sentimentalität und Emotionalität stehen außerhalb des realen Lebens. Als symbolisches Zeichen dafür dient die Figur des alten Dieners Firs, der am Ende des Dramas von seinen früheren Herren in dem verlassenen Haus wie ein altes Möbelstück vergessen wird. Auch Lopachin ist zwischen den alten Freundschaftsgefühlen und Sympathie den früheren Besitzern gegenüber und dem Streben, sich zu behaupten und als neuer Herr zu triumphieren, innerlich zerrissen. Er bietet zwar Ranevskaja und Gaev seine Hilfe und seinen wirtschaftlichen Rat an, dies wird aber von ihnen abgelehnt. Čechov präsentiert mit dieser Figur ein Beispiel für einen aktiven, energischen, hilfsbereiten Unternehmer, der allerdings von den gleichen existenziellen Fragen geplagt wird wie die anderen Čechovschen Unternehmercharaktere.

In seiner Darstellung der neuen Unternehmer gelang es Čechov, ein freilich fragmentarisches, aber vielschichtiges Bild der sozioökonomischen Mitte der russischen Gesellschaft der vorletzten Jahrhundertwende zu schaffen. Gleichzeitig vollzog er eine diskursive Revision der alten literarischen Ordnung, deren Koordinaten bis dahin relativ fest verwachsen gewesen waren, indem er das Unvermögen und die Schwäche der russischen Intelligencija und des Adels sowie die Tragik des Unternehmertums literarisch ausarbeitete.

Somit zählt Čechov neben Gor'kij zu den letzten Schriftstellern, die Unternehmerfiguren in der Kunstliteratur einen bedeutenden Platz einräumten. Sie machten das neue gesellschaftliche Phänomen literaturdiskursfähig. Beide präsentierten den Wechsel der Elitenpositionen in Russland, beide brachten ihre eigenen Klassenerfahrungen in ihre literarischen Werke ein. Somit überdachten sie das Konzept der Klassenhierarchie und dekonstruierten dieses teilweise vor allem durch ihre Revision der Hierarchie der literarischen Helden.

Nach der Revolution von 1917 verschwand der Unternehmer als literarische Figur aus dem Diskurs zeitgleich mit dem »Ausradieren« dieser sozioökonomischen Gruppe aus dem realen Leben des Landes. Nur ein flüchtiges Aufblitzen dieser Thematik in der NÖP[179]-Zeit, bestimmt durch ein kurzes Aufblühen der unternehmerischen Tätigkeit in den 20er Jahren in Sowjetrussland, lieferte eine Reihe von meist satirisch dargestellten Unternehmerporträts. Somit wurde ein neuer Unternehmerdiskurs aufgemacht, determiniert durch ideologische und politische Vorgaben, nach denen der Unternehmer die Rolle des neuen »Klassenfeindes« einnehmen sollte.

Satire als aktuelle Reaktion auf die gesellschaftlichen Veränderungen und Missstände eignete sich gut für die Kritik gegen die aufs Neue aufsteigende Klasse der Unternehmer. Die sowjetischen Satiriker, wie Zoščenko, Bulgakov, Il'f und Petrov, Oleša u.a. benutzten die Figur des Unternehmers als Kritikfolie für die Erscheinungen der neuen gesellschaftlichen Ordnung, die mit der Ideologie nicht konform gingen.

Nach dem Übergang zur Neuen Ökonomischen Politik (NÖP), die 1921 vom X. Parteitag der KPR(B) beschlossen worden war,[180] kamen neue Organi-

179 NÖP (*NĖP*) – Neue Ökonomische Politik (*Новая экономическая политика).*

180 Nach dem Aufstand der Kronstädter Matrosen im März 1921 sah die sowjetische Regierung den

sationsformen des wirtschaftlichen Lebens zum Vorschein, die soziale Unterschiede und die damit verbundenen Konflikte evident machten. Die sowjetischen Literaten reagierten auf diese Umwälzungen und setzten sich mit den neuen und alten gesellschaftlichen Problemen in ihren Werken auseinander. Die Objekte ihrer Kritik waren unter anderem die neuen Unternehmer, die sogenannten NÖP-Männer (*nėpmany*). Zwar war die Funktion der Satire und die Rolle der Satiriker in der neuen sowjetischen Gesellschaft umstritten[181], man kann diese Zeit aber dennoch als Blüteperiode der sowjetischen Satire betrachten.

So gehörte z.B. Michail Zoščenko bis Mitte der dreißiger Jahre zu den populärsten Satirikern der Sowjetunion. Seine Bücher wurden in hohen Auflagen gedruckt und waren bei der Leserschaft sehr beliebt.[182] Zoščenko vertrat die Konzeption einer »positiven Satire«, die die negativen Erscheinungen der Wirklichkeit aufdecken und auslachen sollte.

Für die folgende Untersuchung ist sein Werk von besonderem Interesse, weil Zoščenko seine Satire vor allem gegen den Kleinbürger (*meščanin*, *obyvatel'*) richtete. Wie bereits erwähnt, wird der Begriff *meščanin* in seiner negativen Bedeutung seit längerer Zeit im literarischen Diskurs in Verbindung mit dem Unternehmer gebraucht. Die Kleinbürger wurden nicht nur als ungebildet, geistig beschränkt und materiell ausgerichtet angesehen, sondern auch als apolitisch und ideologisch unzuverlässig. Darunter fasste man auch die neuen NÖP-Unternehmer zusammen, die durch die Belegung mit diesem Begriff mit den gleichen negativen Bedeutungen versehen wurden. Auf diese Weise wurden die alten Oppositionen »gebildet vs. ungebildet«, »Intellektueller vs. Unternehmer«, die den literarischen Diskurs mitbestimmten, in der sowjeti-

---

Ausweg aus der wirtschaftlichen Misere in der Neuen Ökonomischen Politik (NÖP), die die Requisitionen von Naturalabgaben der Bauern ablösen und den Verkauf der Überschüsse zulassen sollte. Außerdem wurde ein freier Binnenhandel erlaubt und es wurden Konzessionen an freie Unternehmer erteilt. Dank der NÖP wurde die Versorgungslage in Russland rasch verbessert. (Vgl. Lauer 2000, S. 592).

181 In der Forschung wird von zwei Höhepunkten der Satire-Diskussion in den 20er-30er Jahren gesprochen: von dem Anfang der Debatte über die Rolle des satirischen Feuilletons in der Zeit zwischen 1923 und 1925 und von dem Streit an der Jahreswende 1929/1930. Diskutiert wurde vor allem die Rolle der Satire in der sowjetischen Gesellschaft, die nun frei von »äußeren Feinden« war und keine Themen zum Auslachen hatte. Zum anderen sollte das Wesen der Satire geändert werden: da sie nicht mehr als Mittel im Klassenkampf eingesetzt werden konnte, konnte die »sozialistische Satire« nicht mehr auf das Gesellschaftliche, sondern nur noch auf das Individuelle gerichtet werden. Satiriker sollten zu Moralisten werden, die lediglich Ausnahmeerscheinungen der Wirklichkeit aufzeigten. (Vgl. Mai, Birgit (1993): *Satire im Sowjetsozialismus*. Bern u.a.: Lang, S. 11f).

182 In den 20er-30er Jahre schrieb Zoščenko über 480 Kurzgeschichten, die dem Schriftsteller eine enorme Popularität bei den Lesern einbrachten.

sche Literatur reaktiviert. Dazu kamen noch zusätzliche, ideologisch gefärbte Konnotationen. Das Kleinbürgerliche war für Zoščenko nicht nur mit Rückständigkeit verbunden, sondern auch mit einer latenten Gefahr für die neue sowjetische Gesellschaft. Zoščenko war jedoch bewusst, dass die menschliche Natur sich nicht so schnell ändern kann, seine Figuren und Skaz-Erzähler[183] belegen das. Er machte evident, dass die sozialistische Rhetorik nur äußerlich blieb und polemisierte gegen das Konzept des Neuen Menschen. Die Unternehmerfiguren treten nie als Erzähler auf, ihnen wird auf diese Weise das Sprecherrecht im literarischen Diskurs verwehrt. Sie dienen ausschließlich als Kritikobjekte und werden selten als komische Figuren dargestellt. Ihre Darstellung bei Zoščenko ist zu negativ, als dass man über sie lachen könnte, und vermittelt den Eindruck, mit einem abscheulichen, aber mächtigen und gefährlichen Gegner konfrontiert zu sein:

Und da steigt er aus, krächzend, sabbernd und sich alle naslang schnäuzend – Alexis mit seinem steifen Bein. Stellen Sie sich vor, ein richtiges Vieh, und die Visage erst – schiefe Nase, ein Backenknochen fehlt, und aus dem Auge trieft Eiter. Angezogen ist er modisch und elegant, aber man sieht es gleich, es hilft ihm nichts, im Gegenteil, es verstärkt noch sein höchst miserables Aussehen. Nichtsdestotrotz machen ihm alle die tiefsten Bücklinge und gucken ihn verzückt an. Ein Gewisper der Begeisterung und Hochachtung läuft durch die Reihen. […] Das ist ein Millionär.[184]

Auf der begrifflichen Ebene werden sie fast nie als »Unternehmer« betitelt, sondern ausschließlich als »Millionäre«, »NÖP-Männer« oder »Schieber«, was kaum Rückschluss auf legale ökonomische Aktivität zulässt.

In seinem späteren Werk *Das Himmelblaubuch* (*Голубая книга* - 1935) thematisiert Zoščenko zwar das Thema »Geld«, dem er einen Teil seines Buches widmet[185], aber die Unternehmer als Träger der gelddeterminierten Ordnung

183 Eine wichtige Besonderheit der Kleinerzählungen von Zoščenko bildet sein skaz-Erzähler. Skaz ist eine auch schon in den Werken Gogol's vorkommende pseudo-mündliche Erzählweise im umgangssprachlichen Duktus. Der Ich-Erzähler ist häufig ein ungebildeter Stadtbewohner, der in groteske Situationen gerät oder solche beobachtet.

184 Zoščenko, M. (1973): *Das Himmelblaubuch*. Berlin: Rütten & Loening, S. 14f.

185 *Das Himmelblaubuch* beinhaltet 5 Abschnitte (»Geld«, »Liebe«, »Arglist«, »Miseren« und »Erstaunliche Begebenheiten«). Die ersten vier sind nach demselben Muster aufgebaut: zuerst werden allgemeine Überlegungen zum Thema dargelegt. Danach werden diese Ansichten mit historischen Beispielen illustriert und schließlich folgen kurze Geschichten, die diese Thematik an aktuellem Material veranschaulichen. Jeder Teil endet mit einem zusammenfassenden Nach-

tauchen hier fast nie auf. Sie verschwinden hinter der allgemeinen Kritik an der zerstörerischen Macht des Geldes. Das in einem höchst moralisch-didaktischen Ton geschriebene *Himmelblaubuch* stellt auf ironische Weise die Macht des Geldes dar. Zoščenko geht davon aus, dass die Geschichte der ganzen Menschheit vom Geld determiniert werde. Es habe die Intentionen der Menschen zu allen Zeiten ihrer Entwicklung geleitet. Er unterstreicht jedoch gleichzeitig, dass die Bedeutung des Geldes im Sozialismus sich verändern und ausschließlich an die Arbeit für die Gemeinschaft angekoppelt werde:

> *Wir leben in einer eigentümlichen Zeit, in der sich die Einstellung zum Geld gewandelt hat. Wir leben in einem Staat, in dem die Menschen Geld für ihre Arbeit erhalten und nicht für irgendetwas sonst. Darum hat das Geld einen anderen Sinn und eine andere, edlere Bedeutung bekommen – man kann nicht mehr Ruhm und Ehre dafür kaufen.*[186]

Mehrmals betont Zoščenko, dass die Dominanz des Geldes außerhalb der Sowjetunion unverändert geblieben sei und die Welt noch »einen ziemlich langen Zeitraum« brauchen werde, um alle Menschen »noch gründlicher umzupolen«[187]. Er gibt auch zu, dass innerhalb des sowjetischen Systems noch nicht alle Bürger immun gegen die Anziehungskraft des Geldes seien. Den Menschen, die man als »reich« bezeichnete, tritt Zoščenko eher kritisch gegenüber:

> *Ob er nun Ingenieur war oder vielleicht Unternehmer, das ist mir jetzt ziemlich unbekannt. Fakt ist nur, dass er Privathäuser baute und dabei unermesslich reich wurde. Na, vielleicht hat er da auch geklaut und gestohlen, das weiß ich nicht.*[188]

Er stellt sie als Bremse der neuen sozialistischen Entwicklung dar, sie wollten den Sinn und die Ziele der Veränderungen nicht verstehen und seien nur um den Erhalt ihres Vermögens und ihres Status Quo besorgt. Somit gehören auch Unternehmer für Zoščenko eindeutig zu den Feinden der Revolution und der

wort und einem Ausblick in die Zukunft.

186 Zoščenko 1973, S. 11.

187 Ebenda, S. 182.

188 Ebenda, S. 84.

neuen sowjetischen Ordnung, die zu entlarven zur Aufgabe eines Schriftstellers gehören solle. Auf diese Weise bekommen literarische Unternehmer bei Zoščenko eine neue diskursiv verankerte Konnotation, als destruktive Kraft und Gefahr für die neue sozialistische Gesellschaft und ihre Entwicklung.

Anders als Zoščenko verstand sich M. A. Bulgakov nicht als Aufklärer der Massen, der ihnen neue gesellschaftliche Werte und Normen zu vermitteln habe. Für ihn bestand die Aufgabe der Satire in einer unbestechlichen und kompromisslosen Kritik der gesellschaftlichen Missstände.[189] Bulgakov griff nicht Personen an, die wegen ihrer negativen Eigenschaften oder ihrer Klassenzugehörigkeit verlacht werden könnten, sondern die Schwächen der Gesellschaft, die verschiedenen Missstände erst herbeiführen. Er beschränkte sich auch nicht auf die bloße satirische Darstellung der Alltagswelt, sondern verband phantastische Elemente und intertextuelle Vorlagen mit den Erscheinungen des Lebens der 20er Jahre in Russland.[190] Dies wird besonders in der Erzählung *Čičikovs Abenteuer* (*Похождения Чичикова* - 1922) sichtbar. Die literarische Reaktivierung der Figur Čičikovs aus dem Diskurs des 19. Jahrhunderts bot unter den Gegebenheiten der NÖP-Zeit viel Raum für hintersinnige Spiele mit den Inhalten dieser Figur. Mit der Erweckung der neuen wirtschaftlichen Gruppe der Unternehmer und dem »Aufblühen« der Verwaltungsbürokratie im sowjetischen Russland eignete sich Čičikov hervorragend, den Machtmissbrauch und die Willkür der sowjetischen Bürokratie bloßzustellen. In der Erzählung Bulgakovs gelingt es dem Protagonisten Čičikov, in der Zeit des allgemeinen Chaos eine größere Summe Geldes als Kredit für seine Scheinfirma zu bekommen. Mit diesem Geld betreibt er illegale Geschäfte, durch welche er es in kürzester Zeit zu sagenhaftem Wohlstand bringt. Die sowjetischen Behörden sind aufgrund ihrer mangelhaften Funktionsweise nicht fähig, Čičikovs Betrug aufzudecken. Es gelingt ausgerechnet Nozdrjov, einem notorischen Lügner, Čičikov zu entlarven und die versteckten Brillanten aus seinem Bauch zutage zu fördern.

Hier versuchte Bulgakov, das Fortwirken der alten Probleme und Konflikte in einer neuen Ordnung aufzuzeigen[191]. Čičikov als neuer Unternehmer macht sich diese Mängel des Systems zu Nutze und wird in seinem Bereicherungs-

189 Dieses Satireverständnis von Bulgakov steht in der Tradition der russischen Satire des 19. Jahrhunderts.

190 Vgl. Mai 1993, S. 100.

191 Vgl. Ebenda, S. 104.

streben diskursiv entlarvt. Seine Unternehmertätigkeit basiert auf Betrug und kriminellen Machenschaften, die durch die korrupte und untätige Bürokratie nicht unterbunden werden können. Diese Figur ist jedoch genauso wie bei N. Gogol' in *Die toten Seelen* negativ konnotiert und dient als Lackmustest für die damalige Situation in Russland, beherrscht von weitgehenden Miseren.

In seinen satirischen Werken *Die verhängnisvollen Eier* (*Роковые яйца* - 1924) und *Das Hundeherz* (*Собачье сердце* - 1925) knüpfte Bulgakov an den Intelligencija-Diskurs an und thematisierte die Rolle der Intelligencija in der Gesellschaft. Mit dem Protagonisten Persikov, dem Wissenschaftler aus der Erzählung *Die verhängnisvollen Eier*, schuf er in Anklang an den Intelligencija-Diskurs einen positiven Helden, der sich durch wissenschaftliche Kenntnisse, Patriotismus und persönliche Integrität auszeichnet. Bulgakov betont die Wichtigkeit solcher Menschen für die Gesellschaft und schildert gleichzeitig die Tragik Persikovs als eines nicht verstandenen und nicht geschätzten Helden.

Damit brachte Bulgakov seine Vorstellungen von einer Organisation der Gesellschaft zum Ausdruck, in der die Intellektuellen eine bedeutende Rolle spielen und in der die Kompetenzen und Fähigkeiten der Menschen auf eine produktive Weise eingesetzt werden sollten. In dieser Wertschätzung der Intelligencija als führender Klasse auch in der sowjetischen Gesellschaft knüpfte Bulgakov an den historischen Intelligencija-Diskurs an. Die Bedeutung von Wissen und professionellen Fähigkeiten ist jedoch ein neues Element, das in den früheren literarischen Diskursen wegen des vorrangig moralischen Anspruchs der Intelligencija nicht zum Ausdruck kommen konnte. Dem Unternehmer werden diese Fähigkeiten von Bulgakov jedoch nicht zuerkannt, sein Blick richtete sich vor allem auf die neue und alte russische Intelligencija als Hoffnungsträger der weiteren Entwicklung Russlands.

Eine andere Perspektive wählten dagegen die Satiriker Ilja Il'f und Evgenij Petrov. Ihre satirischen Werke unterscheiden sich in ihrer Intention und in ihrem Stil von denen Zoščenkos und Bulgakovs. In den Romanen von Il'f und Petrov ist nichts von der Skepsis und Melancholie Zoščenkos zu spüren, aber auch Bulgakovs Distanz zur vorherrschenden sowjetischen Politik war dem Satiriker-Duo fremd.[192] Ihre Satire wird oft »lustige Satire« genannt, ein »heite-

192 Il'f und Petrov begrüßten die Revolution begeistert und waren von Anfang an unerschütterliche Anhänger Lenins und der kommunistischen Partei. In der Revolution sahen sie unbegrenzte Möglichkeiten, eine neue Welt ohne die alten Lasten zu schaffen, in der alle glücklich miteinander leben könnten. (Vgl. Mai 1993, S. 134).

rer Abschied von der Vergangenheit«[193]. Sie verknüpften in ihrem Werk satirische und humoristische Elemente und erzeugten dadurch einen optimistischen, heiteren Ton. Sie wollten nicht nur gesellschaftliche Missstände verlachen, sondern auch die Hoffnung vermitteln, dass diese bald aus dem Leben der Sowjetbürger verschwinden werden würden.

Die Popularität der Romane von Il'f und Petrov (vor allem *Zwölf Stühle* (*Двенадцать стульев* – 1928) und *Das goldene Kalb* (*Золотой теленок* – 1931)) war seit ihrer Entstehung und ist bis heute enorm.[194] Sie wurden in der Sowjetunion oft publiziert und waren stets in kürzester Zeit vergriffen. Diese Werke besaßen somit ein enormes diskursives Potential, ganze Textpassagen wurden von den Lesern auch im alltäglichen Sprachgebrauch reproduziert und viele von ihnen sind zu gebräuchlichen Aphorismen geworden.

Der Roman *Zwölf Stühle* erschien in der letzten Phase der NÖP. Das Experiment mit einem freien marktwirtschaftlichen Modell innerhalb der sowjetischen Ordnung ging langsam zu Ende und die Kritik an den neuen Unternehmern wurde immer lauter. Diese Entwicklung spiegelt sich im Roman wider. Formal hatten die Autoren versucht, die Grenzen des satirischen Genres zu erweitern. Man findet zahlreiche intertextuelle Verflechtungen mit unterschiedlichsten Romantypen, die von Il'f und Petrov parodiert werden: z.B. Parodien auf die traditionellen Figuren aus dem Abenteuer-, Reise- und dem Kriminalroman.[195] Das Hauptsujet der Schatzsuche wurde ebenfalls dem Genre des Abenteuerromans entliehen, um die satirische Darstellung der aktuellen Entwicklung der NÖP zum Ausdruck zu bringen.

Il'f und Petrov fragen ähnlich wie Zoščenko nach der Rolle des Geldes in der neuen sozialistischen Gesellschaft, nach seinen Möglichkeiten und Grenzen. Mit dem Thema Geld treten auch Unternehmerfiguren in den Vordergrund des Romans. Wie bereits erwähnt, wurden die NÖP-Unternehmer mit der kurzzeitigen Aktivierung des Handels und der Kleinindustrie sowie mit den Möglichkeiten des legalen Gelderwerbs und des individuellen Konsums zu wichtigen und zugleich umstrittenen gesellschaftlichen Akteuren. Umstritten waren diese Unternehmer nicht zuletzt dadurch, dass die Kontrollmechanis-

193 Mai 1993, S. 135f.

194 Die Kritik stand den beiden Satirikern seit dem Erscheinen ihres ersten Werkes ablehnend gegenüber. Il'f und Petrov wurde vorgeworfen, dass sie eine leichte Lektüre für den anspruchslosen Leser geschrieben hätten. Der soziale Wert der *Zwölf Stühle* wurde als unbedeutend und die künstlerische Qualität als niedrig abgestempelt.

195 Vgl. Ebenda, S. 138.

men und die Mängel der Organisationsstrukturen des neuen sowjetischen Staates es ihnen erlaubten, sich nicht nur auf legale Art und Weise zu bereichern, sondern vor allem illegale Möglichkeiten boten, in kürzester Zeit an sehr viel Geld zu kommen. Für die Unternehmer jedoch stellten die staatlichen Strukturen und Ideologien auch eine Gefahr dar, weil zunehmend klar wurde, dass die Neue Ökonomische Politik nur von kurzer Dauer sein würde und die Erscheinungen der freien Marktwirtschaft bald abgeschafft werden würden. Aber als die Hoffnungen der ökonomischen Pioniere noch nicht verflogen waren, weckte die NÖP plötzlich unternehmerische Qualitäten bei den Vertretern verschiedenster sozialer und gesellschaftlicher Schichten: dem Adel, der früheren Bourgeoisie, den klassenlosen Abenteurern, den Kleinbürgern, sogar der Geistlichkeit (dargestellt z.B. in dem unternehmerischen Popen Vostrikov in *Zwölf Stühle*). Bei Il'f und Petrov streben sie zwar nach dem großen Geld, können aber ihre Energie und ihr unternehmerisches Geschick nicht richtig entfalten und »verharren« literarisch in der Rolle eines betrügerischen Unternehmers.

Wenn man bei Zoščenko neue Elemente des Unternehmerbildes findet, die auf eine Gefahr für die neue Ordnung hinweisen, so werden die Unternehmertypen bei Il'f und Petrov eher lächerlich als gefährlich dargestellt. Sie scheitern nicht an der Kontrolle der Sowjetmacht, sondern an ihrer eigenen diskursiven Dummheit und Gier. Sie vernichten sich selbst, ohne dass die Sowjetmacht irgendetwas dazu tut. Damit wird die im literarischen Diskurs – z.B. bei Gogol', Ostrovskij, Dostoevskij oder Gor'kij – verankerte »Selbstzerstörungstendenz« der russischen Unternehmer erneut sichtbar und im sowjetischen Unternehmerdiskurs fortgeschrieben.

Die Schlüsselfigur beider Romane, Ostap Bender, unterscheidet sich von den übrigen Protagonisten und erfüllt zahlreiche Funktionen im Roman. Er ist sozial nicht einzuordnen, somit entzieht sich Bender der Beurteilung aufgrund seiner sozialen Herkunft, die bis dahin als Universalschlüssel zum Verständnis eines Charakters galt. Bender verkörpert den Typus des »reinen Abenteurers«, der das abwechslungsreiche Leben mehr liebt als die Verfolgung bestimmter individueller Ziele. In dieser Rolle hält er die Handlung des Romans in Gang und verknüpft die einzelnen Begebenheiten miteinander.[196] Seine ungezügelte Energie und sein Tatendrang, seine unternehmerischen Fähigkeiten und sein reger Verstand, die er auf der Jagd nach den verschwundenen Diamanten

196 Vgl. Ebenda, S. 142.

einsetzt, nutzt er nicht einfach zur Bereicherung, sondern um sich in Abenteuer und ungewöhnliche Ereignisse zu stürzen. Bender wird trotz seines schurkenhaften Wesens zum positiven Helden des Romans und gewinnt die Sympathien der Leser für sich. Interessanterweise bleibt eine derartige Rezeption bis in die heutige Zeit erhalten. Ostap Bender wird als kluger, energischer, nicht geldgieriger, oftmals sogar gutmütiger Abenteurer mit unternehmerischen Absichten wahrgenommen. Damit betritt ein neuer Unternehmertypus, der Abenteurer, die Bühne der diskursiven Auseinandersetzungen. Davor hatten literarische Unternehmer unterschiedliche Eigenschaften, aber (abenteuer)-lustig waren sie fast nie.

Die anderen unternehmerischen Typen im Roman werden dagegen aufgrund ihres kleinbürgerlichen Verhaltens satirisch zur Schau gestellt. Man findet jedoch keine Unternehmer im klassischen Sinne im Roman, lediglich der Pope Vostrikov verfolgt mit dem Kauf einer Kerzenfabrik ein klares wirtschaftliches Ziel. Die anderen Helden versuchen die bürgerliche Welt bloß nachzuahmen und werden in ihrem Streben demaskiert.

In dem zweiten Roman Il'fs und Petrovs, *Das goldene Kalb*[197], wird die Geldthematik weiter ausgearbeitet, jedoch auf dem historischen Hintergrund der veränderten Bedingungen des ersten Fünfjahresplanes. Die NÖP war bereits verworfen worden und die ehemaligen Profiteure dieses wirtschaftlichen Experiments mussten um ihre Existenz bangen. Auch der Charakter von Ostap Bender wird einer diskursiven Revision unterworfen. Er versteht, dass die Zeit naht, in der seine Abenteuerlust eingedämmt und begrenzt werden wird. Mit dem Verschwinden der kapitalistischen Verhältnisse wird das Leben in ein bürokratisches Korsett gezwängt, in dem seine unternehmerischen Bestrebungen keinen Platz mehr finden. Er versucht, über Alternativen nachzudenken und diese konkret umzusetzen. Zwar bleibt er mit dieser Entscheidung seinem abenteuerlichen Charakter treu[198], aber sein Bewusstsein ist nicht mehr von der Leichtigkeit des Lebens geprägt, sondern von Ängsten und Zweifeln:

Schluss mit Seelenqualen und Selbstzerfleischung. Höchste Zeit, ein werktätiges bürgerliches Leben zu beginnen. In Rio de Janeiro! Ich kaufe

197 In der sowjetischen Forschung werden die beiden Romane meistens gemeinsam behandelt. Allgemein wird *Das Goldene Kalb* als der politisch und künstlerisch reifere Roman von Il'f und Petrov angesehen. (Vgl. Mai 1993, S. 146).

198 Bender will seinen Kindheitstraum vom sorgenlosen Leben eines Millionärs in Rio de Janeiro verwirklichen, was von Anfang an ziemlich exotisch und kaum realisierbar ist.

mir eine Plantage und lasse mir als Affen Balaganov kommen. Der kann für mich Bananen pflücken.[199]

Bender möchte ein bürgerliches Leben führen, aber seine Vorstellungen über die Aufgaben und Ziele eines Unternehmers sind verzerrt. Sie basieren auf dem diskursiv verankerten Bild eines kapitalistischen Ausbeuters, der nur ein sorgenfreies Leben führt und die anderen für sich arbeiten lässt. Er missversteht die soziale Rolle des Unternehmers genau wie die Bolschewiken völlig. Die Bolschewiken hatten die Macht des Kapitals und des Geldes als eine Gefahr für die neue gesellschaftliche Ordnung gebrandmarkt und verurteilt. Die zunehmende Differenzierung der Gesellschaft in der NÖP-Zeit und die Wiederentdeckung der persönlichen und wirtschaftlichen Interessen in der Bevölkerung wurden nicht nur von Literaten, sondern auch von politischen Eliten als neue Gefahr be- und verurteilt. Trotzdem besitzt Ostap Bender Eigenschaften, die ihn zu einem erfolgreichen Unternehmer unter den kapitalistischen Bedingungen, zu einem »schöpferischen Unternehmer« im Sinne Sombarts, hätten machen können. Das wird von den Autoren auch diskursiv anerkannt:

Ostap arbeitete hingerissen. Hätte er seine Kraft wirklich auf den Ankauf von Hörnern und Hufen konzentriert, so darf angenommen werden, dass das Kamm- und Zigarettenspitzwesen zumindest bis zum Ende des laufenden Etatjahrhunderts mit Rohstoff versorgt gewesen wäre. Aber der Kontorleiter beschäftigte sich mit ganz anderen Dingen.[200]

Stattdessen richtet Ostap Bender seine ganze Energie auf die Tätigung illegaler Geschäfte, die unter dem Schutz seiner Scheinfirma zum Ankauf von Hörnern und Hufen getarnt werden. Diese Tarnung und das Arbeiten im Untergrund waren zum Ende der NÖP-Zeit fast die einzige Möglichkeit, wirtschaftlich tätig zu sein und persönliche Gewinne zu erzielen.[201] Diese Tatsache beklagt Bender zu Beginn des Romans: »O Gott, o Gott! In was für einem kalten Land leben wir! Bei uns ist alles getarnt, alles illegal. Einen sowjetischen Millionär

199 Il'f, I./Petrov, Je. (1979): *Das goldene Kalb oder die Jagd nach der Million.* Berlin: Verlag Volk und Welt, S. 420.

200 Il'f/Petrov 1979, S. 219.

201 Vgl. Mai 1993, S. 148.

würde nicht mal das Volkskommissariat für Finanzen mit seiner allmächtigen Steuerbehörde aufspüren«.[202] Unternehmer werden in dieser Zeit langsam in den illegalen Sektor verdrängt und somit am Rand des Systems marginalisiert.

Die anderen Unternehmertypen, die im Roman *Das goldene Kalb* erscheinen, können in zwei Gruppen aufgeteilt werden. Die ersten sind die ehemaligen Vertreter der Handelsgewerbe, die von der »freien Stadt« Černomorsk träumen, in der sie als freie Unternehmer leben könnten. Sie sind in ihrem alten Denken und ihrer Vergangenheit gefangen und sind unfähig, sich an die neuen Begebenheiten anzupassen und neue Ideen zu entwickeln. Sie werden von Il'f und Petrov am lächerlichsten dargestellt. Anders ist es mit dem neuen Millionär Korejko, der es als erfolgreicher Unternehmer unter der Sowjetmacht zu Reichtum gebracht hatte. Er nutzt die Lücken im System der Übergangszeit, um sich persönlich zu bereichern:

Er fühlte, dass gerade jetzt, wo das alte Wirtschaftssystem starb und das neue erst zu leben begann, große Reichtümer zu holen waren. Aber er wusste, dass er diesen Kampf im Sowjetland nicht offen führen konnte. […] Korejko hatte erkannt, dass jetzt nur unterirdischer Handel möglich war, bei strengster Geheimhaltung. Alle Krisen, die die junge Wirtschaft erschütterten, schlugen ihm zum Nutzen aus, und alles, wobei der Staat verlor, brachte ihm Gewinn.[203]

Dieser Unternehmertypus wird von Il'f und Petrov als feindlicher Geschäftemacher entlarvt, der das neue sozialistische Land bedrohe. Korejko ist sich seiner unsicheren Lage in einem antikapitalistischen System durchaus bewusst, deswegen versucht er zuerst, sein Geld zu horten. Er glaubt allerdings, dass er in einer bald kommenden marktwirtschaftlichen Ordnung mit diesem Geld wieder unternehmerisch tätig werden könne. Aber in der realen Entwicklung trat das Gegenteil ein und der Typus Korejko verschwand bald für lange Zeit aus der sowjetischen Gesellschaft.

Ein anderer Feind, den Il'f und Petrov ironisch zur Schau stellen, ist die aufkeimende sowjetische Bürokratie, die unter den neuen Bedingungen langsam an Stärke und Einfluss gewann. Im Roman wird die Bürokratie durch die Vertreter der Handelsgesellschaft »Herkules« repräsentiert. Bereits der

202 Il'f/Petrov 1979, S. 35.

203 Ebenda, S. 67f.

Name »Herkules« deutet darauf hin, dass man es hier mit einem mächtigen Gegner zu tun hat. Die Gefahr des neuen bürokratischen Apparats bestand darin, dass illegale Geschäftspraktiken mit neuen administrativen Methoden verflochten wurden. Auch die Institution »Herkules« weist Züge einer kriminellen Struktur auf, die nicht außerhalb des staatlichen Systems agiert, sondern die sich innerhalb des Verwaltungsapparats entfaltet. Dadurch wird eine langsame, durch politische Umstände determinierte Ablösung des privaten Unternehmertums durch die staatliche, bürokratisierte Unternehmertätigkeit diskursiv offenbart. Diese Entwicklung öffnete einen großen Handlungsspielraum für den Machtmissbrauch und wirtschaftlichen Betrug, der bis heute in Russland nicht beseitigt ist.

Im Roman wird deutlich gezeigt, inwieweit der neue bürokratische Apparat den alten Strukturen verhaftet war und wie dort die gesetzwidrigen Praktiken des kriminellen Milieus integriert wurden. So z.B. besteht im Roman die Funktion des neunzigjährigen »Sitzpräsidenten« Funt lediglich darin, die Gefängnisstrafe des echten Direktors der Firma abzusitzen. Zum Ende der NÖP-Zeit durchlebten die Bürokraten eine Transformation, indem sie ihre unternehmerische Energie ausschließlich auf den Kampf um einen sicheren Platz im System richteten. Der Unternehmergeist mutierte zu einem Bürokratengeist, der darauf bedacht war, die Routinen des bürokratischen Apparats zu perfektionieren. In der Satire erfindet der »Herkules«-Leiter Polychajev z.B. universell einsetzbare Stempel, die das Denken überflüssig machen. Alle Entscheidungen, Resolutionen und Antworten werden per Stempel abgefertigt, die allmählich die menschliche Arbeit ersetzen sollen. Dadurch wird eine neue Arbeitsmoral vermittelt, in der der Anschein von Tätigkeit genügt und niemand Interesse hat, richtig zu arbeiten. Die Funktionsweise der neuen Bürokratie basierte vor allem auf der allumfassenden Arbeitsscheu. Nahezu alle negativen Helden des Romans streben danach, reich zu werden, ohne eine Arbeit zu erbringen. Sie betrügen, simulieren Krankheiten, gehen ins Gefängnis oder ins Irrenhaus, um wirklicher Tätigkeit zu entgehen. Diese Bedeutungen der russischen Bürokratie sind im literarischen Diskurs zwar nicht neu, aber die Verflechtungen zwischen den unternehmerischen und bürokratischen Strukturen während der NÖP-Zeit und der spätere Prozess der Usurpierung der wirtschaftlichen Bereiche durch die untätige Bürokratie liefern einige interessante Ansatzpunkte für das Verstehen der nachhaltigen destruktiven Wirkung des bürokratischen Apparats in Russland insgesamt.

Aus der diskursanalytischen Perspektive verschmelzen die Unternehmer und die Bürokratie im Bewusstsein der Leser miteinander. Das negative Bild der russischen Bürokratie, das bereits im literarischen Diskurs eine lange Geschichte hatte, überlagerte zusätzlich das Bild des Unternehmers für lange Zeit. Auch in aktuellen Medien werden die neuen Unternehmer häufig als alte Bürokraten wahrgenommen und verurteilt.

Alle Unternehmertypen im Roman erleiden eine Niederlage, ihre Träume zerplatzen wie Seifenblasen, ihr Geld verschwindet, sie werden von den Autoren desavouiert, um dem Leser ein Zeichen zu geben, dass Bender und Korjeko bald zu den Relikten der Vergangenheit gehören würden. Dem Geld wird seine Macht abgesprochen, das muss auch der verzweifelter Bender hilflos erkennen: »[…] was kann ich damit [mit dem Geld – M.S.] machen, außer mich vollzufressen wie ein NÖP-Schieber?«[204]. Alle seine Versuche, als Millionär ein schönes Leben zu führen, scheitern kläglich. Er kann nicht mal ein Hotelzimmer nehmen, weil alle den Werktätigen, den Fachleuten und den Organisationen vorbehalten sind. Er begreift die Veränderung der gesellschaftlichen Hierarchie und gibt sich nicht mehr als Unternehmer, sondern als Arzt, Künstler oder als »Mann der Öffentlichkeit«[205] aus. Bender wird zunehmend klar, dass sich im neuen sowjetischen Staat niemand um das »Elend der Millionäre«[206] kümmert. Er kann mit seinem Reichtum niemanden beeindrucken und wird von keinem beneidet. Die diskursiv geschaffene absolute Ohnmacht des Geldes, wie sie von Il'f und Petrov beschrieben wird, kann jedoch nur als Vorgriff auf den von ihnen gewünschten Zustand verstanden werden.[207]

Zwar wurde innerhalb der neuen sowjetischen Ordnung vehement versucht, diese Vorstellungen von Geld und ökonomischen Prozessen auf allen diskursiven Ebenen in das Bewusstsein der Menschen zu projizieren, aber die Vorstellungen von der allgemeinen Gleichheit, der Arbeitspflicht und der angeblich gerechten Verteilung von materiellen Ressourcen bargen auch die Gefahren von Vereinseitigung und Verarmung, von Entindividualisierung und gesellschaftlicher Stagnation in sich.[208] Die gewaltsam angestrebte geldfreie

204 Il'f/Petrov 1979, S. 411.

205 Ebenda, S. 376.

206 Ebenda, S. 384.

207 Vgl. Mai 1993, S. 156.

208 Vgl. Ebenda, S. 157.

Gesellschaft brachte neue Formen der Ungleichheit mit sich, die durch die Praxis der administrativen Zuteilung von Privilegien, der Protektion und der Vetternwirtschaft unterstützt wurden. Eine rudimentäre Unternehmertätigkeit konnte nur im Untergrund, auf dem Schwarzmarkt und in den privaten Haushalten betrieben werden. Das Geld wurde gewissermaßen demonetisiert, seine Stelle nahmen die Mangelware, die knapp vorhandenen Wohnungen, die profitablen Arbeitsstellen, die Studienplätze an beliebten Lehreinrichtungen, die Urlaubsmöglichkeiten in den staatlichen Sanatorien am Meer sowie die Datschen in den Vororten der Großstädte ein.

Die Satire von Zoščenko, Bulgakov, Il'f und Petrov und anderen musste in den 30er Jahren der verordneten diskursiven Stimmung von Heroismus und allgemeinem Optimismus weichen und aus dem literarischen Diskurs verschwinden. Die Themen der Literatur wurden ab jetzt klar vorgegeben, die Schriftsteller mussten vor allem den industriellen Aufbau und die Kollektivierung der Landwirtschaft, die Erziehung der Jugend und die heroisch-militärische Vergangenheit Russlands preisen.[209] Die sowjetische Literatur schaffte somit eine neue Hierarchie von Helden, die auch eine ideologische Funktion zu erfüllen hatte. Neben dem Arbeiter, der das Land aus den Ruinen der revolutionären Wirrzeiten aufbauen, und dem Bauernhelden, der nach der gewaltsamen Kollektivierung in Kolchosen die sozialistische Umgestaltung des Dorfes vollbringen sollte, waren Piloten und die Pioniere der Fliegerei die Helden der Sowjetzeit. Das Flugwesen war von den Bolschewiken schon in den frühen Jahren des Sowjetstaates gefördert worden. Das Flugzeug galt nicht nur als Fortschrittssymbol, sondern war auch ein Zeichen der militärischen Überlegenheit des ersten sozialistischen Landes. Der Aufbau der sowjetischen Luftflotte wurde zur Aufgabe des ganzen Landes erklärt und fand seinen Ausdruck in zahlreichen literarischen Texten (z.B. Aleksandr Grin *Die funkelnde Welt* (*Блистающий мир* – 1923) und V. Majakovskij *Der fliegende Proletarier* (*Летающий пролетарий* – 1928). Die Erfolge auf diesem Gebiet sollten dem sowjetischen Staat weltweites Ansehen bringen. Besonders eine Reihe von Flugexperimenten, Fernflügen und kühnen Rettungsaktionen[210] brachten den sowjetischen Helden weltweiten Ruhm. Sie wurden nicht nur literarisch verewigt und mythisiert, sondern dienten darüber hinaus der ganzen Nation

209 Vgl. Lauer 2000, S. 696.

210 So wurden vor allem die Rekordflüge von Michail Gromov und Valerij Čkalov, der Ballonhöhenrekord von 22 000 m, bei dem 1934 drei Stratonauten tragisch umkamen und die spektakuläre »Čeljuskin-Rettungsaktion« weltweit berühmt.

als Vorbilder (z.B. Lev Kassil' *Čeremyš, der Bruder des Helden* (*Черемыш, брат героя* -1938), Nikolaj Bobrov *Ich will ein Flugpilot werden* (*Хочу быть летчиком* - 1934), G. Bajdukov *Über zwei Pole* (*Через два полюса* - 1938) u.a.).[211]

Auf der anderen Seite des »forcierten Aufbauheroismus«[212] standen die Feinde des sowjetischen Staates, die die literarische Funktion des Widersachers des strahlenden sowjetischen Helden zu erfüllen hatten. Die Feinde waren z.B. der apolitische Fachmann, der fremde Spion und nicht zuletzt der Kulak, der bäuerliche Unternehmer. Der Kulak bekam in den historischen und literarischen Diskursen eine extrem negative Bedeutung, die fast bis in die Perestrojka-Zeit erhalten blieb. Mit seiner ausgeprägten, individuell motivierten Unternehmerinitiative stellte der Kulak eine Gefahr für die Kollektivierungspläne der sowjetischen Regierung dar. Deswegen wurde er auch innerhalb des literarischen Diskurses zu einem beliebten Feindbild, um die Vorstellungen von privatem Eigentum, von ökonomischem Erfolg und von individueller Geschäftstätigkeit zu desavouieren.

Das Dilemma zwischen der Kommerzialisierung der Literatur und dem ideellen Schreiben eines Intellektuellen, das im 19. Jahrhundert viele Schriftsteller nicht zu lösen vermochten, wurde in sowjetischer Zeit von oben beseitigt. Die Schriftsteller standen in dieser Zeit im Dienst des politischen Parteikurses und der vorherrschenden Ideologie. Der 1932 auf Initiative des Zentralkomitees gegründete Schriftstellerverband der UdSSR (Sojuz pisatelej SSSR) besiegelte die Partei- und Staatskontrolle im Bereich der Literatur. Für Berufsschriftsteller war die Mitgliedschaft im Verband de facto verpflichtend, der Ausschluss aus dem Verband kam einem Publikationsverbot gleich. Zugleich genossen die Mitglieder des Verbandes so wie jene anderer sowjetischer Künstlerverbände gewisse Privilegien: Es gab für sie eigene Erholungsheime, Klubrestaurants etc. Doppelt gefesselt durch das System der Vergünstigungen und des offiziellen Lobes auf der einen Seite, die die monetären Anreize ersetzten, und der Angst vor Zensur und Publikationsverbot auf der anderen standen die Schriftsteller im Widerspruch zu ihrem Selbstbild als moralische Gegenelite.

In der sowjetischen Literatur der 50er und 60er Jahre findet man einen neuen Antihelden, der eine ökonomisch geprägte Tätigkeit im Rahmen des staatlichen Systems ausübt, den Wirtschaftsfunktionär. Das waren die Direkto-

211 Vgl. Ebenda, S. 672.

212 Ebenda, S. 673.

ren meist großer Fabriken und Betriebe, die ihre wirtschaftlichen Aufgaben mit ideologischen verbunden hatten. Der weit verbreitete Missbrauch ihrer Positionen und die oft unprofessionelle Besetzung entsprechender Stellen wurden zunehmend augenscheinlich. Die Korruption hoher Partei- und Wirtschaftsfunktionäre macht z.B. Vera Panova in ihrem Roman *Verhängnisvolle Wege* (*Времена года* - 1953) zum literarischen Thema. Sie zeichnet die Figur des gewissen- und prinzipienlosen Wirtschaftsfunktionärs Bortaševič und deckt seine korrupten Machenschaften auf. Am Ende des Romans lässt die Autorin ihren Helden die Amoralität seiner Handlungen begreifen, diese Erkenntnis treibt ihn jedoch in den Selbstmord. Weitere Beispiele findet man bei Daniil Granin in der Erzählung *Die eigene Meinung* (*Собственное мнение* - 1956) und bei Vladimir Dudincev in seinem Roman *Der Mensch lebt nicht vom Brot allein* (*Не хлебом единым* - 1956). Dudincev stellt z.B. den skrupellosen Wirtschaftsfunktionär Drozdov dar, der zum Inbegriff der Nomenklatura wurde. So kritisierte Paustovskij, ein anerkannter Sprecher im literarischen Diskurs, diese neue »Kaste« hart:

> *Die Drozdovs, diese Spießer und Speichellecker, Schurken und Verräter, seien die Ausgeburt des Jahres 1937; ihre Waffen seien Verrat, Verleumdung, moralischer Rufmord und tatsächlicher Mord. Hätte es jene Drozdovs nicht gegeben, so lebten heute noch so große Menschen wie Mejerchol'd und Babel'.*[213]

Dieser Typus des wirtschaftlichen Funktionärs in seiner negativen Konnotation wurde zum Inbegriff schädlicher gesellschaftlicher und ökonomischer Tätigkeit und erlebte auch in der Transformationszeit seine Revitalisierung. Nach der Perestrojka traten gravierende Veränderungen im System des literarischen Betriebs ein. Mit dem Verlust der Vorrangstellung im Literaturbetrieb der »alten« Autoren, die systemkonform waren, nahmen die Unterhaltungsbelletristik und die alternative Literatur einen gewichtigen Platz auf dem sich neu etablierenden Literaturmarkt ein. Die kommerziellen Interessen der Berufsschriftsteller bestimmten erneut das literarische Feld und die Literaten orientierten sich ab jetzt nicht mehr nach ideologischen Vorgaben, sondern nach der Nachfrage auf dem Büchermarkt.

213 Zitiert nach Lauer 2000, S. 774.

In der Post-Perestrojka-Literatur und besonders in der russischen Kinematographie der 90er Jahre erwachte auch das Interesse für den neuen ökonomischen Akteur, den Unternehmer, der im realen Leben des Landes immer präsenter wurde. Die populären Fernsehserien und die Unterhaltungsliteratur modellierten verschiedene Bilder des Unternehmers: er ist sowohl ein kleiner Händler, als auch vermögender Oligarch, ein Bordellbesitzer sowie ein ehrlicher Geschäftsmann. In der russischen »hohen« Literatur findet man dagegen nur vereinzelt unternehmerische Protagonisten.

Eine überraschende Ausnahme bildet vor diesem Hintergrund die Erzählung *An den Bruchstellen* (*На изломах* - 1996) von A.I. Solženicyn. Der bekannte russische Schriftsteller, der sich in dieser Zeit mit seinen nationalpatriotischen Appellen in der Literatur und vor allem in der Publizistik Gehör verschaffte, widmet sich hier der aktuellen Entwicklung in Russland und seinen führenden gesellschaftlichen Akteuren. Die zunehmende Präsenz unternehmerisch tätiger Menschen konnte seinem Blick nicht entgehen. Er beschreibt die Zeit des Umbruchs und die Strategien der Menschen, diese Veränderungen zu bewältigen. Seine Protagonisten sind zwei Unternehmer, die im Chaos der ersten Jahre des postsowjetischen Russlands versuchen, ihr Unternehmen vor dem Untergang zu retten. Der eine Unternehmer, ein früherer Wirtschaftsfunktionär, erlebt eine Genese zum ehrlichen Großunternehmer, der nicht nur an seinen Wohlstand denkt, sondern vor allem um das Gemeinwohl besorgt ist. Obwohl er es zu Reichtum bringt, will er seine Heimat gegen das sichere Ausland nicht tauschen und bleibt seinem Land treu. Sein jüngerer Kollege Tolkovjanov wird ein erfolgreicher Bankier. Auf dem Finanzolymp angelangt, wird er von seinen Konkurrenten bedroht und muss um sein Leben fürchten. Ausgerechnet beim Staat, gegen den er früher zu Felde zog, muss er Hilfe suchen. Beide Protagonisten avancieren zu Hoffnungsträgern, die das Land aus der wirtschaftlichen Misere führen sollen. Solženicyn markierte mit diesen Beispielen eine interessante Wendung im literarischen Diskurs Russlands. Er führte dem Leser die Notwendigkeit für die weitere Entwicklung einer ehrlichen, fähigen Unternehmerklasse in Russland vor Augen. Diese Anerkennung war allerdings mit einer Bedingung verbunden, die wiederum ganz konform mit dem Intelligencija-Diskurs blieb, nämlich mit der Voraussetzung einer nationalen Gesinnung und nationalen Verbundenheit der russischen Unternehmer.

Andere Beispiele der literarischen Businessmänner findet man in den zahlreichen Kriminalromanen von D. Koreckij, F. Neznanskij und D. Doncova, bei

V. Pelevin im Roman *Generation P* (*Generation »П«* – 1999), in der ironischen Prosa von B. Akunin (z.B. die Erzählung *Problem 2000* (*Проблема 2000*) aus dem Zyklus *Märchen für Idioten* (*Сказки для идиотов* - 2000)), bei O. Robski (*Casual* - 2005), in den belletristischen Vorlagen zu zahlreichen Filmen und Fernsehserien wie *Banditen-Petersburg* (*Бандитский Петербург* - 2000) von A. Konstantinov und *Brigade* (*Бригада* - 2002) von A. Belov u.a.

In der Darstellung des Unternehmers in der aktuellen Literatur und im Film kann man eine gewisse Evolution beobachten. Während Anfang der 90er Jahre vor allem die russische Kinematographie der neuen wirtschaftlichen Gruppe sehr vorsichtig und sogar ablehnend gegenüberstand (z.B. *Die Prinzessin auf Bohnen*[214] (*Принцесса на бобах* – 1999, Regie Villen Novak), *Du bist die Einzige* (*Ты у меня одна* – 1993, Regie Dmitrij Astrachan)) konnte man später Normalisierungstendenzen feststellen, im Zuge derer die Welt der reichen Unternehmer nicht außerhalb des normalen Lebens angesiedelt wurde, sondern in seiner Mitte (z.B. *Der Geburtstag des Bourgeois* (*День Рождения Буржуя* – 1999, Regie Anatolij Mateško), *Das andere Leben* (*Другая жизнь* – 2003, Regie Elena Rajskaja), *Undine* (*Ундина* – 2004, Regie Leonif Belozorovič)). Eine starke Popularität erlebten Kriminalfilme, die den Zuschauern verschiedene Unternehmerfiguren vor Augen führten, negative wie positive (z.B. *Banditen-Petersburg, Die Brigade, Antikiller*). Heute kann man eine entscheidende Wendung im literarischen und kinematographischen Diskurs beobachten, denn in Büchern und Filmen wird der Typus »Oligarch« plötzlich als positiver Held dargestellt, z.B. im Film Die *Oligarchensage* (*Охота на изюбря. Олигархическая сага* – 2005, Regie Abaj Karpykov), oder in Tatjana Ustinovas Roman *Der persönliche Engel* (*Персональный ангел* - 2004).

Das Bild des Unternehmers zeichnet sich in der heutigen Literatur und im Film durch unterschiedliche Deutungsschemata aus. Zum einen sind die Bedeutungen ziemlich breit und häufig diffus, als Unternehmer wird jede Person, die außerhalb des staatlichen Sektors agiert, verstanden. Dies können legale oder illegale Geschäftsleute, kleine und große Eigentümer, Pächter, Kioskbesitzer oder auch Oligarchen sein. Die zweite Veränderung im Konzept des Unternehmers besteht in der diskursiven Einbindung des kriminellen Elements in dieses Konzept, häufig in Form des neuen positiven Helden. In

214 Der Titel bezieht sich auf Märchen, die von einer Bohnen- oder Erbsenprobe handeln, wie das bekannte Märchen Hans Christian Andersens von der »Prinzessin auf der Erbse«. Im Russischen enthält der Titel ein Wortspiel; »auf Bohnen sein« heißt »kein Geld haben«.

Filmen und Serien wie *Die Brigade, Next, Banditen-Petersburg* sind die Sympathieträger der Zuschauer vor allem die unternehmerischen Persönlichkeiten, die an der Grenze des Gesetzes agieren, die so genannten »Neuen Russen« oder die »Brüderchen« (*bratki*). Die Literatur und der Film fokussieren oft die Prozesse des Überganges des kriminellen Unternehmers in die Legalität. So erlebt z.B. in der populären Fernsehserie *Der Geburtstag des Bourgeois* der Bordellbesitzer Givi seine Verwandlung zu einem respektablen, legal agierenden Unternehmer. O. Robski beschreibt diese Transformation in ihrem Roman *Casual* folgendermaßen:

Vor zwanzig Jahren, als in Moskau alles erst begann, hatten wir viele solche Bekannte. Eigentlich alle unsere Bekannten waren so. Später wurden sie Unternehmer, Abgeordnete und sogar Schauspieler, nur Oležek blieb, wie er war[215]

Zusammenfassend lässt sich festhalten, dass der literarische Diskurs in Russland die wichtigsten diskursiven Bedeutungen des Unternehmerbildes im Laufe des 19. und 20. Jahrhunderts entscheidend prägte. Angefangen mit der Externalisierung der realen wirtschaftlichen Verhältnisse aus der Sphäre der hohen russischen Literatur in den 30er Jahren des 19. Jahrhunderts und der ablehnenden Haltung der bedeutsamen Schriftsteller gegenüber dem Geld und der Kommerzialisierung setzte sich diese Tendenz im Laufe der Zeit fort. Auf der diskursiven Ebene wurden die Unternehmer als Opposition zur werteorientierten Intelligencija definiert und als ungebildete, moralisch verwerfliche und destruktive Charaktere stigmatisiert. Dabei wurden nicht nur bestimmte Begriffe wie *meščanin, samodur* u.a., sondern auch literarische Protagonisten wie Čičikov, Dikoj oder Sobakevič zum Inbegriff der Beschränktheit und Skrupellosigkeit russischer Unternehmer und wurden im Laufe der Geschichte immer wieder reproduziert.

Im Rahmen der literarischen Verarbeitung der Unternehmerthematik kann man auch zahlreiche Verflechtungen mit anderen Diskursen finden. So liefert die Untersuchung der Verbindungen des Unternehmerdiskurses mit dem Frauendiskurs interessante Ergebnisse, da sichtbar wird, dass die Unternehme-

215 »Лет двадцать назад, когда всё в Москве только начиналось, у нас у всех было много таких знакомых. Вернее, почти все наши знакомые были такими. Потом все они стали бизнесменами, депутатами, даже артистами - и только Олежек остался кем был.« (Robski, O. (2007): *Casual*. Moskva: Izd. AST, S. 26.).

rinnen eine noch stärkere Ablehnung erleben als ihre männlichen Gegenstücke. Darüber hinaus konnte man festhalten, dass der literarisch konstituierte Unternehmerdiskurs zwar eine gewisse Hegemonialität und Verfestigung, aber keineswegs absolute Homogenität aufwies. Es konnten mehrere Brüche im Diskurs identifiziert werden, die alternative Unternehmerbilder boten, so wie Kostanžoglo bei Gogol', Štol'c bei Gončarov, Vasil'kov bei Ostrovskij oder Ignat Gordeev bei Gor'kij. Aber diese Typen wurden entweder durch den mächtigen literaturkritischen Diskurs umgedeutet und abgewertet oder jedoch am Rande der literarischen Heldenhierarchie marginalisiert, so dass sie nie zu einer diskursiven Wendung beitragen konnten. Im 20. Jahrhundert erlebte das Unternehmerbild eine ideologische Nivellierung in den nun viel strenger regulierten Diskursen. Zu den alten Bedeutungen kamen verstärkt Konnotationen von Destruktivität und Gefährlichkeit, die den Unternehmer endgültig desavouierten. Die aus dem ideologisch gewandelten System langsam verschwindenden Unternehmer tauchten in neuen Gewändern als Bürokraten und Nomenklaturmänner wieder auf und besiegelten hiermit ihren diskursiven Untergang.

Die zeitgenössische russische Literatur entdeckt langsam den Typus »Unternehmer« wieder. Allerdings zeigt die hohe Literatur noch nur zaghaft Interesse für die neue ökonomische Schicht, dafür machen Unterhaltungsliteratur und Film den Unternehmer zum Haupthelden ihrer Narrativen. Obwohl das Bild des Unternehmers in diesen Genres oft nicht eindeutig und ohne klare Bedeutungsgrenzen ist, erfreuen sich Geschichten von kriminellen Geschäftemachern, die sich zu legal agierenden Unternehmern wandeln, großer Beliebtheit. Diese Beobachtungen können zum einen zum Verständnis des bis heute in den literarischen, medialen und alltäglichen Diskursen in Russland fest verankerten negativen Images und der Ablehnung des Unternehmertums beitragen, zum anderen öffnen sie eine historische Perspektive, um die aktuellen Bedeutungen des Unternehmers besser analysieren und verstehen zu können.

3.4 Medien und Literatur

Mit der nachlassenden ideologischen Kontrolle, der Erosion von staatlichen Strukturen und der Entstehung einer freien Öffentlichkeit verlor die offizielle Literatur ihre Vorrangstellung innerhalb des diskursiven Feldes Russlands. Der neue Staat wies der Literatur keine offizielle Funktion mehr zu. Die enge Verbindung zwischen der Politik und den literarischen Kreisen löste sich auf. Die neuen politischen Modelle und Werte bedurften nicht mehr des Mediums Literatur. Die spezialdiskursiven Funktionen der Literatur konnten nun von den entsprechenden Wissenschaften übernommen werden. Die gesellschaftlichen Probleme wurden in den dafür zuständigen Disziplinen oder in den Medien aufgearbeitet. Die Konkurrenz auf dem Gebiet der politischen Sinnproduktion war groß geworden, die Nachfrage nach den Sinnangeboten der Schriftsteller nahm entsprechend ab.

Die »dicken Zeitschriften«[216] entwickelten sich zum Austragungsort der intellektuellen Debatten. Sie waren schon in der Zeit des Tauwetters als die Institutionen einer kritischen Gegenöffentlichkeit bekannt und von der Intelligencija gelesen worden. Die Publizistik bot sich als Transportmedium der politischen Deutungsangebote der Schriftsteller an. Die Presse erlaubte es ihnen, schnell auf die politischen Ereignisse zu reagieren. Es fand eine Verlagerung von der Belletristik auf die Publizistik statt, so dass es sich anbietet, als Gegenstand der Analyse des Unternehmerdiskurses der 90er Jahre des letzten Jahrhunderts ein Pressemedium zu wählen. Den nächsten Schritt in der Verfolgung des Unternehmerdiskurses, und der Schwerpunkt meiner Arbeit, soll demzufolge in der Analyse eines meinungsbildenden Mediums der Transformationszeit bestehen, der Zeitschrift OGONJOK.

216 Die so genannten »dicken Zeitschriften« (*tolstye žurnaly*) wandten sich hauptsächlich an die geistige Elite des Landes. Ihre Berichterstattung reichte von Analysen der politischen und kulturellen Situation in Russland bis hin zur Erörterung gesellschaftlicher Probleme und Bücherrezensionen. Als reformorientierte Zeitschriften galten NOVYJ MIR, ZNAMJA, OGONJOK, als Reformgegner NAŠ SOVREMENNIK, MOLODAJA GVARDIJA, MOSKVA.

4 Kritische Diskursanalyse der Zeitschrift OGONJOK

4.1 Methodische Bemerkungen

Die Ergänzung des Forschungsdesigns durch die Methode der Kritischen Diskursanalyse geschieht, wie bereits im theoretischen Teil erwähnt, aus mehreren Gründen. Zum einen entwickelt die Kritische Diskursanalyse nach Siegfried Jäger (1993, 1996, 2001, 2004) einen Analyserahmen, der es mir erlaubt, eine größere Textmenge aus synchroner und diachroner Perspektive zu untersuchen. Zum anderen begreift Jäger, wie auch Foucault (1973, 1974), die Diskursanalyse als Methode für die historische Untersuchung. In der genealogisch operierenden Diskursanalyse können aktuelle Aussagen als Aktualisierung des bereits Gesagten identifiziert und interpretiert werden.

Dieses Verständnis entspricht den Zielen meiner Arbeit, die unter anderem die Regelhaftigkeit der Reproduzierung und der Aktualisierung des literarischen Materials aus den vergangenen Diskursen im Rahmen des aktuellen Mediendiskurses erforscht. Der kritische Anspruch dieser diskursanalytischen Methode erlaubt es mir, bestimmte diskursive Elemente und Strategien des ökonomischen Diskurses in den Medien zu identifizieren und seine Machtmechanismen aufzudecken. Diese Prozesse sind meist nicht transparent und können erst im Zuge der Analyse erkannt und untersucht werden.

Im folgenden Abschnitt werde ich die Methodologie der Kritischen Diskursanalyse nach Jäger erläutern und die wichtigsten konstitutiven Begriffe seiner Theorie klären. Aus dieser Skizzierung seiner Methode leite ich anschließend einen eigenen methodischen Zugang ab, indem ich Foucault folgend (siehe Kapitel 2.3.1.) bei der Wahl der methodischen Werkzeuge selektiv verfahre, sie durch weitere Zugänge ergänze und gleichzeitig mich kritisch mit der Methode auseinandersetze. Auch Jäger selbst betrachtet seine Methode als Werkzeugkiste, aus der jede/r Wissenschaftler/in die Instrumente für die eigenen Forschungszwecke entnehmen kann. Das diskursanalytische Verfahren, das Jäger vorschlägt, kann demzufolge an eigene Analyseziele angepasst werden. Jäger entwickelt in zahlreichen Anwendungshilfen zur Kritischen Diskursanalyse eine eigene Begrifflichkeit, die er teilweise von

Foucault und von Link übernimmt, teilweise neu entwickelt. Im nächsten Schritt werde ich diese in groben Zügen erläutern und auf die Schwierigkeiten eingehen, mit denen ich bei der Auseinandersetzung mit seiner Methode konfrontiert wurde. Jägers Begriffe bieten einerseits eine hilfreiche Stütze, um die Verwendung der Termini zu synchronisieren, andererseits sind einige von ihnen nicht präzise genug, um dem Anspruch der Untersuchung gerecht zu werden.

Spezialdiskurse und Interdiskurs

Jäger beginnt seine begrifflichen Ausführungen mit dem Terminus des Interdiskurses, den er von Jürgen Link (1982, 1983, 1990) übernimmt. Ähnlich wie Link unterscheidet Jäger zwischen den wissenschaftlichen Spezialdiskursen und dem integrierenden Interdiskurs der Literatur, der Medien oder des praktischen Wissens.[217] Für die vorliegende Untersuchung ist diese Unterscheidung insoweit von Bedeutung, weil im Rahmen eines Interdiskurses (der Literatur und der Medien) unter anderem die Regeln der Integration spezialdiskursiver Elemente analysiert werden. Es geht darum zu fragen, wie das Wissen über den russischen Unternehmer aus den Spezial- und anderen Interdiskursen in dem untersuchten Medium integriert und modifiziert wird. Das spezialdiskursive Wissen wird in diesem Fall nicht nur identifiziert, sondern in Form von Exkursen subsummiert und erweitert.

Diskursfragmente

Den Begriff »Diskursfragment« benutzt Jäger zur Bezeichnung eines Textes oder Textteils, der ein bestimmtes Thema behandelt. Das Thema fasst Jäger in Anlehnung an Link als »inhaltlichen Kern einer Aussage, also das, wovon die Rede ist«[218] der wie »ein Magnet viele Aussagen um sich zu kumulieren scheint, und zwar nicht bloß über kurze Zeit, sondern über mittlere oder sogar lange Zeit«[219]. Jäger weist darauf hin, dass nur in seltenen Fällen ein Diskursfragment und ein Text identisch sind[220]. Diese Feststellung ist insoweit hilfreich für die weiteren Analysen, als dass man von der Einheit eines Textes absehen

217 Ausführlicher dazu in den theoretischen Ausführungen zur Theorie von Jürgen Link (Abschnitt 2.3.2).

218 Jäger 2001, S. 159.

219 Link 1982, S. 152f.

220 Vgl. Jäger 2001, S. 160.

und den Blick auf die von Foucault postulierte »Streuung von Aussagen«[221] über den Unternehmer im gesamten Diskurs richten kann.

Diskursstränge

Nach Jäger besteht ein Diskursstrang aus mehreren Diskursfragmenten zum gleichen Thema. Ein Diskursstrang kann aus diachroner und synchroner Perspektive betrachtet werden. Ein synchroner Schnitt durch einen Diskursstrang bringt ans Licht, was »zu jeweiligen Gegenwarten gesagt wurde bzw. sagbar ist bzw. war«[222]. In diachroner Perspektive betrachtet Jäger die Diskursstränge als historische »Abfolgen von Mengen thematisch einheitlicher Diskursfragmente«[223], d.h. es wird analysiert, wie die jeweiligen thematisch gebundenen Wissensflüsse geschichtlich verlaufen und welche Transformationen und Diskontinuitäten sie erfahren. Diskursstränge können sich verschränken, d.h. sich gegenseitig beeinflussen und stützen. Die Analyse dieser »Verschränkungen« kann besondere diskursive Effekte sichtbar machen.[224]

Allerdings bereitet die Verwendung des Begriffs »Diskursstrang« einige Schwierigkeiten, da die Begriffe »Diskurs« und »Diskursstrang« in der einschlägigen Literatur zur Kritischen Diskursanalyse häufig synonymisch verwendet werden. Jäger selbst führt keine begriffliche Abgrenzung durch. Aus seinen Definitionen des »Diskurses«[225] und des »Diskursstranges« lässt sich jedoch herleiten, dass ein »Diskursstrang« bei Jäger vor allem die diskursive Realisierung eines Themenkomplexes im Rahmen eines Diskurses meint. Der »Diskurs« umfasst vor allem die Makroebene und steht gewissermaßen über dem »Diskursstrang«, der die Mikroebene darstellt. Aus meiner Sicht ist diese Trennung nicht unbedingt notwendig, weil der Diskursbegriff, von dem ich in meiner Arbeit ausgehe[226], beide Ebenen (Makro- und Mikroebene) berücksichtigt. Die Feststellung Jägers jedoch, dass diese thematisch gebündelten Diskursstränge im Rahmen eines Interdiskurses sich verschränken und gegenseitig beeinflussen, liefert für meine Arbeit einen interessanten Ansatzpunkt.

221 Foucault 1973, S. 182.

222 Jäger 2001, S. 160.

223 Ebenda.

224 Zum Begriff »Verschränkung der Diskursstränge« vgl. auch Jäger 1993, S. 68-71.

225 Jäger versteht den Diskurs bzw. Diskurse als »Flüsse von sozialen Wissensvorräten durch die Zeit, die die Applikationsvorlagen für die Gestaltung der gesellschaftlichen Wirklichkeit enthalten und in diese gegenständlich umgesetzt werden« (Jäger 2001, S. 158).

226 Siehe ausführlicher den theoretischen Abschnitt 2.1.

Die Analyse des Unternehmerdiskursstranges innerhalb des medialen Diskurses richtet sich unter anderem auf die Identifizierung und die Interpretation dieser Verschränkungen.

Diskursive Ereignisse
»Diskursive Ereignisse« sind nach Jäger solche medial besonders herausgestellten Ereignisse, die die Richtung und die Qualität eines Diskursstranges bestimmen[227]. Nach Jäger werden nicht alle politischen, ökonomischen, kulturellen usw. Begebenheiten zu einem diskursiven Ereignis, sondern nur solche, über die öffentlich gesprochen und geschrieben wird. Dies hängt von den jeweiligen politischen und gesellschaftlichen Interessen und Konjunkturen ab. Einige diskursive Ereignisse können neue Diskurse entfachen oder den Verlauf eines bereits existierenden Diskurses verändern. Das letzte traurige Beispiel von Erdbeben und Tsunami-Katastrophe und der daraus folgenden atomaren Gefahr in Japan im März 2011, das in allen Medien zum Hauptthema der Berichterstattung wurde, führte zum Überdenken der eigenen Atompolitik in Deutschland und entfachte den seit den 70er Jahren geführten Kernenergie-Diskurs aufs Neue, indem der Verlauf und die darin enthaltene Argumentationsweise sich radikal veränderten.[228] Diskursive Ereignisse markieren den diskursiven Kontext, in dem sich ein aktueller Diskursstrang entfaltet. In der vorliegenden Untersuchung betrachte ich den Kontext jedoch nicht außerdiskursiv, sondern als Teil des herrschenden Dispositivs.

Im Rahmen der vorliegenden Arbeit werden innerhalb eines begrenzten Zeitraums (die Jahre 1994-1999) und eines Mediums (die überregionale meinungsbildende Zeitschrift OGONJOK) diejenigen diskursiven Ereignisse identifiziert und beschrieben, die den Verlauf des Unternehmerdiskurses entscheidend prägten. Ich werde sie zum einen aus spezialdiskursiver Sicht präsentieren und zum anderen anhand des untersuchten Materials rekonstruieren.

227 Jäger 2001, S. 161.

228 Nach den Ereignissen in Japan hat sich die Debatte um die Sicherheit und die Zukunft der Atomkraftwerke in Deutschland wieder voll entfacht. Parteien wie die SPD und Bündnis 90/DIE GRÜNEN plädieren für den Atomausstieg Deutschlands.

Diskursebenen

Jäger führt im Weiteren den Begriff der »Diskursebenen« ein, die er als »soziale Orte (...), von denen aus jeweils ‚gesprochen' wird«[229] begreift. Es unterscheidet mehrere Ebenen (Wissenschaft(en), Politik, Medien, Alltag, Literatur, Geschäftsleben usw.), auf denen jeweils Diskursstränge verlaufen.[230] Die Diskursebenen bei Jäger sind mit den »institutionellen Plätzen« bei Foucault vergleichbar, die in seiner Diskurstheorie zu den Existenzbedingungen der Äußerungsmodalitäten gehören[231]. Von diesen »institutionellen Plätzen« haben die Aussagen ihren »legitimierten Ursprung« und ihre Anwendung, wie z.B. ein Labor für den Biologen oder das Krankenhaus für den Arzt[232] oder wie im vorliegenden Fall die Medien für die Produzenten und Rezipienten von journalistischen Texten. Diskursebenen können aufeinander einwirken, sich aufeinander beziehen, sich gegenseitig instrumentalisieren usw. So können z.B. politische Diskurse die medialen beeinflussen, die wiederum auf den Alltagsdiskurs konstituierend wirken können. Somit kann in Hinblick auf meine Arbeit behauptet werden, dass das ökonomische Phänomen des russischen Unternehmers auf verschiedenen Diskursebenen sprachlich konstruiert wird.

Die Analyse des Unternehmerdiskurses auf verschiedenen Ebenen würde jedoch den Rahmen der vorliegenden Untersuchung sprengen, deswegen fiel die Entscheidung für die Fokussierung der Analyse auf eine Diskursebene, nämlich der der Medien. Diese Wahl geschah nicht zufällig und wurde durch die bereits ausführlich dargelegten Besonderheiten der russischen Medien der Transformationszeit[233] bedingt.

Diskursposition

Unter der Kategorie »Diskursposition« versteht Jäger einen »spezifischen politischen Ort einer Person oder eines Mediums«[234]. Von diesem Ort aus

229 Ebenda, S. 163.

230 In der diskursanalytischen Forschung zur Kritischen Diskursanalyse spricht man überwiegend über den »Mediendiskurs«, »Alltagsdiskurs«, »Literaturdiskurs«, »wissenschaftlicher Diskurs« anstatt »Diskurs auf der Medienebene, Alltagsebene, Literaturebene« usw. Meiner Recherche zufolge gebraucht Jäger selbst den Begriff der »Diskursebene« in seinen Analysen fast nie. Dieses strukturelle Element bleibt offensichtlich auf der begrifflichen Fläche »hängen« und findet kaum Eingang in die praktische Analyse.

231 Vgl. Foucault 1973, S. 75f.

232 Ebenda.

233 Dazu ausführlicher Abschnitt 1.2. und 2.3.

234 Jäger 2001, S. 164.

nehmen die Subjekte, die Gruppen oder die Institutionen an dem jeweiligen Diskurs teil, von hier erfolgt seine Bewertung. Margret Jäger definiert die Kategorie der Diskursposition als »Resultat der Verstricktheit in diverse Diskurse, denen das Individuum ausgesetzt war und die es im Verlauf seines Lebens zu einer bestimmten ideologischen bzw. weltanschaulichen Position (...) verarbeitet hat«[235] Das gilt nicht nur für Individuen, sondern auch für Gruppen und Institutionen.

Diese diskursanalytische Kategorie korrespondiert mit dem »Status« des sprechenden Subjekts bei Foucault, den er in der *Archäologie des Wissens* zu den Existenzbedingungen der Äußerungsmodalitäten zählt[236]. Die Existenzbedingungen der Äußerungsmodalitäten gehören nach Foucault neben den Formationsregeln der Gegenstände, der Begriffe und der strategischen Wahlen zu den strukturierenden Regeln der Diskurse. Der »Status« des sprechenden Subjekts legitimiert es aufgrund einer von ihm ausgefüllten öffentlichen Position, wie z.B. der eines Arztes, eines Juristen oder auch eines Journalisten oder Schriftstellers, Aussagen zu machen.[237] Durch die Analyse seiner Position im diskursiven Informationsnetz kann die Charakteristik eines Sprechersubjekts offengelegt werden. Auf diese Weise kann nach Foucault das Feld auf eine »Regelmäßigkeit für verschiedene Positionen der Subjektivität« untersucht werden[238]. In diesem Punkt unterscheidet sich die Position Foucaults von dem Verständnis Jägers oder Links, die dem sprechenden Subjekt mehr Eigenständigkeit einräumen: zwar resultiert die jeweilige Diskursposition aus der Involvierung in diverse Diskurse und ist von den Regularitäten dieser Diskurse abhängig, ein Individuum, eine Gruppe oder ein Medium kann jedoch nach Jäger/Link das Diskurssystem unterschiedlich bewerten und auch Gegendiskurse entwickeln.

Ich binde diese Kategorie in meine Untersuchung insoweit ein, als dass ich die Diskursposition der Zeitschrift OGONJOK innerhalb der Medienlandschaft Russlands rekonstruiere. Dabei stütze ich mich zum einen auf das Selbstbild der Zeitschrift, das ich allerdings auch kritisch hinterfrage, zum anderen beziehe ich mich auf einige wissenschaftliche Untersuchungen zu diesem Medium. Daraus sollen bestimmte Rückschlüsse über den institutiona-

235 Jäger, M (1996): Rassismus im Alltagsdiskurs. In: Jäger, Margret / Wichert, Frank (Hrsg.): *Rassismus und Biopolitik. Werkstattberichte* (= DISS-Forschungsbericht 1996), Duisburg, S. 47.

236 Foucault 1973, S.75f.

237 Vgl. Ebenda.

238 Ebenda, S. 81.

lisierten Status, den Verbreitungsgrad, die historische Positionierung und die politische Ausrichtung des OGONJOK ermöglicht werden. Dies soll die Analyse der Existenzbedingungen der Aussagen über den russischen Unternehmer unterstützen.

Jäger führt noch weitere Begriffe ein, wie z.B. Haupt- und Unterthemen, die er als Analysekriterien betrachtet. Motiviert durch mein konkretes Untersuchungsziel und die besondere Perspektive möchte ich an dieser Stelle das Analyseverfahren von Siegfried Jäger erweitern, da mein Schwerpunkt nicht auf Haupt- und Unterthemen des Diskurses liegt, sondern ich vielmehr die in den Texten vorherrschenden Unternehmer-Bilder identifizieren möchte, um zu einer Beschreibung der von den im Diskurs immer wieder reproduzierten Typen zu gelangen.

Die auf diese Weise zusammengetragene Typologie erlaubt es, das Spektrum der Bedeutungen, mit Hilfe derer das Bild des Unternehmers sprachlich konstituiert wird, zwar nicht vollständig (denn dieser Aufgabe wird man in keiner Analyse gerecht), jedoch umfassend und repräsentativ darstellen zu können. Diese Erweiterung ergibt sich aus der Materialbasis selbst, da im Laufe der Vorarbeiten offensichtlich wurde, dass fortwährend bestimmte Unternehmer-Typen im Diskurs auftauchen, die nur minimale Veränderungen und somit eine gewisse Verfestigung im Verlauf des Diskurses erfahren. Ein weiteres Ziel meiner Strukturanalyse ist es, die in wissenschaftlichen (ökonomischen, soziologischen) Diskursen konstruierten Typologien der russischen Unternehmer mit den medialen Konstruktionen zu vergleichen.

Die Konzeptionen von Jäger und Link stellen, obwohl sie ferner bestimmte Schwachstellen aufweisen, ein handhabbares Verfahren zur Diskursanalyse zur Verfügung. Dieses Verfahren werde ich um weitere Kategorien und methodische Zugänge erweitern und den Zielen der vorliegenden Untersuchung anpassen.

Dementsprechend werde ich die Diskursposition der Zeitschrift OGONJOK innerhalb des russischen Mediendispositivs verorten, indem ich ihren institutionalisierten Status, den Verbreitungsgrad, ihre historische Positionierung und ihre politische Ausrichtung analysieren werde. Danach folgt die Beschreibung der wichtigsten diskursiven Ereignisse, die die Richtung und die Qualität des Unternehmerdiskursstranges entscheidend mitbestimmten. Wie bereits erwähnt, geschieht diese Rekonstruierung aus zwei Perspektiven: einer spezialdiskursiven (ökonomische und soziologische Diskurse) und einer interdiskursiven (OGONJOK-Diskurs).

Im folgenden Abschnitt werde ich die Strukturanalyse durchführen, die nach Jäger (2001) dazu dient, den untersuchten Diskurs in seiner Struktur zu erfassen. Unter Struktur versteht Jäger »die wesentlichen inhaltlichen und formellen Kennzeichen der Texte«[239]. Hier können die Häufungen ebenso wie das Fehlen bestimmter thematischer Aspekte und ihre zeitliche Präsentation im Hinblick auf diskursive Ereignisse aufgezeigt werden.[240]

Somit soll die Strukturanalyse mir erlauben, einen Überblick über den in der Zeitschrift OGONJOK geführten Unternehmerdiskurs zu schaffen und die Verbindungen mit anderen Diskursen herzustellen. Es geht darum zu erfassen, auf welche Weise und mit welchen Mitteln das Bild des russischen Unternehmers im untersuchten Zeitraum konstruiert wird.

Wie oben bereits beschrieben, wird die Strukturanalyse anhand der aufgestellten Typologie der Unternehmer durchgeführt. Besondere Aufmerksamkeit wird in diesem Analyseschritt auf der Integration des literarischen Materials (d.h. literarische Figuren, Bilder, Argumentationsschemata usw.) bei der diskursiven Konstituierung des jeweiligen Unternehmertypus liegen. Die Ergebnisse der Strukturanalyse bedingen das Vorgehen in den folgenden Feinanalysen. Aufgrund der großen Materialmenge und des heterogenen diskursiven Materials würde die Feinanalyse eines oder sogar mehrerer Artikel den zu erwartenden Ergebnissen und den Zielen der Arbeit nicht genügen. Das bedeutet, dass statt eine Feinanalyse eines repräsentativen Artikels vorzunehmen, wie Jäger sie vorschlägt[241], ich die besonders repräsentativen Unternehmertypen, die am häufigsten im OGONJOK-Diskurs reproduziert werden, einer detaillierten Analyse unterziehen werde. Die Ergebnisse der Struktur- und Feinanalysen werden im abschließenden Teil zur Gesamtanalyse zusammengetragen und ausgewertet.

4.2 Diskursposition der Zeitschrift OGONJOK

Dieser Abschnitt erläutert die diskursive Position der Illustrierten OGONJOK. Nach Jäger liefert die diskursive Verortung des untersuchten Mediums wichtige Erkenntnisse für die Analyse des Verlaufs und der Konstituierung des

239 Jäger 2001, S. 37.

240 Ebenda.

241 Ebenda, S. 192.

jeweiligen Diskurses. Aus diskurstheoretischer Perspektive nehmen die verschiedenen Printmedien unterschiedliche Diskurspositionen ein:

Unter einer Diskursposition […] [versteht man] den Ort, von dem eine Beteiligung am Diskurs und seine Bewertung für den Einzelnen und die Einzelne bzw. für die Gruppen und die Institutionen erfolgt. Sie produziert und reproduziert die besonderen diskursiven Verstrickungen, die sich aus den bisher durchlebten und aktuellen Lebenslagen der Diskursbeteiligten speisen.[242]

Die Auswirkungen dieser Diskursposition äußern sich für die Rezipienten darin, dass jedes Printmedium seine eigene politische Richtung verfolgt, die meistens auch den Lesern bekannt ist. Analysiert man die Struktur der Berichterstattung des jeweiligen Mediums, dann wird man feststellen können, dass die Diskursposition in der unterschiedlichen Gewichtung und Bewertung verschiedener Diskursstränge sichtbar wird. Die Diskursposition resultiert aus der Verortung des einzelnen Mediums innerhalb der gesamtgesellschaftlichen diskursiven Ordnung und kann mehr oder weniger den vorherrschenden Diskurs über ein bestimmtes Thema stützen oder diesem entgegenlaufen.

Bei der Untersuchung des diskursiven Phänomens des russischen Unternehmers wurde bewusst auf die Analyse unterschiedlicher Printmedien zu Gunsten einer der wichtigsten meinungsbildenden Zeitschriften Russlands der Transformationszeit, OGONJOK, verzichtet. Die Gründe dafür liegen in der Fokussierung der Perspektive auf einen weit gefassten zeitlichen Rahmen (1994-1999). Die Analyse der Texte an den wichtigsten Transformationsphasen entlang erlaubt mir, den Verlauf des Unternehmerdiskurses umfassender und aufschlussreicher zu untersuchen, als dies über eine kürzere Periode hinweg möglich wäre. Die Menge an Textmaterial, mit der ich mich in diesem Fall beschäftigen werde, macht die Heranziehung weiterer Medien für die Analyse nahezu unmöglich. Dies würde sich jedoch als Aufgabe für die weitere Forschung anbieten.

Bei der Charakterisierung der untersuchten Zeitschrift OGONJOK werde ich sowohl auf ihr Selbstverständnis und Selbstbild (ausgedrückt auf der Internetseite der Zeitschrift www.ogoniok.com in der Rubrik »Über uns«) als auch auf wissenschaftliche Arbeiten, die sich mit diesem Medium befasst

242 Jäger, Siegfried (1996): *BrandSätze. Rassismus im Alltag.* 4. Aufl.. Duisburg, S. 47.

haben, zurückgreifen. Die Zeitschrift OGONJOK setzt als eigenes Motto folgenden Satz: »Man kann OGONJOK lieben oder nicht lieben, lesen oder nicht lesen, aber ein Fakt bleibt unbestreitbar, dass OGONJOK eine einzigartige Zeitschrift ist, mit der mehrere Generationen unseres Landes aufgewachsen sind.«[243] Zum einen wird auf die lange Geschichte der Zeitschrift und auf ihre Einzigartigkeit in der Medienlandschaft Russlands rekurriert, zum anderen wird der kritische Anspruch von OGONJOK angedeutet und auf die breite Rezipientengruppe (»mehrere Generationen«) hingewiesen.

Auf der bereits erwähnten Internetseite von OGONJOK findet man das historische Porträt der Zeitschrift, das diese kurze Argumentation aufgreift und weiter führt. Es beginnt mit der Erwähnung der langen Geschichte (1899 als Gründungsjahr) und der Einzigartigkeit (»die einzige wöchentliche Zeitschrift in Russland mit hundertjähriger Geschichte« – это единственный еженедельник в России со столетней историей) der Zeitschrift. Im Weiteren positioniert sich OGONJOK innerhalb der Medienlandschaft und vergleicht sich mit LIFE, TIME, PARIS MATCH und SPIEGEL. Es wird unterstrichen, dass die Artikel des OGONJOK unter der lesenden Bevölkerung breit diskutiert werden und die Meinungen der Journalisten und Experten als eine gewichtige Stimme im medialen Diskurs wahrgenommen werden. Es wird ebenfalls auf die reiche Bebilderung der Zeitschrift hingewiesen, was ein wichtiges Merkmal einer Illustrierten[244] ist. Der Kreis der Leserschaft wird als »riesig« (круг читателей огромный) beschrieben, und jeder Leser könne auf den Seiten der Zeitschrift »etwas Wichtiges« (каждый может найти что-то важное для себя) für sich finden.

Die lange Geschichte des OGONJOK wird recht differenziert dargestellt, dabei wird darauf hingewiesen, dass die Zeitschrift historisch nicht ausschließlich ideologische Funktion erfüllte, sondern auch versuchte, auf den ästhetischen Geschmack des sowjetischen Publikums Einfluss zu nehmen. Von der Intelligencija wurde OGONJOK in den 60er bis 70er Jahren als die »Zeitschrift für die Friseursalons« (журнал для парикмахерских) bezeichnet, weil sie mehr der Unterhaltung diente. Die neue Ära begann für OGONJOK mit der

243 »Можно читать или не читать »Огонек«, любить или не любить, но неоспорим факт: »Огонек« - уникальный журнал, читая который выросло не одно поколение россиян.« Quelle: http://www.ogoniok.com/inside/hystory/ (Stand: 22.03.2011).

244 Eine Illustrierte (Kurzform zu »Illustrierte Zeitschrift«) ist eine periodisch erscheinende Publikumszeitschrift mit besonders vielen Bildern. Illustrierte beinhalten Artikel über Themen von allgemeinem Interesse und dienen häufig der Unterhaltung.

Perestrojka. Die Zeitschrift erlebte eine Entideologisierung und Reformierung und wurde zum Sprachrohr der neuen Politik von Perestrojka und Glasnost'. Befürwortet von Michail Gorbačev und Alexander Jakovlev wurde 1986 Vitalij Korotič zum Chefredakteur des OGONJOK. Er war der erste, der die schwere Tür der Glasnost'-Politik in den russischen Medien öffnete. Die Zeitschrift spielte eine wichtige Rolle in diesem Prozess: es ist schwer, ein anderes Medium im Russland der damaligen Zeit zu finden, das einen vergleichbaren Einfluss auf das gesellschaftliche und politische Leben des Landes während Perestrojka ausübte. Der OGONJOK dieser Zeit wurde zu einer Schule der Demokratie in einem jahrzehntelang »stummen« Land. Die historischen, literarischen und publizistischen Materialien, die während der Sowjetzeit unter Verschluss gehalten wurden, konnten dank OGONJOK landesweit gelesen werden.

Anfang der 90er Jahre befand sich die progressive Zeitschrift, wie auch die ganze Medienlandschaft Russlands, in einer komplizierten Lage. Die neuen Marktverhältnisse und nicht mehr die politische Ausrichtung diktierten die Regeln im Medienbereich. Der neue Chefredakteur Lev Guščin[245] stand vor der schweren Aufgabe, die Zeitschrift OGONJOK zu reformieren und an die neuen Marktverhältnisse anzupassen, um sie überlebensfähig zu machen, weil allmählich klar wurde, dass ein etwas altmodisches, traditionsreiches und kostenintensives Medium wie der OGONJOK unter den neuen Bedingungen nicht überleben würde. 1995 erfuhr die Zeitschrift grundlegende Veränderungen und wurde nach dem Vorbild westlicher Illustrierten umgestaltet und modernisiert. 1998 wurde Vladimir Černov, der beim OGONJOK bereits mit Vitalij Korotič zusammengearbeitet hatte, der neue Chefredakteur. Im Oktober 2003 löste ihn der bekannte russische Journalist Viktor Lošak[246] ab. Lošak versuchte, dem OGONJOK eine liberale politische Ausrichtung zu geben und der Zeitschrift eine wichtige diskursive Position innerhalb der Medienlandschaft zu sichern. Diese Ziele kollidierten jedoch mit den Forderungen der damaligen Eigentümer der Zeitschrift, aus OGONJOK ein Printmedium für

245 Guščin publizierte als einer der ersten Journalisten Russlands aufklärende Artikel über die Verbrechen Stalins und hatte den Mut, auch aktuelle Missstände anzuprangern. Er und seine Nachfolger veröffentlichten im OGONJOK die lange unter Verschluss gehaltenen literarischen und publizistischen Werke früher verbotener Autoren.

246 Viktor Lošak wurde 1952 in der Hafenstadt Odessa in der heutigen Ukraine geboren. Sowohl als Korrespondent der Tageszeitung IZVESTIJA als auch als Chefredakteur der Zeitschrift MOSKOVSKIE NOVOSTI konnte er als Journalist wichtige Erfahrungen sammeln. 2003 wurde Lošak als »bedeutendster russischer Redakteur des Jahres« geehrt.

junge, reiche Menschen zu machen. Lošak jedoch weigerte sich, aus einer geschichtsträchtigen Zeitschrift wie OGONJOK eine bloße Unterhaltungszeitung zu machen und verkündete seinen Rücktritt. Das neue Konzept des OGONJOK ohne den alten Redakteur hatte keinen Erfolg. Die neuen Inhaber (das Unternehmen Telecom-Invest) holten Lošak wieder ins Boot und überdachten erneut die Konzeption der Zeitschrift. Sie gründeten das Verlagshaus *Ogonjok* und kehrten zur politischen Ausrichtung der Zeitschrift zurück.

Als politischen Standort könnte man der Zeitschrift OGONJOK eine liberal-patriotische Position zuschreiben. Lošak selbst erklärt diese Position folgendermaßen: »OGONJOK vertritt zweifellos liberale Werte, aber wir sehen uns und unsere Zeitschrift vor allem im Dienst des Landes«[247] Die Zeitschrift beschreibt sich selbst als ein nicht-konformes Medium der russischen Staatsmacht und unterstreicht ihre unabhängige politische Position. Sie erklärt, dass sie die Regierung nur im Rahmen der demokratischen Reformen unterstützen wolle. Den Hauptakzent legt die Zeitschrift auf die Qualität und die Vielfältigkeit der Berichterstattung.

Die Auflage des OGONJOK beträgt nach heutiger Schätzung 72.150 Exemplare, die Zahl der Leser – 330.000. Somit gehört er zu den fünf am meisten gelesenen wöchentlichen Zeitschriften. OGONJOK wird in allen großen Städten Russlands und in den Ländern der GUS verkauft. Rund 25 Prozent der Leser leben in Moskau, 14 Prozent in Novosibirsk und 7 Prozent in Sankt Petersburg, die restlichen 54 Prozent verteilen sich über die ganze Russische Föderation. In Moskau findet man das breiteste Vertriebsnetz von OGONJOK. Es existieren ebenfalls ein Abonnementsdienst und ein Club der OGONJOK-Leser, der Diskussionsrunden zu verschiedenen aktuellen Themen veranstaltet oder auch kritische Stimmen an die Redaktion weiterreicht. Die Leserschaft des OGONJOK ist recht heterogen. Entsprechend den Daten des russischen Medienforschungszentrums Mediamar von 1997 lesen vor allem Führungskräfte, Fachkräfte, Studenten und Hausfrauen die Zeitschrift, Frauen etwas mehr als Männer und Menschen mit mittlerem bis hohem Einkommen (500-1000 Tsd. Rubel) öfter als die mit niedrigem und höchstem Einkommen[248]. Nach einer Umfrage von 1998 genossen die LITERATURNAJA GAZETA und

247 »‚Огонек', безусловно, отстаивает либеральные ценности, но мы видим свой журнал и себя, прежде всего, полезными собственно стране.« Quelle: http://www.ogoniok.com/inside/hystory/ (Stand: 22.03.2011).

248 Vgl. Trautmann, L. (2002): *Die Medien im russischen Transformationsprozess. Akteur oder Instrument der staatlichen Politik*. Frankfurt a. M., S. 213.

die Zeitschrift OGONJOK das größte Vertrauen des lesenden Publikums mit jeweils 7,2 und 5 von 10 möglichen Punkten[249].

Somit gehört der OGONJOK zu den wichtigsten überregionalen meinungsbildenden Printmedien in Russland und zeichnet sich durch eine liberal-patriotische Ausrichtung und Vielfalt in der Berichterstattung von relativ hohem Niveau aus. Die Illustrierte blickt auf eine lange Geschichte zurück und spielte während der Perestrojka eine bedeutsame Rolle bei der Etablierung der Meinungsfreiheit in den öffentlichen Medien. Der OGONJOK wird vor allem von Akademikern und Führungskräften mit mittlerem bis hohem Einkommen rezipiert und orientiert sich in seinem Stil der Berichterstattung am gebildeten Leser. Die intellektuelle Elite schenkt laut Umfragen diesem Medium großes Vertrauen, was mit der angestrebten unabhängigen Position der Zeitschrift während der Transformation erklärt werden könne. Somit gehört der OGONJOK, trotz einer enormen Minderung der Auflagenhöhe Mitte der 90er Jahre, bedingt durch die Kommerzialisierung der medialen Sphäre, zu den wichtigsten meinungsbildenden Printmedien in Russland. Es ist ein Medium mit einem relativ großen Einfluss auf den Interdiskurs der russischen Medien und kann deswegen als ein Querschnitt durch die russische Medienlandschaft betrachtet werden

4.3 Diskursive Ereignisse

Einen wichtigen Teil der Strukturanalyse bildet die Untersuchung der diskursiven Ereignisse, die nach Siegfried Jäger die Richtung und die Qualität des Diskursstranges prägen. Nicht alle wirtschaftlichen und politischen Begebenheiten entfalten ihre diskursive Wirkung und werden in den Medien zu besonders herausgestellten Ereignissen, über die man spricht und schreibt. Dies hängt stark von den gesellschaftlichen und politischen Konjunkturen, Medienpraktiken und manchmal Zufällen im jeweiligen Land ab. Durch die Feststellung und Erläuterung der diskursiven Ereignisse wird der Unternehmerdiskurs im Rahmen des diskursanalytischen Verfahrens kontextualisiert[250]. Der untersuchte Diskurs wird dementsprechend historisch rückgebunden.

249 Ebenda.

250 Vgl. Blommaert, J. (2004): *Workshopping. Professional vision, practices and critique in discourse analysis*. Gent: Academia Press; Jäger 2001.

Zuerst werden Kriterien für die Auswahl und die Eingrenzung des Untersuchungszeitraumes (1994-1999) erörtert. Der Verlauf politischer und ökonomischer Ereignisse während der untersuchten Zeitspanne wird in Form eines Exkurses dargestellt, der im Anhang platziert wird. Der Verlauf wird chronologisch dargestellt und die wichtigsten diskursive Ereignisse werden kurz erörtert. Dabei werden die Hauptakzente auf die wirtschaftliche Entwicklung und auf die Unternehmerproblematik gelegt. Diese Beschreibung der diskursiven Ereignisse dient als Orientierungshilfe für die weitere Struktur- und Feinanalyse, auf die im gegebenen Fall zu verweisen ist.

4.3.1 Untersuchungszeitraum

Der Untersuchungszeitraum beginnt mit dem Inkrafttreten der russischen Verfassung im Dezember 1993. Die am 12. Dezember 1993 in einem landesweiten Referendum angenommene Verfassung legte die grundlegenden Prinzipien des russischen Wirtschaftssystems fest. Die wichtigsten von ihnen sind: ein einheitlicher Wirtschaftsraum mit unternehmerischer Freiheit (Art. 8.1., sowie ausführlicher Art. 34 und 74), die Etablierung des Sozialsystems (Art. 7, sowie ausführlicher Art. 34-41) und das Recht auf Privateigentum (Art. 8.2., sowie ausführlicher Art. 35-36). Die Verfassung garantiert somit die wichtigsten Rechte unternehmerisch tätiger Akteure und orientiert sich am Modell der »sozialen Marktwirtschaft«[251]. Die neue Verfassung veränderte außerdem die Organisationsprinzipien des Staates. Die Stabilisierung des politischen Prozesses und der politischen Institutionen sowie der Schutz der Wirtschaft vor politischem Populismus waren ihre Hauptziele.[252]

Nach dem Inkrafttreten der neuen Verfassung Ende 1993 trat Russland in eine neue Transformationsphase ein, in der die Weichen für den weiteren Ausbau der demokratischen Marktwirtschaft gelegt wurden.[253] Aber die

251 Vgl. Pleines, H. (2003): *Wirtschaftseliten und Politik im Russland der Jelzin-Ära (1994 - 99).* Münster: Lit. Verlag, S. 93.

252 Der Exekutiven (insb. dem Präsidenten) wurden weite Befugnisse bei der Regierungsbildung und der Gestaltung der laufenden Wirtschaftspolitik eingeräumt. Unter ihrer Kompetenz stand der Prozess der Verfassungs- und Gesetzgebung, wodurch populistische Tendenzen der Abgeordneten unterbunden werden sollten.

253 Vgl. Höhmann, H.-H. (1996): Die Transformation zur Marktwirtschaft im Spannungsfeld von Politik und Gesellschaft. In Forschungsstelle Osteuropa (Hrsg.): *Russland: Fragmente einer postsowjetischen Kultur.* Bremen: Temmen; Peissotchenko, S. (2002): *Politische Ökonomie der Systemtransformation: Russland 1985-2000.* St. Gallen: Verlag Digicenter; Steffen, O. (1997): *Die Einführung des Kapitalismus in Russland : Ursachen, Programme und Krise der Transformationspolitik.* Hamburg: Lit.-Verlag.

weitere wirtschaftliche und politische Entwicklung gestaltete sich nur mühsam und war nach wie vor durch diverse Schwierigkeiten geprägt. Im russischen Parlament wütete ein erbitterter Kampf zwischen den reformorientierten, den kommunistischen und den national geprägten Politikern. Das Land wurde zusätzlich von einer neuen Welle der Inflation erfasst.[254]

Als Ende der von mir untersuchten Periode setze ich den politischen Kurswechsel nach den Parlamentswahlen im Dezember 1999 und dem Rücktritt Jelzins am Ende dieses Jahres. Danach beginnt die neue Ära Putin, die den Transformationsprozess der Jelzin-Zeit besiegelte und die Neuformierung der Machtverhältnisse einleitete. Auch die Position und Rolle der Medien veränderten sich mit dem Amtsantritt Putins. Waren die Medien in der Jelzin-Zeit noch von einer großen Vielfalt und durch ein hohes Maß an Eigenständigkeit gekennzeichnet, wurden sie unter Putin durch eine Reihe administrativer Eingriffe von Seiten staatlicher Akteure zunehmend auf eine einheitliche Linie gebracht, so dass im weiteren Verlauf vor allem das Fernsehen und teilweise Printmedien und Hörfunk als Transmissionskanal des überwiegend einheitlichen Elitendiskurses zu werten sind.

4.3.2 Diskursive Ereignisse (Zeitschrift OGONJOK)

Im Weiteren soll anhand des textuellen Materials geprüft werden, um welche wichtigen politischen und wirtschaftlichen Ereignisse herum sich die Debatten um das Thema »Unternehmertum« intensivierten. Am Anfang des untersuchten Zeitraumes wirkten noch die Ereignisse aus der Zeit vor 1994 auf den Unternehmerdiskurs. Dies waren vor allem die ersten Reformen von Präsident Jelzin und seinem liberalen Regierungschef Jegor Gaidar aus den Jahren 1992-1993, die einen diskursiven Widerhall in der Presse gefunden hatten. Der Inhalt dieser Reformen betraf die Preisliberalisierung, die Öffnung des Binnenmarktes, den freien Devisenhandel und die Privatisierung der Staatswirtschaft. Die Folgen der eingeleiteten Veränderungen waren vor allem die galoppierende Inflation und ein dramatischer Rückgang von Kaufkraft und BIP. Diese Tatsachen erschütterten das Vertrauen in den neuen Kurs und werteten ihn in den Augen der Öffentlichkeit ab; dagegen fühlten sich die Gegner des freien Marktes in ihren Forderungen bestärkt. Diese Stimmung

254 Die ökonomischen Ergebnisse des Jahres 1994 waren problematisch: die Inflation blieb monatlich im zweistelligen Bereich, das Budgetdefizit überstieg die 10%-Marke.

spiegelte sich auf den Seiten des OGONJOK wider.[255] Es waren vor allem Skepsis und Unzufriedenheit mit dem Verlauf und den Ergebnissen der ersten wirtschaftlichen Reformen zu spüren, die einen großen Teil der Bevölkerung in Armut und den sozialen Abgrund stürzten.

Ein weiteres diskursives Ereignis, das besonders Mitte 1994 die Medien und auch die Zeitschrift OGONJOK beschäftigte, waren die regionalen Parlamentswahlen (zwischen Dezember 1993 und April 1994). In vielen Regionen verschärfte sich die Opposition zwischen der Wirtschaftselite, die die Liste der Kandidaten dominierte, und der linken Opposition. Diese Konflikte wurden auf den Seiten der Zeitschrift exemplarisch besprochen.[256] Dieses Ereignis machte die immer deutlicher werdende Verquickung von wirtschaftlichem und politischem Kapital in Russland offensichtlich. Die Verfilzung staatlicher und privatwirtschaftlicher Strukturen brachte einen neuen Typus des Unternehmers ins Licht der öffentlichen Debatten, den Unternehmer-cum-Politiker, der sehr ambivalent dargestellt wurde.

Die Privatisierung umfasste mit der Voucher-Privatisierung zuerst alle Schichten der Bevölkerung und wurde später nur von ausgewählten wirtschaftlichen Akteuren vorangetrieben. Diese Ereignisse wurden über eine längere Zeit (von 1994 bis 1997) im OGONJOK breit diskutiert.[257] Zu den negativ bewerteten Folgen der Voucher-Privatisierung gehörte die rasche Verbreitung der so genannten Finanzpyramiden, die die Akzeptanz des Privatisierungsprozesses in der Bevölkerung stark beeinflussten. Aus diesen Gründen konzentrierte sich die Berichterstattung nicht auf die einzelnen Phasen der Privatisierung, sondern vor allem auf die Betrugsgeschäfte in Form der Finanzpyramiden und auf die Darstellung der Banken als einigen der wichtigsten Akteure der zweiten Privatisierungsphase. Die Entwicklung im Bankenbe-

---

255 Vgl.: »Drei Wege, drei Alternative, drei Kräfte« (*Ogonjok* 9-10/1994); »Die tote Saison« (ebd.); »Der Reiter auf einer Kuh: Farmer Solov'jov reitet zum Kapitalismus so schnell, dass das Land nicht hinter ihm herkommt« (*Ogonjok* 37-39/ 1994) (die russischen Titel werden an entsprechenden Stellen in dem analytischen Teil (ab dem Kapitel 4.4.) genannt).

256 Vgl.: »Der Genosse Direktor wird Abgeordneter« (*Ogonjok* 41/1994); »Drei aus einer Oblast'« (*Ogonjok* 50-51/1994).

257 Vgl.: »Es ist schade um die Privatisierung« (*Ogonjok* 8/1994); »Ein Geschäftsgeheimnis« (*Ogonjok* 35-36/1994); »Plus die Mavrodisierung des ganzen Landes« (*Ogonjok* 40-41/1994); »Petersburger Banken: zwischen Geld und Dynamit« (*Ogonjok* 4/1995); »Die Variationen des Schicksals« (*Ogonjok* 15/1995); »Mavrodi als Gensek« (*Ogonjok* 41/1995); »Von ‚Tibet' bis ‚Germes' ist alles dunkel« (Ogonjok 52/1995); »Zelle für den Präsidenten« (*Ogonjok* 5/1996); »Der Kapitalismus mit Direktorengesicht« (*Ogonjok* 9/1996); »Die Omas der AG ‚MMM'« (*Ogonjok* 9/1996); »Die Bankrotte gewinnen« (*Ogonjok* 10/1996); »Bankreformierungen: das Spiel ohne Regeln« (*Ogonjok* 31/1997).

reich, der in den Spezialdiskursen eine große Rolle im russischen Transformationsprozess beigemessen wird[258], wird von den Medien ebenfalls besonders intensiv verfolgt.

Das nächste prägende politische Ereignis, das für eine nachhaltige Diskussion in der untersuchten Zeitschrift sorgte, waren die Duma-Wahlen im Dezember 1995 (siehe Exkurs 1. im Anhang). Besonders im Mai 1995 wurde in einer Reihe von Artikeln im OGONJOK auf die verstärkte Verflechtung zwischen den politischen und wirtschaftlichen Akteuren hingewiesen. Vor allem dominierte das Thema der Finanzierung der Wahlkampagnen ausgewählter Politiker durch Unternehmer.[259] Bereits durch die Titel der Artikel (*Betrug vor den Wahlen*; *Wird die Moosbeere die Frucht der Demokratie?*; *Die Macht des Kapitals* usw.) wurde der Eindruck vermittelt, dass es sich bei den Wahlen ins russische Parlament um keinen transparenten demokratischen Prozess, sondern vielmehr um eine Einflussnahme der Macht des Kapitals auf politische Kräfte im Parlament handelte.

Auch die Präsidentschaftswahlen im August 1996 stellten ein wichtiges diskursives Ereignis dar. Wie bereits im Exkurs erörtert wurde, beteiligten sich die mächtigen Unternehmer und die unter ihrem Einfluss stehenden Medien an der Wahlkampagne Jelzins, die sie finanziell unterstützten. Im Rahmen der untersuchten Zeitschrift wird diese Verquickung des politischen und ökonomischen Kapitals nicht nur thematisiert, der OGONJOK beteiligte sich darüber hinaus intensiv an dem diskursiv geführten Wahlkampf (vgl. *Präsidentenmarathon* (Ogonjok 19/1996); *Ein Ultimatum dem Kandidaten für den Posten des Präsidenten* (Ogonjok 24/1996); *Der Volksbeschützer* (Ogonjok 31/1996) u.a.). Brisant erscheint in diesem Zusammenhang die Tatsache, dass genau in dieser Zeit der OGONJOK von dem russischen Großunternehmer und Medienmagnaten Boris Berezovskij[260] aufgekauft und vermutlich deswegen aktiv in den Wahlkampf eingebunden wurde.

258 Vgl. Allan, D. (2002): Banks and the loans-for-shares auctions. In: Lane, D. (Hrsg.): *Russian banking*. Aldershot, S. 137-159; Astanovič, A./Syrmolotov, D. (1999): Rossijskie banki v 1998 godu. Razvitie sistemnogo krizisa. In: *Voprosy ekonomiki*, 5/1999, S. 43-64; Pleines, H. (2003): *Wirtschaftseliten und Politik im Russland der Jelzin-Ära (1994-99)*. Münster: Lit. Verlag; Thießen, U. (2000): *Banking crises in transition countries. Theory and empirical evidence. The case of Russia*. Berlin: DIW Discussion Paper 193.

259 Vgl. »Betrug vor den Wahlen« (*Ogonjok* 20/1995); »Wenn die Unternehmer den rechten politischen Block unterstützen« (*Ogonjok* 21/1995); »Wird die Moosbeere die Frucht der Demokratie?« (*Ogonjok* 22/1995); »Der vertikale Schnitt« (*Ogonjok* 28/1995); »Die Macht des Kapitals« (*Ogonjok* 47/1995); »Man hat sich beeilt, es aber nicht geschafft« (*Ogonjok* 5/1996).

260 Boris Berezovskij gehörte zu dieser Zeit zu den einflussreichsten Großunternehmern Russlands.

Die Weltmarktkrise Ende 1997 sorgte ebenfalls für Diskussionen in der Zeitschrift OGONJOK. Die antiwestlich geprägten Stimmen, die die Präsenz ausländischer Investoren auf dem russischen Markt immer kritischer bewerteten, wurden im OGONJOK-Diskurs lauter. (Vgl. *Kann Soros den russischen Rubel zusammenbrechen lassen?* (Ogonjok 45/1997) *Der Rubel fällt und kann nicht aufstehen?* (Ogonjok 50/1997); *‚Russische Dollars' helfen der Weltwirtschaft auf die Sprünge* (Ogonjok 10/1998)). Es kam zu einer verstärkten Verflechtung zwischen dem nationalen und dem Unternehmer-Diskurs in der Berichterstattung des OGONJOK.

Die daraufhin folgende Augustkrise von 1998 war beinahe das wichtigste diskursive Ereignis der Transformationszeit. Viele russische Bürger erfuhren erst aus den Medien von der Krise, da zur Sommerzeit ein großer Teil der russischen Bevölkerung auf Datschen lebt. Die Medien wurden somit zu den diskursiven »Erschaffern der Krise« im Bewusstsein der Bevölkerung. Diesem Ereignis wurde in dem untersuchten Medium besondere Aufmerksamkeit geschenkt. Die Krise wird sprachlich als Moment des Umbruchs, als Wendepunkt der Jelzin-Epoche konstruiert.[261] In dieser Zeit nimmt der Diskurs über den Unternehmer eine klare Wendung: Es ist eine allgemeine Abwertung des monetären Bereichs festzustellen, die mit den schweren Folgen der Krise für die russische Bevölkerung verbunden wird. Die Krise wird diskursiv als die Tragödie der russischen Mittelklasse konstruiert, die Unternehmer als Gruppe werden darin kaum thematisiert; sie sind weder die Leidtragenden noch die Gewinner der Krise. Die positiven Aspekte der Krise, wie z.B. die günstigen Möglichkeiten für die Entfaltung der heimischen Landwirtschaft und der Industrie, werden nur am Rande erwähnt.

Als letztes diskursives Ereignis im Untersuchungszeitraum können die Duma-Wahlen im Dezember 1999 identifiziert werden. Sie markieren den

---

Er unterstützte durch die Wahlkampfspenden 1996 die Wiederwahl von Präsident Jelzin. Seinen Einfluss verstärkte sich durch den Erwerb zahlreicher wichtiger russischer Medien Mitte der 90er Jahre. So gehörten Berezovskij Anteile an den nationalen Fernsehsendern ORT und TV-6, an einem Radiosender und an einer Reihe renommierter überregionaler Zeitungen, unter anderen am OGONJOK. (Vgl. Pleines 2003; Pappe, J. (2000): *Oligarchi. Ėkonomičeskaja chronika*. Moskva; Muchin, A. A. (2000): *Informacionnaja vojna v Rossii*. Moskau; Klebnikov, Paul (2001): *Der Pate des Kreml. Boris Beresowski und die Macht der Oligarchen*. München: Econ.)

261 Vgl. »Ich war auf meiner Datsche, deswegen habe ich nichts von der Krise mitbekommen.« (*Ogonjok* 34/1998); »Das ist nicht die Lebenskrise, sondern die Krise der Lebensauffassung« (*Ogonjok* 36/1998); »Die Lehre vom September. Es ist an der Zeit, die Partei zu suchen« (*Ogonjok* 38/1998); »Der Staat spuckte auf uns. Und wir haben uns bloß abgetrocknet« (*Ogonjok* 39/1998); »Hast du es zu einem Vermögen gebracht, dann baue etwas in deinem eigenen Land auf!« (*Ogonjok* 40/1998); »Hilfe! Ich bin müde« (*Ogonjok* 45/1998); »Wir wurden zum letzten Mal betrogen« (*Ogonjok* 46/1998); »Russland steht auf Werbung« (*Ogonjok* 50/1998).

formellen Übergang zu einer neuen Ära der russischen Politik, die durch neue Machtverhältnisse im Parlament und in der russischen Regierung gekennzeichnet ist.[262] Dieser Entwicklung wird jedoch nur wenig Platz im OGONJOK-Diskurs eingeräumt.

Die anderen diskursiven Ereignisse, die außerhalb der politischen Sphäre stehen, beziehen sich hauptsächlich auf medial groß inszenierte Kriminalverbrechen, wie z.B. der Mord an dem populären Journalisten Vladislav List'ev oder Überfälle auf reiche Unternehmer. (Vgl. *Ein rein russischer Mord* (Ogonjok 16/1997); *Wer ermordete Vladislav List'ev?* (Ogonjok 32/1997); *Spartak-Moskau-Petuschki* (Ogonjok 33/1997) u.a.) Die zahlreichen Verbrechen vermittelten den Eindruck, dass unternehmerische Tätigkeit in Russland grundsätzlich krimineller Bedrohung ausgesetzt sei. Ein Appell an den russischen Staat, diese Risiken zu minimieren und die Kriminalität stärker zu bekämpfen, ist jedoch nur am Rande zu vernehmen.

In der folgenden Tabelle werden nun zusammenfassend ein Überblick über die wichtigsten diskursiven Ereignisse und ihre zeitliche Einbettung sowie eine kurze Erläuterung der relevanten Elemente des Unternehmer-Diskurses im OGONJOK präsentiert:

Tab. 1: Überblick über die wichtigsten diskursiven Ereignisse

Zeit	**Diskursives Ereignis**	**Ogonjok-Diskurs**
1992-1993	Gaidar-Reformen	Skepsis und Unzufriedenheit mit dem Verlauf der Reformen
Dez. 1993-April 1994	Regionale Parlamentswahlen	Erste Hinweise auf die Verquickung von wirtschaftlichem und politischem Kapital
1994-1996	Zweite Phase der Privatisierung	Thematisierung der schweren Folgen der Finanzpyramiden und negative Darstellung der Banken
Dez. 1995	Duma-Wahlen	Diskursive Konstituierung der Wahlen als nur wenig transparentem und undemokratischem Prozess; Darstellung der Macht und des zunehmenden Einflusses kapitalstarker Akteure

262 Vgl. »Roman Abramovič: ‚Das ist für lange und ernst gemeint'« (*Ogonjok* 36/1999); »'Ich bin ein Zeitverkäufer'« (*Ogonjok* 39/1999).

Aug. 1996	Präsidentschaftswahlen	Aktive Beteiligung des OGONJOK am Wahlkampf; diskursive Desavouierung von Konkurrenten Jelzins; weitere Hinweise auf die Verbindung zwischen Politik und Wirtschaft
Okt. 1997	Beginn der Weltfinanzkrise	Zunehmende Präsenz antiwestlicher Stimmen, Aktivierung des nationalen Diskurses
Aug. 1998	Russische Finanzkrise	Die Medien als Erfahrungsraum der Krise; Finanzbruch als Krise der Jelzin-Politik und Tragödie der russischen Mittelklasse
Dez. 1999	Duma-Wahlen	Diskursive Markierung neuer Machtverhältnisse im Parlament und des veränderten politischen Kurses

Wie man anhand dieser Tabelle sehen kann, änderte sich der Verlauf des Unternehmerdiskurses entsprechend den politischen und wirtschaftlichen Veränderungen und Konjunkturen. Die Kenntnis dieser Verbindungen im Rahmen der untersuchten Zeitschrift soll weiteren Analysen eine kontextuelle Basis geben.

4.4 Strukturanalyse

Nachdem die diskursiven Ebene der Medien, der zu untersuchende Zeitraum (1994 bis Jahr 1999) und die diskursiven Ereignisse sowie die Diskursposition der Zeitschrift OGONJOK in der vorhergehenden Kapiteln genau bestimmt und begründet worden sind, soll im nächsten Schritt die Strukturanalyse des Diskurses erfolgen. Dabei stellt die diskurstheoretische Methodik keine genauen und festen Vorgaben für die Strukturanalyse bereit und gibt auch keine Anweisungen, wie mit der großen Menge an zu untersuchendem Material zu verfahren ist. Aussagen wie die, man solle »den gesamten Diskursstrang erfassen, inhaltlich genau beschreiben und in seiner Struktur analysieren«[263] sind hier wenig hilfreich. Andererseits bietet die methodische Offenheit auch gewisse Vorteile, da die Diskursanalytikerin nicht von vornherein in ein Korsett gezwungen wird, das der anzugehenden Analyse nicht gerecht werden würde.

4.4.1 Typologie der Unternehmer als Analyseraster

Aufgrund der großen Menge an textuellem Material ist es notwendig, ein bestimmtes Analyseraster auszuarbeiten, um die Strukturanalyse effizient und gleichzeitig forschungszielorientiert durchführen zu können. Die Strukturanalyse soll es erlauben, einen Überblick über den in der Zeitschrift OGONJOK geführten Unternehmerdiskurs zu schaffen und Verbindungen mit anderen Diskursen herzustellen. Es geht darum zu erfassen, auf welche Weise und mit welchen Mitteln das Bild des russischen Unternehmers im untersuchten Zeitraum konstruiert wird. Motiviert durch mein konkretes Untersuchungsziel und die besondere Perspektive möchte ich an dieser Stelle das Analyseverfahren von Siegfried Jäger erweitern, da mein Schwerpunkt nicht auf Haupt- und Unterthemen des Diskurses liegt, sondern ich vielmehr die in den Texten vorherrschenden Unternehmer-Bilder identifizieren möchte, um zu einer Beschreibung von den im Diskurs immer wieder reproduzierten Typen zu gelangen.

Die auf diese Weise zusammengetragene Typologie erlaubt es, das Spektrum der Bedeutungen, mit Hilfe derer das Bild des Unternehmers sprachlich konstituiert wird, zwar nicht vollständig (denn dieser Aufgabe wird man in keiner Analyse gerecht), jedoch umfassend und repräsentativ darstellen zu

263 Jäger 2001, S. 158.

können. Diese Erweiterung ergibt sich zum einen aus der Materialbasis selbst, da im Laufe der Vorarbeiten offensichtlich wurde, dass fortwährend bestimmte Unternehmer-Typen im Diskurs auftauchen, die nur minimale Veränderungen und somit eine gewisse Verfestigung im Verlauf des Diskurses erfahren. Ein weiteres Ziel meiner Strukturanalyse ist es, die in wissenschaftlichen (ökonomischen, soziologischen) Diskursen konstruierten Typologien der russischen Unternehmer mit den medialen Konstruktionen zu vergleichen. Damit wird die Typologie zu einem wichtigen Teil der Strukturanalyse und soll letztendlich mit ihren Ergebnissen auch die Feinanalyse bestimmen. Das bedeutet, dass die besonders repräsentativen Unternehmertypen, die am häufigsten im OGONJOK-Diskurs reproduziert werden, einer detaillierten sprachlichen Analyse unterzogen werden.

Die Typologie wurde im Prozess einer ausführlichen Recherche des gesammelten Materials, das aus insgesamt aus 270 Artikeln im Zeitraum von 1994 bis 1999 besteht, herausgearbeitet. Die Verteilung der Artikel innerhalb der untersuchten Zeitspanne ergibt sich aus folgender Tabelle:

Tab. 2: Verteilung der Artikel im Zeitverlauf

Jahr	1994	1995	1996	1997	1998	1999
Artikelzahl	33	56	71	46	38	26

Wie man sehen kann, verläuft der Diskurs quantitativ pyramidenartig, d.h. er nimmt ab 1994 kontinuierlich zu und erlebt seinen Höhepunkt 1996 mit 71 Artikeln; in den folgenden Jahren ist eine abfallende Tendenz zu beobachten: 1999 wird der Diskurs nur durch 26 Texte repräsentiert. Ausführlicher zu den möglichen Gründen dieses quantitativen Verlaufs des Unternehmerdiskurses wird im Kapitel zu den diskursiven Ereignissen eingegangen (siehe Kapitel 4.3.2.).

Die Bezeichnung der Unternehmertypen ergibt sich zum einen aus den auf der textuellen Ebene am häufigsten verwendeten Begriffen, zum anderen aus den Bedeutungen, mit denen ein bestimmter Typus überwiegend in Verbindung gebracht wird, wie etwa der Typus »Oligarch«, dessen Bezeichnung als feststehender Begriff zum ersten Mal von dem russischen Politiker Nemzov 1998 in seiner Rede in Davos geprägt wurde. Der Typus selbst jedoch, in der immer wiederkehrenden Bedeutung als finanzschwere, politisch einflussreichen Gruppe und gleichzeitig als Reformbremse, existiert im medialen Diskurs bereits am Anfang des untersuchten Zeitraumes. Die Typologie erhebt keinen Anspruch auf Vollständigkeit; es geht vor allem darum, bestimmte Tendenzen des Unternehmerdiskurses aufzuzeigen und die wichtigsten Bedeutungen des Unternehmerbildes zusammenzutragen und zu analysieren.

Als Ergebnis der vorhergehenden Materialrecherche und partiellen Analyse konnten folgende Unternehmertypen identifiziert werden, die im nächsten Abschnitt detaillierter beschrieben und in ihren Besonderheiten beschrieben werden.

[1] DER »NEUE RUSSE«

[2] DER OLIGARCH

[3] DER INTELLEKTUELLE

[4] DER ABENTEURER

[5] DIE UNTERNEHMERIN

[6] DER AUSLÄNDISCHE UNTERNEHMER

[7] DER BAUER

[8] DER ENTREPRENEUR

[9] DER KRIMINELLE

Die Tabelle 3 auf der folgenden Seite gibt einen quantitativen Überblick über das Vorkommen der jeweiligen Unternehmertypen im Zeitverlauf. Die ersten drei Typen (der »Neue Russe«, der Oligarch und der Intellektuelle) eignen sich aufgrund ihrer quantitativen »Überlegenheit« und der diskursiven Bedeutungsbreite am besten für die detaillierte Untersuchung im Rahmen der von Jäger so genannten »Feinanalyse«, in der die konstituierenden Elemente der Unternehmerbilder genauer herausgearbeitet werden. Die anderen Typen werden im folgenden Abschnitt unter der besonderen Berücksichtigung ihrer sprachlichen Beschaffenheit, der Verflechtung mit anderen Diskursen und der Verbindung mit literarischem Material dargestellt.

Tab. 3: Quantitative Aufteilung der Unternehmertypen im Zeitverlauf

	1994	1995	1996	1997	1998	1999	Gesamt
Neuer Russe	6	27	34	26	14	10	107
Oligarch	3	12	11	15	16	9	66
Intellektueller	4	11	14	2	13	5	49
Entrepreneur	8	13	7	11	10	7	56
Krimineller	4	9	13	6	7	2	41
Unternehmerin	5	4	3	4	4	3	23
Bauer	2	1	3	2	3	3	14
Ausländer	2	4	12	9	3	9	39
Abenteurer	0	2	5	5	1	1	14

4.4.1.1 Der Abenteurer

Dieser Typus des Unternehmers ist zwar nicht so häufig Gast im Diskurs wie der »Neue Russe« oder der Oligarch, weist jedoch interessante Züge auf, weil er im Rahmen des untersuchten Mediums keine eindeutige Wertung erfährt. Für diesen Typus ist eine gewisse Inszenierung des eigenen Images charakteristisch, durch die er seine Person und sein unternehmerisches Tun erst hervorbringt. Auch seine Biographie ist oft abenteuerlich und keineswegs als geradlinig zu beschreiben, dabei wird sie auch mystifiziert, verschleiert und neu erfunden, wie z.B. die des erfolgreichen Unternehmers Andrej Ananov aus dem Artikel *Karriere eines Hochstaplers* (*Карьера авантюриста* - Ogonjok 34/1995): angeblich der Nachkomme einer Adelsfamilie, lernte Ananov zuerst den Beruf des Drehers, studierte später Physik, ohne das Studium abzuschließen, danach wechselte er zur Schauspielkunst und wurde Schauspieler und Regisseur, arbeitete zwischendurch als Testpilot und illegaler Juwelier. Nach der Perestrojka gelang es ihm, aus dem wirtschaftlichen Untergrund aufzutauchen und eine ebenso abenteuerliche wie brillante Geschäftsidee zu entwickeln, die ihn zu einem erfolgreichen Juwelier und einer Weltberühmtheit machte.

So wie Ananov sammelten viele Abenteurertypen ihre ersten unternehmerischen Erfahrungen in den Zeiten der Sowjetunion und waren im ungesetzlichen Sektor der Schattenwirtschaft tätig. Der Autor gibt zwar die illegalen Elemente seiner Tätigkeit preis, rechtfertigt dies jedoch mit den Bedingungen des sowjetischen Systems; den allgemeinen Ton des Artikels kann man als positiv, rechtfertigend und sogar bewundernd bezeichnen. Dieser Typus wird somit mit Bedeutungen versehen, die beim Leser eine gewisse Sympathie und

Anerkennung hervorrufen, obwohl oft klar ist, dass der Abenteurer seinen Erfolg nicht auf ganz gesetzmäßige Art und Weise erlangt hat.

In dieser Hinsicht kann man einige Parallelen zum literarischen Protagonisten Ostap Bender ziehen, der genau die gleichen Eigenschaften aufweist und die Gunst des Lesers auf seiner Seite hat. Nicht zufällig wird der Abenteurer-Typus im OGONJOK-Diskurs mit dieser literarischen Figur verglichen, so wie der Unternehmer Bolšakov aus dem Artikel *Das geniale Projekt des Doktors von BAAS* (*Гениальный проект доктора БААСа* – Ogonjok 23/1996). Auch Begriffe wie »das geniale Projekt« (гениальный проект – ebd.), »Bolšakov ist kein Heiliger, aber auch kein Bösewicht« (Большаков не святой, но и не злодей – ebd.), »romantische Gewandtheit des großen Kombinators« (g.w. Ostap Bender) (романтическая изворотливость великого комбинатора – ebd.) zeugen vom Versuch einer diskursiven Rechtfertigung und sogar einer gewissen Verklärung dieses Unternehmertypus.

Weitere Begriffe, mit deren Hilfe der Abenteuer konstruiert wird, sind jedoch ambivalent: er ist eine »Legende« (человек-легенда - Ogonjok 20/1997) und gleichzeitig ein »Schurke« (пройдоха – ebd.), er ist ein »Spieler« (игрок), der das Glück gepachtet hat (Ogonjok 34/1995) und ein »Betrüger« (ловкач – ebd.), der mit illegalen Methoden arbeitet und nicht zuletzt ist er ein Geschäftsmann und Künstler zugleich. Er ist risikobereit und schöpferisch in seiner unternehmerischen Tätigkeit, sucht nach Lücken im System, die er mit abenteuerlichen Ideen zu schließen versucht.

Somit erfährt dieser Typus im Unternehmerdiskurs keine eindeutige Wertung, aber der Grundton der Beschreibung ist überwiegend positiv und manchmal rechtfertigend, sogar voller Bewunderung. Die Leidenschaft und Kreativität, die seiner Unternehmertätigkeit diskursiv zuerkannt werden, gehörten bereits im literarischen Diskurs zu den Eigenschaften, die einen Unternehmer rehabilitierten und zum positiven Helden machten (so z.B. der Gogol'sche Kostanžoglo).

4.4.1.2 Die Unternehmerin

In dem breiten Spektrum der Unternehmertypen findet man auch zahlreiche Frauen, die in den Transformationsjahren in verschiedenen Bereichen unternehmerisch tätig waren. Sie gründeten eigene Firmen, Dienstleistungsunternehmen oder wurden im Unterhaltungs- und Mediensektor aktiv.

In der Hervorbringung des Typus der Unternehmerin verquicken sich mehrere Diskurse: vor allem der Genderdiskurs mit den ökonomischen, aber auch politischen, juristischen und literarischen Diskursen. Die Zeit der wirtschaftlichen und politischen Umgestaltung markiert einen deutlichen Bruch in der diskursiven Herausarbeitung des Bildes der Frau in der russischen Gesellschaft. Ein neuer Typus der erfolgreichen, unabhängigen, selbstbewussten Frau betritt die öffentliche Bühne des Landes und diese Veränderung spiegelt sich auf den Seiten der führenden Medien Russlands wider. Dieser Wandel wird aus zwei Perspektiven beleuchtet, einerseits aus dem historischen Verständnis der Rolle und der Wahrnehmung der Frau in der sowjetischen Gesellschaft und in der vorrevolutionären Zeit und andererseits aus der Perspektive der heutigen Entwicklung. Auf dieser Vergleichsfolie wird der Typus der Unternehmerin überwiegend konstruiert.

Dabei entstehen Dichotomien, wie die der »alten« und der »neuen« russischen Frau. Die »neue« Frau versucht »ihren verdienten Platz in der Geschichte einzunehmen« (женщины сегодня пытаются занять свое законное место в истории – Ogonjok 30/1997), und »ihr Streben nach Gleichberechtigung und Angleichung der Möglichkeiten ist zum Ende des 20. Jahrhunderts insoweit erstarkt, dass es unmöglich ist, dies zu ignorieren« (движение их к полноправию и равенству возможностей в конце XX века приобрело такой размах, что не считаться с ним невозможно – ebd.).

Gleichzeitig wird jedoch deutlich gemacht, dass Frauen in der Gesellschaft viele Barrieren überwinden müssen, seien es Ignoranz und Passivität seitens des Staates, was die Belange der Unternehmerinnen betrifft, oder die fehlende gesellschaftliche Akzeptanz in den von den Männern dominierten Bereichen wie Wirtschaft oder Politik. Die unternehmerisch tätigen Frauen werden oft der »normalen« Frau gegenübergestellt, wobei die »normale« Frau diejenigen Attribute aufweist, die traditionell mit der Rolle der Frau verbunden sind: die Erfüllung durch Familie und Kinder. Die »neue« Frau versucht beides zu verbinden: die Karriere und die Familie. Dabei wird sie oft als Čechovsche oder Turgenevsche Frauennaturen beschrieben, wie die Unternehmerin aus dem Artikel *Tango mit dem Oberstleutnant* (*Танго с полковником* - Ogonjok 28/1996), die als Heldin von »Čechov, Puškin und Tolstoj« dargestellt wird und die dem »Ivan Sergeevič Turgenev gefallen hätte« (Ивану Сергеевичу Тургеневу Юлька понравилась бы – ebd.).

Diese Einbettung in den literarischen Kontext ist meiner Meinung nach nicht zufällig, diesen Typus der unternehmerischen Frau findet man auch in anderen literarischen Werken, so z.B. in der Erzählung *Weiberkönigreich* von

Anton Čechov[264]. Beide Frauen sind erfolgreich unternehmerisch tätig, beide haben moderne Ansichten, aber zählen sich nicht zu den Feministinnen (»sie ist fortschrittlich, aber kein Blaustrumpf oder Feministin« (современная, не синий чулок и не феминистка – ebd.), sie interessieren sich für Literatur und Kunst und haben einen Sinn für das Erhabene und beide haben wegen ihrer neuen gesellschaftlichen Position und ihrem wirtschaftlichen Erfolg Schwierigkeiten, einen geeigneten Mann zu finden. Während Anna Glagoleva bei Čechov mit Wehmut daran denkt, dass »ihre Gleichaltrigen schon längst verheiratet sind und Kinder haben. Und nur sie als einzige ist gezwungen, wie eine Greisin, diese [Geschäfts- – M.S.]Briefe zu bearbeiten« (…ее ровесницы, многие из них давно уже повыходили замуж и имеют детей. Только она одна почему-то обязана, как старуха, сидеть за этими письмами[265]), erlebt die Unternehmerin Julia eine »Affäre mit dem Kapitalismus« (роман с капитализмом – Ogonjok 28/1996) und die Männer, die in ihr Leben treten, schrecken davor zurück:

Die Frauen, die den Kapitalismus stürmten und die viel Geld verdienen sind ein Schlag gegen den Egoismus und die innere Sicherheit der Männer (Женщины, ворвавшиеся в капитализм и зарабатывающие большие деньги, -- это удар по самолюбию и внутренней безопасности мужчин – ebd.).

Es gibt jedoch noch ein anderes Bild von der Unternehmerin im medialen Diskurs: eine Frau, die ihre weiblichen Attribute ablegt und in der Männerwelt sich als ein Mann verhält, um erfolgreich zu sein. Sie schafft ein eigenes Image, das oft inszeniert wird; hinter dieser Maske verberge sich ein skrupelloser Mensch, der seine Ziele um jeden Preis erreichen wolle – so das Urteil des prominenten Großunternehmers und Politikers Borovoj über die nicht weniger bekannte Geschäftsfrau Irina Chakamada, die eigentlich im Diskurs als ein positives Beispiel der sich in der Wirtschaft realisierenden Unternehmerin galt (siehe Ogonjok 4/1994):

Ihr Image wird von ihr selbst inszeniert. Aber in Wirklichkeit gehört sie zu der Sorte Frau, die hart und nicht selten zynisch ist, die weiß, was sie

264 Siehe dazu ausführlicher Kapitel 3.3.2

265 Čechov 1947, S. 297.

will und ihr Ziel immer auf einer Geraden ansteuert (Ее имидж - ее собственных рук дело. На самом деле она из породы женщин жестких и иногда циничных, всегда хорошо знающих, чего хотят, и идущих к цели по прямой –Ogonjok 12/1998).

Die Konstruktion dieses Bildes geht so weit, dass diese »harten«, zielstrebigen und kompromisslosen Frauen die »schwachen« Männer unterdrücken, ihre Rolle usurpieren und sie zum Opfer ihrer Ziele der Selbstverwirklichung machen. Die Männer selbst nennen sich »Opfer der familiären Gewalt« (Да, я жертва семейного насилия –Ogonjok 30/1997).

Trotz dieser auf den ersten Blick negativen Kritik der unternehmerisch tätigen Frauen wird ihnen auf der diskursiven Ebene der schöpferische Charakter ihrer Aktivität zuerkannt:

Das Business ist wohlwollend denjenigen gegenüber, die unerschöpflich in ihrer Leidenschaft und ihrem Mut sind, und gerade diese Eigenschaften hatte Tatjana zu Genüge. (Бизнес благоволит к тем, кто неистощим на азарт, кураж, а уж этого у Татьяны как раз хватало – ebd.).

An dieser Stelle wird die diskursive Botschaft sichtbar, dass die Männer akzeptieren lernen müssen, dass der Wandel der Zeit mit der Transformation der traditionellen Geschlechterrollen Hand in Hand geht. Die Unternehmerin Tatjana und ihr Mann lösen das Problem auf eigene Art und Weise:

Du müsstest als eine Frau geboren werden, Aleška, - sagt die müde Tatjana und küsst ihn mit Dankbarkeit für das leckere Abendessen und versorgte Kinder. – Was würde ich ohne dich machen?! (Тебе надо было родиться женщиной, Алешка, - говорит усталая Таня, целуя его в благодарность за вкусный ужин и ухоженных детей. - Что бы я без тебя делала?! – ebd.).

Dieser Aspekt des Typus Unternehmerin ist unterschwellig im Diskurs zu finden: die Frauen, die unternehmerisches Talent haben, sind viel erfolgreicher als ihre infantilen Männer, die diskursiv mit Hilfe des literarischen Typus von Oblomov, der auch keinen Sinn für das Ökonomische besitzt und wegen seiner Faulheit dem Niedergang geweiht ist (siehe ausführlicher Kapitel 3.3.2.) diskreditiert werden: »…das ist einfach die sowjetische männliche Faulheit, die mit der Genetik von I.I. Oblomov multipliziert wird« (просто советская мужская лень, умноженная на генетику И.И. Обломова – Ogonjok 28/1996).

Die Frauen haben es jedoch oft schwerer als ihre männlichen Kollegen. Nicht zufällig häufen sich im Unternehmerinnen-Diskurs Begriffe, die auf die erschwerte Situation der russischen Geschäftsfrauen hinweisen: so werden sie z.B. »die Stieftöchter der Reformen« (падчерицы реформ - Ogonjok 5/1994) genannt, die in der von Männern dominierenden Geschäftswelt nur schwer Fuß fassen können und auf die Hilfe des Staates angewiesen sind – die jedoch ausbleibt. Den Frauen wird diskursiv vorgeworfen, dass sie wegen ihrer »Emotionalität« und »Verträumtheit« im Geschäftsleben so schnell untergehen oder, wie der Autor schreibt, »verbrennen« (фантазерство, чрезмерная эмоциональность. Масса женщин сгорела на этом – Ogonjok 12/1998).

Auch erfolgreiche Unternehmerinnen sind dem Druck des Systems ausgesetzt, einerseits durch staatliche Organe, andererseits von den kriminellen Strukturen, die am Erfolg dieser Frauen teilhaben wollen. So gibt die Unternehmerin Solovjeva aus dem Artikel *Die »Vlastelina« hatte zwei Beschützer: die Miliz und die Banditen. Beide haben sie verlassen (У «Властилины» было две «крыши» -- милицейская и бандитская. Обе съехали* – Ogonjok 20/1998) preis, dass sie sich in der Zeit ihrer Geschäftstätigkeit zwischen Hammer und Amboss befand, einerseits von der Miliz andererseits von den Kriminellen bedrängt:

Haben Sie den Druck der kriminellen Welt gespürt? – Ja, nicht nur der kriminellen, sondern auch der schutzrechtlichen (Вы чувствовали давление криминального мира?- Не только криминального, но и правоохранительного. – ebd.).

Somit weist der Typus der Unternehmerin verschiedene Facetten auf: sie ist aktiv, selbstbewusst, schöpferisch, sie repräsentiert die »neue« russische Frau, die im Gegensatz zum »Neuen Russen« positiv dargestellt wird und Anerkennung im Diskurs der untersuchten Zeitschrift findet; andererseits wird sie als Gegenpol zur »normalen« oder »alten« russischen Frau gesehen, sie unterdrückt ihren Mann und vernachlässigt ihre Kinder, wenn sie überhaupt eine Familie hat. Sie leidet stärker als die männlichen Unternehmer unter dem Druck des Staates und der kriminellen Strukturen und ihre Interessen als Unternehmerin werden im Geschlechtervergleich schwächer vertreten. Wegen angeblich weiblicher Eigenschaften wie »Emotionalität« erleidet sie oft Schiffbruch in der Geschäftswelt; nur wenn sie alles Weibliche ablegt, kann sie mit den Männern in der wirtschaftlichen Sphäre konkurrieren.

4.4.1.3 Der Ausländer

Im Rahmen der untersuchten Zeitspanne findet man im Unternehmerdiskurs nicht nur russische Wirtschaftsakteure, sondern zunehmend auch ausländische. Die am Anfang der Transformationszeit angestoßene Liberalisierung und die Öffnung des russischen Marktes über die nationalen Grenzen hinaus boten ausländischen Investoren die Möglichkeit, in Russland geschäftlich tätig zu werden. Sie wurden von sehr unterschiedlichen Motiven und Zielen geleitet: vom einfachen Einzelunternehmer, der in der russischen Provinz ein (meist landwirtschaftliches) Unternehmen gründen wollte bis hin zu Riesenkonzernen, die als schwergewichtige Konkurrenten gegen die geschwächten nationalen Betriebe antraten, und ausländischen Banken, die im russischen Wertpapiermarkt lukrative, obwohl nicht ganz sichere Profitmöglichkeiten erahnten.

Im Diskurs kann man zwei Gruppen von ausländischen Unternehmern unterscheiden: diejenigen, die innerhalb des Landes agieren und unmittelbar die russischen Realien erfahren und die Unternehmer, die mit Russland wenig oder gar nichts gemein haben, sondern meist als negatives, selten nur als positives Beispiel dienlich sind. Man muss vorab feststellen, dass über die ausländischen Unternehmer, was die Wertung dieses Typus betrifft, zu 80% ein negatives Urteil innerhalb des Unternehmerdiskurses gefällt wird.

An diesem Punkt verzahnt sich der untersuchte Diskurs oft mit dem nationalen, was im Weiteren zu verdeutlichen ist. An dieser Stelle sei lediglich anzumerken, dass die historisch im Diskurs verankerte Dichotomie »Westen vs. Russland« auch auf der Ebene wirtschaftlicher Verhältnisse als Erklärungsfolie bemüht wird. Der Typus des ausländischen Unternehmers wird auch anhand dieser Bipolarität konstruiert; es wird dargestellt, wie er sich vom russischen Unternehmer unterscheidet und wie kompatibel sich diese Differenz innerhalb der russischen Begebenheiten erweist. Dabei ist das Spektrum der Konnotationen sehr breit; auf einer Seite wird der ausländische Unternehmer als Ausbeuter und Betrüger gesehen:

Die westlichen Unternehmer, die sich in Russland niedergelassen haben, eignen sich erfolgreich die kriminellen Methoden an (Западные предприниматели, обосновавшиеся в России, успешно осваивают криминальные методы – Ogonjok 20/1996); Allein in Moskau gibt es hunderte solcher [ausländischen – M.S.] Firmen, die im trüben russischem Postperestrojka-Wasser nach goldenen Fischen suchen (Таких мелких, занятых ловлей золотых рыбок в мутной постпереcтроечной российской воде фирм в одной только Москве сотни – Ogonjok 41/1996).

Auf der anderen Seite werden sie diskursiv als Segen für die russische Wirtschaft konnotiert, mit Begriffen wie »Santa Klaus« (Санта Клаус – Ogonjok 2/1996), »größter ausländischer Investor« (крупнейший иностранный инвестор), »ein großer Freund der Russischen Föderation« (большой друг Российской Федерации – Ogonjok 45/1997), »der Käsemacher-Enthusiast« (сыродел-энтузиаст – Ogonjok 50/1995) und mit Aussagen, dass »wenn man mindestens einen Stahl [Name des ausländischen Unternehmers –M.S.] für jede Sowchose gewinnen kann, wird die Region gerettet« (если хоть по одному Шталю удастся на каждый совхоз заарканить, район удержится на плаву – Ogonjok 38/1995).

Im Laufe des Diskurses wird deutlich, dass die ausländischen Unternehmer drei Handlungsalternativen innerhalb des instabilen, unreifen russischen Marktes entwickeln: sich den Umständen anzupassen und die kriminellen Methoden ihrer russischen Kollegen zu übernehmen:

Sie [die ausländischen Firmen – M.S.] können sehr unterschiedlich sein – sowohl zivilisiert (…), als auch »Hörner und Hufe«[266], nur in ausländischer Manier, »sovok«[267] in Importausführung (Они, правда, бывают разные - и цивилизованно работающие (…), и «Рога и копыта», только на иноземный манер, «совок» в импортном исполнении – Ogonjok 41/1996).

Die andere Alternative, die die Autoren im OGONJOK-Diskurs festhalten wollen, ist die Resignation angesichts ungewohnter und schwieriger wirt-

266 Dieser literarische Vergleich entspringt dem Roman von Il'f und Petrov »Das goldene Kalb«, der ausführlich im Kapitel 3.3.2. behandelt wurde.

267 Der Begriff »sovok« hat sich besonders in der Transformationszeit in Russland in den medialen Diskursen fest verankert. Die wörtliche Übersetzung ist in diesem Fall fast unmöglich, wegen des ironischen Untertons, der diesem Begriff in der Ausgangssprache eigen ist. Man kann ihn jedoch mit »homo sovjeticus« beschreiben, dem Begriff, der in der deutschen Sprache geläufig ist.

schaftlicher Verhältnisse und der damit verbundene Rückzug der Investitionen:

Es gibt diese französische Firma ‚L'Oreal'. Sie gründete in Russland ihre Produktionsstätte, aber ermüdete dann, kündigte allen Mitarbeitern und sagte allen ‚merci' («Л' Ореаль» -- есть такая, тоже французская фирма. Затеяла производство в России. А потом устала, распустила рабочих, сказала всем «мерси» - Ogonjok 21/1998).

Die Autoren geben auch die Gründe dafür bekannt: »Die Hauptursache liegt in der überzogenen Steuerabgabe, im Fehlen notwendiger Gesetze und in der Willkür russischer Beamter« (Основная причина -- непомерные налоги, отсутствие необходимых законов и подзаконных актов, произвол чиновничества – ebd.). Unter diesen erschwerten Bedingungen zu arbeiten, sind nur wenige ausländische Geschäftsleute bereit, dies ist die dritte diskursive Alternative: gegen alle Missstände anzukämpfen und zu versuchen, eigene Geschäftsprinzipien auf russischem Boden aufrechtzuerhalten und trotzdem erfolgreich zu sein.

Diese Beispiele sind nicht sehr zahlreich, interessanterweise beziehen sie sich fast ausschließlich auf die westlichen Unternehmer, die in der russischen Provinz landwirtschaftliche Betriebe aufzubauen versuchen. So machte sich der bereits erwähnte deutsche Unternehmer Stahl auf russischem Boden selbstständig, pachtete beim russischen Staat ein Stück Land und bearbeitet es mit Hilfe neuer Technologien und Maschinen. Die Produkte, die dabei entstehen, setzt er auf dem russischen Markt ab und schafft neue Arbeitsplätze in einem Gebiet, das durch hohe Arbeitslosigkeit gezeichnet ist: »auf seine Einladung (zum Arbeiten – M.S.) warten alle, wie auf Manna« (его приглашения ждут как манны – Ogonjok 38/1995). Anhand dieser Aussage wird deutlich, dass seine Aktivität in der russischen Region fast einen religiösen Charakter (Manna) trägt, er ist der Erlöser, der den »ausgehungerten« Menschen Brot und somit Hoffnung gibt.

Was in diesem Kontext besondere Aufmerksamkeit verdient, sind die vom Autor des Artikels hervorgehobenen idealistischen Ziele des Unternehmers (»er ist ein sentimentaler Romantiker« (сентиментальный романтик – ebd.)). Er kommt nicht einfach so in das Kaliningrader Gebiet, er kehrt im hohen Alter zurück zu seinen Wurzeln, auf das Land, das früher seinem Vater gehörte, und mit dem er schöne Kindheitserinnerungen verbindet. Dieser

Idealismus, die Veredelung seiner wirtschaftlichen Interessen macht ihn zum positiven Helden im Diskurs; darin klingt der historisch geführte Unternehmerdiskurs der russischen Intelligencija an, der auf den Seiten ihrer literarischen Werke geführt wird.

Ein Gegenbeispiel findet man in einem anderen Artikel aus dem gleichen Jahrgang unter dem markanten Titel *Der Gefangene in Jaroslavl'* (*Ярославский пленник* – Ogonjok 50/1995), in dem ein italienischer Unternehmer gegen die russische Bürokratie und seine betrügerischen Partner anzukämpfen versucht. Interessanterweise wurden in beiden Artikeln Titel aus dem literarischen Diskurs paraphrasiert: der erste Titel (*Wie Stahl gehärtet wird – Как закаляется Шталь* in Ogonjok 38/1995) geht zurück auf den sowjetischen Roman von Nikolaj Ostrovskij *Wie der Stahl gehärtet wurde* (*Как закалялась сталь* - 1932). Der Hauptheld des Romans Pavka Korčagin ist der »neue« Mensch der neuen sowjetischen Epoche, der allen Schwierigkeiten und Gefahren trotzt. Er avancierte innerhalb der Heldenhierarchie der sowjetischen Literatur zu einem absolut positiven Helden. Somit bekommt die Figur des deutschen Unternehmers aus dem aktuellen Mediendiskurs, die sprachlich in den Kontext der Aureole eines »berühmten« Helden gestellt wird, diskursive Anerkennung und soll die Gunst der Leser für sich gewinnen.

Im Artikel *Der Gefangene in Jaroslavl'* wird ebenfalls auf die russische Literatur rekurriert, in diesem Fall auf das Poem von Aleksandr Puškin *Der Gefangene im Kaukasus* (*Кавказкий пленник* - 1821). Hier wird jedoch nicht nur der Titel paraphrasiert, sondern auch die Konstellation der Figuren verändert: nicht ein Russe ist gefangen in einem fremden Land, sondern ein Ausländer wird von Missständen und Missverständnissen auf russischem Boden wirtschaftlich gefesselt:

> *Wie einen Gefangenen hält Bonnizio in Russland sein Betrieb. Er bringt kein Geld und lässt ihn auch nicht los (Словно пленника на цепи, держит в России Бонницио заводик. И денег не приносит. И от себя не отпускает – ebd.).*

Zwar wird der ausländische Unternehmer auf diese Weise diskursiv von den »Sünden« eines westlichen Eindringlings, der die russische Wirtschaft unterjochen will, »entlastet«, er avanciert jedoch nicht zum positiven Helden, wie der Unternehmer Stahl, weil seine Absichten in Russland rein kommerzieller Natur und ohne jegliches idealistische Motiv sind. An dieser Stelle wird zum wiederholten Male deutlich, dass die Grenzen der Episteme, die festhalten, wie man über bestimmte Themenbereiche (in diesem Falle über einen Unternehmer) denkt, schreibt und kommuniziert, ziemlich langlebig sein können. Die diskursiven Koordinaten, die im literarischen Diskurs historisch ausgelotet wurden, bestimmen zum Teil auch in aktuellen Diskursen diejenigen Bedeutungen, mit denen der Typus des Unternehmers sprachlich konstruiert wird, und die im Rahmen der russischen Literatur erschaffene Hierarchie des positiven Helden wirkt, wie deutlich aufgezeigt wurde, über die Grenzen des literarischen Diskurses hinaus.

Folglich ist festzuhalten, dass der Typus des ausländischen Unternehmers ebenfalls deutliche Ambivalenzen aufweist. Zwar sind in mehreren Texten Verquickungen mit dem nationalen Diskurs festzustellen, in dem die ausländischen Businessmänner als gierige Ausbeuter (z.B. in Ogonjok 25/1996 »der gierige Gallier« алчный галл) die russischen Wirtschaft ausnehmen wollen und die Dominanz des Westen als gefährliche Entwicklung diskursiv gebrandmarkt wird; man findet jedoch auch diskursive Fragmente, in denen die auf dem russischen Boden ökonomisch handelnden Ausländer als Segen und Rettung angesehen werden. Die Wertung des ausländischen Unternehmers pendelt zwischen diesen dem russischen nationalen Diskurs immanenten Extremen, die einerseits von den Westlern und andererseits von den slawophil gesinnten Schriftstellern und Philosophen zum Ausdruck gebracht wurden.

4.4.1.4 Der Bauer

Der Bauer war vor allem eine diskursive Erscheinung des Anfangs der Transformationszeit. Mit den umfangreichen Reformen im landwirtschaftlichen Sektor unter der Jelzin-Regierung im Jahre 1991 und den damit verbundenen großzügigen Krediten und Steuervergünstigungen für die bäuerlichen Unternehmer hatte man gehofft, in den von der Agrarwirtschaft geprägten Gebieten Russlands den neuen Typus des Landeigentümers und Farmers im westlichen Sinne zum Leben zu erwecken. Die Hoffnungen darauf waren groß und tatsächlich versuchten viele unternehmerisch gesinnte Menschen, in den ländlichen Gebieten Russlands als bäuerliche Unternehmer Fuß zu fassen. Sie wurden jedoch nicht nur mit den Schwierigkeiten der russischen Wirtschaft konfrontiert, sondern auch mit dem menschlichen Aspekt der fehlenden Eigentümermentalität im russischen Dorf, der ihre Tätigkeit dort enorm erschwerte.

Die privaten Landwirte scheinen auf diesem Hintergrund etwas Besonderes zu sein, sie sind Menschen mit einem neuen Verständnis nicht nur von ökonomischen Prozessen, sondern auch von Arbeitsmoral, Besitzermentalität und von zwischenmenschlichen Beziehungen. Nicht zufällig werden sie besonders am Anfang des Untersuchungszeitraumes (1994) als »neue Russen« bezeichnet, aber noch ohne die negative Konnotation, die später am neuen Unternehmer diskursiv haften wird: »sie stehen nicht einfach so rum, machen keine Raucherpausen. Das sind schon die neuen Russen« (Без дела не стоят, перекуров не устраивают. Это уже новые русские. – Ogonjok 37-39/1994). Diese Unternehmer entwickeln eine eigene Arbeitsmoral, die an die vorrevolutionäre Vorstellungen eines guten Landbesitzers anknüpft und die in der sowjetischen Zeit fast vollständig aus dem Charakterfundament eines Kolchose-Arbeiters ausradiert wurde:

Das wichtigste [für ihn – M.S.] ist nicht zu betrügen, das Versprochene zu erfüllen und den Menschen die Möglichkeit zu bieten, Geld zu verdienen. Und dennoch: in Russland bindet das Gehalt [an das Land – M.S.] nicht, jedoch das Eigentum tut das.« (Главное не обмануть, выполнять обещанное, да и возможность подработать дать. И еще не привязывает часто зарплата в России. А собственность привязывает – ebd.).

Diese Unternehmer nennt man im Diskurs oft »Besitzer« oder »Wirt« (хозяин) und rekurriert darauf, dass diese Besitzereigenschaften früher schon einmal im russischen Menschen vorhanden gewesen und nur bei einigen von ihnen erhalten geblieben seien: »Blieben doch auf der russischen Erde die echten Besitzer erhalten. Ohne sie gewinnt Russland keinen neuen Atem« (Сохранились-таки на нашей земле настоящие хозяева. Без них России нового дыхания не обрести – ebd.).

Allgemein jedoch haben die Menschen kein Verständnis für privates Eigentum, besonders wenn es um Landbesitz geht. Obwohl die gesetzliche Lage dies bestärkt, entwickelt sich auf dem Land nur langsam ein Gefühl für das eigene Dominium und für die damit verbundene Verantwortung, die für die Entwicklung des bäuerlichen Unternehmertums von entscheidender Bedeutung ist. »Bei uns auf dem Land haben wir bereits juristisch den Eigentümer, psychologisch jedoch ist er noch nicht vorhanden.« (У нас в деревне юридически уже есть собственник, а психологически его нет – Ogonjok 14/1997).

Die Beispiele der erfolgreichen Landwirte, die man, wie bereits erwähnt, nur im ersten zeitlichen Abschnitt des untersuchten Diskurses findet, sind nicht nur einfach gute Besitzer und Unternehmer, sie weisen auch Eigenschaften auf, die sie menschlich interessant und sogar etwas exotisch machen. So verfügt der Unternehmer Vladimir aus dem Artikel *Vladimir Griev, ein Farmer, ein Besitzer* (*Владимир Гриев, фермер, хозяин* – Ogonjok 37-39/1994) nicht nur über unternehmerisches Talent und wirtschaftliches Kalkül, sondern ist auch ein leidenschaftlicher Mensch, der von innerem Antrieb geleitet wird: »Ich habe zwar das Kalkül, aber keine Bremsen. Ich habe Leidenschaft, die dreht mich.« (У меня есть расчет, но нет тормозов. Азарт есть. Он кружит – ebd.). Oder, ein anderes Beispiel, der Farmer Solov'ev, der nicht nur dank seiner Arbeit erfolgreich ist, sondern auch das Glück, die Fortune auf seiner Seite hat: »Solov'ev ist ein Liebling der Regierenden und des Glücks« (Соловьеву, любимцу властей и удачи – Ogonjok 50/1996); außerdem verwirklicht er seinen Traum, seine Vision, die ihm Kraft und Motivation geben. Zwar muss er angesichts des Neids und der Missgunst der Dorfbewohner sich von seinem Traum vielleicht verabschieden, trotzdem ist er seine treibende Kraft (»Der Abschied des Slaven vom Traum«, Прощание славянина с мечтой – ebd.).

Eine andere Unternehmerin wird von ihren Ideen geleitet, die sie im russischen Dorf zu verwirklichen versucht. Diese Ideen werden diskursiv als die letzte Hoffnung für das Dorf angesehen: »Galina Pocharotova ist die letzte Hoffnung von Medvedicha, ein Mensch mit Ideen« (Галина Пахаротова - последняя надежда Медведихи, человек с идеями – Ogonjok 18/1999). Somit werden die positiven Beispiele für bäuerliche Unternehmer in eine von den diachronen Diskursen geprägte Aureole des leidenschaftlichen, von einer Vision und von Ideen geleiteten Helden sprachlich ummantelt. Diese Feststellung weist noch mal auf die diskursiven Verbindungen zum von der russischen Intelligencija geführten historischen Unternehmerdiskurs hin.

Interessant ist in diesem Zusammenhang die Wahrnehmung dieses Typus des Unternehmers durch die russische Bevölkerung, besonders auf dem Land. Die Menschen beurteilen seine Tätigkeit fast ausschließlich durch das Prisma der Gemeinschaft, d.h. sie fragen, welchen Beitrag er für das Allgemeinwohl leistet, für die dörfliche Gemeinde. Deswegen erscheinen die Aussagen der Dorfbewohner recht ambivalent zu sein: einerseits wird der Unternehmer gelobt und als »herzlicher Mensch« (душевный мужик – Ogonjok 50/1996) bezeichnet, weil er für die dörfliche Gemeinschaft etwas unentgeltlich leistet

(»er verteilt von Zeit zu Zeit kostenlos Milch an die Dorfbewohner« (молоко время от времени раздает деревенским бесплатно – ebd.).

Andererseits werden die alten Stereotype bemüht, um den reichen unternehmerischen Nachbarn zu diskreditieren, im gleichen Satz wird er auch als »Hurensohn« beschimpft (душевный мужик, но сука – ebd.), nur weil er seinen Besitz vor räuberischen Übergriffen der neidvollen Dorfbewohner zu schützen versucht. Diese Abneigung geht so weit, dass die Menschen auf dem Dorf sich weigern, für den erfolgreichen Bauern zu arbeiten:

Aber sich beim Nachbarn als Erntearbeiter zu bewerben, erlaubt ihnen der Stolz nicht. Beim Staat konnte man für einen Rubel den ganzen Tag in der Nase popeln, aber beim Nachbarn musste man für fünf Rubel schuften (А наняться к соседу урожай убирать гордость не позволяет. Опять же на государство за рубль можно день в носу ковырять, а у соседа за пять надо жилы вывернуть – Ogonjok 15/1998).

Hier werden die sowjetische Mentalität und die mit ihr verbundene Abneigung gegen Menschen, die wirtschaftlich erfolgreich sind, sichtbar gemacht. Die Menschen auf dem Dorf weigern sich, die neuen ökonomischen Veränderungen zu akzeptieren und sind ihrem alten Denken und Handeln stark verhaftet. An diesem Punkt kann man auf die ökonomischen Transformationsdiskurse verweisen, in denen die Ursachen für das Misslingen der Transformation diskutiert werden und einige Forscher zu dem Schluss kommen, dass diese in der fehlenden Akzeptanz der neuen ökonomischen und politischen Veränderungen, bedingt durch die Dominanz der alten Vorstellungen in der Wahrnehmung dieser Prozesse seitens der russischen Bevölkerung liegen.[268]

Auch die bäuerlichen Unternehmer versuchen nicht nur aus den neuen Überzeugungen heraus, sich an die veränderten Bedingungen anzupassen und eine neue Arbeitsmoral zu entwickeln, sondern wollen in ihrem Handeln und ihrem Tun auch an die alten Traditionen anknüpfen. So erklärt der Unternehmer Solov'ev aus dem bereits erwähnten Artikel *Auf einer Kuh geritten* (*Верхом на корове* – Ogonjok 50/1996) seine Abneigung gegen die Kommunisten mit seiner Herkunft aus der Familie eines Kulaken, des bäuerlichen Unternehmers

268 Vgl. Bönker, F./Beichelt, T./Wielgohs, J. (2004): Kulturelle Determinanten postsozialistischer Gesellschaftsentwicklung. Ein Diskussionsüberblick. In: *Berliner Debatte Initial*, 5-6/2004, S. 4-12.

der vorrevolutionären Zeit, der in der Zeit der Kollektivierung nicht nur enteignet, sondern oft gar vernichtet wurde: »Die Dummköpfe, bei mir in der Familie wurden doch damals der Großvater und die Großmutter entkulakisiert« (Дураки, у меня же деда и бабку раскулачили – ebd.). Ein anderer geschäftstüchtige Bauer aus Ogonjok 37-39/1994 versucht, die altväterlichen Traditionen aufleben zu lassen, indem er die alte, während der sowjetischen Zeit zerstörte Kirche aufbaut und so, wie seine bäuerlichen Vorfahren, die Erfüllung nicht nur in der Arbeit, sondern auch in der Religion sucht: »Die Kirche baute Vladimir mit eigenem Geld« (Церковь строил Владимир на собственные средства – ebd.).

Bei der Konstruktion des Typus des bäuerlichen Unternehmers findet man auch literarisches Material, mit dem die OGONJOK-Autoren argumentieren, um bestimmte Bedeutungen dieses ökonomischen Akteurs herauszuarbeiten. Nicht zufällig wird die Situation im russischen Dorf der Transformationszeit mit den Stimmungen und Konflikten, die in den Dramen von Aleksandr Ostrovskij literarisch ausgetragen werden, verglichen. So sind diskursive Verschränkungen mit seinen Dramen *Die Armut ist keine Schande* (*Бедность не порок* – 1854) und *Wölfe und Schafe* (*Волки и овцы* – 1875) zu nennen.

Genauso wie in der Transformationszeit vollzogen sich in der zweiten Hälfte des 19. Jahrhunderts, in der Zeit, in der die Dramen von Ostrovskij spielen, grundlegende Veränderungen des gesellschaftlichen und politischen Lebens. Der radikal neue Einfluss des Geldes unterwanderte alte Ordnungen und verschärfte den Umgang der Menschen miteinander im Kampf um einen neuen Platz in der Gesellschaft. Die neue, von Geld zerfressene Moral wird zur Schau gestellt. Ähnliches passiert im russischen Dorf der postsowjetischen Zeit, nur sind die Unternehmer, denen diskursiv die Rolle des »Wolfes« vorgesehen wird, die Einzigen, die arbeiten und ihrem Schicksal trotzen, und die »Schafe«, die dörfliche Bevölkerung, entpuppen sich hingegen als Wölfe im Schafspelz, die intrigieren und sogar kriminelle Handlungen begehen, um den neuen Unternehmern zu schaden: »Ich habe Angst, dass die eigenen Leute aus dem Dorf das verbrennen werden« (или свои сожгут – Ogonjok 15/1998).

Zum Ende des untersuchten Zeitraumes (1998-1999) ist die Stimmung bezüglich der Situation des bäuerlichen Unternehmers im russischen Dorf, die im Rahmen des Diskurses sprachlich vermittelt wird, mehr als düster:

Das Dorf stirbt aus. Der völlige Verfall wird offensichtlich. Die Degeneration und Verringerung der Bevölkerung. In einigen Jahren kommt alles zum zwangsläufigen Finale (Село вымирает. Налицо полная деградация. Дебилизация и сокращение населения. Через несколько лет все придет к закономерному финалу – Ogonjok 18/1999).

Die anfänglichen Hoffnungen, die zu Beginn der Transformationszeit mit dem Aufkommen der neuen ökonomischen Klasse der privaten Landwirte verbunden waren, schwinden. Nach der russischen Wirtschaftskrise im August 1998 sollten eigentlich mit der Devalvierung des Rubels und der Verteuerung der Importware die Bauern als die wenigen Gewinner die schwierigen Zeiten überstehen, aber die kurzsichtige Politik nicht nur russischer, sondern auch westlicher Regierender machten diese Hoffnungen zunichte.[269]

Am 17. August ereignete sich im Land eine allgemeine Katastrophe, aber die Bauern könnten sich darüber freuen: der Rubel fiel, der Import war zu teuer« (17 августа в стране случилась общая катастрофа -- однако ей опять же могли радоваться колхозники. Рубль был девальвирован, импорт стал дорогим. – Ogonjok 14/1999).

Der Staat ließ jedoch die eigenen bäuerlichen Unternehmer im Stich und das Urteil der OGONJOK-Autoren fällt dementsprechend hart aus:

Und was ist mit dem bäuerlichen Unternehmertum? Ja, es gab so eine Mode. Aber alle, die Farmer geworden sind, gingen bankrott. Das bäuerliche Unternehmertum starb in Rus', ohne geboren zu werden« (А фермерство? Была такая мода. Но все, кто уходил в фермеры, разорились. Фермерство на Руси умерло, не родившись – ebd.).

Auch quantitativ ist ein deutlicher Rückgang der Themen, die mit dem Typus des bäuerlichen Unternehmers verbunden sind, festzustellen.

269 Die Devalvierung der russischen Währung im Zuge der Wirtschaftskrise im August 1998 hat zwar die russische Wirtschaft enorm geschwächt, aber die heimischen Unternehmer und insbesondere die privaten Bauern hätten dadurch profitieren können. Die nun kaum erschwinglichen Importprodukte, die bis dato den russischen Markt überfluteten, hätten durch die entscheidend billigeren russischen Lebensmittel ersetzt werden können. Dadurch wäre die russische Wirtschaft wieder angekurbelt worden und vor allem die Bauern hätten dadurch große Vorteile erlangt, weil ihre Position auf dem Markt so gestärkt worden wäre. Stattdessen entschied sich die russische Regierung mit Zusage westlicher Länder für die so genannte »humanitäre Hilfe« und entzog somit den russischen landwirtschaftlichen Produzenten den Boden für die weitere Entwicklung.

4.4.1.5 Der Entrepreneur

Der Typus des russischen Unternehmers, der unter der Bezeichnung »Entrepreneur« (*предприниматель*) subsummiert wird, ist ein mosaikartiges diskursives Konglomerat verschiedener Bedeutungen, die jedoch alle auf die Herausbildung einer unternehmerischen Mittelschicht in der russischen Gesellschaft rekurrieren. Dieser Unternehmertypus wird im Rahmen des untersuchten Diskurses ungewöhnlicherweise neutral bis positiv charakterisiert. Der Begriff »Entrepreneur«, im Russischen »предприниматель«, ist ein relativ neuer Terminus innerhalb des russischen Sprachgebrauchs und blieb im Gegensatz zu den Begriffen *бизнесмен* (Businessman) oder *коммерсант* (Geschäftsmann) in seiner neutralen Wertung im Verlauf der Transformation verankert. Diese These wird durch die sprachliche Übernahme des Begriffs *предприниматель* in den offiziellen juristischen Diskurs unterstützt. So findet man im Bürgerlichen Gesetzbuch der Russischen Föderation im Artikel 2 diesen Begriff, in dem die systematische Gewinnerzielung eines Unternehmers gemäß dem Gesetz (»систематическое получение прибыли в установленном законом порядке« - Гражданский кодекс, Ст. 2) unterstrichen wird. Auch im Gesetz »Über die Unternehmen und die unternehmerische Tätigkeit« (Закон »О предприятиях и предпринимательской деятельности«) wird der Begriff *предприниматель* in seiner neutralen Charakteristik offiziell befestigt.

Somit zeichnet diesen Typus des Unternehmers innerhalb des OGONJOK-Diskurses zum einen seine ökonomisch ausgerichtete Tätigkeit kleinen oder mittleren Ausmaßes aus, die auf Gewinnerzielung gerichtet ist und mit Risiko verbunden ist, das er selbst zu tragen hat. Zum anderen werden seine Aktivität und sein Image insoweit von der Gesellschaft anerkannt, dass er auf der sprachlichen Ebene mit neutralen oder positiven, selten nur kritischen Konnotationen versehen wird. In diesem Zusammenhang werden in OGONJOK-Artikeln folgende Begriffe verwendet, die diese Beobachtungen unterstützen: »das heilige Arbeitstier« (святой трудяга – Ogonjok 32/1996), »die Pioniere des neugeborenen russischen Marktes« (пионеры новорожденного российского рынка – ebd.) »Fachmann« (специалист – ebd.), »Kleineigentümer« (мелкий собственник – ebd.), »Mittelklasse« (средний класс – Ogonjok 42/1998), »netter, unerschrockener Kapitalist« (милый, непуганый мой капиталист – ebd.), »middle-class mit sowjetischem Kern« (совковый мидл-класс – Ogonjok 46/1998).

Aus diesen Bezeichnungen wird ersichtlich, dass der Typus des Entrepreneurs als der Träger der sich erst herausbildenden Mittelklasse gesehen wird. Diese Meinung wird ebenfalls in den wirtschaftlichen und soziologischen Diskursen vertreten (siehe Exkurs 2.), die diese Gruppe der Unternehmer aus ihrer jeweiligen Perspektive betrachten. Der Vertreter dieses Typus ist zwar das Produkt des sowjetischen Systems (»middle-class mit sowjetischem Kern«), aber er lernte im Verlauf der Transformationszeit, selbstständig zu arbeiten und Risiken für das eigene Unternehmen zu übernehmen (»unerschrockener Kapitalist«), er entwickelte dabei eine eigene Arbeitsmoral, die im Diskurs glorifiziert und sogar sakralisiert wird (»das heilige Arbeitstier«).

Man kann auf der diskursiven Ebene die Veränderung dieses Typus feststellen: von dem *Čelnok* (der fliegende Händler), der seine Ware in der Türkei und in China einkaufte, um sie im eigenen, von der Mangelwirtschaft geplagten Land gewinnbringend zu verkaufen, vom Lückenbüßer des Systems avancierte er zum Unternehmer, der nicht nur kauft und verkauft, sondern auch das eigene Unternehmen organisiert, Risiken übernimmt und sogar Menschen einstellt:

Der gleiche Čelnok, der früher etwas zwischen dem Warenträger und dem kleinen Spekulanten war, beschäftigt sich jetzt mit komplizierter und komplexer Organisationsarbeit« (тот самый челнок, который казался кем-то средним между носильщиком и мелким спекулянтом, занят сегодня непонятной и сложной организационной работой – Ogonjok 32/1996).

Er ist keine spontane Erscheinung der Übergangszeit mehr, sondern, wie die Autoren im OGONJOK-Diskurs feststellen, »kultivierter« (за прошедшие годы он окультурился – ebd.) geworden. Im Russischen rekurriert das Wort *окультурился* auf den Begriff »Kultur« und das Verb »окультуриться« bedeutet »sich eine Kultur aneignen; besser werden durch die Aneignung einer Kultur«. Zwar wird dieses Verb in etwas ironischem Kontext gebraucht, es wird jedoch sichtbar gemacht, dass die »Zunft« der fliegenden Händler ihre eigene Identität gewinnt und eine eigene Unternehmerkultur entwickelt, was die Autoren positiv beurteilen.

Die Menschen, die zu Entrepreneurs wurden, waren meistens die Verlierer der Reformen, die ihre Arbeit in den staatlichen Betrieben verloren hatten und eher aus Not als aus Begeisterung eine unternehmerische Tätigkeit ergriffen und ihre ersten kleinen Firmen, Dienstleistungsunternehmen, Handwerksbetriebe oder Kioske und Kleinläden gründeten. So Alexander aus dem Artikel *Die letzte Tour des fliegenden Händlers?* (*Последний рейс челнока?* – Ogonjok 32/1996), der zwanzig Jahre in einem Betrieb in der Verteidigungsindustrie gearbeitet hatte und dann:

Kam die Perestrojka und unser Betrieb blieb ohne Aufträge, daher wurden auch keine Löhne bezahlt und ich habe doch zwei Kinder und eine alte Mutter«. (Когда закрутилась перестройка, наш завод остался без заказов, заработков никаких, а у меня двое детей, мать-пенсионерка). Sie mussten sich völlig umstellen, auch ihr Verhältnis zur Arbeit und ihre Gewohnheiten: »Oft mussten wir von 7 Uhr früh bis 23-24 Uhr nachts arbeiten« (Работать приходится с 7 утра до 11 -- 12 ночи – ebd.).

Dieser Typus des Unternehmers hat auch ein multinationales Gesicht, besonders wenn es um die ganz kleinen Einzelunternehmer geht, die man auf den zahlreichen russischen Märkten der Transformationszeit antreffen konnte. Darunter waren vor allem die Vertreter der ehemaligen sowjetischen Republiken (люди из братских и прочих республик – Ogonjok 21/1996), die ihr kommerzielles Glück in Russland suchten: *chochly* (хохлы), so werden die Ukrainer etwas abwertend im Volk genannt, die ungewöhnlich »blonden Zigeunerinnen« (все лужниковские цыганки теперь яркие блондинки – Ogonjok 40/1999), aber auch viele Kaukasier, denen ein ganzer OGONJOK-Artikel gewidmet ist (*Geschäftsmann kaukasischer Nationalität*, *Деловое лицо »кавказкой национальности«* - Ogonjok 2/1997).

Unter ihnen wurden verschiedene Gruppen ausgesondert, die auf dem Markt bestimmte Nischen einnahmen und in ihrer Geschäftstätigkeit von eigenen Gesetzen geleitet werden. So findet man die Aseri meistens im Kleinhandel mit Gemüse und Obst. Sie selbst nennen sich *tadžir*, das bedeutet Kaufmann, der in Aserbaidschan eine hochgeachtete Persönlichkeit ist.

Die Dagestaner dagegen seien eher geschäftsuntauglich, »für die ernsthaften Geschäfte taugen nicht viele« (к серьезному бизнесу приспособлены немногие), sie seien vielmehr Zufallsgeschäftsmänner, da sie mit den offiziellen Organen nicht zurecht kämen. Auch in ihren traditionellen Geschäftsprinzipien sei es fest verankert, dass man mit minderwertiger Ware nicht handeln dürfe, geschweige denn den Kunden zu betrügen, das gelte als eine große

Schande (В исконных традициях Дагестана всегда было правилом не торговать некачественными товарами, не обманывать покупателя, что всегда считалось большим позором – ebd.).

Auch die Tschetschenen, die in der russischen Bevölkerung als Betrüger gelten, hätten ähnliche Gebote in der kommerziellen Sphäre: »Der Gewinn, der durch Betrug erwirtschaftet wird, ist bei den Tschetschenen verboten, das ist »charam«, ein Tabu« (Запретной у чеченцев считается любая прибыль, если она связана с обманом, это »харам« -- категорический запрет – ebd.). An diesem Punkt wird der Versuch einer Umwertung der verankerten Meinung über diese Kleinunternehmer im Alltagsdiskurs sichtbar, in dem alle Kaukasier als Betrüger und unehrliche Händler gebrandmarkt werden. Der ganze Artikel ist als ein gegendiskursiver Vorschlag zu deuten, der die gewöhnlichen, als Wahrheit anerkannten Bedeutungen auf den Kopf stellt und die Möglichkeit bietet, über diese Gruppen neu zu urteilen.

Der Entrepreneur wird diskursiv der russischen Bürokratie und somit dem Staat gegenübergestellt. Sein Status ist nicht immer geklärt, die Händler auf dem Markt gelten nach gesetzlichen Verordnungen nicht als Unternehmer, aber auch wenn sie ihre Firmen vergrößern und auf organisierte Schienen stellen, müssen die kleinen Entrepreneurs um die Sicherheit ihrer Unternehmen fürchten. So wird die Mittelklasse »vom bürokratischen Apparat, von den Verordnungen des Bürgermeisters, von Schmiergeldern, von den Steuerbehörden erdrosselt« (Средний класс уж душили, душили? Бюрократическим аппаратом, »мэрскими« постановлениями, взятками, банальными налогами – Ogonjok 27/1999).

Die Opponenten des Entrepreneurs, die Bürokraten, werden oft mit literarischen Figuren verglichen, die im russischen literarischen Diskurs eine eindeutig negative Markierung tragen. So wird z.B. auf Michail Bulgakovs Erzählung *Hundeherz* (*Собачье сердце* - 1924) und seinen Protogonisten Schwonder rekurriert, der nicht nur im literaturkritischen, sondern auch im Alltagsdiskurs als Inbegriff der aufkommenden sowjetischen Bürokratie und offizieller Willkür fest verankert ist. Die Entrepreneurs müssen sich vor dem Despotismus Schwonders schützen:

Sie [die Unternehmer –M.S.] brauchen so ein Dokument, dass kein Schwonder etwas dagegen tun kann. Mit einem Wort, sie brauchen die Eigentumsrechte« (Чтобы это была такая бумажка, при наличии которой ни один Швондер? Словом, право собственности – ebd.).

Die andere literarische Parallele, die im aktuellen Unternehmerdiskurs reaktiviert wird, führt zu Nikolaj Gogol und seiner Komödie *Der Revisor* (*Ревизор* – 1836) zurück. Auf diese Weise wird erneut die diskursive Gegenüberstellung der russischen Unternehmer und der hiesigen Bürokratie literarisch untermauert. Der Literaturdiskurs liefert in diesem Zusammenhang feststehende und geschichtlich anerkannte Bedeutungen, die dem aktuellen Kontext angepasst werden.

Die Unternehmer stellen Forderungen an die Vertreter der regionalen Verwaltungen, ihnen den Zugang zu ökonomischen Ressourcen zu gewährleisten und begründen dies mit ihrer Rolle als Wirtschaftsakteure (делиться надо, потому что мы – хозяева – ebd.). Somit stellen sie die Bürokraten vor die Forderung nach symbolischer Machtteilung, zu der diese überhaupt nicht bereit sind: »Bei dieser Forderung bekam der Vertreter der regionalen Macht ein Gesicht wie aus dem letzten Akt der bekannten Gogol'schen Komödie« (при этом у супрефекта сделалось лицо, как из последнего акта известной гоголевской пьесы – ebd.). Die staatlichen Beamten werden mit keinem konkreten Protagonisten aus dem *Revisor* verglichen, sondern agieren vielmehr als ein Sammeltypus der konservativen, trägen und betrügerischen regionalen Bürokratie, die genauso wie bei Gogol' nur den Schein einer Tätigkeit vortäuscht und die Entwicklung in ihren Ortschaften behindert.

Somit avanciert der Typus des Entrepreneurs auf diskursiver Ebene zu einem Hoffnungsträger der russischen Wirtschaft, der nicht nur eine neue Arbeits- und Geldmoral entwickelt, sondern sich auch gegen die allmächtige russische Bürokratie auflehnt. Darüber hinaus entspricht dieser Typus des Unternehmers sowohl begrifflich als auch inhaltlich dem Entrepreneur aus den Typologien, der in den Spezialdiskursen als neue Erscheinung der Transformationszeit und als Träger der Mittelklassementalität identifiziert und beschrieben wird (siehe Exkurs 2).

4.4.1.6 Der Kriminelle

Diesen Typus des Unternehmers findet man auch in den Spezialdiskursen[270] über den russischen Unternehmer (siehe Exkurs 2). Die russische Wirtschaft der Transformationszeit scheint untrennbar mit kriminellem Handeln verbunden zu sein. Die fehlende Transparenz der Privatisierungsprozesse und die

270 Siehe Eberwein, W./Tholen, J. (1994): *Zwischen Markt und Mafia: russische Manager auf dem schwierigen Weg in eine offene Gesellschaft.* Frankfurt a. M.

damit einhergehende, zum Teil illegale Verteilung von ökonomischen Ressourcen einerseits und die zunehmende Unsicherheit der wirtschaftlichen Sphäre angesichts der Ohnmacht der rechtlichen und polizeilichen Gewalt andererseits führten zwangsläufig zur diskursiven Kriminalisierung russischer Wirtschaftsakteure besonders in westlichen Spezial- und Mediendiskursen. Auch das von mir untersuchte Medium greift diesen Diskurs auf, führt ihn jedoch anders als er in den Spezialdiskursen vorzufinden ist.

So findet man häufig z.B. das Rekurrieren auf das Schattendasein des russischen Unternehmertums unter der Vorherrschaft der sowjetischen Macht und auf die ungewöhnliche, für die neuen marktwirtschaftlichen Verhältnisse minimale Veränderung dieses Zustandes in der Zeit der Transformation. Dementsprechend fallen die Aussagen aus dem OGONJOK-Diskurs aus: dass in Russland »die Geschäftstätigkeit sich die ganze Zeit im Schatten befinde« (всю жизнь бизнес у нас в тени – Ogonjok 27/1997) und dass »die Schattenwirtschaft zur Norm des Lebens geworden sei« (теневая экономика стала нормой жизни – ebd.) Ausdrücke wie »die ganze Zeit« und »die Norm des Lebens« unterstützen diese These und machen auf die Dauer und die Unhinterfragbarkeit dieser Entwicklung aufmerksam.

Die Gründe dafür werden jedoch nicht in der misslungenen Transformationspolitik und dem Unvermögen mancher russischer Reformpolitiker gesucht, sondern in der Geschichte, vor allem in der sowjetischen Geschichte. In diesem Punkt kann man die Verknüpfung mit den wissenschaftlichen Transformationsdiskursen feststellen, insbesondere mit der seit Anfang der 90er Jahre darin diskutierten Frage nach der Bedeutung kultureller Faktoren beim Verlauf der Transformationsprozesse. Dieser Diskurs wurde in zwei Lagern geführt, die man als »kreativistische Optimisten« und »kulturalistische Pessimisten« bezeichnete.[271] Während die ersteren die kulturellen Hinterlassenschaften als irrelevant betrachteten und auf die Anreizeffekte von Institutionen und den rationalen Habitus von homo oeconomicus setzten, identifizierten die »Pessimisten« die kulturellen Hinterlassenschaften des Staatssozialismus, wie

271 Dazu ausführlicher: Bönker/Beichelt/Wiehlgos 2004; Crawford, Beverly/Lijphart, Arend (1997): Old Legacies, New Institutions: Explaining Political and Economic Trajectories in Post-Communist Regimes. In: Dies. (Hrsg.): *Liberalization and Leninist Legacies*. Berkeley: The Regents of the University of California, S. 1-39; Nielsen, Klaus/Jessop, Bob/Hausner, Jerzy (1995): Institutional Change in Post-Socialism. In: Dies. (Hrsg.): *Strategic Choice and Path-Dependency in Post-Socialism*. Aldershot: Elgar, S. 3-44; Pickel, Andreas/Wiesenthal, Helmut (1997): *The Great Experiment: Debating Shock Therapy, Transition Theory, and the East German Experience*. Boulder, CO: Westview; Krygier, Martin (1999): Institutional Optimism, Cultural Pessimism and the Rule of Law. In: Martin.

starken Nationalismus, Fehlen einer Kultur des Kompromisses, hohes Institutionenmisstrauen, ideologisches Vakuum, tiefsitzenden Egalitarismus usw. als Haupthindernis für die Konsolidierung demokratischer Prozesse in Osteuropa und machten sie zum Hauptargument ihrer Forschung. Zwar stritten sich die Vertreter beider Forschungslager über die Bedeutung kultureller Faktoren für den Transformationsprozess, trafen sich jedoch in einer Reihe von Annahmen wieder, die vor allem die Relevanz sozialistischer Sinnstrukturen und Deutungsmuster in den Vordergrund stellten.

Aus einer ähnlichen Perspektive argumentieren auch die Autoren im OGONJOK-Diskurs, indem sie erklären, dass »eine Gesellschaft mit einer siebzigjährigen kriminellen Erfahrung nicht auf einmal anständig und gesetzestreu werden kann« (не может преступное общество с семидесятилетним стажем вдруг стать порядочным. Мы 70 лет жили вне закона. У нас все деньги в стране бандитские - Ogonjok 27/1997). Sie stellen die Legitimität der sowjetischen Ordnung in Frage (»wir lebten 70 Jahre außerhalb des Gesetztes«) und die fatalen Folgen des Systems für die heutige Zeit diskursiv zur Schau: »Das ganze Geld in unserem Land ist kriminell, ist Banditengeld«. Dementsprechend fällt das Urteil über die russischen Unternehmer aus: »Es gibt keine ehrlichen Unternehmer« (нет честных бизнесменов – ebd.).

Nichtsdestotrotz wird die Schuld nicht bei den Unternehmern selbst gesucht, sondern im System, sie erscheinen vor diesem Hintergrund als Opfer des Systems, innerhalb dessen sie nicht anders hätten handeln können. Diese Zwickmühlen-Situation wird im Verlauf des Diskurses immer wieder zum Ausdruck gebracht: »Wenn ein Unternehmer ehrlich seine Steuer zahlt, geht er zwangsläufig bankrott« (Сейчас если платит предприниматель честно все налоги, то непременно разоряется – ebd.) oder »Es gibt so etwas nirgendwo mehr. In Russland ist die Steuerhinterziehung eine nationale Idee. Die nationale Sportart« (Нигде больше такого нет. В России неуплата налогов -- этакая национальная идея. Национальный вид спорта – Ogonjok 9/1999). Hier wird fehlende Geschäftsmoral mit nationaler Eigenart verbunden. Die vom sowjetischen System eingepflanzte Verachtung des privaten Eigentums und der damit verbundenen Verpflichtung gegenüber dem Staat trägt unter den marktwirtschaftlichen Bedingungen verhängnisvolle Früchte. Die Veränderung dieser Moral ist nur schwer zu erzielen, weil sie zur gängigen, zwar nicht vom Gesetz, jedoch von der Gesellschaft legitimierten Handlungsmaxime geworden ist.

Ein anderer Aspekt, der wiederholt im OGONJOK-Diskurs aufgegriffen und weitergeführt wird, bezieht sich auf die Verquickung von staatlichen und ökonomischen Interessen und Akteuren. Die privaten Unternehmer befinden sich in einem Feld, in dem die Regeln nicht nur vom Markt, sondern auch vom Staat diktiert werden. Sie müssen diese Faktoren bei ihrer Geschäftstätigkeit unabwendbar einkalkulieren und sind oft gezwungen, sich im illegalen Sektor zu bewegen, um Kosten und Risiken zu minimieren. So werden viele ökonomische Verbrechen mit der Verbindung zu den höchsten Machtkreisen erklärt:

Die Kette dieser Verbrechen kann nur durch das Vorhandensein mächtiger Beschützer und Gönner aus den höchsten Sphären der Macht bei der Bank erklärt werden, die das Geld der privaten Kunden für die eigenen Interessen benutzt und alles dafür getan haben, um das zu verstecken. (Цепь этих явных нарушений может объясняться только наличием у банка могущественных хозяев и покровителей из высших сфер власти, использовавших в своих интересах деньги вкладчиков и делающих все, чтобы их скрыть – Ogonjok 28/1997).

In OGONJOK werden auch Daten aus den Spezialdiskursen dazu bemüht, um eigene Argumentationen diesbezüglich zu unterstützen. So werden im Artikel *Krimineller Kapitalismus* (*Криминальный капитализм* – ebd.) die Ergebnisse einer soziologischen Untersuchung präsentiert, die die Gründe des Agierens der Unternehmer im illegalen Bereich erklären sollen:

Die Daten dieser Erhebung zeigen, dass 75,6% der befragten privaten Unternehmer sich wegen der Korruption und Schmiergeldregelung der staatlichen Beamten in die Schattenwirtschaft begeben, 54,3% wegen des Unvermögens des Staates die Gesetzeslage zu sichern und zu kontrollieren und 45,2% wegen der übermäßig strengen Besteuerungspraxis (По данным этого опроса, физические лица уходят в тень из-за взяточничества чиновников - так полагают 75,6 % опрошенных. Из-за неумения государства контролировать выполнение нормативных актов - 54,3 %. Из-за сверхжесткой налоговой системы - 45,2 % - Ogonjok ebd.).

Auch die mächtigen kriminellen Größen versuchen, ihre Einflusssphäre zu erweitern, indem sie ihre Handlungsmöglichkeiten nicht nur in der Wirtschaft, sondern auch in der Politik suchen. Interessant sind in diesem Zusammenhang die Bedeutungen und Begriffe, mit denen diese Akteure versehen werden; so werden sie im Artikel *Wer ermordete Vladislav List'ev?* (*Кто убил Владислава Листьева?* – Ogonjok 37/1997) als »Revolutionäre einer kriminellen Revolution« (революционеры криминальной революции) bezeichnet, dabei wird kritisch Stellung bezüglich einer gewissen Glorifizierung kriminellen Handelns in der Gesellschaft bezogen. Verstärkt wird diese Aussage durch die Feststellung, dass diese »kriminellen Revolutionäre« »nicht nur die Macht auf der regionalen Ebene zu ergreifen versuchen, sondern auch auf die kulturellen und moralischen Werte der Russen einen Einfluss ausüben« (пытаются захватить власть прежде всего на местном и региональном уровне. Одновременно они пытаются влиять на культурные и моральные ценности россиян – ebd.). Außerdem wird auf die Verbindungen zwischen der Regierung in Moskau und der russischen Mafia hingewiesen, die gemeinsam den wirtschaftlichen Sektor erobern. Das Wort »Mafia« oder »Mafioso«, das zu einem Kernelement diverser Diskurse über Russland gehört, wird im Rahmen des untersuchten Diskurses relativ selten benutzt.

Es sind meistens vereinzelte Personen, denen im Diskurs eine eindeutige kriminelle Identifizierung und Inszenierung eigen ist, so z.B. die diskursive Transformation des in den Sowjetzeiten ziemlich prominenten Sängers Josif Kobzon zu einem einflussreichen Unternehmer und Mafioso. Zwar wurden ihm bereits vor der Perestrojka Verbindungen zu kriminellen Strukturen nachgesagt, dies war jedoch nie Thema öffentlicher Diskurse. In den 90er Jahren avancierte er zu einer wichtigen Figur, die nicht nur ökonomisch, sondern auch politisch aktiv wurde. Interessanterweise nennt man ihn im Artikel *Der kriminelle Kapitalismus* nicht beim Namen, obwohl der Leser diese diskursive Markierspur erkennt und weiß, um welche Person es sich dabei handelt.

Die russischen Massenmedien nennen ihn ‚Kassierer der krimineller Welt' und die europäischen Gesetzeshüter vermuten, dass er das wichtigste Kettenglied zwischen der Mafia und der Regierung in Moskau ist« («Кассиром преступного мира» назвали его российские СМИ, а европейские полицейские считают его центральным связующим звеном между уголовной мафией и правительством в Москве – Ogonjok 28/1997).

Die anderen »Mafiosi«, die besonders Anfang der 90er Jahre in den Diskursen umgingen und Stoff für zahlreiche Witze über die »neuen Russen« lieferten (siehe Kapitel 4.5.2.), werden im OGONJOK-Diskurs als eine Erscheinung des Beginns der Transformationszeit, die nun schon etwas länger zurückliegt, abgeschrieben. Das heißt jedoch nicht, dass sie aus der realen wirtschaftlichen Landschaft Russland völlig verschwanden. Diesem Thema ist der Artikel *Die Zeit der Schießerei ist vorüber* (*Время стрельбы прошло*- Ogonjok 27/1998) gewidmet. Dabei wird auf den Roman *Der Pate* von Mario Puzo rekurriert, in dem im Zentrum der Handlung das Leben und die Verbrechen der mächtigsten Mafiabosse in New York nach dem Ende des Zweiten Weltkrieges stehen (так говорил дон Корлеоне в *Крестном отце* Марио Пьюзо – ebd.). Zwar machen die italienischen Mafiagangster keine derartige Veränderung durch, wie sie den russischen zugeschrieben wird, trotzdem dient dieser weltbekannte Mythos über die Mafia in New York als literarische Bezugsquelle, um die aktuelle Entwicklung im postsozialistischen Russland zu beschreiben. An dieser Stelle soll angemerkt werden, dass bei der Konstruktion des Typus »Krimineller« im Rahmen der Analyse keine weiteren literarischen Muster und Figuren identifiziert wurden. Es kann angenommen werden, dass dies vor allem damit zusammenhängt, dass dieser Typus innerhalb des diachronen russischen literarischen Diskurses nicht präsent ist. Man findet diese Muster und Figuren durchaus in der Unterhaltungsliteratur, z.B. in den Kriminalromanen der 90er Jahre, sie haben jedoch zu diesem Zeitpunkt noch keinen Eingang in den Mediendiskurs gefunden.

Interessant erscheint in diesem Kontext die von den Autoren von OGONJOK entworfene Konversion von russischen Mafiosi (»kahl geschorene Einbrecher«) hin zu »respektablen Geschäftsmännern« (российские мафиози из стриженных громил постепенно превращаются в респектабельных бизнесменов – ebd.). Dieser Prozess wird von den Autoren positiv bewertet: die ehemaligen Mafiosi betrügen zwar weiterhin den Staat und regeln die Einflusssphären auf brutale Weise unter sich, aber für die Bevölkerung stellen sie keine Gefahr mehr dar, weil das ihr Image und ihre Sicherheit gefährden würde:

Die Verwandlung der ehemaligen ,Wilden' in respektable Businessmänner ist für den gewöhnlichen Bürger ein nützlicher Prozess« (превращение вчерашних «диких» в респектабельных бизнесменов для рядового обывателя -- процесс полезный – ebd.).

Dieser Prozess wird nicht als ausschließlich russische Besonderheit beschrieben, sondern als eine Entwicklung unter vielen anderen:

Wir sind darin nicht einzigartig. Das Gleiche geschah und geschieht in der kriminellen Welt der USA und Italien und vielen anderen Ländern, die wir zivilisiert nennen.« (Мы здесь далеко не оригинальны - точь-в-точь такое же происходило и происходит в криминальном мире и Америки, и Италии, и многих других стран, которые мы привыкли называть цивилизованными – ebd.).

Zusammenfassend kann man festhalten, dass dem Typus »Krimineller« keine eindeutigen Bedeutungen zugewiesen werden. Im untersuchten Diskurs wird eine Situation konstruiert, in der die Zeit der Mafiosi vorüber ist oder diese zumindest innerhalb der russischen Gesellschaft eine marginale Stellung eingenommen haben. Die eigentlichen Kriminellen sind nun die durchschnittlichen Unternehmer, die Steuern hinterziehen, staatliche Beamte bestechen oder Konkurrenten aus dem wirtschaftlichen Verkehr ziehen. Sie werden dennoch diskursiv freigesprochen, indem entweder auf die historischen Bedingungen hingewiesen wird oder aber auf die nationale Eigenart, die sich seit der Zeit des Sozialismus eingebürgert hat. So verzahnt sich der wirtschaftliche und juristische Diskurs mit dem nationalen, der eine gewisse Legitimität der historisch bedingten Gesetzesübertretung im ökonomischen Bereich evoziert. Die echten Kriminellen sind im Diskurs meistens einzelne Personen, so z.B. der Finanzbetrüger Mavrodi, der in der Zeit der Privatisierung riesige Finanzpyramiden aufbaute und Millionen Bürger um ihre Privatisierungsanteile und Geldeinlagen brachte. Der Gauner Mavrodi verdichtet sich im Diskurs zu einem eigenen Typus, hinter dem sich weitere Finanzpyramidenbauer und Finanzspekulanten erahnen lassen.

Im nächsten Kapitel folgen die Feinanalysen, das methodische Vorgehen und der Analysefaden werden im nächsten Schritt erklärt.

4.5 Feinanalyse

4.5.1 Methodische Bemerkungen zur Feinanalyse

Die Auswahl der Themen für die Feinanalyse erfolgte aus der Gesamtsichtung des Materials ohne eine Vorgabe von einzelnen Stichwörtern, so dass auch Artikel berücksichtigt wurden, in denen der jeweilige Unternehmertypus nur umschrieben bzw. durch Nennung von Synonymen dargestellt wurde. Da dieser Untersuchung ein umfangreicher Textkorpus zugrunde liegt, wurde auf die Feinanalyse eines typischen Artikels, wie Jäger es vorschlägt[272], verzichtet, weil aus dieser Vorgehensweise nur unzureichende Ergebnisse zu erwarten waren.

Aufgrund einer breiten Ausdifferenzierung des Typus des russischen Unternehmers in dem untersuchten Periodikum folgt die Feinanalyse den Tendenzen, die das Material selbst vorgibt. Im Laufe der Vorarbeiten ist augenscheinlich geworden, dass fortwährend bestimmte Typen von Unternehmern im Diskurs auftauchen und nur minimale Veränderungen und somit eine gewisse Verfestigung im Verlauf des Diskurses erfahren. Die Feinanalyse richtet sich nach den Resultaten der Strukturanalyse. Es werden diejenige Aspekte aufgegriffen, die sich als dominierende Elemente des Unternehmerdiskurses herausstellen werden. Zum einem werden diese Analyseergebnisse aus quantitativer Sicht bewertet und diejenigen Unternehmertypen weiterer sprachlicher Analyse unterzogen, die am häufigsten präsent sind und den Unternehmerdiskurs entscheidend mitprägen. Zum anderen wird nach qualitativen Gesichtspunkten entschieden: Die Unternehmertypen mit einer verfestigten Position und Bewertung im Diskurs werden im Rahmen der Feinanalyse genauer untersucht werden, wie z.B. der Typus »Neuer Russe« oder der »Oligarch«, die ein stereotypes Bild des russischen Unternehmers nicht nur in den russischen, sondern auch in den westlichen Medien darstellen.

Besondere Aufmerksamkeit verdienen dabei konträre diskursive Positionen innerhalb des untersuchten Zeitraumes, die den diskursiven Kampf in diesem thematischen Bereich evident machen. Aus diesen Überlegungen heraus wird der Unternehmertypus »Intellektueller«, im medialen Diskurs als Antipode zu den »Neuen Russen« und »Oligarchen« konstruiert, ebenfalls einer detaillierten Analyse unterzogen. Auf diese Weise wird eine Vergleichsbasis geschaffen, vor deren Hintergrund das breite Spektrum der Bedeutungen, mit denen der

272 Jäger 2001, S. 256.

russische Unternehmer im untersuchten Diskurs versehen wird, erfasst werden kann.

In der Feinanalyse konzentriere ich mich auf vier Analyseziele, die es mir erlauben werden, die Gesamtheit der artikulierten Inhalte, ihre Verschränkungen und die dabei verwendeten sprachlichen Mittel sowohl auf qualitativer als auch quantitativer Ebene zu verdeutlichen:

- Schlüsselbegriffe und Metaphern
- Diskursive Strategie der Gegenüberstellung und Abgrenzung
- Argumentationsmuster (Werte und Wertewandel)
- Gegendiskursive Tendenzen

Dieses Analyseraster ist die Grundlage für die Erfassung des komplexen diskursiven Netzes, in dem der jeweilige Unternehmertypus konstituiert wird. Nach diesem Untersuchungschema werden alle drei Feinanalysen durchgeführt. Im Folgenden werden die einzelnen Analyseschritte aus theoretischer und methodologischer Sicht konkretisiert.

4.5.1.1 Schlüsselbegriffe und Metaphern

Durch die Analyse der wichtigsten Schlüsselbegriffe und Metaphern, die bei der Darstellung des jeweiligen Unternehmertypus verwendet werden, sollen bestimmte Muster des Denkens und der Sprache rekonstruiert werden. Folgt man den philosophischen Hinweisen, so kann man feststellen, dass metaphorische Muster in den abstraktesten Diskursen das Denken bestimmen[273]. Aus dem Feld der kognitiven Linguistik wird expliziert, dass metaphorische Muster, die unser kollektives Denken strukturieren, im Wesentlichen schon in allgemeingültiger Form vorliegen[274]

Durch die Sammlung und Auswertung des Materials werden unterschiedliche metaphorische Konzepte in Bezug auf den jeweiligen Unternehmertypus ausfindig gemacht und interpretiert. Zuerst wird das Material nach allen möglichen metaphorischen Konzeptualisierungen, die das untersuchte Thema berühren, durchsucht. Die dabei entstehende Liste ermöglicht einen ersten Überblick über die möglichen metaphorischen Modelle, in denen sich das

273 Vgl. Blumenberg, Hans (1971): Beobachtungen an Metaphern. In: *Archiv für Begriffsgeschichte*, 1/1971, S. 161 -214.

274 Vgl. Lakoff, George/Johnson, Mark (1999): *Philosophy In The Flesh: The Embodied Mind And Its Challenge To Western Thought*. New York: Basic Books.

Thema widerspiegelt. Dabei werden Schlüsselbegriffe und Metaphern identifiziert, die verschiedene Zielbereiche tangieren. Um das Verständnis des Metapher-Begriffes zu präzisieren, werden hier die Überlegungen von Lakoff/Johnson herangezogen, die bestimmte Kriterien ausgearbeitet haben, nach denen die Metapher definiert wird. In diesem Sinne liegt eine Metapher dann vor, wenn:

- ein Wort/eine Redewendung in einem strengen Sinn in dem für die Sprechäußerung relevanten Kontext mehr als nur wörtliche Bedeutung hat; und
- die wörtliche Bedeutung einem prägnanten Bedeutungsbereich (Quellbereich) entstammt,
- jedoch auf einen zweiten, oft abstrakteren Bereich (Zielbereich) übertragen wird[275].

Bisher habe ich die Worte »metaphorisches Modell« bzw. »Konzept« noch in einem unspezifischen Sinne gebraucht. Lakoff und Johnson führen in ihrer Theorie aus, dass die einzelnen metaphorischen Wendungen nicht zufällig, sondern in aller Regel auf wenige gemeinsame Konzepte zurückzuführen seien. Sie teilen dabei sowohl den gleichen Quell- als auch Zielbereich und lassen sich somit zu einem Konzept zusammenfassen. Erster Schritt der Feinanalyse ist es, alle identifizierten metaphorischen Konzepte und wichtigen Schlüsselbegriffe zu erfassen und zu interpretieren.

4.5.1.2 Diskursive Strategie der Gegenüberstellung und Abgrenzung

Mit dem Begriff der »diskursiven Strategie« betrete ich das Feld der foucaultschen Diskurstheorie. Foucault unterscheidet in *Archäologie des Wissens* vier Kategorien, hinsichtlich derer diskursive Formationen untersucht werden können: Objekte, Subjekte, Begriffe sowie diskursive Strategien. Sie stellen verschiedene Blickwinkel dar, aus denen diskursive Formationen betrachtet und analysiert werden können. Foucault betrachtet diskursive Formationen nicht als homogene Gefüge. Dementsprechend existieren in einer diskursiven Formation beliebig viele diskursive Strategien, die sie durchziehen und gewissermaßen als kleinere Einheiten, die die Diskurse organisieren, angesehen werden können.

Der Begriff der diskursiven Strategien soll es ermöglichen, der Produktion von Aussagen eine vorausgehende theoretische Wahlmöglichkeit offen zu

275 Vgl. Lakoff/Johnson 1999.

lassen. Es existieren folglich in einer diskursiven Formation verschiedene Arten, in denen Aussagen auftreten können. Dem liegt die Annahme zugrunde, dass nicht alle Aussagen einer gegebenen diskursiven Formation in einen kohärenten Sinnzusammenhang gebracht werden können. Unter einer diskursiven Formation ist also kein monolithischer Block zu verstehen; hier gibt es durchaus »Punkte der Inkompatibilität«[276]. Der Begriff der Strategie beruht nun auf der Idee, dass es in der Verteilung der Diskurse innerhalb einer diskursiven Formation mehrere mögliche Existenzweisen der Diskurse gibt.

Die diskursiven Strategien können zunächst als theoretische Ordnungs- und Konstitutionsprizipien der verschiedenen Segmente einer diskursiven Formation verstanden werden. Im Falle der Analyse des Unternehmerdiskurses in der Zeitschrift OGONJOK konnte durch die Strukturanalyse festgestellt werden, dass die diskursive Strategie der Gegenüberstellung und Abgrenzung zu einem konstitutiven Element dieses Diskurses gehört. Auf dem Prinzip des Vergleichs und der gleichzeitigen diskursiven Demarkation werden die Unternehmer den diversen anderen sozialen und gesellschaftlichen Gruppen gegenübergestellt und mit verschiedenen Bedeutungen belegt.

Diese Strategie dient zum einen der diskursiven Identifizierung des Unternehmers, zum anderen jedoch auch der möglichen Kritik. Durch die sprachlich konstruierte Ab- und Ausgrenzung können Unternehmer als Kontrahenten den übrigen Gesellschaftsmitgliedern entgegengestellt oder aber auf diese Weise in ihrer Besonderheit hervorgehoben werden, die gegebenenfalls auch positive Bedeutung erlangen kann. In diesem Fall ist es wichtig, die diskursive Wertung und die Kontextualisierung zu berücksichtigen.

4.5.1.3 Argumentationsmuster (Werte und Wertewandel)

Im nächsten Analyseschritt sollen die wichtigsten Argumentationsmuster über das Verhältnis der Unternehmer zu den Fragen der Werte, als relevante Orientierungsmuster der russischen Gesellschaft der Transformationszeit, identifiziert und interpretiert werden.

276 Foucault 1973, S. 96.

Der Begriff »Werte«[277] wird in der vorliegenden Arbeit als abstrakter und allgemeiner Maßstab für individuelle Handlungen und Orientierungen verstanden, der eine soziale Realität repräsentiert[278]. Der Wertewandel wird auf der Folie des sozialen und diskursiven Wandels betrachtet. Die Überlegungen, die diesem Verständnis zu Grunde liegen, beziehen sich auf die im Laufe des russischen Transformationsprozesses stattgefundenen Veränderungen nicht nur des sozialen, politischen und wirtschaftlichen Lebens, sondern auch von Wissenskomplexen, darunter auch Wertvorstellungen, die neu gedeutet wurden. Dabei traten die alten Deutungsschemata in Konflikt mit den neuen. Durch die Analyse der Argumentationsmuster aus dieser Perspektive können Reibungsstellen identifiziert und diskursive Verschiebungen sichtbar gemacht werden.

»Argumentationsmuster« sind Deutungsmuster, die im Bewusstsein der Akteure verankert sind. In diesem Sinne soll an dieser Stelle untersucht werden, wie die traditionellen Vorstellungen von Werten und der Wertewandel in der Transformationsgesellschaft als Deutungsmuster auf der Diskursebene wirksam sind. Um die Reichweite dieses Analyseziels kenntlich zu machen, muss in Ansätzen expliziert werden, welche Bedeutungen mit diesem Konzept verbunden sind. Oevermann sagt einführend, dass Deutungsmuster »Routinen [sind – M.S.], die sich nach langer Bewährung eingeschliffen haben und wie implizite Theorien verselbständigt operieren, ohne dass jeweils ihre Geltung neu bedacht werden muss«[279]. Solche Muster besitzen einen hohen Grad an situationsübergreifender Verallgemeinerungsfähigkeit und innerer Konsistenz. Sie sind einerseits historische Gebilde, die den jeweiligen Zeitgeist ausdrücken, andererseits stehen sie unter dem selektiven Druck, Deutungen zu zeitigen, die mit den jeweiligen kollektiven Interessenlagen übereinstimmen, d.h. mit den Vorstellungen im jeweiligen Diskurssystem vereinbar sind[280]. In der nachfol-

277 In der Werteforschung im Rahmen der Geistes- und Sozialwissenschaften findet man keine allgemein verbindliche Definition des Wertebegriffes. Einerseits wird der Wertebegriff in seiner Bedeutung als allgemein bekannt vorausgesetzt, was aber aufgrund seiner semantischen Vielfalt in der Umgangssprache von vornherein eine Definitionsvielfalt erwarten lässt. Das genügt einer wissenschaftlichen Auseinandersetzung jedoch nicht. Deswegen findet man in verschiedenen Wissenschaften (Philosophie, Psychologie, Pädagogik und Soziologie) unterschiedliche Definitionen des Werte-Begriffs.

278 Vgl. Meulemann, Heiner (1996): *Werte und Wertewandel. Zur Identität einer geteilten und wieder vereinten Nation.* Weinheim: Juventa.

279 Oevermann, U. (2000): *Die Struktur sozialer Deutungsmuster – Versuch einer Aktualisierung.* Frankfurt a. M. , S. 3.

280 Vgl. Ebenda.

genden Untersuchung werden entsprechend diesem Verständnis diejenigen Argumentationsmuster herausgefiltert, die sich in den Texten der Zeitschrift OGONJOK als dominant erwiesen haben. Thematisch werden Argumentationsmuster gesucht, die sich auf die Fragen nach der Bedeutung von Werten (wie z.B. Familie, Arbeit, Freundschaft, Freizeit, Geld usw.) in der russischen Gesellschaft und auf den sich während der Transformationszeit vollziehenden Wertewandel sowie dessen Kritik und damit verbundenen Ängste und Zweifel bezogen sind.

4.5.1.4 Gegendiskursive Tendenzen

Der Begriff des »Gegendiskurses« wird vor allem durch den diskursanalytischen Ansatz von Jürgen Link (1982) und Siegfried Jäger (2001) geprägt. Das Vordenken zu dieser diskurstheoretischen Kategorie leistete bereits Michel Foucault in seinen früheren Analysen zur *Ordnung der Dinge. Archäologie der Humanwissenschaften* (1966) und in den *Schriften zur Literatur* (1974). Er begreift dort Literatur als »Gegendiskurs« zu den vorherrschenden wissenschaftlichen und philosophischen Rationalitätsformen der Moderne. Literatur verletzt nach Foucault die kulturell dominierenden Diskursregeln, um eine »Befreiung des Wortes« herbeizuführen. Er wendet sich ausschließlich der Literatur der Moderne zu und bescheinigt ihr »subversive Kräfte«, da in ihr das eigentliche, nicht auf die repräsentative Funktion reduzierbare »Sein der Sprache« manifest wird. In diesem Sinne ist Literatur – wenigsten für den frühen Foucault – immer eine Form der Übertretung, ein Gegendiskurs. Sie ermöglicht »die Erfahrung der Grenze von Diskursen« in »der Überschreitung ihrer Formationsregeln«[281]. Deutlich formuliert dies Foucault in seiner *Vorrede zur Überschreitung*:

> *Die Überschreitung ist eine Geste, die die Grenze betrifft; dort, in dieser Schmalheit der Linie, zeigt sie sich blitzartig als Übergang […] Die Strichlinie, die sie kreuzt, könnte durchaus ihr ganzer Raum sein. Das Spiel der Grenzen und der Überschreitung scheint von einer schlichten Beharrlichkeit beherrscht: Die Überschreitung durchbricht eine Linie und*

281 Meister, Martina (1990): Die Sprache, die nichts sagt und die nie schweigt. Literatur als Übertretung. In: Erdamann, Eva/Rainer Forst/Axel Honneth (Hrsg.): *Ethos der Moderne. Foucaults Kritik der Aufklärung*. Frankfurt a. M., S. 260f.

setzt unaufhörlich aufs Neue an, eine Linie zu durchbrechen. [...] Eine Grenze, die absolut nicht überquert werden könnte, wäre inexistent.[282]

Dieses Zitat macht erkennbar, dass Foucault symbolisch von Grenzen und Räumen spricht, die er als Modell für die den vorherrschenden Diskurs überschreitende Literatur betrachtet. An einer anderen Stelle spricht Foucault vom Begriff »Widerstand«, der aus seinem Verständnis der Macht folgt. Er definiert die Widerstände als »andere Seite« in den Machtbeziehungen, als »das nicht wegzudenkende Gegenüber«:

Darum sind auch sie unregelmäßig gestreut; die Widerstandspunkte, -knoten und -herde sind mit größerer oder geringerer Dichte in Raum und Zeit verteilt, gelegentlich kristallisieren sie sich dauerhaft in Gruppen oder Individuen oder stecken bestimmte Stellen des Körpers, bestimmte Augenblicke des Lebens, bestimmte Typen des Verhaltens an.[283]

Wie ersichtlich wird, geht Foucault von einer Vorstellung von Macht aus, in der eine »Vielfältigkeit von Kräfteverhältnissen« herrscht, die zu einem ihrer organisierenden Prinzipien gehört[284] und die sie reguliert, so »dass es keine ein für allemal gültige Unterwerfung gibt«[285].

Das, was bei Foucault unter dem Begriff »Widerstand« oder »Grenzüberschreitung« verstanden wird, kann man in plausibler Form im Begriff des »Gegendiskurses« wiederfinden. Der Gegendiskurs ist bei Siegfried Jäger mit der Kategorie der Diskursposition, die als ein spezifischer ideologischer Standort einer Person oder eines Mediums verstanden wird, fest verbunden.[286] Aus diesen Diskurspositionen heraus können die Subjekte und Medien das Diskurssystem unterschiedlich bewerten. So schreibt Jürgen Link, dass z.B. der hegemoniale Diskurs das Symbol des Flugzeugs positiv besetzen kann, während der antihegemoniale Diskurs Flugzeuge ablehnt und für Bäume, Fahrräder etc. schwärmt. Wichtig ist dabei aber, dass sich abweichende Diskurspositionen

282 Foucault, M (2001).: Die Vorrede zur Überschreitung. In: ders.: *Schriften in vier Bänden.* Band I, 1954-1969. Frankfurt a. M., S. 47.

283 Foucault, Michel (1983): *Der Wille zum Wissen. Sexualität und Wahrheit Bd.1.* Frankfurt a. M., S. 117.

284 Ebenda, S. 113.

285 Ebenda, S. 119.

286 Vgl. Jäger 2001, S. 164.

tionen auf »die gleiche diskursive grundstruktur [sic!]«[287] beziehen. Solche Diskurspositionen können als Resultat von Diskursanalysen ermittelt werden. In grober Kontur gehören sie allerdings manchmal zum allgemeinen Wissen einer Bevölkerung. Jäger weist darauf hin, dass Diskurspositionen innerhalb eines hegemonialen Diskurses ziemlich homogen sind. Er schlägt vor, davon abweichende Diskurspositionen den Gegendiskursen zuzuordnen.[288]

Um einem relevanten Gegendiskurs eine gewisse Stabilität zu geben, ist ein Zusammenspiel zwischen diskursiven (sprachlichen, semiotischen) und nicht-diskursiven (Institutionen, Infrastrukturen, Rituale u.ä.)[289] Praktiken im Rahmen eines Dispositivs vonnöten. Die besondere Aufmerksamkeit, die die Analyse auf die gegendiskursiven Tendenzen richtet, soll die Annahme von einer Totalität des hegemonialen Diskurses über den jeweils untersuchten Unternehmertypus unterstützen oder jedoch widerlegen. Entlang dieses Analyseschemas werden im Folgenden die Feinanalysen durchgeführt.

4.5.2 Feinanalyse 1: Der »Neue Russe«

Der Typus des russischen Unternehmers, der in den Pressetexten unter dem Begriff »der Neue Russe« (*новый русский*)[290] dargestellt wird, kommt im OGONJOK-Diskurs doppelt so häufig vor wie andere Unternehmertypen. Die Bedeutungen, mit denen er versehen wird, sind jedoch oft diffus und lassen keine eindeutige Bewertung erkennen. Der Blick auf die quantitative Untersuchung der OGONJOK-Zeitschrift verrät die diskursive Verteilung dieses Typus.

---

287 Link, Jürgen (1982): Kollektivsymbolik und Mediendiskurse. In: *KultuRRevolution*, 1/1982, S. 6-21.

288 Vgl. Jäger 2001, S. 228.

289 So war in den frühen 80er Jahren das Thema »Ökologie« ein relevanter Gegendiskurs, der sich in zunehmendem Maße auch in den Interdiskurs integrieren konnte und in einer gewissen und auch heute noch umkämpften Form hegemonial wurde. Dieser Diskurs produzierte eine eigene Infrastruktur (Bürgerinitiativen, Naturschutzorganisationen wie Greenpeace, Ökoläden etc.), alte Infrastrukturen wurden umgeordnet (Reformhäuser wurden grüne Reformhäuser), brachte eigene Zeitungen und Zeitschriften hervor, produzierte Subjekte, die im Interdiskurs aktiv waren (Öko-Biologinnen, Juristinnen mit Spezialgebiet Umweltrecht, Redakteure von Fachmagazinen, Aktivistinnen etc.), wurde zum Diskurs einer neuen Partei, verursachte Demonstrationen, etablierte bestimmte Protestformen, Rituale, brachte Codes aller Art hervor oder übernahm alte (Latzhosen, Strickjacken, Jesuslatschen).

290 Allgemein versteht man den Begriff »Neuer Russe« als Bezeichnung für die neuen Geschäftsleute, die im Zuge der marktwirtschaftlichen Reformen in Russland die ökonomische Sphäre eroberten. Aus diskursiver Sicht erschien der Ausdruck »neue Russen« zum ersten Mal 1992 in einem Artikel der russischen Geschäftszeitung KOMMERSANT. Im Westen kursierte der Begriff »New Russian«, geprägt vom gleichnamigen Buch des US-amerikanischen Journalisten Hedrik Smith, bereits zwei Jahre früher. Später wurde diese Phrase wörtlich ins Russische übersetzt.

Tab. 4: Die quantitative Präsenz des Typus »Neuer Russe« im Zeitverlauf

Jahr	1994	1995	1996	1997	1998	1999
Neuer Russe	5	25	37	24	12	8

Wie man anhand der Tabelle sehen kann, ist der Unternehmertypus »Neuer Russe« besonders stark in den Jahren 1995, 1996 und 1997 präsent. Danach ist eine abfallende Tendenz zu beobachten. Nach der russischen Krise 1998 verschwindet er beinahe aus dem Unternehmerdiskurs. Diese Tendenzen können teilweise vor dem Hintergrund diskursiver Ereignisse erklärt werden; wie bereits ausführlich dargelegt wurde[291], zeichneten sich die Jahre 1995 und 1996 vor allem durch die dominierenden diskursiven Ereignisse der Duma- und Präsidentschaftswahlen aus. Die regionalen Kandidaten und später auch die Anwärter auf die Präsidentschaft vertraten aus ökonomischer und politischer Sicht häufig konträre Ansichten hinsichtlich der Zukunft des Landes. Besonders die populistische Politik der Kommunisten, die auf der Rückkehr zu den planwirtschaftlichen Verhältnissen und Reprivatisierung des staatlichen Eigentums basierte, versetzte die wirtschaftlichen Akteure in eine unsichere Lage und hemmte die Entfaltung der Investitions- und Produktionstätigkeit. Die Gewinner der neuen russischen Marktwirtschaft (unter ihnen auch die »Neuen Russen«) waren am Sieg Jelzins dringend interessiert.

Aus der Perspektive der wirtschaftlichen Akteure wurden die Präsidentschaftswahlen zu einem Prüfstein, an dem sie die eigene Position in der Gesellschaft und ihre Involvierung in das politische Geschehen neu definieren mussten. Dieser Einschnitt wird auf der Textebene der Zeitschrift OGONJOK in Bezug auf den Typus »Neuer Russe« mehrmals zum Thema gemacht. Es ging dabei nicht nur um die eigenen persönlichen Interessen, sondern auch um die allgemeine Wirtschaftspolitik und die zu diesem Zeitpunkt erreichte makroökonomische Stabilisierung, die im Falle eines Sieges der Kommunisten oder durch andere Unsicherheitsfaktoren bedroht worden wäre. Diese Tatsache prägte stark das Verhalten der Wirtschaftsakteure, die in den russischen Medien immer präsenter wurden.

Nach dem Sieg Jelzins wurde zunehmend klar, dass die Hoffnung auf ein baldiges russisches Wirtschaftswunder sehr schwer erfüllbar sein würde. Die Krankheit des Präsidenten Jelzin verstärkte zusätzlich die herrschende politische Unsicherheit. Die Opposition im Parlament fühlte sich darin gerechtfer-

291 Siehe dazu ausführlicher Abschnitt 4.3.

tigt, wichtige Reformen zu sabotieren. Das fand entsprechenden Widerhall in den russischen Medien, was zur Intensivierung der (vor allem der kritischen) Berichterstattung über die neuen russischen Unternehmer führte. Das Jahr der russischen Wirtschaftskrise (1998) wurde als Katastrophe vor allem der russischen Mittelklasse begriffen und dementsprechend diskursiv konstruiert. Die Ergebnisse der quantitativen Untersuchung zeigen deutlich, dass die »Neuen Russen«, die gleichfalls Leidtragende waren, offensichtlich nicht dazu gezählt werden, zumindest wird dies von dem untersuchten Medium thematisch ausgeklammert. Die diskursive Bühne vor und nach der Krise »gehörte« eindeutig anderen Unternehmertypen (vor allem dem »Entrepreneur« und dem »Intellektuellen«), was in den weiteren Feinanalysen zu verdeutlichen ist.

4.5.2.1 Schlüsselbegriffe/Metaphern

Bereits auf der Ebene der Schlüsselbegriffe und Metaphern wird offensichtlich, dass dem Typus »Neuer Russe« keine eindeutigen Charakteristika zugeschrieben werden können. Die metaphorischen Konzepte, die in Verbindung mit diesem Typus gebraucht werden, rekurrieren auf der einen Seite auf seine physische und psychische Stärke, andererseits findet man Metaphern, die die »Neuen Russen« diskursiv als »Opfer« konstruieren. Die folgende Tabelle soll einen ersten Überblick über die im Verlaufe der Recherche identifizierten Metaphern und Bilder geben, die Reihenfolge folgt ausschließlich der chronologischen Abfolge im Diskurs:

Tab. 5: Überblick über die Metaphern und Bilder (Typus »Neuer Russe«)

Kriminalität	Natur	Kunst	Literatur/ Geschichte	Psychologie
Бандит - Bandit	Сильный волк - starker Wolf	Артист - Künstler	Остап Бендер - Ostap Bender	Безумие - Wahnsinn
Мошенник - Ganove	Паразит - Parasit	Игрок - Spieler	Чичиков - Čičikov	Жертва - Opfer
Спекулянт - Spekulant		Меценат - Mäzen	Недоросль - Landjunker	Самосожженец-Selbstverbrenner
Вор - Dieb			Савва Морозов – Savva Morozov	Ребенок - Kind
				Харизматичная личность –

Charismatische Persönlichkeit
Сильные – die Starken

Wie aus diesem ersten Überblick ersichtlich wird, findet man wiederholt Zuschreibungen (»die Starken«, »starker Wolf«), die auf Entschlossenheit, Zielorientierung und physische und mentale Stärke der »Neuen Russen« rekurrieren. Sie werden jedoch nicht durchgehend positiv bewertet. Die Stärke wird einerseits in Verbindung mit besonderen Rechten dieser Menschen verbunden, die sie sich durch Gewalt und Einschüchterung erkämpfen. Der »Neue Russe« genießt offensichtlich Sonderrechte, das Recht des Stärkeren:

Sie denken, ihnen ist alles erlaubt. Bald werden sie ihre Rechte bei Lehrern und Ärzten einfordern. Alles nur mit Kraft. Das sind echte Banditen! (Они думают, что им все дозволено. Скоро они так же будут качать права у докторов, учителей. Да с помощью силы. Это ж бандюги! - Ogonjok 36/1998)

Es wird befürchtet, dass die »Neuen Russen« bald die Intelligenz von ihrer führenden Position in der Gesellschaft (»Lehrer, Ärzte«) »mit Kraft« verdrängen werden. Gegen diese Befürchtung wird eine Stimme hörbar, die als gegendiskursiv[292] bezeichnet werden kann, die behauptet, dass es unter den allgemeinen Missständen nicht anders gehe und diese »Entschlossenheit zum Handeln« der »Neuen Russen« entgegen der von mir ursprünglich an den Diskurs herangetragenen Vermutung diskursiv billigt:

Mit diesem Pack [die faulen Handwerker – M.S.] kann man nicht anders. Die Starken sind gekommen, ohne Gewehre wohlgemerkt, und sagten einfach: Du, du und du kommst mit. Und die kamen. Aber anders geht es wohl nicht (С этим быдлом иного разговора не получается А эти сильные к ним пришли, между прочим, безо всякого оружия, а просто сказали: ты, ты и ты - на выход, в машину. И как миленькие пошли. Ну, и как с ними иначе? - ebd.).

292 Theoretische und methodische Ausführungen zum »Gegendiskurs« im Abschnitt 4.5.1.

Dabei wird unterstrichen, dass sie »ohne Gewehre« ihre Rechte einfordern. Auch als »Jäger« sind sie in einem anderen Diskursfragment »unbewaffnet«: »‚Die Neuen Russen' haben angefangen, ihren Alltag einzurichten und eröffneten die Jagdsaison auf die Quadratmeter« (»новые русские« начали обустраивать быт, открыв сезон охоты за квадратными метрами - Ogonjok 40/1996). Auf der Jagd nach den besten Immobilien in Moskau verlassen sie sich auf ihr geschäftliches Gespür und nicht auf physische Stärke oder Gewehre. Sie wollen den »Alltag« einrichten, zur Normalität gelangen. Dieses Bestreben macht sie auf diskursiver Ebene »ungefährlich«, die Metapher »Jagdsaison« verliert dadurch ihre bedrohliche Konnotation.

Eine ähnliche sprachliche Umkehrung findet man in der Verwendung der Metapher »starker Wolf«, die dem Quellbereich des Tierreiches entstammt. An dieser Stell soll angemerkt werden, dass laut dem russischen Linguisten Čudinov zoomorphe Bilder zur traditionellen semantischen Sphäre der aktuellen und historischen russischen politischen Metaphern gehören[293]. Man findet diese bereits bei Protopop Avvakum[294] und verstärkt bei sowjetischen Politikern wie Lenin, Stalin, Trockij u.a. Besonders in der Perestrojka- und Transformationszeit wird dieser bildliche Bereich in den aktuellen Diskursen reaktiviert, dadurch wird die intensive Entwicklung der konzeptuellen Metapher, dass »die gegenwärtige russische Wirklichkeit eine unmenschliche (tierweltähnliche) Gesellschaft darstellt«[295] vorangetrieben. Dabei entwickeln einige zoomorphe Metaphern prototypische Eigenschaften, die die im russischen nationalen Bewusstsein verfestigten mythologischen, folkloristischen und literarischen Traditionen, in denen die Eigenschaften bestimmter Tieren (Hase - ängstlich, Schwein – schmutzig, Kalb – dumm usw.) als eine Variante des mythologischen Kodes dienen, fortsetzen. G.N. Skljarevskaja unterstreicht in diesem Zusammenhang, dass die zoomorphen Bezeichnungen oft auf die Diskreditierung, die Abwertung des Objekts gerichtet sind und über eine starke pejorative Färbung verfügen[296].

293 Čudinov, A.P. (2001): *Rossija v metaforičeskom zerkale: kognitivnoe issledovanie političeskoj metafory 1991-2000*. Jekaterinburg.

294 »Знаю все ваше злохитрство, собаки, бляди, митрополиты, архиепископы, никонияна воры, прелагатаи, другие немцы русския« (»Ich kenne all eure Böswilligkeit, ihr Hunde, Hurensöhne, Metropoliten, Erzbischöfe, nikonsche Diebe, Botschafter und andere Deutsche« – Želvis, V.I. (1999): Invektiva v političeskoj reči. In: *Russkij jazyk v kontekste kul'tury*. Jekaterinburg.).

295 Čudinov 2001, S. 63.

296 Vgl. Skljarevskaja, G.N. (1993): *Metafora v sisteme jazyka*. Spb, S. 91.

Die Metapher des »Wolfes« wird im russischen Diskurs oft in Verbindung mit seinem aggressiven Auftreten, aber auch mit seiner Erfahrung im Überlebenskampf gebraucht. Im Artikel *Wir leben in ihrer Zeit. Worin besteht die Schuld »Neuer Russen«? (Мы живем в их время. В чем вина »новых русских«?* – Ogonjok 34/1995) wird jedoch ausschließlich an die positiven Konnotationen dieser Metapher angeknüpft:

Sie sind nicht mehr Welpen, sie sind junge, starke Wölfe, die keine Angst haben zu fallen, weil sie wissen, wie man wieder aufsteht. (...) Sie sind nicht schlechter als wir, sie haben nur mehr Geld. (...) Sie stürzten sich ins Leben, wo alles in Bewegung war, nicht so wie im Westen (Они больше не щенки, а молодые сильные волки, которые не боятся упасть, потому что знают, как снова поднятся. (...) Они не хуже нас, у них только больше денег. (...) Они бросаются в жизнь, где все было в движении, не так как на Западе - Ogonjok 34/1995)

Die Gegenüberstellung »Welpen - junge, starke Wölfe« deutet auf eine gewisse Genese, die der »Neue Russe« durchmacht. Diese Veränderungen machen ihn nicht nur stark, sondern auch mutig und unternehmerisch, was in diesem Kontext eine ausgesprochen positive Wertung erfährt. Die »Neuen Russen« werden als Hoffnungsträger dargestellt, die eine harte Schule des Lebens im Umbruch durchlaufen mussten. Sie werden als Gegenpol zu westlichen Unternehmern präsentiert, die aus der Sicht des Autors keinen Mut und keine geschäftliche Risikobereitschaft besitzen. Vielleicht fällt diese Aussage angesichts der sehr zaghaften ausländischen Investitionen in Russland so aus.

Angesichts des dominierenden negativen Images dieses Unternehmertypus im Alltagsdiskurs erscheint diese diskursive Anerkennung des »Neuen Russen« etwas verwunderlich. Aber dieser Trend bleibt besonders im Jahre 1995 weiter bestehen. Im Artikel *Warum werden »Neue Russen« ermordet? (Почему убивают »новых русских«?* - Ogonjok 13/1995) untersucht eine russische Soziologin die soziale Gruppe der »Neuen Russen« und sondert diejenigen aus, die sie »charismatische Persönlichkeiten« (харизматичные личности – ebd.) nennt. Ihnen spricht sie ein gewaltiges unternehmerisches Potenzial zu, das viele Trittbrettfahrer anziehe, die auf die Gelegenheit warteten, an den Erfolgen der »Neuen Russen« zu partizipieren und sie gegebenenfalls aus dem Weg zu räumen. Die Stärke und Macht, die dem Typus »Neuer Russe« an anderer Stelle diskursiv zuerkannt wird, wird hier durch die Beschreibung der schwierigen Bedingungen auf dem russischen Markt abgeschwächt.

Auch literarische Figuren, die geschichtlich in den alltäglichen und medialen Diskursen einen festen Platz erlangt haben, dienen der Konstituierung des »Neuen Russen« im OGONJOK. So findet man wiederholt in einigen Diskursfragmenten den Protagonisten Ostap Bender aus den satirischen Romanen *Zwölf Stühle* und *Das goldene Kalb* vom Autoren-Duo I. Il'f und J. Petrov[297]der NÖP-Zeit. Il'f und Petrov statten ihn in ihren Romanen mit derart positiven Eigenschaften aus, dass er trotz seines schurkenhaften Wesens zum positiven Helden avanciert. Dabei bietet gerade die Ambivalenz (Geld vs. Abenteuer) dieses personifizierten literarischen Bildes viel Spielraum für Bedeutungszuweisungen in anderen Diskursen.

In seiner Reaktivierung in Bezug auf den Unternehmertypus »Neuer Russe« im untersuchten medialen Diskurs wird einerseits an seine unverhohlene Liebe zum Geld angeknüpft. (»Genosse Bender, wozu brauchen sie so viel Geld? – Eigentlich brauche ich noch mehr« (Товарищ, Бендер, зачем Вам столько денег – Вообще мне надо еще больше - Ogonjok 25/1995). Aber auch andere Facetten dieses literarischen Charakters werden reproduziert, indem die »Neuen Russen« als ebenso aktive, abenteuerlustige und risikobereite Unternehmer wie Ostap Bender dem Leser sprachlich vorgestellt werden.

Ein weiteres metaphorisches Konzept entspringt dem Quellbereich der Kriminalität (»Bandit«, »Ganove«, »Spekulant«, »Dieb«). Diese Metaphorik bedient die hegemonialen Vorstellungen über den »Neuen Russen«, die z.B. in Witzen[298] oder im Alltagsdiskurs[299] sprachlich konstruiert werden. Die »kriminellen« Sinninhalte werden oft aus der Perspektive der »einfachen Russen« wiedergegeben, die als Gegenpart zu den »Neuen Russen« diskursiv in Szene gesetzt werden. Das wird durch die Verwendung direkter Rede sprachlich untermauert:

Unsere neuen Kapitalisten und Kapitalistchen sind in ihrer Mehrheit die gestrigen Akteure der Schattenwirtschaft: Spekulanten, Diebe und korrup-

297 Die ausführliche Analyse dieser Romane siehe Kapitel 3.3.2.

298 Dazu ausführlicher siehe: Engel, Christina (2002): Witze als Bewältigungsstrategie wirtschaftskultureller Transformationen. In: Höhmann, H.-H. (Hrsg.): *Wirtschaft und Kultur im Transformationsprozess. Wirkungen, Interdependenzen, Konflikte*. Bremen, S. 36-52.

299 Laut den Umfragen, die vom Lewada-Zentrum durchgeführt wurden, äußerte sich die Mehrheit der Befragten negativ über die »neuen russischen Businessmänner«. Siehe Lewada-Zentrum »O roli biznesmenov i biznesa v Rossii« (Über die Rolle der Unternehmer in Russland), 16.09.2005.

te Beamte. Die Quellen ihres märchenhaften Reichtums sind mit Spekulation und verruchten Finanzoperationen verbunden. Sie sind überwiegend Mittelsmänner, die als Parasiten den unterentwickelten Markt für sich nutzen. Sie sind wenig gebildet, haben eine kriminelle Vergangenheit und handeln in ihrem geschäftlichen Tun illegal. (Наши новые капиталисты и капиталистики в большинстве своем вчерашние актеры теневой экономики: спекулянты, воры и подкупные чиновники. Источники их сказочного богатства связаны со спекуляциями и темными финансовыми операциями. Они в основном посредники, которые как паразиты используют неразвитый рынок в своих целях. Они необразованны, имеют преступное прошлое и сейчас действуют нелегально – Ogonjok 3/1996)

Die diskursive Agglomeration von Adjektiven wie illegal, kriminell, korrupt, verrucht und Substantiven wie Spekulation, Gesetzlosigkeit, Schattenwirtschaft verstärkt zusätzlich die Vorstellungen vom unrechtmäßigen, verbrecherischen Charakter der unternehmerischen Tätigkeit der »Neuen Russen«. Die Metapher »Parasit«, die im sprachlichen Konzept des angeblich kriminellen Hintergrunds des »Neuen Russen« verankert ist, entspringt dem Quellbereich des Tierreiches. Ein Parasit ist ein Organismus, der an oder in einem anderen Organismus lebt und seine Nahrung oder andere Leistung ohne gleichwertige Gegenleistung von seinem Wirt bezieht. Laut Čudinov wird die Parasiten-Metapher häufig in politischen und medialen Diskursen aktiviert, um Kontrahenten zu diskreditieren.[300] Diese Metapher trägt eine klare pejorative Bedeutung und bringt eine verstärkt negative Wertung des Typus »Neuer Russe« in den Diskurs ein.

Auch der Begriff »Spekulant« ist im russischen kulturgeschichtlichen Kontext stark negativ belegt. Dieser Begriff wird in den Texten des untersuchten Pressemediums mehrmals erwähnt. In der klassischen ökonomischen Theorie, z.B. bei W. Sombart, ist der Typus »Spekulant« ein frühkapitalistischer Unternehmertypus unter anderen, der keine besondere negative Bedeutung trägt.[301] Im literarischen und historischen Diskurs in Russland dagegen bekommt

300 Vgl. Čudinov 2001, S. 72.

301 Vgl. Sombart, W. (1987): *Der moderne Kapitalismus*. München. In diesem Werk beschreibt W. Sombart den Spekulanten als den Gründer eines Spekulationsunternehmens, dessen Finanzierung hauptsächlich auf der Basis fremden Kapitals stattfindet.

»Spekulant« eine eindeutig negative Sinnprägung: Er ist ein gewissenloser Geschäftsmann, der etwas kauft, um es gewinnbringend weiter zu verkaufen. Die Problematik, die aus der sowjetischen Zeit stammt, besteht jedoch nicht darin, dass er etwas kauft und weiter verkauft, sondern darin, dass er innerhalb einer Mangelwirtschaft überhaupt etwas kaufen kann, d.h. er hat einen exklusiven Zugang zu Waren, die in der Wirtschaft fehlen, und nimmt somit diese Güter der Gemeinschaft weg, um individuellen Gewinn zu erzielen. Dieser Verrat an der Gemeinschaft bedingt zum großen Teil die negative Konnotation des Begriffs »Spekulant«[302].

Zum gleichen semantischen Feld (»Spekulant«) gehört auch die literarische Figur Čičikov aus dem Roman *Die toten Seelen* von Nikolaj Gogol'. Čičikov ist nach der Sombartschen Definition ein »Spekulant«, bekommt jedoch durch die morbide Art seiner Tätigkeit (Kauf von toten leibeigenen Bauern mit dem Ziel, diese weiter zu verkaufen und Kapital daraus zu schlagen) und durch seine Besessenheit, reich zu werden, eindeutig negative Züge. Čičikov wird besonders im literaturkritischen Diskurs als Apotheose eines amoralischen, gewissenlosen Geschäftsmannes konstruiert.

Dieses Deutungsmuster der praktischen Rationalität der Unternehmer entspricht der in den öffentlichen Diskursen kursierenden Meinung über die schädliche und destruktive Kraft des individuellen Strebens nach Erfolg und Gewinn, das vor allem von der Intelligencija kritisch beurteilt und desavouiert wurde. Zwar findet man im aktuellen literaturkritischen Diskurs neue Tendenzen, die Čičikov durchaus positive Eigenschaften eines Unternehmers zuerkennen, die alten Bedeutungen bleiben aber weiter bestehen und werden auch im untersuchten Mediendiskurs reproduziert: »Bolšakov ist ein typischer »neuer« Čičikov, gewissenlos und gierig« (Большаков – это типичный «новый» Чичиков, жадный и бессовестный - Ogonjok 23/1996).

Das nächste metaphorische Konzept bringt den »neuen« Unternehmer in Verbindung mit immateriellen Bereichen wie Kunst, Spiel und Traum (»Künstler«, »Träumer«, »Spieler«, »Mäzen«), was auf den ersten Blick etwas kurios erscheint. Den rational gesinnten Unternehmern werden plötzlich diejenige Eigenschaften zugesprochen, die gerade das Gegenteil von dem präsentieren, wofür sie symbolisch stehen (Vernunft, Berechnung, Gewinn, Konsum usw.). Ein »Neuer Russe« wird beispielsweise folgendermaßen beschrieben:

302 Vgl. Charseeva, N.V. (2009): Obraz kupečestva v russkoj chodožestvennoj literature XIX načala XX veka. In: *Istoričeskie nauki*, 3-4/2009, S. 15-28.

Er kannte weder die Regeln des heutigen Geschäftslebens, noch wichtige Menschen, er hatte kein Geld und keine Beziehungen, aber in seiner Seele war er ein Künstler und ein Träumer, der bereits zu Sowjetzeiten gelernt hatte zu schauspielern. (Он не знал ни правил современной деловой жизни, ни нужных людей, у него не было ни связей, ни денег, но он был в душе артист и фантазер, приученный к лицедейству еще в советский период – Ogonjok 28/1998)

Seine künstlerische Veranlagung, die ihn offensichtlich in der Sowjetzeit geprägt hatte, wird plötzlich zur Garantie für seinen Erfolg. Gerade weil er ein »Künstler« und »Träumer« ist, so der Autor, konnte er ein erfolgreicher Unternehmer werden. Diese Aussage steht im Kontext des »schöpferischen Unternehmers«, der bereits im literarischen Diskurs diskursiv Anerkennung erfährt.[303]

Auch mit historischen Figuren wird der Typus »Neuer Russe« diskursiv in Verbindung gebracht. Der vorrevolutionäre Unternehmer Savva Morozov[304] wird in zwei unterschiedlichen Kontexten erwähnt. In einem Kontext kommt er in seiner bekannten historischen Dimension als Mäzen und Kunstförderer zur Sprache. Der Artikel *Wir leben in ihrer Zeit: Worin besteht die Schuld ‚Neuer Russen'?* (*Мы живем в их время: в чем вина »новых русских«* – Ogonjok 34/1995) wird aus der Perspektive eines Intellektuellen geschrieben, der auf der Suche nach Sponsoren für ein karitatives Programm ist. Dabei kommt er in Berührung mit Unternehmern (»Neuen Russen«), die bereit sind, Kulturprojekte mit viel Geld zu fördern. Er muss jedoch zugeben, dass die neuen russischen Unternehmer für ihn »Menschen von einem anderen Planeten« (люди с другой планеты – ebd.) sind. Der Erzähler versucht, einen von ihnen positiv zu charakterisieren und greift auf den geschichtlichen Diskurs zurück, indem er ihn als »zeitgenössischer Savva Morozov« (современный Савва Морозов – ebd.) bezeichnet.

303 Siehe dazu ausführlicher Kapitel 3.3.2.

304 Savva Timofeevič Morozov (1862-1905) stammte aus einer altgläubigen Händlerfamilie. Er studierte Mathematik, Physik und Chemie in Moskau und Cambridge. Morozov gehörte zu den einflussreichen und vermögendsten Industriellen Russlands. Bekannt wurde Morozov durch seine Tätigkeit als Mäzen, so förderte er nicht nur zahlreiche Kulturprojekte, sondern unterstützte auch das Moskauer MCHAT-Theater über eine längere Zeit hinweg finanziell. Darüber hinaus finanzierte der junge Industrielle die bolschewistische Bewegung, mit seiner Hilfe erschienen die bolschewistischen Zeitungen ISKRA und NOVAJA ŽIZN'.

In diesem Kontext rückt durch die Erwähnung des positiv belegten vorrevolutionären Unternehmers und Mäzens eine neue Wertung der Tätigkeit der neuen russischen Unternehmer ins Blickfeld. Die »Neuen Russen« werden insofern nicht nur mit Geld und Kriminalität, sondern auch mit Kultur und Wohltätigkeit in Verbindung gebracht. Nichtdestotrotz wird auf der sprachlichen Ebene eine Distanz zwischen den »Kulturschaffenden«, wie die Intelligencija sich im Text begreift, und den neuen Unternehmern aufgebaut. Im zweiten Kontext wird Savva Morozov als symbolische Figur des vorrevolutionären Unternehmertums als »Selbstzerstörer« inszeniert:

Der Vertreter der Kaste der selbstzerstörerischen Unternehmer. Der bekannteste von ihnen war natürlich Savva Morozov, der für die Revolution Geld gab, für den eigenen Tod sozusagen (представитель племени дельцов-самосожженцев. Самый известный, конечно, - это Савва Морозов, который на революцию, на собственную то есть погибель, деньги давал. – Ogonjok 28/1998).

Damit wird nicht auf seine Mäzenatentätigkeit im Bereich Kultur rekurriert, sondern auf seine angebliche finanzielle Unterstützung der bolschewistischen Partei bei der Vorbereitung der Oktoberrevolution 1917, die ihm und vielen anderen unternehmerisch tätigen Menschen zum Verhängnis wurde. Auf diese Weise bedient die historische Figur Morozovs verschiedene Interpretationen eines Unternehmertypus, das historische Material wird auf medialer Ebene in unterschiedlichen Kontexten eingesetzt, um bestimmte Bedeutungen aufzugreifen und zu reproduzieren.

Die Selbstzerstörungstendenz des Typus »Neuer Russe« wird in weiteren Diskursfragmenten sprachlich gestützt. Im Artikel *Russische Originale: Geschäftsmann* (*Русские Оринигалы: Делец* – Ogonjok 28/1998) wird dieser Drang russischer Geschäftsleute zur Selbstzerstörung, der auch im literarischen Diskurs[305] verfestigt ist, nochmals thematisiert:

Sich selbst verbrennende Unternehmer. Die wichtigsten Merkmale dieses Typus sind eine unaufhaltsame Arbeitsfähigkeit, ein phänomenal schnel-

305 Man findet in der Literatur viele Unternehmer-Typen, die sich an der Grenze zwischen Wahnsinn und Selbstzerstörung bewegen (Rogožin aus dem Roman »Idiot« von F.M. Dostoevskij (1868), zahlreiche Unternehmer in den Werken von N.A. Ostrovskij, Foma Gordeev aus dem gleichnamigen Roman von Maxim Gorkij u.a.).

ler Erfolg in materiellen Sachen und eine erschütternde Fähigkeit, diese Reichtümer in kürzester Zeit in Asche zu verwandeln, indem sie das Geld wie Schmutz nach links und rechts werfen (Делец-самоуничтожитель, Основная примета этого типа - все та же безудержная работоспособность, феноменально быстрый успех в накоплении материальных благ - и потрясающее умение обратить в прах эти блага за самое короткое время, швыряя деньги как грязь направо и налево – Ogonjok 28/1998).

Einerseits wird diesem Typus enormer Arbeitsfleiß und unternehmerisches Gespür zuerkannt, andererseits verändert er anscheinend selbst seinen ökonomischen Habitus, um das Geld und den erreichten Erfolg wieder zu verwerfen. Die Gründe dafür werden vom Autor selbst auf der Ebene der religiösen, moralischen und historischen Vorstellungen gesucht, die den neuen Unternehmer daran hindern, ökonomisch rational zu handeln und langfristige Perspektiven für sich als wirtschaftlichen Agenten zu schaffen.

Das vierte metaphorische Konzept weist auf die Infantilität und Ungebildetheit des »Neuen Russen« hin. Diese Bedeutungen gehören zu den am häufigsten artikulierten in den aktuellen literarischen und alltäglichen Diskursen über die »Neuen Russen«, die ungebildet und etwas naiv auf den Leser wirken[306]. Im Rahmen des untersuchten Diskurses wird jedoch nicht so häufig auf die diskursive Dummheit des »Neuen Russen« angespielt. Im Artikel *Deine Sprache ist mein Feind* (*Язык твой – враг мой* – Ogonjok 9/1997) werden die »Neuen« Russen als »Witzfigur« (посмешище) bezeichnet, die keine Fremdsprachen sprechen und sich deswegen vor ihren ausländischen Partnern blamieren. Die Gründe dafür suchen die Autoren jedoch im sowjetischen Bildungssystem, in dem Fremdsprachen an den Schulen sehr mangelhaft unterrichtet wurden. Außerdem waren die Menschen, die sich in anderen Sprachen ausdrücken konnten, immer verdächtig, weil diese Fähigkeit ein subversives Potential beinhaltete.[307]

Im Weiteren vergleicht man die »Neuen Russen« mit dem Hauptthelden des Romans *Недоросль* von D.I. Fonvizin (in der deutschen Übersetzung *Der Landjunker* - 1782), sie folgen »der Logik des Fonvizinschen Landjunkers: wozu

306 Vgl. dazu Engel 2002.

307 Kenntnisse von Fremdsprachen machten insoweit verdächtig, als dass man als feindlicher Spion gelten konnte, aber auch die Fähigkeit, westliches Radio und westliche Zeitungen zu verstehen, stellte für das sowjetische System eine Gefahr dar.

Geographie lernen, wenn einen der Kutscher hinbringt« (Логика фонвизинского Недоросля: зачем географию учить, когда ямщик довезет – Ogonjok 9/1997). Die diskursive Bedeutung der Figur des Landjunkers Mitrofanuška wurde durch die literarischen und vor allem literaturkritischen[308] Diskurse eindeutig negativ belegt und als Metapher für einen ungebildeten, faulen und infantilen jungen Mann verankert.

Auch in weiteren Diskursfragmenten wird diese Unreife und Kindlichkeit des »Neuen Russen« sprachlich verfestigt: »Dem russischen Kapitalismus wurden die Flügel abgeschnitten; er konnte nicht erwachsen werden« (Русскому капитализму обрубили крылья, он не смог стать взрослым – Ogonjok 13/1995). In dieser Aussage wird jedoch deutlich, dass die neuen russischen Unternehmer eher Opfer der neuen Ordnung sind: Die sprachliche Wendung »Flügel abschneiden« veranschaulicht eine durch einen Dritten verhinderte Entwicklung. Dem russischen Unternehmertum wird bescheinigt, dass es die Möglichkeit gehabt hatte, sich positiv zu entwickeln, was nach Meinung des Autors leider ausblieb. Das Konnotieren des »Neuen Russen« als »Opfer« erlangt im OGONJOK-Diskurs eine unerwartete Stetigkeit, wie aus folgenden Aussagen ersichtlich wird:

Das Leben und Arbeiten ist für diese Menschen viel gefährlicher als für die übrigen Bürger des Landes. Ständige Erpressungen und Drohungen von der Seite der organisierten Kriminalität, der Konkurrenzkampf und staatliche Willkür machen ihnen das Leben schwer. Sie können ihre Zukunft nicht planen (Жить и работать им намного сложней, чем остальным жителям страны. Постоянные угрозы и шантаж со стороны мира организованной преступности, борьба с конкурентами и государственный беспредел усложняют им жизнь. Они не могут планировать свое будущее – Ogonjok 3/1996)

Sie seien ständig der Gefahr ausgesetzt, der Eigenmächtigkeit des Staates oder der kriminellen Elemente zum Opfer zu fallen. Sie lebten nur in der Gegenwart, für die Zukunft könnten sie keine stabilen Pläne machen, weil ihre Sicherheit nicht gewährleistet sei. Somit wird dem »Neuen Russen« und implizit der ganzen Unternehmerklasse eine führende Rolle in der Gesellschaft diskursiv abgesprochen.

308 Zur Bedeutung der Literaturkritik in Russland siehe ausführlicher Kapitel 3.3.

4.5.2.2 Die diskursive Strategie der Gegenüberstellung und Abgrenzung

Diese diskursive Strategie ist besonders häufig bei der sprachlichen Konstituierung des Typus »Neuer Russe« zu beobachten. Die Oppositionen, die dabei gebildet werden, sind zahlreich und rekurrieren auf verschiedene diskursive Bereiche (Wirtschaft, Politik, Ausland, Intelligencija, Kommunismus). Dabei geht es vor allem um die Abgrenzung der »Neuen Russen« von »anderen Russen«, um die (meistens negative) Kritik an diesen wirtschaftlichen Akteuren zu verstärken. Die am häufigsten anzutreffenden Oppositionen bestehen in den folgenden Gegenüberstellungen:

- »Neue Russen« vs. einfache Bürger
- »Neue Russen« vs. normale Russen
- »Neue Russen« vs. durchschnittliche Russen

Daraus kann man explizieren, dass die »Neuen Russen« als eine Gruppe definiert und von der übrigen Bevölkerung (»normale Russen«, »einfache Bürger«) abgegrenzt werden. Sie unterscheiden sich von der übrigen Bevölkerung nicht einfach nur durch ihren Reichtum, den sie gern zu Schau stellen, sondern vor allem durch ihre Position »außerhalb der Gesellschaft«. Es wird auf diskursiver Ebene elaboriert, dass sie sich oft »über das Gesetz« (Ogonjok 36/1998; Ogonjok 24/1997) stellen. Sie verfemen angeblich das »normale« Leben, entwickeln andere Vorlieben und Präferenzen als die übrigen Mitglieder der russischen Gesellschaft. Ihnen wird Arroganz und Realitätsferne vorgeworfen (»sie (die »Neuen Russen« – M.S.) fahren nie mit den öffentlichen Verkehrsmitteln« (Они никогда не ездят на общественном транспорте – Ogonjok 25/1996). Es wird diskursiv eine riesige Distanz zwischen den »Neuen Russen« und den »normalen Russen« aufgebaut. Einige OGONJOK-Autoren argumentieren aus der Perspektive des unterschiedlichen Arbeitsethos (»körperliche Arbeit ist für sie ein Fremdwort« (физическая работа им чужда – Ogonjok 3/1996), andere dagegen bauen ihre Argumentation auf dem Verhältnis zu ästhetischen Idealen auf (»sie (die »Neuen Russen« – M.S.) können die Schönheit nicht verstehen« (они не понимают красоты – Ogonjok 25/1996).

Die andere Opposition baut auf der Gegenüberstellung »Neuer Russen« und »alter« Russen auf. Die »alten« Russen sind in diesem Kontext die Repräsentanten der alten Intelligencija, die immateriellen Werten zugewandt ist. Im Artikel *Ein Erbe, der um sein Erbe gebracht wurde* (*Наследник, лишенный наследства* – Ogonjok 39/1996) versucht ein Nachfahre russischer Mäzene, die

Familienbibliothek, die seine Ahnen im 19. Jahrhundert der Stadt Moskau geschenkt hatten, wieder der Öffentlichkeit zugänglich zu machen. Dabei kämpft er gegen die »neuen russischen« Businessmänner, die mit dem Bibliotheksgebäude andere, aus ökonomischer Perspektive lukrativere Pläne haben. Čertkov kämpft für die Erhaltung der russischen Kultur und gehört nach Meinung des Autors zu den »alten Russen«, die sich immateriellen Werten verpflichtet fühlen. Die »Neuen Russen« wollen davon angeblich nichts wissen, sie sehen nur Gewinne. Es beginnt ein Kampf gegen die »neuen gerissenen« Businessmänner (постперестроечных ловкачей) und die korrupten Bürokraten, die »ihre Hände in Unschuld waschen« (умывают руки), gegen die ein Intellektueller wie Čertkov nicht gewinnen kann.

Čertkov hat bereits verstanden, dass in Russland neue Gesetze herrschen, die so eine Kleinigkeit, wie den Wunsch des »alten Russen«, die einzigartigen Schätze Russlands vor den ‚Neuen Russen' zu retten, nicht berücksichtigen können« (Чертков понял, что в новой России - новые законы, которые такую безделицу, как желание «старого русского» внести свою финансовую лепту в спасение от «новых русских» уникальных культурных ценностей страны, не учитывают – Ogonjok 39/1996).

Der »Neue Russe« wird auch den Russen allgemein gegenübergestellt. Sogar das Russisch-Sein wird ihm diskursiv aberkannt. Der Autor eines Diskursfragments, ein Kulturwissenschaftler, behauptet aus der Perspektive eines Intellektuellen:

Die politische Macht (...) hat den Geruch gestohlener Gelder eingesaugt, sie ist verbunden mit Vulgarität und Schamlosigkeit der Mehrheit der nouveau riche, d.h. der »neuen Reichen«. Sie sind eigentlich keine ‚Neuen Russen', wie sie im Westen genannt werden, was für eine Beleidigung für uns Russen (политическая власть (...) вся пропахла ворованными деньгами, она связана с вульгарностью и бесстыдством большинства nouveau riche, так называемых «новых богатых». Вообще они никакие не «новые русские», как их называют на Западе, это просто оскорбление для нас русских – Ogonjok 5/1996).

Aus dem Blickwinkel eines Intellektuellen sind die Wirtschaft und ihre Akteure stark mit der Politik verbunden. Das Problem besteht für den Autor darin, dass die Politiker, genauso wie die neuen Reichen, lediglich selbstreferentiell handeln. Das Geld wird völlig desavouiert, nicht nur weil es die materielle Seite des Lebens verkörpert, sondern weil es mit Betrug, Kriminalität und sozialer Ungerechtigkeit verbunden ist.

Die »Neuen Russen« werden als Antipode zu den »Russen« insgesamt dargestellt. Sie sind nach Meinung des Autors »anmaßend, gierig und vulgär«. Sie werden implizit dafür belangt, dass in Russland bis jetzt keine funktionierende Demokratie und Marktwirtschaft etabliert werden konnte. Das Urteil über die neuen wirtschaftlichen Akteure aus der Perspektive des Vertreters der russischen Intelligencija fällt besonders hart aus. Zum wiederholten Mal wird die historische Ablehnung der unternehmerischen Tätigkeit im Lager der russischen geistigen Elite sichtbar.

Andere Oppositionspaare, die allerdings eine marginale Position im Diskurs einnehmen, sind u.a. »Neue Russen« vs. »alte neue Russen«. Hier wird ein Vergleich zwischen den neuen russischen und den vorrevolutionären Unternehmern gezogen. Einerseits geht es darum, die Gemeinsamkeiten zwischen ihnen zu finden, so wird z.B. beiden Gruppen das gleiche Verhältnis zum Geld bescheinigt. Andererseits werden die »alten neuen Russen« als »gute« Unternehmer inszeniert, die außer ihren wirtschaftlichen Interessen auch die Interessen des eigenen Landes wahrnahmen und der Gesellschaft vieles davon zurückgaben, was sie von ihr in materieller Form bekommen hatten. Sie förderten mit ihrem Geld die geistige Sphäre, Kunst, Literatur und Theater:

> *'Das Silberne Zeitalter' schuldete seine Entstehung dem russischen Kapitalisten. Er unterstützte die mittellosen Dichter und Künstler. Die Tretjakov-Galerie wurde aus dem individuellen Besitz eines Millionärs zum Gemeingut der Öffentlichkeit« («Серебряный век» всем обязан русскому капиталисту - тот обеспечивал нищих поэтов и артистов. Третьяковская галерея превратилась в народное достояние из частной собственности знаменитого миллионщика – Ogonjok 24/1996).*

Die »Neuen Russen« dagegen wollen angeblich nichts von der Wohltätigkeit und dem Patriotismus ihrer historischen Kollegen wissen. Sie ignorieren die Gesellschaft und ihre Nöte:

Unsere in der Zeit der Reformen zum Wohlstand gelangten Landsleute haben immer noch nicht gelernt, ihren Reichtum mit der Mentalität der Gesellschaft, in der sie leben, zu synchronisieren. Eher das Umgekehrte ist der Fall, sie verhalten sich arrogant und frech (Раздобревшие за годы реформ наши соотечественники до сих пор не научились совмещать свое богатство с менталитетом окружающего общества - напротив, они часто ведут себя вызывающе и нагло – ebd.).

Auf diese Weise werden die neuen Unternehmer nicht im Kontext der historischen und medialen »Rehabilitierung« der vorrevolutionären Industriellen und Kaufleute gesehen, sondern als eine neue Erscheinung des neuen Zeitalters. Die »Neuen Russen« repräsentieren nun quasi die »bösen Blüten« der reformierten Gesellschaft.

In der Gegenüberstellung »Neue Russen« – »neue Amerikaner« kommt ein neuer Aspekt hinzu, indem die Autoren versuchen, nicht die Unterschiede zwischen diesen Gruppen zu finden, sondern auf die historisch bedingten Gemeinsamkeiten der russischen und amerikanischen Unternehmer hinzuweisen:

Die ‚Neuen Russen', die das teuerste Essen mit großem Appetit vertilgen, die teuersten Villen auf der ganzen Welt kaufen, die sich für wahnsinnig viel Geld Autos bestellen, sind in der Tat keine neue Erscheinung. Die »neuen Amerikaner« waren zu ihrer Zeit genauso. Und dann haben sie sich satt gegessen. («Новые русские», уплетающие за обе щеки самые дорогостоящие блюда, покупающие богатые особняки по всему миру, заказывающие автомобили за бешеные деньги, на самом деле явление не новое. Когда-то такими же были «новые американцы».Но потом – наелись – ebd.).

Die in den verschiedenen Diskursen fest verankerten Attribute der »Neuen Russen« (exklusives Essen, teure Immobilien und prestigeträchtige Autos) werden nicht als etwas spezifisch Russisches präsentiert, sondern als Merkmale der Übergangszeit. Den »Neuen Russen« wird die Perspektive einer Genese, eines Lernprozesses, wie man unter den neuen wirtschaftlichen Bedingungen mit Geld und Reichtümern umgehen soll, diskursiv zuerkannt.

Der Begriff »Neuer Russe« dient auch als Negativkritikfolie für andere Gruppen: durch das Adjektiv »neu«, gesetzt in Anführungszeichen, in Verbindung mit anderen sozialen und politischen Gruppen (»neue« Linke, »neue« Rote usw.) werden diese ebenfalls negativ konnotiert. Obwohl bekannt ist, dass die neue ökonomische Elite der linken, kommunistischen Ideologie und Politik eher ablehnend gegenüberstand, wird auf der diskursiven Ebene durch die Verschmelzung beider Begriffe eine imaginierte Verbindung zwischen ihnen hergestellt, die der realen Entwicklung widerspricht. Im Artikel *»Linke« Millionen für die neuen Linken* (*»Новые« миллионы для новых левых* – Ogonjok 25/1995) kann man diese diskursive Strategie beobachten. Eigentlich geht es in dem Text um den Versuch der Gewerkschaften, nach dem Zusammenbruch der Sowjetunion unternehmerisch tätig zu werden. Dies geschah jedoch auf Kosten der Arbeiter, die an den erzielten Gewinnen nicht partizipieren durften. Das Wortspiel »Neue Russen« – »neue Linke« verrät die Absicht des Autors, die illegalen Machenschaften der Gewerkschaftsfunktionäre in Verbindung mit vom Verfasser des Artikels angenommenen ähnlichen Methoden der neuen russischen Unternehmer zu bringen und sie auf diese Art zu desavouieren.

Im weiteren Kontext werden die Kommunisten als »neue rote Russen« (*Die ewigen Herren oder die neuen roten Russen* (*Вечные хозяева или Новые красные русские* – Ogonjok 10/1996) bezeichnet.

Die «Neuen Russen» sind die Reichen, die in der letzten Zeit zu ihrem Reichtum gekommen sind, das ist aber auch die jetzige Macht, im Zentrum und an der Peripherie. Die neuen Roten sind Kommunisten, Politiker, die das heutige Regime dafür kritisieren, dass es das ‚Volk bestohlen' und den ‚nouveau riche' zum Leben verholfen hat. Die beiden haben jedoch einen gemeinsamen Nenner, die Nomenklatur («Новые русские» это богачи, которые разбогатели за последнее время, но это и современная власть, в центре и на периферии. Новые красные – это коммунисты, политики, которые критикуют сегодняшнюю власть за то, что они обокрали народ и породили »nouveau riche. Но у обоих есть общий знаменатель – это номенклатура – ebd.)

In diesem Kontext werden die Begriffe »Neue Russen« und »neue Rote« diskursiv auf einen gemeinsamen Nenner gebracht, auf die Nomenklaturerfahrungen aus der sowjetischen Zeit. Die bereits festgestellte politische Opposition zwischen den Kommunisten und den Unternehmern, die meistens liberale Politiker bei den Wahlen unterstützen, wird hier ausgeblendet. Das Bild des »Neuen Russen«, das in der Bevölkerung zu dieser Zeit bereits stark verfemt war, wurde im neuen Kontext instrumentalisiert, um gegenüber den Kommunisten eine negative Einstellung hervorzurufen. Ihre getarnte kapitalistische Ideologie wird demaskiert. Es wird jedoch unterstrichen, dass die Kommunisten keinen freien Kapitalismus anstreben, sondern einen staatlichen, in dem sie die Kontrolle über die Ressourcen behalten könnten. »Es ist besser zu dienen als zu konkurrieren. Sie brauchen den unflexiblen und stagnierenden Kapitalismus, den staatlichen Kapitalismus« (Для них лучше служить, чем конкурировать. Им нужен негибкий, стагнирующий капитализм, т.е. государственный – ebd.). An dieser Stelle soll angemerkt werden, dass dieser Artikel kurz vor den Präsidentschaftswahlen 1996 geschrieben wurde. Die offene Kritik an Kommunisten als gefürchteten politischen Gegnern gehörte zu den damaligen Medienstrategien im Rahmen des herrschenden Dispositivs[309].

4.5.2.3 Argumentationsmuster (Werte und Wertewandel)

Der Typus »Neuer Russe« wird im OGONJOK-Diskurs wiederholt durch das Prisma allgemeingültiger Werte beurteilt und bewertet. Dabei erfährt die bereits beschriebene diskursive Strategie der Abgrenzung häufig ihre argumentative Entfaltung durch die Frage der Werte und des Wertewandels. Hier tritt der alte Konflikt zwischen der russischen Intelligencija als Verfechterin von immateriellen Werten und den neuen ökonomisch orientierten Unternehmern in den Vordergrund und wird auf der Ebene der Argumentation zum dominierenden Element. Materielle Werte wie »Geld« und »Arbeit« werden als die wichtigsten Orientierungen im Leben des »Neuen Russen« diskursiv hervorgehoben: »Das sind sehr beschäftigte Menschen und sie kennen den Wert des Geldes« (все это люди очень занятые и знающие цену деньгам – Ogonjok 14/1997); »Arbeit steht für sie im Vordergrund, sie sind keine Kriminellen oder Faulpelze, sondern müssen hart arbeiten für ihr Geld« (Работа для них – это главное. Они не преступники и не лентяи, за их деньги они должны тяжело работать – Ogonjok 10/1996).

Zwar wird die Wichtigkeit des Geldes und der Arbeit als Wert und treibende Kraft der »Neuen Russen« zu ihrem wichtigsten Charakteristikum gemacht,

309 Dazu ausführlicher Kapitel 3.2.

doch das Geld hat in diesen Kontexten eine neue Bedeutung: Das ehrlich verdiente Geld, das durch Arbeit erworben wird, ist nicht mehr mit den Begriffen »böse« oder »kriminell« konnotiert. Hier beobachtet man eine diskursive Verschiebung, in der Geld nicht völlig abgelehnt und angeprangert wird. Neben dem Verständnis vom Geld als niederem materiellem Wert gibt es auch eine neue Interpretation, in der das Geld auch als Resultat von Arbeit begriffen wird, wie man sie z.B. in der protestantischen Ethik findet.[310] Trotz dieser gegendiskursiven Tendenzen, die die Reputation des Geldes aufwerten und überdenken, werden die immaterielle Werte im Diskurs über die »Neuen Russen« immer höher gewertet und geschätzt als die kommerziellen: »Aber Geld hat noch nie Liebe kaufen können. Und in einer feindlichen Umgebung geht jedes Geschäft ein.« (Но деньги еще никогда не могли купить любовь. В любой враждебной атмосфере погибает любое дело – Ogonjok 26/1996). Erneut wird auf den destruktiven Einfluss des Geldes hingewiesen: ohne die traditionellen Werte haben, nach Meinung des Autors, auch materiell gesinnte Unternehmer keine Chance zur Weiterentwicklung.

Weiterhin wird diskursiv untermauert, dass auch andere traditionelle Werte, wie Familie oder Freundschaft, für die »Neuen Russen« bloß einen Scheinwert haben. Im Verlaufe des Diskurses wird darauf rekurriert, dass die Familie zwar formal von den Unternehmern selbst als wichtigster Teil ihres Lebens deklariert wird, medial wird jedoch konterkariert, dass es nur ein funktional ausgerichtetes Element in seinem Image darstelle:

Das [die Familie-M.S.] ist ein unabdingbares Attribut jedes ‚Neuen Russen'. Die Frau sollte in der Regel gut aussehen und unterhaltsam sein. Ihre Ausgaben und Zeitvertreib werden nicht kontrolliert, im Gegenzug wird das gleiche erwartet. Die Frauen haben die Rolle einer ‚Dienstleisterin' in den Familien der ‚Neuen' (Это обязятельный атрибут каждого «нового русского». Жена должна обычно хорошо выглядеть и не загружать. Ее расходы и времяпровождение не контролируются, то же самое ожидается и от нее. Женщины перенимают роль обслуживающего персонала в семьях «новых» – Ogonjok 3/1996)

310 »Der Gelderwerb ist – sofern er in legaler Weise erfolgt – innerhalb der modernen Wirtschaftsordnung das Resultat und Ausdruck der Tüchtigkeit im Beruf« (Weber 1988, S. 15f.).

Familie als traditionelles Element wird von den »Neuen Russen« umgedacht, sie wird nicht als eine Gemeinschaft verstanden, die z.B. für den vorrevolutionären Kaufmann das Zentrum seiner Welt bildete[311], sondern als Dienstleistung, die den Komfort für die meistens viel beschäftigten Businessmänner sichern solle. Die Frauen werden auf wenige funktionale Aufgaben reduziert. Dementsprechend wird auf den Wertewandel hingewiesen, in dem die »Familie« als eine historisch verankerte Orientierung in der russischen Gesellschaft unter den »neuen« Unternehmern immer mehr an Bedeutung verliert und den ökonomischen Belangen untergeordnet wird.

Ein ähnlich fingiertes Verhältnis wird dem »Neuen Russen« in Bezug auf die Religion diskursiv vorgeworfen. Von den OGONJOK-Autoren wird dem »Neuen Russen« häufig unterstellt, dass er sich zwar nach außen als gläubiger Mensch bekenne, dies aber in Wirklichkeit mehr Schein als Sein sei. Zur Belegung dieser Ansicht werden im Artikel *Wir bauen unsere neue Welt* (*Мы наш, мы новый мир построим* – Ogonjok 3/1996) statistische Daten herangezogen, die die Glaubwürdigkeit dieser Behauptungen durch das Spezialwissen aus den soziologischen Diskursen unterstützen sollen:

Über 50% der ,Neuen Russen' bekennen sich als gläubig. Aber nur 1% von ihnen nimmt am kirchlichen Leben teil. Sie glauben dafür viel mehr den astrologischen Vorhersagen und dem Aberglauben. Das hindert sie auch nicht daran, für die Renovierung der maroden Kirchen große Summen Geld zu spenden. Dabei vergessen sie nicht, ein Fernsehteam zu diesem Akt einzuladen (Более 50% «новых русских» признают себя верующими. Но только 1% из них участвуют в церковной жизни. Они верят больше астрологическим прогнозам и приметам. Но это не мешает им жертвовать огромные суммы денег на реставрацию церквей, не забыв при этом пригласить телевидение – Ogonjok 3/1996).

311 Siehe dazu Blagova, Z. I.(1995): *Predprinimatel'stvo v rossijskoj ėkonomike.* Sankt-Peterburg; *Mentalitet i kul'tura predprinimatelej Rossii XVII-XIXvv.* Moskva 1996; Primačenko, P.A. (1993): *Ruskij torgovo-promyšlennyj mir.* Moskva; Ivanova, N.A. (1995): *Promyšlennyj centr Rossii 1907-1914gg. Statistiko-ėconomičeskoje issledovanije.* Moskva; Hildemeier, Manfred (1986): *Bürgertum und Stadt in Russland 1760-1870. Rechtliche Lage und soziale Struktur.* Köln/Wien; Owen, Thomas C. (1981): *Capitalism and Politics in Russia. A Social History of the Moscow Merchants, 1855-1905.* Cambridge; Rieber, Alfred J. (1982): *Merchants and Entrepreneurs in Imperial Russia.* Chapel Hill; Ruckmann, Jo Ann (1984): *The Moscow Business Elite: A Social and Cultural Portrait of Two Generation, 1840-1905.* DeKalb u.a.

Die Inszenierung des religiösen Gefühls wird in diesem Kontext vom Autor kritisch beurteilt. Für seine angeblich religiösen Handlungen braucht der »Neue Russe« Zuschauer und Medien. Implizit wird auf den Unterschied zum vorrevolutionären Unternehmer hingewiesen, der eine Spende als einen Akt religiöser Buße verstand.[312]

In vielen identifizierten Argumentationsmustern wird der sich vollziehende Wertewandel sprachlich untermauert. Dieses Thema wird in der untersuchten Zeitspanne im Diskurs intensiv verhandelt und aus zwei Perspektiven bewertet. Einerseits wird die Veränderung der Wertehierarchie mit dem allgemeinen Wandel der gesellschaftlichen Ordnung, der Gruppenzusammensetzung und des damit verbundenen Verhaltens- und Dresscode in Verbindung gebracht:

Der Übergang eines Menschen zu den ‚Neuen' beginnt damit, dass er alles in seinem Leben ändern muss, die Freunde inbegriffen. (...) Für diejenigen, die auf dem höheren Treppchen der sozialen Hierarchie stehen, ist es unabdingbar geworden, sich mit den gleichen Menschen, wie sie es sind, zu umgeben. (...) Oft ändern die ‚Neuen Russen' die äußeren Attribute (Wohnung, Auto, Pelzmantel, Urlaub im Ausland, teure Lebensmittel, andere Freizeitbeschäftigungen) (Переход к так называемым »новым» начинается с того, что человек должен все изменить в своей жизни, даже друзей. (...) Для тех, кто стоит на более высокой ступеньке социальной иерархии, стало необходимым окружать себя такими же людьми, как они. (...) Часто «новые русские» изменяют внешние атрибуты (квартира, машина, шуба, отпуск за границей, дорогая еда, другие хобби – Ogonjok 3/1996).

Die Zugehörigkeit zu den »Neuen Russen« wird zu einer Art gesellschaftlichen Position, einer Nische, die mit bestimmten Verhaltenskodes und Werten

312 Der russische Philosoph Nikolaj Berdjaev beschäftigte sich mit diesem Thema und schrieb darüber folgendes: »Даже русский купец старого режима, который наживался нечистыми путями и делался миллионером, склонен был считать это грехом, замаливал этот грех и мечтал в светлые минуты о другой жизни, например о странничестве или монашестве. Поэтому даже этот купец был плохим материалом для образования буржуазии западноевропейского типа.« (Berdjaev, N.A. (1990): *Istoki i smysl russkogo kommunizma.* Moskva, S. 119). (»Sogar ein russischer Kaufmann der alten Generation, der sein Kapital auf eine nicht ganz saubere Weise verdient hat und ein Millionär wurde, war darauf bedacht, den eigenen Reichtum als eine Sünde anzusehen und zu versuchen, diese Sünde zu büßen. Er träumte von einem anderen Leben, von Askese und Mönchsdasein. Deshalb war auch dieser Typus des Kaufmannes ein schlechtes Material für die Herausbildung des Bürgertums nach westlichem Standard.« - die Übersetzung stammt von mir M.S.).

ausgestattet ist, ausgeweitet. Nicht jedem ist es möglich, dieser Gruppe zuzugehören, die Einhaltung der äußeren Regeln wird zum wichtigen Einlassschein in diese Gruppe. Diese Entwicklung wird von den Autoren jedoch kritisch gesehen: es wird moniert, dass dadurch nur wenig Platz für Individualität bleibe. Die Menschen hätten zwar größere Möglichkeiten in ihrem Konsum, aber ihre innere Freiheit würde durch diese strengen Reglements gehemmt und sie müssten sich dem Druck dieser gesellschaftlichen Stellung unterordnen.

Auf der anderen Seite werden Argumente eingebracht, die den Wertewandel durch den Übergangscharakter der russischen Gesellschaft der 90er Jahre zu erklären versuchen. Die »Neuen Russen« befinden sich demzufolge innerhalb einer sich neuformierenden Ordnung und die Verzerrungen in ihrem Verhalten haben einen vorübergehenden Charakter. Der »Werteverfall« insgesamt sei dementsprechend nicht den »Neuen Russen« geschuldet, sondern sei ein Produkt der postsowjetischen Mentalität, die sich in einem für Übergangszeiten typischen Wertevakuum befinde:

Werteverfall? Aber wer beklagt sich am lautesten darüber? Die staatlichen Beamten, die nach dem Umbruch von dem Nomenklaturtrog verjagt wurden, das Literatenmittelmaß, das sein ganzes Leben an den Lehrstühlen für die Parteigeschichte der Ideologie gedient hat. Welche geistigen Werte können sie der neuen Generation vermitteln? Den Glauben an den Zaren, an den Generalsekretär, an den schwarzen Diktator auf dem weißen Ross? Ich denke, dass die junge Generation, die ‚Neuen Russen' von heute geistvoller ist als sie, vielleicht nur deshalb, weil sie nicht lügen und sich nicht verstellen. (Упадок ценностей? Кто кричит об этом громче всех? Государственные чиновники, которых прогнали после перелома от кормушки, литературный середняк, которые всю свою жизнь служили идеологии на кафедрах истории партии. Каким нравственным ценностям они могут научить новое поколение? Вере в царя, в главного секретаря, в черного диктатора на белом коне? Я думаю, что новое поколение, сегодняшние «новые русские» нравственее, чем они, может только потому, что они не врут и не притворяются – Ogonjok 34/1995).

Auf dem Hintergrund des vorherrschenden Diskurses über den »Neuen Russen« wirken diese Aussagen etwas überraschend, denn nicht die neuen

Unternehmer werden beschuldigt, den »Werteverfall« herbeizuführen, sondern die sonst anerkannten Verfechter der »alten Werte« (z.B. die literarische Intelligenz). Dieser »Werteverfall« sei teilweise durch den früheren Werteverrat der führenden Elite des Landes bedingt, die die alten Werte gegen die sowjetische Ideologie eingetauscht hätten. Deswegen seien sie als Verkünder der Rückkehr zu traditionellen Werte nicht glaubwürdig (»Glaube an den Zaren«, an den »schwarzen Diktator, den »Gott« usw.). Die »Neuen Russen« werden dagegen insoweit rehabilitiert, als dass ihnen Echtheit und Ehrlichkeit (»sie lügen nicht«, »sie verstellen sich nicht«) diskursiv eingeräumt werden, die den »alten« Russen fehlten. Zwar ist dies das einzige Diskursfragment, in dem sie zu Trägern der jetzigen widersprüchlichen Werte der Übergangszeit erhoben werden, aber es liefert ein Exempel dafür, wie den »Neuen Russen« entgegen dem vorherrschenden Diskurs auf der medialen Ebene sprachlich andere Eigenschaften und Charakteristika zugewiesen werden können. Diskursfragmente wie dieses bieten alternative Lesarten und Rezeptionsmöglichkeiten für die Leser und bilden die so genannten Gegendiskurse, die im nächsten Abschnitt ausführlicher erörtert werden. Es wird deutlich gemacht, dass die Transformationsgesellschaft Russlands von einem allgemeinen Wertewandel erfasst ist und noch Zeit brauchen wird, um ihre Wertehierarchie neu ordnen zu können.

4.5.2.4 Gegendiskursive Tendenzen

Wie aus der vorliegenden Feinanalyse ersichtlich wurde, ist die Präsentation des Typus »Neuer Russe« nicht ganz homogen in ihren Deutungsschemata. Es zeichnet sich zwar innerhalb des untersuchten Mediums und des abgesteckten Zeitraumes ein vorherrschender Diskurs darüber ab, der mit dem Gesamtdiskurs in der russischen Gesellschaft korreliert, aber es konnten mehrere Aussagen identifiziert werden, die dem hegemonialen Diskurs entgegen laufen und in denen der wirtschaftlichen Akteur »Neuer Russe« differenziert und nicht selten rechtfertigend dargestellt wird.

Im Laufe der Analyse wurden bereits diese gegendiskursiven Tendenzen identifiziert und anhand der Textbeispiele näher erläutert. Im Folgenden sollen diese Tendenzen noch einmal zusammengetragen und einer quantitativen und qualitativen Analyse unterzogen werden. Besonders brisant erscheint mir in diesem Zusammenhang die quantitative Verteilung, die m.E. Aussagen über den gesamten Verlauf des Diskurses über den »Neuen Russen« erlaubt.

Wie aus der Tabelle 6 ersichtlich wird, zeichnet sich der vorherrschende Diskurs über den »Neuen Russen« in seiner quantitativen Breite überwiegend durch negative Zuschreibungen zu diesem Unternehmer-Typus aus. Die diskursive Konstituierung des »Neuen Russen« geschieht häufig durch das Rekurrieren auf Geld und andere monetäre Größen. Dabei wird offensichtlich gemacht, dass er den Wert des Geldes, das er in kürzester Zeit in großer Menge bekommen hat, nicht zu schätzen weiß und darauf bedacht ist, es so schnell wie möglich auszugeben. Dieser antiökonomische Habitus des »Neuen Russen« kommt in 15 Diskursfragmenten zur Sprache. Auch der angebliche kriminelle Hintergrund seiner wirtschaftlichen Tätigkeit wird in 8 Diskursfragmenten zum Hauptthema gemacht. Weiterhin wird suggeriert, dass der »Neue Russe« sich durch seinen wirtschaftlichen Erfolg eigenmächtig legitimiert, Sonderrechte, das »Recht des Stärkeren« für sich beanspruchen zu dürfen. Diese Rechte stellten ihn über das Gesetz (8 Diskursfragmente). Wiederkehrend (in 10 Diskursfragmenten) »agiert« dieser Typus in den Texten der Zeitschrift OGONJOK als Zerstörer der alten Werte. Mit seiner praktischen, ökonomischen Rationalität bildet er den Antipoden zu den Vertretern der Intelligencija als Verfechtern der immateriellen Werte.

Tab. 6: Gegendiskursive Tendenzen (Typus »Neuer Russe«)

Hegemonialer Diskurs	Gegendiskurs
1. Das Verhältnis zum Geld Beispiele: -Sie geben an einem Tag als Taschengeld so viel aus, dass für diese Summe ein gewöhnlicher Bürger eine ganze Woche leben könnte[313] (Ogonjok 14/1999) - Er hat so viel Geld, weil er, Bastard, wahrscheinlich seine Seele verkauft hat[314] (Ogonjok 28/1998) - Die erschütternde Fähigkeit, diese Reichtümer in kürzester Zeit in Asche zu verwandeln, indem sie das Geld wie Schmutz nach links und rechts werfen[315] (Ogonjok 28/1998) u.a. Insgesamt: 15 Diskursfragmente	1. Das Verhältnis zum Geld Beispiele: -Sie kennen den Wert des Geldes. Für das Geld, das sie zahlen, erwarten sie eine sehr hohe Leistung.[316] (Ogonjok 14/1997) - Neue Fonds-Russen. Herr. E. hat sich das Ziel gesetzt, die Regeln des Börsenspiels zu beherrschen. Er wollte keine spekulativen Geschäfte, sondern einen Portfolio-Deal, der auf langsam wachsende Aktien eines Öl-Unternehmens setzt[317] (Ogonjok 47/1996) Insgesamt: 3 Diskursfragmente

313 »Они не задумываясь тратили за один день в качестве карманных расходов. Ну а обычный гражданин в те времена спокойно мог прожить на эти деньги неделю«.

314 »(...) денег до черта, которому он, сволочь, наверняка душу продал«.

315 »(...) потрясающее умение обратить в прах эти блага за самое короткое время, швыряя деньги как грязь направо и налево«.

2. »Neue« Russen und Kriminalität
Beispiele:
-Das ist ja Gesetzlosigkeit! (…) Die sind einfach Banditen[318] (Ogonjok 36/1998)
- Die politische Macht (...) hat den Geruch gestohlener Gelder eingesaugt, sie ist verbunden mit der Vulgarität und Schamlosigkeit der Mehrheit der nouveau riche, d.h. der »neuen Reichen«[319] (Ogonjok 18/1996)
- Für die Verbindung der »Neuen Russen« mit der Kriminalität spricht vieles. 84% der Experten behaupten, dass ihr Kapital illegal erworben wurde[320] (Ogonjok 3/1996)
Insgesamt: 8 Diskursfragmente

2. »Neue« Russen und Kriminalität
Beispiele:
-Er versucht, seine Geschäfte legal zu betreiben[321] (Ogonjok 47/1996)
- Das wichtigste für einen Unternehmer ist die Geschäftskultur. Um richtig reich zu werden, muss man bestimmte Prinzipien und klare Orientierungen haben[322] (Ogonjok 21/1995)
Insgesamt: 3 Diskursfragmente

3. Das Recht des Stärkeren
Beispiele:
- Die »Neuen Russen« denken, dass ihnen alles erlaubt ist, sie sorgen mit Gewalt dafür[323] (Ogonjok 36/1998)
- Die »Neuen Russen« spazieren durch die ganze Welt in einem immer sichereren Gang! Sie akzeptieren die Regeln des fremden Landes nicht, gehen immer ihren eigenen Weg und verhalten sich dort auf russische Art[324] (Ogonjok 24/1997)
Insgesamt: 8 Diskursfragmente

3. »Neue« Russen als Opfer
Beispiele:
- Neben den russischen Hockeyspielern werden auch die »Neuen Russen« erpresst. Oft wird das indirekt gemacht, aber alle verstehen diese Sprache und zahlen[325] (Ogonjok 23/1996)
- Sie [die »Neuen Russen«-M.S.] fühlen sich nur hinter den gepanzerten Türen in ihren vier Wänden wohl [326] (Ogonjok 24/1996)
Insgesamt: 5 Diskursfragmente

316 »Все это люди, знающие цену деньгам. Поэтому за свою зарплату они, как правило, требуют наивысшее качество услуг«.

317 »Новые фондовые русские: Господин Е. поставил перед собой цель - освоить правила иры на фондовом рынке. Сделка должна быть не быстрой, спекулятивной, а «портфельной», то есть рассчитанной на постепенный рост акций компаний нефтегазового профиля«.

318 »Вот вам и беспредел! (…) Это ж бандюги!«.

319 »политическая власть (...) вся пропахла ворованными деньгами, она связана с вульгарностью и бесстыдством большинства nouveau riche, так называемых «новых богатых «.

320 »О связи «новых русских» с преступностью свидетельствует многое. 84% экспертов считает, что их капитал нажит нелегальным путем«.

321 »Он пытается вести легальный бизнес«.

322 »Самое важное для предпринимателя – это культура бизнеса. Чтобы стать богатым, надо иметь четкие принципы и ориентиры«.

323 »Они думают, что им все дозволено. Как «так же»? Да с помощью силы.«.

324 »(…) к услугам россиянина нынче весь мир. По которому «новые» и «б/у» русские фланируют все более уверенной походкой. Но русские вновь идут своим путем, вмиг обсели все недорогие курорты мира. А обсев, начали и вести себя по-русски«.

325 »Помимо хоккеистов, русскоязычные мафиози вымогают деньги и у "новых русских". "Очень часто, - рассказал он, - когда русский преступник требует денег, то он не прибегает к прямым угрозам. Однако его понимают«.

326 »И только за бронированными дверьми родных квартир очаровательно раскованны и

4. Zerstörer der alten Werte Beispiele: - In Russland herrschen neue Gesetze, die so eine Kleinigkeit, wie der Wunsch des »alten Russen«, die einzigartigen Schätze Russlands vor den »Neuen Russen« zu retten, nicht berücksichtigen können[327]. (Ogonjok 36/1996) - Aber Geld hat noch Liebe kaufen können. Und in einer feindlichen Umgebung geht jedes Geschäft ein[328] (Ogonjok 24/1996) Insgesamt: 10 Diskursfragmente	4. Neue Hoffnungsträger Beispiele: - Aber auch die »Neuen Russen« haben hohe Ziele. 55% der Befragten gaben an, dass die wichtigsten Werte für sie die folgenden sind: Selbstverwirklichung im Beruf, Möglichkeit der freien Wahl des Wohnsitzes, das Recht selbstständig und unabhängig zu sein[329] (Ogonjok 3/1996) - Ich denke, dass die junge Generation, die »Neuen Russen« von heute geistvoller ist als sie, vielleicht nur deshalb, weil sie nicht lügen und sich nicht verstellen[330] (Ogonjok 34/1995) Insgesamt: 3 Diskursfragmente

Durch die Analyse konnten jedoch zahlreiche gegendiskursive Tendenzen identifiziert werden, die ich in solcher quantitativen Breite nicht erwartet hatte. Auf der rechten Seite der oben angeführten Tabelle ist die quantitative und qualitative Verteilung dieser Tendenzen als Überblick erkennbar. Hier findet man die »alternativen« Sinnstrukturen, mit denen der Typus »Neuer Russe« sprachlich konstruiert wird. So kann man z.B. feststellen, dass entsprechend der Berichterstattung in OGONJOK der »Neue Russe« durchaus den Wert der monetären Größen zu schätzen weiß. In 3 Diskursfragmenten findet man diese diskursive Verschiebung von der völligen Desavouierung des Geldes hin zu der Erkenntnis, dass, wenn Geld durch ehrliche Arbeit und Professionalität verdient wird, es durchaus positiv konnotiert werden könne. Dem sonst »antiökonomisch« handelnden »Neuen Russen« wird ein als wünschenswert deklarierter Geschäftssinn und sogar Geschäftsmoral zugesprochen.

Die weit verbreitete Meinung über die angeblich kriminelle »Durchtränktheit« der »Neuen Russen«, die auch in den untersuchten Artikeln mehrfach

веселы«.

327 »(…) в новой России - новые законы, которые такую безделицу, как желание «старого русского» внести свою финансовую лепту в спасение от «новых русских» уникальных культурных ценностей страны, не учитывают«.

328 »Но деньги еще никогда не покупали любви. А во враждебном окружении хиреет любой бизнес«.

329 »Но и у »новых русских есть высокие цели. 55% опрошенных сказало, что к главным ценностям для них относятся: профессиональная реализация, свободная возможность выбора места проживания, право быть свободным и независимым« (Ogonjok 3/1996).

330 »Я думаю, что новое поколение, сегодняшние «новые русские» нравственее, чем они, может только потому, что они не врут и не притворяются«.

zum Ausdruck kommt, wird ebenfalls teilweise revidiert. In drei Diskursfragmenten wird den »Neuen Russen« das Bestreben zuerkannt, ihre Geschäfte »legal betreiben« zu wollen und »bestimmte Prinzipien« und »klare Orientierungen« in ihrer Geschäftstätigkeit zu entwickeln. Man findet darüber hinaus zahlreiche Bilder und Metaphern, die inhaltlich und quantitativ in diskursiver Konkurrenz zueinander stehen. Einerseits wird der Typus »Neuer Russe« als ein starker, selbstsicherer Newcomer präsentiert, der auf seine Rechte pocht und sich keinen Gesetzen beugt (8 Diskursfragmente). Andererseits wird der gleiche Typus als Opfer oder Wahnsinniger dargestellt, der hinter seinen »gepanzerten Türen« in Angst leben muss und keineswegs als glücklicher Mensch bezeichnet werden kann (5 Diskursfragmente).

In den Argumentationsmustern in Bezug auf die Frage der Werte und moralischen Prinzipien werden die »Neuen Russen« zwar oft angeprangert, gleichzeitig findet man jedoch in drei Diskursfragmenten Charakteristika, die diesen Unternehmertypus als den neuen Hoffnungsträger erscheinen lassen, der im Gegensatz zum »alten Russen« authentisch und aufrichtig sei.

4.5.2.5 Fazit

Zusammenfassend lässt sich festhalten, dass entgegen den eindeutigen negativen Bedeutungen, die den »Neuen Russen« im Alltagsdiskurs und im literarischen Diskurs (z.B. in Witzen) zugeschrieben werden, man im untersuchten Pressediskurs ein weiter gefächertes und differenzierteres Bild dieses Typus findet, als ich vor der Analyse annehmen konnte.

Bereits auf der Ebene der Schlüsselbegriffe und Metaphern wurde ersichtlich, dass diese verschiedenen, oft widersprüchlichen Quellbereichen (Kriminalität und Kunst, Natur und Psychologie) zugeordnet werden können. Häufig rekurrieren diese auf zwei diskursive Bündel, die einerseits mit Schwäche und andererseits mit Stärke assoziiert werden können. Im ersten Bündel (Stärke) werden die »Neuen Russen« durch ihre physische und psychische Kraft sprachlich markiert, die ihnen allerdings erlaubt, das Gesetz zu überschreiten und sich über die Norm zu erheben.

Auf der anderen Seite werden sie als Schwache/Kinder/Wahnsinnige beschrieben, die unter der Last ihrer »Stärke« zu leiden haben. Innerhalb dieser zwei diskursiven Bündel ist keine eindeutige, homogene Wertung zu beobachten. »Stärke« kann sowohl mit positiven als auch mit negativen Bedeutungen versehen werden. So ist der »starke Wolf« eindeutig positiv belegt, »starker Bandit« dagegen zeichnet sich durch eine eindeutig negative Wertung aus.

Auch im konnotativen Bereich »Schwäche« stößt man auf verschiedene Wertungen. Als »Kind« oder als »Opfer der staatlichen Willkür und der organisierten Kriminalität« wird den »Neuen Russen« auf der sprachlichen Ebene eher Sympathie und Mitleid entgegengebracht. Durch die Bezeichnung als »Tölpel« oder »Wahnsinniger« wird jedoch auf seine Ungebildetheit und seinen Selbstzerstörungsdrang hingewiesen. Diese Heterogenität in der Charakteristik des Typus »Neuer Russe« weist zusätzlich auf die Ausdifferenziertheit und die Breite seiner diskursiven Präsentation hin, die jedoch bei gewöhnlicher Lesart oft übersehen wird.

Auffallend war ferner der häufige Vergleich dieses wirtschaftlichen Akteurs mit literarischen Figuren. Dies unterstützt die aufgestellte These, dass man im russischen Pressediskurs weiterhin mit Hilfe des literarischen Materials argumentiert. Die Protagonisten Ostap Bender, der Landjunker Mitrofanuška', Čičikov, die aus unterschiedlichen literarischen Epochen stammen, werden im aktuellen Mediendiskurs reproduziert und dienen in verschiedenen Kontexten dazu, unterschiedliche Zuschreibungen zum Typus des »Neuen Russen« zu generieren. Dabei konnte man festzustellen, dass diese Literaturvorlagen überwiegend in ihrer ursprünglichen Bedeutung, die man bereits aus dem literarischen Diskurs implizieren kann, übernommen werden, so z.B. Ostap Bender als abenteuerlustiger, schelmischer Unternehmer, Čičikov als amoralischer Betrüger und Mitrofanuška' als ungebildeter Tölpel. Hier konnte man keine Umwertung oder Dekonstruierung der kollektiv verankerten Deutungen beobachten.

Auf der Ebene der diskursiven Strategien ist auffällig geworden, dass man die »Neuen Russen« häufig als Gegenpart zu anderen sozialen oder gesellschaftlichen Gruppen begreift, z.B. zu »alten«, »normalen«, »durchschnittlichen« usw. Russen. Durch die frappante Häufigkeit dieser diskursiven Strategie wird indirekt impliziert, dass es sich bei den »Neuen Russen« um eine bestimmte Gruppe von Menschen oder eine soziale Position in der Gesellschaft handelt. Diese Gruppe oder Position ist durch eine Reihe von äußeren (z.B. teure Kleidung und Autos, luxuriöse Wohnungen, angesagte Freizeitgestaltung, ferne Urlaubsziele usw.), aber auch inneren Attributen (z.B. das Verhältnis zum Geld, Wertehierarchie, Glaubensfrage usw.) gekennzeichnet. Gleichzeitig wird durch diese Strategie eine diskursive Ausgrenzung der »Neuen Russen« aus der Gemeinschaft, aus dem »normalen« Leben, aus der Gesellschaft vollzogen. Durch die ständige Kontrastierung dieses Typus mit den übrigen Bevölkerungsgruppen werden sie im Diskurs an den Rand der konstruierten Gemeinschaft verdrängt. Man schafft somit auf der textuellen Ebene eine große Distanz zwischen den »Neuen Russen« und dem Leser.

Darüber hinaus werden die »Neuen Russen« durch eine häufig zu beobachtende Argumentationsweise als Verfechter und Träger ökonomisch determinierter Werte inszeniert. Vor allem Geld, aber auch Arbeit und Beruf, werden zu den wichtigsten Werten dieser Gruppe gezählt. Es wird insofern der Eindruck vermittelt, dass andere Werte, wie Familie, Freundschaft oder Religion für sie bloß einen Scheinwert besitzen: sie gehören zwar zu den Attributen, mit denen die »Neuen Russen« sich gern schmücken, aber sie schätzten diese nicht, sie dienten ausschließlich ihrem physischen oder seelischen Komfort.

Die weit verbreitete Meinung über die diskursive Dummheit und Beschränktheit des »Neuen Russen« wird ebenfalls reproduziert. Als Träger austauschbarer Werte werden die »Neuen Russen« indirekt der Intelligencija als anerkannter Verfechterin inkommensurabler Werte gegenübergestellt. Auf diese Weise wird der historische diskursive Konflikt zwischen Intelligencija und Unternehmertum, der vor allem im Literaturdiskurs ausgetragen wurde, im aktuellen Mediendiskurs fortgesetzt.

Durch die Analyse der gegendiskursiven Tendenzen konnte die bereits angesprochene Diffusität des Typus »Neuer Russe« quantitativ und qualitativ belegt werden. Die diskursiven Grenzen der Deutungsschemata dieses Typus sind keineswegs klar umrissen und geschlossen, sie lassen durch viele diskursive Risse und Brüche Platz für Gegendiskurse und Neutralisierungstendenzen zu. Manche Zuschreibungen in Bezug auf die »Neuen Russen« stehen in diskursiver Konkurrenz zueinander, an diesen Stellen erscheint der Diskurskampf besonders brisant. Die Tatsache, dass die gegendiskursiven Tendenzen sowohl qualitativ als auch quantitativ keineswegs als marginal zu bezeichnen sind, unterstützt die obige Aussage über die Ausdifferenziertheit und Breite des Typus »Neuer Russe«, die ohne diese tiefgehende diskursanalytische Untersuchung nicht zu treffen gewesen wäre.

4.5.3 Feinanalyse 2: Der »Oligarch«

Der zweite Typus der aufgestellten Typologie, der unter dem Begriff »Oligarch« im Rahmen der Feinanalyse untersucht wird, steht quantitativ an zweiter Stelle nach dem Typus »Neuer Russe«. Die unten aufgeführte Tabelle gibt einen Überblick über die quantitative »Dichte« dieses Typus im OGONJOK-Diskurs:

Tab. 7: Quantitative Verteilung des Typus »Oligarch« im Zeitverlauf

Jahr	1994	1995	1996	1997	1998	1999
Anzahl der Diskurs-fragmente	3	11	10	15	5	8

Wie man sehen kann, ist der Typus »Oligarch« vor und nach den Präsidentschaftswahlen 1996, aber auch in der Zeit um die Wahl des russischen Parlamentes 1995 besonders stark im Diskurs präsent. Im Jahr 1995 tauchen die Finanz- und Industriegiganten fast ausschließlich im Zusammenhang mit den bevorstehenden Duma-Wahlen auf, wobei auf die zunehmende Verfilzung des politischen und wirtschaftlichen Kapitals hingewiesen wird. Diese Verquickung wird auf diskursiver Ebene als eine Gefahr für die junge russische Demokratie dargestellt, die bereits unter der Unerfahrenheit der Politiker und einem Mangel an politischer Kultur zu leiden hat. Politiker aller Couleurs lassen von finanzschweren Unternehmern ihre Wahlkampagnen finanzieren, dafür erwarten Letztere die Durchsetzung ihrer wirtschaftlichen Interessen auf regionaler und staatlicher Politikebene. »Geld gegen politische Leistungen« wird diskursiv zur Maxime dieser Zeit gemacht:

Die Mehrheit der Politiker suchen sich Sponsoren. Und weil in Russland die Geschäftstätigkeit sehr stark von der Politik abhängig ist, finden sie diese auch. Dann entsteht zwischen einem Politiker und einem Unternehmer etwas Ähnliches wie ein Kartell. Geld gegen zukünftige Leistungen. (Большинство [политиков] ищут спонсоров. А поскольку бизнес в России очень сильно зависит от власти – находят. И тогда образуется между политиком и предпринимателем что-то вроде картеля. Деньги в обмен на будущие услуги – Ogonjok 20/1995).

Auch in der Zeit vor den Wahlen um den Posten des russischen Präsidenten erscheint wiederkehrend der Typus »Oligarch«. Die Großunternehmer, die die Politik für sich »entdeckten« und für den Präsidentenposten kandidieren, werden in den Medien diskreditiert. Die untersuchte Zeitschrift inszeniert somit die Präsidentschaftswahlen mit und weist Jelzins politischen Konkurrenten Bedeutungen zu, die sich nur schwer mit demokratischen Vorstellungen von einem vertrauenswürdigen Präsidentschaftskandidaten vereinbaren lassen. Zahlreiche Strategien auf der diskursiven Ebene, auf die ich später ausführlicher eingehen werde, desavouieren die geistige sowie körperliche Gesundheit als auch die Glaubwürdigkeit und die Ehrlichkeit der Rivalen Jelzins. Es wird der Eindruck vermittelt, dass die Unternehmer kaum eine rechtschaffene politische Gruppe bilden können, die das Land aus der Krise führen könnte.

Nach den Präsidentschaftswahlen im Jahr 1997 wird der Diskurs um die russischen Oligarchen aufs Neue entfacht. Der Druck auf die politischen Eliten, die häufig nur mit Hilfe der Oligarchen ihren Platz innerhalb der russischen politischen Landschaft erlangten, wird stärker. Der Einfluss wirtschaftlicher Gruppen zeigt sich auf verschiedenen politischen Ebenen und spaltet die Regierung in einzelne Interessengruppierungen. Das führt zu andauernden internen Konflikten, die weitere Reformen im wirtschaftlichen Bereich nahezu unmöglich machen.[331] Auch in der russischen Duma ist der lobbyistische Einfluss der Finanzgruppen auf alle wichtigen Reformgesetzgebungen gravierend. Außerdem geht der Kampf um die noch übrig gebliebenen Filetstücke der russischen Wirtschaft und um die möglichen ökonomischen Einflusszonen innerhalb des russischen Marktes nach der Niederlage der Kommunisten im Wahlkampf mit verstärkter Intensität weiter.

Bezeichnend für den OGONJOK-Diskurs ab dem Jahr 1997 ist die Tendenz, dass der Oligarch nicht nur namenlos als ein Kollektivbild für eine Gruppe steht, sondern dass einzelne Namen zum unverkennbaren Bestandteil des Oligarchentypus werden. So präsentieren Boris Berezovskij, Vladimir Gusinskij, Michail Chodorkovskij, Roman Abramovič u.a. die Gruppe von Großunternehmern, die man mit großem Reichtum und politischem Einfluss in Verbindung bringt.

331 Siehe dazu: Archipov, S./Batkibekov, S./Drobischevski, S. (1998): Makroökonomische Stabilisierung und die Fiskalkrise. In: *Transformationswirtschaft. Eine Werksammlung über die Wirtschaftspolitik im postkommunistischen Russland*. Moskau: IET, S. 342.

Im Jahr 1998, das diskursiv vor allem um die russische Finanzkrise kreist, verengt sich der Diskursstrang »Oligarch« auf die kleinste Größe im beobachteten Zeitraum, wird ausschließlich bis zur Finanzkrise im August 1998 fortgeführt und versiegt in der Zeit danach. Dabei wird verstärkt Kritik an der heuschreckenartigen Expansionspolitik der Oligarchen in den Regionen geübt. Im folgenden Jahr ist die Revitalisierung des Oligarchentypus festzustellen. Zwar gibt es nicht allzu viele Beispiele, dafür weisen sie neue diskursive Züge auf. Stark verbunden mit den nicht-diskursiven Praktiken, die im Folgenden genauer untersucht werden, ist diese Veränderung des Oligarchen-Diskurses auf den Wechsel der Besitzverhältnisse innerhalb des Mediums OGONJOK zurückzuführen. Mit der Übernahme der Eigentumsrechte über die meinungsbildende Zeitschrift durch Roman Abramovič findet man in diesem Jahr verstärkt gegendiskursive Tendenzen, die die Oligarchen rechtfertigend und positiv darstellen.

Die Feinanalyse des Typus »Oligarch« konzentriert sich in diesem Abschnitt ähnlich wie im Teil über den Typus »Neue Russen« auf vier Analyseschritte:

- Schlüsselbegriffe und Metaphern
- Diskursive Strategie der Gegenüberstellung und Abgrenzung
- Argumentationsmuster (Werte und Wertewandel)
- Gegendiskursive Tendenzen

Große Bedeutung bei der Analyse wird expliziter und impliziter Intertextualität als diskursiver Verknüpfung, vor allem mit literarischem und Spezialdiskursen (explizit: markierte Bezugnahme auf Prätexte, Zitation; implizit: (variierende) Übernahme von Sprachgebrauch/ Reformulierungen, Stereotypen, Anspielungen, Argumentationsmuster, Metaphern, Bilder etc.) beigemessen. Dabei sollen die konstitutiven diskursiven Elemente und Bedeutungen des Typus »Oligarch« ausfindig gemacht und analysiert werden.

4.5.3.1 Schlüsselbegriffe und Metaphern

Im OGONJOK-Diskurs sind die Bedeutungen, mit denen der Typus »Oligarch« versehen wird, sprachlich nicht fest zementiert. Manchmal dient dieser Begriff als semantisch leere Hülle, die man beliebig mit verschiedenen Bedeutungen füllen kann. So sind z.B. die Begriffe, mit denen die diskursive Konstruierung des »Oligarchen« innerhalb des untersuchten Diskurses realisiert wird, sehr zahlreich und ihrem Sinn nach breit gefächert. Die Bezeichnungen für diesen Unternehmertypus sind keinesfalls nur auf den Begriff »Oligarch«

beschränkt, besonders wenn man bedenkt, dass diese Bezeichnung für die einflussreichen Großunternehmer erst ab 1998 im Diskurs seinen festen Platz erlangte. Die sprachliche Konstituierung des »Oligarchen« ist zwar überwiegend, aber nicht durchgehend negativ belegt, was entsprechend dem Alltagsdiskurs (Umfragen) und den Spezialdiskursen[332] zu vermuten wäre.[333]

Inhaltlich stammen die Begriffe, die sich mit dem »Oligarchen« verbinden, aus verschiedenen semantischen Bereichen. Der häufige diskursive Rückgriff auf ökonomische Lexik bei der Beschreibung des »Oligarchen-Typus« ist während der Strukturanalyse augenfällig geworden und weist darauf hin, dass die Oligarchen nicht nur mit Reichtum und politischem Einfluss, sondern auch mit wirtschaftlicher Macht und Bedeutung verbunden werden. Die Häufigkeit der Begriffe, die diesen Bereich tangieren, unterstützt diese These. Dabei findet man sowohl negativ als auch positiv oder neutral besetzte Begriffe.

Tab. 8: Bedeutungen des Typus »Oligarch« aus dem ökonomischen Bereich

Negative Bedeutungen	Neutrale Bedeutungen	Positive Bedeutungen
Magnat	Millionär	Sponsor
Monopolist	Businessmann	Unternehmertalent
Oligarch	Unternehmer	erfahrener Wirtschaftler
Bankier		Säule der russischen Wirtschaft
Kapitalist		
Finanzgigant		
Supermillionär		

So werden z.B. Großunternehmer, wenn sie »Sponsoren« (Ogonjok 44/1997) genannt werden, in ein positives Licht gerückt. Diese Beobachtung macht ebenfalls der Ökonom Jakob Fruchtmann in seiner spezialdiskursiven Untersuchung zum Oligarchen-Phänomen in Russland[334]. An diesem Punkt überschneiden sich verschiedene Diskurse, die jedoch alle auf die historische russische Tradition zurückgreifen, ohne immer explizit darüber zu sprechen.

Es ist im geschichtlichen Bewusstsein Russlands stark verankert, dass jemand, der sein Geld der Gesellschaft gibt, ohne dies mit direkten ökonomischen Kalkülen zu verbinden, eine positive Figur darstellt.[335] Ähnlich wie in der

332 Siehe Fruchtmann, J. (2004): »Олигархия« – zum Werdegang eines politischen Schlagwortes. In: Blankenhorn, R./Blaszczak, J./Marzari, Robert (Hrsg.): *POLYSLAV Beiträge der Europäischen Slavistischen Linguistik*. München: Otto Sagner, S. 43-52; Pleines, H. (2003): *Wirtschaftseliten und Politik im Russland der Jelzin-Ära (1994 - 99)*. Münster: Lit. Verlag.

333 Siehe dazu ausführlicher Exkurs 3 im Anhang.

334 Vgl. Fruchtmann 2004.

335 Siehe dazu Hildemeier, M. (1998): Zwischen Bürgertum und Adel: Unternehmer im Zarenreich. In: Dahlmann/Scheide (Hrsg.), S. 87-99; Bochanov, V.P. (1992): *Krupnaja buržuazija Rossii* (konec

vorrevolutionären Zeit werden die Unternehmer nicht an ihrer ökonomischen Relevanz gemessen, sondern an ihrem gesellschaftlichen und sozialen Engagement für das Allgemeinwohl. Um zur russischen Elite gehören zu dürfen, muss man Volk und Land »dienen«. Dieser noch von Peter dem Großen eingeführte Dienstcharakter gesellschaftlicher Anerkennung ließ den russischen Kaufleuten nur einen Ausweg: als Mäzene und Sponsoren der Öffentlichkeit zu beweisen, dass sie durch ihr soziales Engagement einen Beitrag zur Entwicklung der russischen Kultur und Gesellschaft leisten können.

Auch im religiösen Bewusstsein der russischen Kaufleute waren Reichtum und unternehmerische Tätigkeit mit Sünde verbunden, deshalb versuchten viele russische Unternehmer damaliger Zeit, durch eine fast verschwenderische Mäzen- und Wohltätigkeit den »sündhaften« Charakter ihrer Tätigkeit zu büßen. Die Fortsetzung dieses historischen Diskurses findet man im aktuellen Mediendiskurs. Immer wenn »Oligarchen« als Wohltäter dargestellt werden, werden ihnen positive Eigenschaften zugeschrieben.

Am negativsten sind die Begriffe »Monopolist«, »Oligarch« und »Bankier« belegt. Der »Monopolist« ist noch aus den Zeiten des kommunistischen Regimes her negativ konnotiert. Erstaunlicherweise kommt in diesem Zusammenhang den Arbeiten von Lenin eine große Bedeutung zu. Lenin prangerte die Herausbildung von Monopolen und Finanzoligarchien als das größte Übel der gesellschaftlichen Entwicklung an. In seinem Artikel *Imperialismus als höchstes Stadium des Kapitalismus* (*Империализм, как высшая стадия капитализма*, 1916) warnt Lenin vor der Übermacht der Industrie- und Finanzmonopolisten, die »die Kontrolle über die bürgerliche Presse ergreifen, eine Union mit der Regierung eingehen und Parlamentsabgeordnete und Staatsbeamte bestechen«, aber der Gesellschaft keinen Nutzen bringen (контроль над буржуазной прессой, »личная уния« с правительством, подкуп в широких масштабах парламентариев и государственных чиновников)[336]. Diese Ansicht Lenins wurde im Rahmen der Politischen Ökonomie, einem Standardfach an sowjetischen Hochschulen, weiter verfestigt. Im aktuellen Diskurs wird dieser Begriff bemüht, um die sich immer

XIXv.-1914). Moskva; Dumova, N.G. (1992): *Moskovskie mecenaty*. Moskva: Molodaja Gvardija; Gavlin, A. (1994): *Mecenatstvo v Rossii naučno-analitičeskij obzor'*. Moskva: Rossijskaja Akad. Nauk.

336 Quelle Online: http://leninvi.ru/book_view.jsp?idn=001556&page=620&format=htm (Stand: 02.12.2010).

weiter ausdehnende wirtschaftliche Macht der Oligarchen zu beschreiben und auf die Gefahren, die damit verbunden sind, hinzuweisen.

Die großen Monopolisten fressen die kleinen Monopolisten auf und schaffen somit beinahe die echte Oligarchie. Der große Monopolist hat den kleinen an Händen und Füßen gefesselt (Большие монополисты сжирают маленьких монополистов и образуют таким образом настоящую олигархию. Крупный монополист связал мелкого по рукам и ногам – Ogonjok 28/1997).

Sie »fressen« und »fesseln« die kleinen Unternehmer, die sich ihnen in den Weg stellen; durch die Lexik aus dem Tierreich wird sprachlich auf den wilden, raubtierähnlichen Charakter der Tätigkeit der neuen »Monopolisten« rekurriert.

Nun beginnt die Epoche des Monopolismus. Entsprechend den Lehrbüchern kommt danach eine Diktatur als absoluter, totaler Monopolismus. Und er wird nicht aufhören, bis er alles aufgefressen hat. (Но вот уже начинается эпоха монополизма. А сразу за ней согласно учебникам топает диктатура - абсолютный монополизм, тотальный. Не сможет остановиться, пока всех в округе не сожрет – Ogonjok 22/1996).

Monopolismus und Monopolisten werden in ihrem Streben nach unbegrenzter Macht und Alleinherrschaft entlarvt. Der Begriff »Diktatur« wird im historischen und ideologischen Kontext bemüht, um den Schrecken zu verstärken. An dieser Stelle sind die historischen Parallelen zum Werk Lenins erneut feststellbar. Der aktuelle Diskurs argumentiert an dieser Stelle fast wortwörtlich wie Lenin, sogar die Unterwerfung der Medien durch die Monopolisten kommt zur Sprache: »Und das Monopol kommt bei ihnen von alleine. Die Presse wird jedoch schweigen«[337].

Es ist augenscheinlich geworden, dass das Wissen über Unternehmer immer noch den Lehrbüchern zur Politischen Ökonomie und dem Werk Lenins entnommen und unter den neuen Rahmenbedingungen reproduziert wird. Damit geht die Ablehnung des privaten Unternehmertums, das in den sowjeti-

337 »А монополия на все у них появится сама собой. И пресса будет молчать « (ebenda).

schen Diskursen als regelrechtes Feindbild konstruiert wurde, in die aktuellen Debatten ein und bestimmt die Wahrnehmung dieser ökonomischen Klasse entscheidend mit.

Es sind jedoch einige wenige Neutralisierungstendenzen auf der Begriffsebene festzustellen. Begriffe wie »Businessmänner«, »Unternehmer« oder »Millionär« werden in Bezug auf den Oligarchen-Typus überwiegend mit neutraler Wertung gebraucht. Dagegen ist der Begriff »Supermillionär« eindeutig negativ belegt.

Der weitere sprachliche Bereich zur Beschreibung des »Oligarchen« tangiert das Thema »Krieg« und »Militär« und dient der diskursiven Konstituierung seines martialischen, militanten Charakters. Dabei werden Begriffe wie »General«, »Waldgeneral«, »Expansion«, »gepanzerte ‚Mercedes'-Autos«, »Datschenburg«, »Kampf« gebraucht. »Kampf« wird zu einem wiederkehrenden Bild, das die Situation auf dem russischen Markt beschreibt. Die Großunternehmer rüsten sich auf (»gepanzert«), um ihre »Expansions«-pläne realisieren zu können. »Der Weg zu einer neuen Struktur des Finanzkapitals wird über einen harten Kampf um Macht und Eigentum gelegt« (Путь к новой структуре финансового капитала пролегает через тяжелую борьбу за власть и капитал – Ogonjok 4/1995). Sie werden mit »Generälen« verglichen, die auf dem ökonomischen Feld einen Krieg führen. Diese Zuschreibungen aus dem Militärbereich können auf diskursiver Ebene auf eine Gefahr oder Bedrohung hinweisen, die man mit dem Typus »Oligarch« verbindet. Dies kann zur Erzeugung negativer, ablehnender Reaktionen beim Leser beitragen.

Die Mächtigkeit der Oligarchen wird durch einen sich wiederholenden Rückgriff auf Bilder und Begriffe, die auf eine Verbindung zur oberen Macht rekurrieren, sprachlich untermauert. So findet man in Bezug auf Oligarchen folgende Bezeichnungen: »König«, »Nickel-König«, »Krösus«, »Aristokraten«, »Imperium«. Dadurch wird zum einen auf den unbegrenzten wirtschaftlichen, aber auch politischen Einfluss in bestimmten Bereichen angespielt. Zum anderen wird eine Distanz zwischen den mächtigen Großunternehmern und dem einfachen Volk, das sie reich gemacht hat, geschaffen. So wird im Artikel *Friss die Leber deines Feindes!* (*Сожри печень твоего врага!* – Ogonjok 16/1996) der prominente Milliardär Bryncalov als »König Krösus« bezeichnet. Krösus, der letzte König des in Kleinasien gelegenen Lydien, war vor allem für seinen Reichtum und seine Freigebigkeit bekannt. Sein Reichtum war schon in der Antike sprichwörtlich und ebenso wie heute bezeichnete dieser Begriff einen sehr reichen Mann. In diesem Kontext wird Bryncalov jedoch nur in Verbindung mit Krösus' Reichtum und nicht mit seiner Freigebigkeit gebracht. So erlebt dieses Bild eine diskursive Korrektur, die den Oligarchen Bryncalov nunmehr als einen rücksichtlosen, steinreichen König darstellt.

Des Weiteren wird der untersuchte Typus als Angehöriger eines besonderen gesellschaftlichen Standes (»Aristokraten«) konstruiert, der angeblich über gewisse Sonderrechte verfüge, die ihn über die übrigen Gesellschaftsmitglieder stellten.

Unter den westlichen Juristen existiert ein neuer Begriff des »russischen Standesrechts«. Wir sind in aller Welt berühmt, weil wir einen steuerbefreiten Stand der Aristokraten (Oligarchen) und einen steuerpflichtigen des Pöbels haben (На Западе среди юристов уже появился термин: «российское сословное право». Мы на весь мир знамениты тем, что у нас есть неподатное сословие аристократов [олигархи] и податное – чернь – Ogonjok 9/1999).

Die Zuschreibungen in diesem Beispiel tangieren mehrere Diskurse: zum einen wird auf den juristischen Bereich rekurriert, indem man die Unverhältnismäßigkeiten im Umgang mit Vergehen hinsichtlich der Steuerzahlungen feststellt und die »Oligarchen« als vom Staat privilegierte Gruppe der Steuerzahler identifiziert. Zum anderen wird auf die westlichen Diskurse verwiesen, die diese Entwicklung kritisch beurteilen und auf die Mängel des russischen Steuersystems hinweisen.

Außerdem wird ein geschichtlicher Diskurs bemüht, der bereits durch die lexikalische Auswahl sichtbar wird: Begriffe wie »Standesrecht« (сословное право), »nicht besteuerter Stand der Aristokraten« (неподатное сословие аристократов) und »Pöbel« (чернь) sind Archaismen, die üblicherweise in historischen Diskursen vorzufinden sind. Interessanterweise verschmelzen in diesem Diskursfragment die Begriffe »Aristokrat« und »Oligarch«. Aus der Geschichte ist jedoch bekannt, dass diese Akteure eher als Antagonismen innerhalb der russischen Gesellschaft begriffen wurden.[338] Zwar strebten die vorrevolutionären russischen Unternehmer auf verschiedenen Wegen danach, den Adelstitel zu bekommen[339], dieses Streben entstand jedoch gerade aus der

338 Vgl. Hildermeier 1998, S. 96.

339 Die Möglichkeiten für die nicht privilegierten Stände, in den Adelsstand zu treten, eröffneten sich durch den Militärdienst in der zaristischen Armee oder durch besondere Verdienste auf dem ökonomischen Feld. Es gab aber noch einen anderen Weg: die Mehrheit der Angehörigen der

sozialen und gesellschaftlichen Ungleichheit dieser beiden Stände. Der Adel hatte nicht nur im Vergleich zu den weniger bevorrechtigten Unternehmern zahlreiche Privilegien, auch war in seiner Mentalität und im gesellschaftlichen Bewusstsein seine Überlegenheit fest verankert. Ein Fürst Dolgorukij, Obolenskij, Gagarin, Golicyn oder Trubeckoj genoss ein ganz anderes Ansehen in der Regierung und bei Hofe als ein Rjabušinskij, Konovalov oder Tretjakov. Obwohl diese Familien über große Reichtümer verfügten, waren sie nicht so angesehen wie die Fürstensprösslinge: Es fehlte ihnen ein Stammbaum mit Verdiensten und langer Tradition, der immer noch Prestige begründete.[340] Entgegen der aktuellen Auffassung ist ebenfalls aus der Geschichte bekannt, dass die Mehrheit der Unternehmer, wenn sie nicht nobilitiert wurden, nicht zum steuerbefreiten, sondern zum steuerpflichtigen Stand (тягловое сословие) gehörten und die Last der Steuerabgaben am schwersten zu tragen hatten.[341]

Durch den Vergleich der russischen Oligarchen mit den Aristokraten und die Heranziehung des geschichtlichen diskursiven Materials wird eine Abgrenzung einerseits zu den Kleinunternehmern (»steuerpflichtiger Stand«) und andererseits zur übrigen Bevölkerung (»Pöbel«) vollzogen. Durch die geschichtlichen Parallelen wird sichtbar, dass der Oligarchen-Typus weniger mit seiner unternehmerischen Tätigkeit, sondern viel mehr mit der Sonderstellung in der Gesellschaft und der Gunst staatlicher Beamter assoziiert wird.

Auffallend war ferner die häufige Verquickung des Oligarchen-Diskurses mit dem Natur- bzw. Tierdiskurs. Die zoomorphen Metaphern, die in diesem

---

Geldaristokratie bekam ihren Adelstitel aufgrund ihres Vermögens. Gewöhnlich geschah dies durch die Verleihung eines hohen Ordens oder durch die unmittelbare Nobilitierung durch den Kaiser und Zaren. Gewiss musste diesem Akt eine großzügige Geldspende vorausgegangen sein. Somit machte Geld adelig und nicht der Adel reich. Auf diese Weise konnte im Laufe eines Jahrhunderts aus einer Kaufmanns- oder gar Leibeigenenfamilie ein Adelsgeschlecht werden. (Vgl. West, James L. (1991): The Riabushinsky Circle: Burzhuaziia and Obshchestvennost'. In: Clowes, Edith u.a. (Hrsg.) (1991), S. 41-56, S. 368 ff.).

340 Vgl. Dahlmann 1998.

341 Die Kaufleute gehörten zu der sozialen Gruppe, die Frondienst und ständige Abgaben an den Herrscher leisten mussten (*tjaglovoje sostojanie*). Diese Abhängigkeit versetzte die Unternehmer in eine Situation, in der sie durch staatlichen Dienst ständig von ihrer Haupttätigkeit abgebracht wurden. Im 18. Jahrhundert war die Situation der Unternehmer durch hohe Abgaben und Steuern (z. B. Kopfsteuer, aufgezwungenen staatlichen Dienst) erschwert, was die ökonomische Unternehmenstätigkeit erheblich bremste. In den 60er Jahren des 18. Jahrhunderts war die Diskrepanz zwischen der bedeutenden ökonomischen Rolle der Kaufmannschaft und ihrer niedrigen sozialen Position und ihrem ungeschützten Rechtsstatus gravierend. Diese gesellschaftliche Stellung versicherte sie nicht der Unantastbarkeit ihres Vermögens und nicht einmal ihres Lebens. Sie waren der Willkür staatlicher Diener ausgeliefert. Auch später konnte man die privilegierte Position des Adels mit der der Unternehmerschaft kaum vergleichen. (Vgl. Dahlmann, 1998).

Zusammenhang verwendet werden, beziehen sich vor allem auf gefährliche Raubtiere oder Monster: »Haie«, »Tentakel« (»Krake«), »King Kong«, »Raubtier«, »Spinnen«, »Monster«, »Ölmonster«.[342] Dabei werden diejenigen Tiere in den Diskurs eingebracht, die in der Kollektivsymbolik nach Link am negativsten konnotiert sind.[343] Sie werden im Bewusstsein der Leser mit Bedrohung, Gefahr und Unberechenbarkeit verbunden und somit gefürchtet und abgelehnt. Die Verwendung solcher Begriffe in Verbindung mit dem Oligarchen-Typus zeugt von einem sehr starken negativen diskursiven Potential, das dem verbreiteten Bild in den Alltagsdiskursen am ehesten entspricht.

So werden im Artikel *Ein Attentat* (*Покушение* – Ogonjok 4/1997) die Oligarchen »Haie« genannt, um die gängige Meinung über den räuberischen Kapitalismus der Großunternehmen sprachlich zu untermauern: »,Sidanko' ist der Hai des Postkommunismus.« (акула посткоммунизма - »Сиданко«) oder im gleichen Diskursfragment: »Es wird zunehmend klar, dass nur ein ehrlicher, professioneller Politiker das Land vor der engstirnigen, kurzsichtigen, haiähnlichen Unersättlichkeit privater Unternehmen schützen kann« (Становится ясно, что сегодня оградить страну от тупой, близорукой, акульей жадности частных компаний под силу только честолюбивым политическим профессионалам – ebd.). Die Metapher »Hai« besitzt eine stark pejorative Bedeutung, die in diesem Konzept mit Rücksichtslosigkeit, Gefahr und dem unersättlichem Appetit, mit dem der Raubfisch seine Opfer verschlingt, verbunden wird. Werden diese Bedeutungen auf den Typus »Oligarch« übertragen, so erhält er eine stark negativ besetzte Konnotation und wird diskursiv diskreditiert.

Die Oligarchen und ihre Unternehmen werden in einem anderen Diskursfragment (*Finanzindustrielle Gruppen: Evolution der Typen* (*Финпромгруппы: происхождение видов* – Ogonjok 30/1995)) als biologische Wesen mit gefährlichen Tentakeln sprachlich konstruiert. Mit dem Begriff »Evolution« betritt man auf der sprachlichen Ebene bereits im Titel den Bereich der Biologie. Dies wird im Untertitel weiter verstärkt: durch sprachliche Wendungen wie »neugeborene FIG« (новорожденные ФПГ) und »sie zeigen als Geburtsmerkmale Eigenschaften, die General Motors erst nach hundert Jahren bekommen hat« (обладают родовыми признаками, возникшими у »Дженерал Моторс«

342 Zur Bedeutung zoomorpher Metaphern im russischen politischen und medialen Diskurs siehe ausführlicher Kapitel 4.5.2.

343 Vgl. Link 1986.

через 100 лет существования) inszeniert man die großen Unternehmen als lebendige Wesen, die eine bestimmte Genese durchlaufen. Im Weiteren wird jedoch auf Anomalien hingewiesen:

Das Unternehmen sollte allmählich erwachsen werden, bis es zu einer Korporation gereift ist, dann kann es seine Tentakel in andere Wirtschaftszweige ausweiten. Unsere FIG haben schon gleich zu Beginn Tentakel. (Компания взрослеет, минуя долгие этапы от картеля до корпорации. Дозреет до корпорации – пускает щупальца в другие отрасли. Наши ФПГ – сразу с щупальцами – Ogonjok 30/1995).

Laut der Ausführungen der russischen Linguistin Ju. B. Fedeneeva konnte man im politischen und medialen Diskurs in Russland der ersten Hälfte der 90er Jahre eine verstärkte Aktivierung der Kraken-Metapher beobachten.[344] Die übertragene Bedeutung bezieht sich auf die Vorstellungen, dass dieses Tier, räuberisch, gierig, sein Opfer umschlingt und angeblich dazu fähig sei, das gesamte Blut aus ihm auszusaugen. Diese Metapher charakterisiert in den öffentlichen Diskursen verästelte Netze diverser Organisationen, z.B. der Mafia, der kommunistischen Partei, des KGB u.ä.[345]. Durch die Reproduzierung dieses Bildes im Bezug auf russische Unternehmer werden sie diskursiv mit den negativsten Erscheinungen der Zeit (Mafia, Kommunisten, KGB) in Verbindung gebracht.

Eine oft vertretene Meinung in den Spezialdiskursen[346] bezieht sich auf den kriminellen Charakter der russischen Großunternehmer. Im Laufe der Analyse des Oligarchen-Typus habe ich allerdings nur wenige Begriffe finden können, die man unmittelbar mit einem kriminellem Hintergrund oder verbrecherischem Handeln der Großunternehmer in Verbindung bringen könnte. Dieser Bildbereich ist relativ dünn besetzt, was angesichts der verbreiteten Meinung in Alltagsdiskursen und Spezialdiskursen[347] überraschend wirkt. Man findet an

344 Vgl. Fedeneeva, J. (1999): *Mnogoznačnost' v leksike sovremennogo russkogo jazyka.* Moskva.

345 Vgl. Ebenda, S. 346.

346 Siehe dazu: Bonnel, V.E. (2002): *The new entrepreneurs of Europe and Asia. Patterns of business development in Russia, Eastern Europe and China.* Armonk, NY u.a.: Sharpe; Petuchov, V. (1997): Die Rolle rußländischer Wirtschaftselite im Jahre 1996. In: *Berichte des BIOst*, 17/1997; Pleines 2000; Yurchak, A. (2002): Entrepreneurial Governmentality in Postsocialist Russia. In: Bonnell, V. (Hrsg.): *The New Entrepreneurs of Europa and Asia.* Armonk: M.E. Sharpe.

347 Vgl. Eberwein, W./Tholen, J. (1994): *Zwischen Markt und Mafia: russische Manager auf dem schwierigen Weg in eine offene Gesellschaft.* Frankfurt a. M.; Fruchtmann 2004.

einigen Stellen im Oligarchendiskurs Begriffe wie »Mafiosi«, »Schurke«, »zivilisierter Bandit«, »Goldgardist«, die jedoch quantitativ den anderen Bildern und Metaphern bei weitem nachstehen.

Im Artikel *Wer ist der letzte? Ich bin der nächste* (*Кто последний? Я за вами* - Ogonjok 19/1996), in dem die Verquickung verschiedener Diskurse festzustellen ist, wird die kriminelle Aureole der Großunternehmer mit Hilfe des literarischen Materials konstruiert. Andrej Granovskij, der Autor des Aufsatzes, bezeichnet die Outsider der Präsidentschaftswahlen von 1996 als Strafkompanie, »die goldene Kompanie« (золотая рота). Diese russische Phraseologie, die historisch auf die Realien des Russischen Imperiums zurückführt, bezeichnete ursprünglich inoffiziell die Kompanie der Zarengrenadiere. Später verwässerte dieser Ausdruck und betitelte im übertragenen Sinne Vertreter niedrigster sozialer Schichten und der kriminellen Welt. »Goldkommandeur« (Золоторотец) konnte vor allem ein Krimineller, Vagabund oder allgemein eine Person ohne feste Beschäftigung genannt werden. Man findet dieses Idiom in zahlreichen literarischen Werken (z. B. bei Maksim Gor'kij *Nachtasyl*, Vladimir Giljarovskij *Meine Irrungen*, Vsevolod Krestovskij *Peterburger Elendsviertel*, Lidija Čarskaja *Goldene Kompanie*, Ilja Il'f/Jevgenij Petrov *Das goldene Kalb* u.a.), in denen die Protagonisten im niedrigsten sozialen Milieu interagieren. Der literarisierte Ausdruck »goldene Kompanie« wertet Jelzins Konkurrenten völlig ab, erkennt ihnen jegliche politische Bedeutung ab. Auch die Semantik des kriminellen Elements fließt durch dieses Idiom in die Darstellung der Kandidaten hinein, somit sollte auf der emotionalen Ebene Distanz und sogar Verachtung gegenüber den vorgestellten Politikern hervorgerufen werden.

Dieses Beispiel bleibt nicht die einzige Verflechtung mit dem literarischen Diskurs. Man findet auf den Seiten von OGONJOK andere literarische Verknüpfungen. So werden z.B. manche Oligarchen als »Zauberer der Smaragdenstadt« (волшебники Изумрудного города) bezeichnet (vgl. *Bankformierung: das Spiel ohne Regeln* (*Банкформирования: игра без правил* – Ogonjok 31/1997); *Die Zauberer der Smaragdenstadt* (*Волшебники изумрудного города* – Ogonjok 29/1998)). Das häufige Rekurrieren auf das bekannte Kinderbuch des sowjetischen Schriftstellers Aleksandr Volkov *Der Zauberer der Smaragdenstadt* (*Волшебник изумрудного города* - 1939) verwundert auf den ersten Blick. Inwieweit kann die beliebte Kinderlektüre als literarische Parallele zur harten Wirtschaftswelt dienen? Aber gerade diese Verbindung weist auf eine neue

Lesart des Buches hin, die in der Zeit des Sozialismus häufig übersehen wurde[348].

Die Smaragdenstadt kann als literarisches Bild für eine geschlossene Gesellschaft, die durch einen Herrscher, den Zauberer regiert wird, interpretiert werden. Sie ist eine Art utopische Stadt, wo angeblich alle glücklich leben. In Wirklichkeit jedoch wird den Bewohnern eine Illusion vorgespielt, die durch die von allen getragene Smaragdenbrille, die alles im hoffnungsvollen, zauberhaften Grün erscheinen lässt und das Wahre vom Falschen ununterscheidbar macht, verstärkt wird. Der Herrscher, der Zauberer, bleibt für alle unsichtbar. Seine Befehle werden durch eine Monstermaske ausgesprochen. Dieses ritualisierte Handeln versetzt die Bewohner in Angst und Schrecken, dennoch hinterfragt keiner die Wahrhaftigkeit und Rechtmäßigkeit dieses Geschehens. Sie sind im gewissen Sinne die Gefangenen der Smaragdenstadt und der Zauberer ist ein Sinnbild für einen rücksichtlosen, machtbesessenen Herrscher.

Die intertextuelle Verknüpfung zu diesem literarischen Bild innerhalb des Oligarchen-Diskurses schreibt den Großunternehmern diejenigen Eigenschaften und Bedeutungen zu, die man einerseits mit Reichtum (Smaragd als seltener, teurer Edelstein), andererseits mit Machtmissbrauch und Betrug in Verbindung bringt. Durch den Vergleich mit dem »Zauberer der Smaragendstadt« wird darauf rekurriert, dass die Leidtragenden dieses Machtmissbrauchs die einfachen Bewohner sind, die als Geiseln politischer und wirtschaftlicher Interessen der Oligarchen auf der Strecke bleiben.

Auch andere literarische Städte, nämlich das Städtchen Glupov aus Saltykov-Ščedrins Erzählung *Geschichte einer Stadt* (*История одного города* - 1897) und die Stadt Makondo aus Gabriel Garcia Marquez' Roman *Hundert Jahre Einsamkeit* (1967), werden bei der diskursiven Inszenierung des Typus »Oligarch« bemüht, um das Machtstreben und die Rücksichtslosigkeit russischer Großunternehmer in den russischen Provinzstädten aufzuzeigen. Beide fiktiven Städte (Glupov und Makondo) waren durch den Machttrieb der Herrschenden dem Untergang geweiht. Die neuen Herren in der russischen

348 Diese Interpretation des Werkes von Volkov knüpft an das Original von Frank L. Baum »Der Zauberer von Oz« (1900) an, der als Kritik an den politischen und gesellschaftlichen Missständen der damaligen Zeit in den USA und der ökonomischen Krise der Jahrhundertwende aufgefasst worden war. Hinter den fiktiven Helden konnte man reale Persönlichkeit aus der Politik und Wirtschaft erahnen, deren betrügerisches Handeln Baum auf literarische, fantasievolle Weise entlarvte.

Provinz werden somit diskursiv für den Niedergang vieler Regionen verantwortlich gemacht und ihre Heuschreckenpolitik wird entlarvt.

Erneut findet man intertextuelle Verweise auf den Roman *Das goldene Kalb* der sowjetischen Satiriker Ilja Il'f und Jevgenij Petrov. Bereits im Abschnitt zum Typus »Neuer Russe« wurde festgestellt, dass der Hauptheld des Romans Ostap Bender häufig zum diskursiven Vergleich mit den neuen russischen Unternehmern herangezogen wird. Im Rahmen des Oligarchen-Diskurses bleibt der sympathische Schurke Bender zwar außen vor, dafür findet man Vergleiche mit anderen Helden des Romans, die allerdings eindeutig negative Züge tragen.

Das erste Modell der russischen Demokratie haben die Klassiker im Roman ‚Das Goldene Kalb' beschrieben. Dort gibt es zwei Modelle: Die Kommunalka ‚Rabenvorort' und ein Geschäft, wo jetzt über zehn private Unternehmer zusammen arbeiten. (...) Die Kunden und Auftraggeber besuchten nun mit Schrecken das früher so florierende Geschäft (Первую модель российской демократии описали классики в «Золотом теленке». Там, собственно, две модели есть – коммуналка «Воронья слободка» и магазин, где вместе работают с десяток частников. (...) Покупатели и заказчики со страхом входили в некогда благоухавший магазин – Ogonjok 19/1996).

Die Differenzierung des russischen Marktes wird eindeutig negativ, die Kunden werden als verunsichert und verschreckt dargestellt. Indirekt wird darauf angespielt, dass die Unternehmer weniger kunden-, sondern vor allem profitorientiert handeln. Die Oligarchen, die sich im Konkurrenzkampf befinden, vernachlässigen den menschlichen Faktor und versuchen bloß, ihre wirtschaftlichen Interessen mit allen Mitteln zu realisieren.

Weitere Verflechtungen mit dem Literatur- und Filmdiskurs findet man als sprachliche »Einsprengsel« in mehreren Artikeln: »Romane von Draiser« (романы Драйзера - Ogonjok 4/1995), »Bulgakovs ‚Meister und Margarita'« («Мастер и Маргарита» Булгакова - Ogonjok 28/1997), »Roman von Forsythe über die russische Mafia« (роман Форсайта о русской мафии - Ogonjok 49/1997), »Helden der Serie ‚Krake'« (герои сериала «Спрут» -Ogonjok 4/1995), »Reich & Arm«, »Der Mensch mit dem Dollar« (Богач, бедняк; Человек с долларом - Ogonjok 31/1997) usw.

Wie man sehen kann, sind die intertextuellen Verknüpfungen sehr zahlreich. Man bemüht bei der Konstruktion der russischen Großunternehmer literarische Bilder und Motive, um die eigene Argumentation zu stützen. Die literarischen Bilder haben ein enormes diskursives Potential, das bei der Reproduktion in den aktuellen Mediendiskursen seine Kraft immer wieder aufs Neue entfalten kann. Dabei war festzustellen, dass man nicht nur Verweise auf die Werke russischer Autoren findet, sondern auch Beispiele aus der Weltliteratur, die allerdings dem russischen Leser bereits aus sowjetischen Zeiten bekannt sind. So waren z.B. die Romane von Theodore Dreiser und Gabriel Garcia Marquez oder Filme wie *Krake* oder *Reich & Arm* in der Sowjetunion sehr populär.

Wenn man genau diese literarischen Verknüpfungen unter die Lupe nimmt, dann kann man feststellen, dass diese den diskursiven Regeln des Oligarchen-Diskurses durchaus entsprechen. So handeln z.B. die Romane von Theodore Dreiser (*Trilogie der Begierde* – 1912-1947), der als Hauptvertreter des literarischen Naturalismus in Amerika gilt, vom Industriemagnaten Cowperwood, den sein skrupelloser Ehrgeiz zu einem der reichsten und mächtigsten Männer Chicagos gemacht hatte. Alles besitzt er, was er als junger Mensch ersehnte: Geld, Liebe, Macht und Ruhm. Aber der erbarmungslose Konkurrenzkampf und eine schleichende Krankheit erschöpfen allmählich seine Kräfte. Kurz vor der Vollendung seines großen Projekts stirbt Cowperwood in einem New Yorker Hotel. Dreiser erschafft somit die Chronik einer Epoche, in der die Vereinigten Staaten von einem Land der Farmer und Pioniere zum Staat der Trusts und Dollarmillionäre wurden. Diese historische und literarische Vorlage eignete sich somit hervorragend, um die aktuelle Entwicklung im Russland der Transformationszeit zu beschreiben und die angeblich gierigen, vom Geld besessenen Großindustriellen in ihrer eigentlichen Tragödie und ihrem Scheitern zu konstruieren.

Auch die Miniserie *Reich & Arm* (Orig. *Rich man, poor man* - 1976, russ. *Богач, бедняк*- Regie Arunas Žebrjunas) nach dem bekannten gleichnamigen Roman von Irwin Shaw begeisterte nicht einfach nur die sowjetischen Zuschauer, sondern war auch ideologisch korrekt. Der Traum von Geld und Glück jagt die Gestalten dieses Romans in einem atemberaubenden Strudel von Ereignissen durch alle Höhen und Tiefen menschlicher Existenz, ohne dass sie ihrem tragischen Schicksal entrinnen könnten. Hier wird ebenfalls die destruktive Macht des Geldes entlarvt, die nicht nur über einzelne Schicksale entscheidet, sondern ganzen Familien den Niedergang bringt. In dieser Interpretation wurde dieser Film zu sowjetischen Zeiten gezeigt[349] und passte somit zum vom Staat propagierten geldfeindlichen Habitus des homo sovieticus. Im aktuellen Diskurs wird an diese ideologische Vorgabe aus den Zeiten des Sozialismus angeknüpft, um die ökonomische, von materiellen Werten geprägte Tätigkeit der Unternehmer zu kritisieren.

Die Vergleiche zu Serie des italienischen Regisseurs Damiano Damiani *La Piovra* (1984) (russ. *Спрут* – »Krake«) über den erbitterten Kampf des unerschrockenen Polizeikommissars Korrado Kattani gegen die italienische Mafia und korrupte Politiker bringen russische Großunternehmer auf diskursiver Ebene in Verbindung mit Mafia und Kriminalität. Die im politischen und medialen Diskurs Russlands verbreitete zoomorphe Metapher »Krake« verschmilzt mit der interdiskursiven Vorlage des Mafia-Films. Im Bewusstsein der Leser wird diese Metapher in ihrer negativen, bedrohlichen Konnotation dadurch verstärkt.

Des Weiteren stößt man bei der Analyse auf Begriffe, die auf die sowjetische Vergangenheit der neuen Großunternehmer anspielen: »Kratze ein wenig einen russischen Millionär und du findest bestimmt einen ehemaligen Komsomolfunktionär« (Поскреби русского миллионера, и почти наверняка обнаружишь бывшего комсомольца – Ogonjok 14/1998). Dabei findet man unterschiedliche Auffassungen und Bewertungen dieser Aussage. Einige Autoren vertreten die Meinung, dass fast alle erfolgreichen russischen Unternehmer die Komsomol-Schule hinter sich haben. Als Komsomolfunktionäre konnten sie die ersten unternehmerischen Erfahrungen sammeln, weil das System genau diese Eigenschaften brauchte. Außerdem gab es in der oberen Etage verschiedener Komsomolorganisationen »sehr gut qualifizierte Fachleute« (в основном комсомольские кадры были вполне квалифицированны - ebd.), die einen langen Weg der Kaderselektion durchlaufen haben: »Im Apparat konnte ein Dummkopf nicht lange bleiben, weil ein Dummkopf gleich die erste Aufgabe vermasseln würde« (На самом же деле дураков в аппарате не очень-то держали. Дурак заваливал первое же порученное ему мероприятие – ebd.). Darüber hinaus funktionierte der Komsomol wie ein großes Unternehmen und die Funktionäre waren in gewissem Sinne Manager, die mit komplexen organisatorischen Aufgaben betraut waren[350].

349 1983 wurde die Serie *Богач, бедняк* in der UdSSR im litauischen Kinostudio in russischer Sprache gedreht und wurde in der Bevölkerung enorm populär.

350 Dazu ausführlicher im Exkurs 4 im Anhang.

Worin bestanden die Vorteile von Komsomolkadern? Sie reagierten schnell und flexibel auf die Veränderungen in der Gesellschaft. Sie nehmen widerspruchslos die gegenwärtige Entwicklung an und entsprechen dem Geist der Zeit (В чем ценность «комсомольских» кадров? Они быстро и гибко реагировали на изменения в обществе. Они органично впитывают все происходящее и сегодня полностью адекватны тому, что происходит – ebd.).

Die Gegenstimmen im OGONJOK-Diskurs wollen dagegen konstatieren, dass den Menschen mit Nomenklaturerfahrungen völliges Fehlen jeglicher moralischer Prinzipien vorgeworfen werden könne. Sie seien dementsprechend Menschen ohne Überzeugungen und passten sich wie Chamäleons an ihre Umgebung an. Sie suchten nach einem warmen Plätzchen im Schoß des Staates, weil sie angeblich im Besitz keiner anderen Talente seien, die es ihnen erlauben könnten, eine andere Tätigkeit auszuüben.

Das wichtigste Prinzip war das Fehlen jeglicher Talente, außer dem Talent zu führen und zu bestimmen. Dazu kommt noch das Fehlen aller moralischen Prinzipien (главный принцип был -- отсутствие любых талантов, кроме таланта руководить и направлят. И отсутствие любых нравственных качеств – ebd.).

Darüber hinaus wird es den neuen Unternehmern bzw. alten Komsomolkadern diskursiv zum Vorwurf gemacht, dass sie die Ressourcen der sowjetischen Wirtschaft ausschließlich für eigene Interessen nutzten und somit »einen stillen Nomenklaturkapitalismus« (стали строить тихий номенклатурный капитализм – ebd.) errichteten.
Die wiederholte Thematisierung sowjetischer Vergangenheit und Nomenklaturerfahrungen russischer Großunternehmer macht diese Elemente zu einem konstituierenden Teil des Typus »Oligarch«. In Verbindung mit keinem anderen Typus wird diesem geschichtlichen Aspekt so viel Platz im OGONJOK-Diskurs eingeräumt. Man stößt in diesem Zusammenhang auf Begriffe wie »Komsomolkader«, »Nomenklaturkapitalist«, »Kooperator«, »Direktor«, »roter Bankier«. Diese Begriffe weisen auf die drei wichtigsten gesellschaftlichen Positionen hin, aus denen heraus die Mehrheit der russischen Großunternehmer ihren Wandel zu privaten Entrepreneurs erlebte: von der Tätigkeit als Komsomolfunktionär (»Komsomolkader«, »Nomenklaturkapitalist«) zum

privaten Business, aus der sowjetischen Industrie (»ehemaliger Direktor«, »apparatčik«, »roter Bankier«) oder vom Schwarzmarkt (»Kooperator«, »Schattenwirtschaftler«) zur individuellen Geschäftsaktivität.

So beschreibt der Finanzmagnat Borovoj seine Anfänge als Unternehmer: »Ich war der erste Kooperator« (я был первым кооператором – Ogonjok 16/1997). Der Millionär Bryncalov versuchte sich ebenfalls zuerst als Parteifunktionär und wenig später als einer der ersten Kooperatoren (Ogonjok 16/1996). Michail Chodorkovskij, der von 1986-1987 als Komsomolfunktionär tätig war, gründete 1987 unter der formalen Führung des Komsomol das Zentrum für die Jugendinitiative, das später in die Private Bank des technischen Fortschrittes und später in die Menatep-Bank transformiert wurde. Sergej Lisovskij, der sehr erfolgreich im Medienbereich agierte (Firmeninhaber der AG »Lis's«, Werbeagentur »Premier Sv« und Generaldirektor der AG »ORT-Werbung«), war ebenfalls früherer Komsomolfunktionär im Baumanskij Bezirk in Moskau (Ogonjok 14/1998). Der im Diskurs häufig präsente Roman Abramovič schildert seine Biographie folgendermaßen:

Am Anfang der Perestrojka gründete ich die erste Genossenschaft und beschäftigte mich mit der Herstellung von Stofftieren. Später produzierten wir Plastikgeschirr, und nachdem die erste russische Börse ins Leben gerufen wurde war ich einer der ersten Broker. Seit 1994 habe ich mit Ölverkauf zu tun (Еще в самом начале перестройки организовал кооператив по пошиву мягкой игрушки. Потом мы выпускали пластиковую посуду. Как вы помните, потом появилась первая товарно-сырьевая биржа. Я брокером работал. С 1994 года занялся торговлей нефтепродуктами – Ogonjok 36-2/1999).

Artjom Tarasov, ein anderer Unternehmer noch größeren Formats, wird ebenfalls als einer der ersten Privatunternehmer inszeniert:

Artjom Tarasov ist ein bewundernswerter Mensch, über ihn könnte man einen Roman schreiben. Er ist ein Nachfahre berühmter russischer Kaufleute, ein Verwandter eines französischen Schriftstellers, ein Wissenschaftler, Politiker und Unternehmer, einer der ersten ‚Kooperatoren' (Артем Тарасов -- удивительный человек, о котором можно было бы написать целый роман. Потомок знаменитых русских купцов, родственник французского писателя Анри Труайя, ученый, политик и бизнесмен, создатель одного из первых кооперативов – Ogonjok 3/1999).

Vielmals kommt im Oligarchen-Diskurs zum Ausdruck, dass ein Teil dieser Unternehmer der so genannten industriellen Nomenklaturelite (аппаратчики) entstammte (Ogonjok 31/1997). Den ehemaligen Komsomolkadern und den ersten Kooperatoren begegnet man mit einer gewissen Sympathie oder zumindest Neutralität; über Chodorkovskij und Abramovič heißt es: »ein gerader Weg von Kooperatoren zum Oligarchen vermittelte Hoffnung und Optimismus« (четко очерченный путь из кооператоров в олигархи вселял надежду и оптимизм – Ogonjok 36-1/1999). Dagegen bleiben die alten Direktoren meist namenlos und gehören nicht zu den Sympathieträgern von Journalisten und Lesern.

Sie kennen zwar die Spezifik des jeweiligen Betriebs, handeln jedoch oft nach den alten Mustern. Sie sehen in der Privatisierung, die Möglichkeit, reich zu werden, fühlen sich jedoch nicht als echte Eigentümer. (Хотя они хорошо знакомы со спецификой того или иного предприятия, они часто действуют по старым, знакомым схемам. В приватизации они ищут лишь возможность разбогатеть и не чувствуют себя настоящими собственниками) (Ogonjok 9/1996).

Sie werden diskursiv zu den konservativsten Akteuren der russischen Wirtschaft, zu Reformbremsern erklärt, die ihre Position ausschließlich für die eigene Bereicherung ausnutzten und daher gesellschaftlich und wirtschaftlich destruktiv wirkten.

4.5.3.2 Diskursive Strategie der Gegenüberstellung und Abgrenzung

Wie bereits im Abschnitt zum Typus »Neuer Russe« festgestellt wurde, vollzieht sich die sprachliche (Re)Produzierung der Vorstellungen über die neuen russischen Unternehmer oft mit Hilfe diskursiver Strategien der Gegenüberstellung und Abgrenzung. Dabei konnte man feststellen, dass im Bezug auf den Typus »Oligarch« dieselbe Strategie ebenfalls häufig zu beobachten war. Die Großunternehmer (»Oligarchen«) werden im OGONJOK-Diskurs des untersuchten Zeitraumes verschiedenen gesellschaftlichen Akteuren gegenübergestellt. Im Gegensatz zum Typus »Neuer Russe« bauen diese Oppositionen nicht auf dem Vergleich zwischen den »einfachen« oder »alten« und den

»neuen« Russen auf, sondern konzentrieren sich auf die diskursiv stark verbreitete Dichotomie zwischen dem russischen Zentrum und der Peripherie. Dabei repräsentieren die »Oligarchen« das russische Zentrum, das wie zu alten sowjetischen Zeiten über die Regionen bestimmt, ihre Belange nicht wahrnimmt und sie ausnutzt.

Die Bezeichnungen der Ölfirmen als Saratover oder Tjumener sind nur Schein. Die echten Eigentümer sind die großen Banken, und die sitzen in Moskau. So steckt hinter den neuen Namen der alte Konflikt »Zentrum-Regionen« (Названия нефтекомпаний -- тюменская, сибирская и т.п. -- мягко сказать, условность. Их контрольные пакеты акций на залоговых аукционах взяты крупными банками. А основные крупные банки находятся в Москве. Так что под новыми терминами кроется старый конфликт «центр-регионы» - Ogonjok 4/1997).

Dieser Konflikt knüpft auf der sprachlichen Ebene an die tiefer liegende, geschichtlich determinierte Opposition zwischen dem Zentrum und den Regionen in Russland an. Dem Zentrum wurde immer vorgeworfen, dass es sich meist sehr wenig mit den Problemen in den Regionen beschäftigt – wenn, dann nur selektiv und meist aus Moskauer Sicht. Dem entspricht beim Publikum in der Provinz ein verbreitetes Desinteresse an Moskauer und gesamtstaatlichen Problemen, das sich in der tiefen mentalen Distanz zu Moskau widerspiegelt. Die OGONJOK-Journalisten stellen sich sprachlich auf die Seite der Regionen und konstruieren die Großunternehmer als regelrechtes Feindbild, da sie mit ihren wirtschaftlichen Interessen die Regionen in den Ruin trieben:

Es wird zunehmend klar, dass nur ein ehrgeiziger, professioneller Politiker das Land (oder wenigstens die eigene Region) vor der engstirnigen, kurzsichtigen, haiähnlichen Unersättlichkeit privater Unternehmen schützen kann (Становится ясно, что сегодня оградить страну (или хотя бы свою область, край, район) от тупой, близорукой, акульей жадности частных компаний под силу только честолюбивым политическим профессионалам – ebd.).

Die »Rettung« der eigenen Region und sogar des ganzes Landes vor den privaten Unternehmern – damit sind offensichtlich die Großunternehmer gemeint, die in die Regionen expandieren – wird zur Aufgabe der Politik und der Politiker erklärt. Dabei wird unterstrichen, dass dies nur ehrgeizige Politprofis schaffen können, die ihre politischen Interessen über die finanziellen stellen können.

Mit den neuen Herren kamen keine guten Veränderungen nach Noril'sk. Es hat sich herausgestellt, dass die alten »vremenščiki« den neuen die Reichtümer des Landes überlassen haben (Добрых перемен с появлением новых хозяев Норильск не дождался. Оказалось, что одни временщики просто сдали несметные богатства другим – напрокат) (Ogonjok 15/1997).

Die »Oligarchen« werden vehement als die »neuen Herren« der Regionen konstruiert. Dabei geht es vor allem um einen Machtaspekt, der über wirtschaftliche Interessen und Dimensionen hinausgeht. Sie werden mit dem Begriff »vremenščik« betitelt, der eine lange historische und literarische Geschichte hat. Im Ožegov-Wörtebuch findet man folgende Erklärung: »Eine Person, die eine höhere Stellung dank der Gunst der Machthabenden erhalten hat« (Человек, получивший высокое положение поволе стоящего у власти покровителя)[351]. Die neueren Wörterbücher weisen auf die aktuelle Bedeutung dieses Begriffs hin:

In den Artikeln von Journalisten und Soziologen hat das Wort ‚vremenščik' eine neue negative Bedeutung bekommen: Betriebsleiter oder -besitzer, die sich durch Profitsucht auszeichnen (В статьях журналистов и социологов слово временщик получило новое, отрицательное значение: руководитель завода, сельскохозяйственного предприятия, для которого главное – нажива)[352].

351 Quelle Online: http://www.ozhegov.su/word_s-12732.html (Stand: 24.11.2010).

352 Quelle Online: http://slovo.dn.ua/spikeriada-vremenshik.html (Stand: 24.11.2010).

Somit bekommt dieser Begriff eine ökonomische Bedeutung, die davor hauptsächlich aus den historischen und literarischen Diskursen gespeist wurde.[353] In dieser neuen Konnotation wird der Begriff auch in aktuellen Diskursen gebraucht; so spricht der russische Premierminister Vladimir Putin in einer öffentlichen Rede am 21.11.2009 über die »vremenščik«-Psychologie russischer Unternehmer, die »in der Hoffnung auf die Hilfe des Staates den letzten Tropfen aus den Unternehmen abschöpfen« (Премьер-министр РФ Владимир Путин призвал российских бизнесменов избавляться от "психологии временщиков", которые выжимают последнее из предприятий в надежде на будущую помощь государства)[354]. Mit dem Begriff *vremenščik* wird bei der Leserschaft an eindeutig negative historische Erfahrungen angeknüpft, die man dementsprechend auf die neuen Unternehmer überträgt.

Das Schicksal von Zehntausenden einfachen ‚Soldaten' ist ein gewöhnlicher Preis für die Macht über Norilsker Metall, den die ‚vremenščiki-Generäle' bereit sind, zu zahlen« (И готовые пасть в последней атаке десятки тысяч «рядовых», похоже, -- обычная цена, которую стоящие за их спинами «генералы»-временщики могут заплатить за власть над норильским металлом – Ogonjok 15/1997).

Das weitere Oppositionspaar entfaltet sich in der Gegenüberstellung von »reich« und »arm«. Die neuen Unternehmer größeren Formats inszenieren sich selbst oder werden im Diskurs als Verkörperung des Reichtums inszeniert. Ihnen gegenüber stehen diejenigen, die es nicht geschafft haben, im Wirbel der marktwirtschaftlichen Veränderungen der Transformationszeit ein Vermögen zu erlangen.

Bryncalov liebt Skandale, aber er ist nicht verrückt. Er verkörpert bloß die neuen russischen Kapitalisten, die nach dem Prinzip ‚Kill the poor' und ‚Zum Teufel damit, was morgen passiert' leben (Брынцалов любит скандалы, но он не сумасшедший. Он прсто представляет собой

353 Diesen Begriff findet man im literarischen Diskurs des 19. Jahrhunderts, so z.B. bei Tjutčev (*С временщиком фортуна в споре)*, aber auch im 20. Jahrhundert so z.B. bei Mandelštam (*Когда октябрьский нам готовил временщик).* In beiden Gedichten hat dieser Begriff negative Konnotationen.

354 Quelle Online: http://www.rian.ru/economy/20091121/194849577.html (Stand: 24.11.2010).

нового русского капиталиста, который живет по принципу ‚kill the poor' и ‚к черту с тем, что будет завтра' – Ogonjok 16/1996).

Somit werden die neuen superreichen Unternehmer wie Bryncalov in eine Position im Diskurs gestellt, die sich außerhalb des Kreises der gewöhnlichen russischen Bevölkerung befindet. Sie begegnen den »Armen« mit Gleichgültigkeit und sogar Verachtung, diese haben für sie keinen Wert: »Kill the poor«. Auf sprachlicher Ebene findet man folgende Oppositionspaare: »Moskau« vs. »Mosal'sk« (kleines Städtchen in Kaluga-Gebiet); »Monster hiesiger Öl- und Finanzmärkte« vs. »Gemüseverarbeitungsbetrieb im Stil »Kinder aus dem Untergrund« von Korolenko; »Industriegiganten« vs. »Agrarprovinz«; »Oligarchen« vs. »Aborigines«; »oligarchischer Menatep« vs. »regionale willenlose Administration«; »Moskauer Oligarchen« vs. »Pilzgroßhändler Volodja«. (Ogonjok 29/1998) Die stummen Opponenten stehen auf verschiedenen Seiten der Werteskala. Die einen verkörpern Erfolg und Wohlstand, die anderen sozialen und gesellschaftlichen Abstieg und Armut. Trotzdem gehören die Sympathien des Autors der zweiten Gruppe, die als Opfer des Systems und des neuen Kapitalismus dargestellt werden.

4.5.3.3 Argumentationsmuster (Werte und Wertewandel)

Im Vergleich zum Typus »Neuer Russe« wird der »Oligarch« weniger durch Wertezuschreibungen, sondern vielmehr durch die Frage nach der Moral der neuen russischen Großunternehmer konstituiert. Die Moral, die im diskursiven Fluss in OGONJOK allerdings schwer eindeutig zu fassen ist, wird zum entscheidenden Kriterium, nach dem der »Oligarch« beurteilt und kritisiert werden kann. Die Moralfrage gehörte in Russland einerseits zu den Kernfragen der russischen Intelligencija, die auf den Seiten ihrer literarischen und publizistischen Werke intensiv diskutiert wurde. Andererseits bildete die Moral eines der Prinzipien sowjetischer Zeit, das hier allerdings mit ideologischen Attributen versehen war. Die Unternehmer dagegen werden als Menschen ohne Moral und Ethik dargestellt: »und dazu das völlige Fehlen jeglicher moralischer Prinzipien« (И отсутствие любых нравственных качеств – Ogonjok 14/1998).

Reichtum wird in Russland durch die Nähe zur Macht gemacht. Der letzte große Skandal verbunden mit der Privatisierung von ‚Svjazinvest' ist ein Tropfen trüben Wassers, in dem sich die Moral des hiesigen großen

Business widerspiegelt (...богатство в России делается за счет близости к власти. Последний громкий скандал, связанный с приватизацией «Связьинвеста», в этом ряду -- капля мутной воды, в которой отразились нравы отечественного большого бизнеса – Ogonjok 31/1997).

Durch die sprachliche Wendung »ein Tropfen trüben Wassers« rückt die Frage der Moral der wirtschaftlichen Akteure erneut in den Vordergrund. Im semantischen Feld dieses Ausdrucks findet sich die Opposition »reines Wasser – trübes Wasser«. Ersteres steht für Sauberkeit, Transparenz und Gesundheit, das andere für Schmutz, Undurchsichtigkeit und Krankheit. Damit verbindet sich idiomatisch die Wendungen »im trüben Wasser fischen«, »im Trüben fischen«, was bedeutet, »mit Hilfe dunkler/geheimer/krimineller Machenschaften Vorteile erlangen, unklare Verhältnisse ausnutzen«[355]. Auf solche Weise tangiert die Publikation erneut den symbolischen Bildbereich der Dunkelheit und der Kriminalität.

Über Werte wie Familie oder Freundschaft in Bezug auf den Typus Oligarch zu urteilen fällt schwer, weil diesbezüglich gegensätzliche Bedeutungen im Diskurs zu finden sind. Einerseits werden Großunternehmer wie Abramovič als fürsorgliche Familienoberhäupter inszeniert, die ihre Freizeit ausschließlich mit Freunden und Familie verbringen und die Fotos ihrer Kinder immer dabei haben (Как вы проводите свободное время?- Когда есть возможность, едем куда-нибудь всей семьей, обычно большой компанией, с друзьями...Фотографии семьи возите с собой- Конечно – Ogonjok 36/1999). Anderen hingegen wird nachgesagt, sie seien so verblendet vom Kampf um die Macht, dass sie sich kaum noch für ihre Familie interessierten, wie etwa der Magnat Bryncalov, über den seine Frau in einem OGONJOK-Interview behauptet: »Ich habe nie etwas positives von ihm über die Familie gehört« (Я не услышала из его уст ничего хорошего о семье – Ogonjok 24/1996).

Das Verhältnis der Oligarchen zum Geld wird von den OGONJOK-Autoren ebenfalls sehr unterschiedlich bewertet. Auch hier ist eine gewisse Ambivalenz der Bedeutungen festzustellen. Auf der einen Seite wird den reichen Businessmännern Missbrauch der durch das Geld erworbenen Macht

355 Tichonova, A. (2004): *Frazeologičeskij slovar' sovremennogo russkogo literaturnogo jazyka.* Moskva: Nauka, S. 613.

vorgeworfen, »sie verhalten sich herausfordernd und frech, als ob das Geld ihnen besondere Rechte verliehen hätte« (…они часто ведут себя вызывающе и нагло. Словно деньги дают им какие-то особые права – ebd.). Andererseits jedoch behauptet z.B. Borovoj, ein prominenter russischer Oligarch, dass »Geld überhaupt keine Bedeutung für ihn hat« (То есть деньги для меня никакого значения не имеют – Ogonojk 16/1997) Interessanterweise erklärt Borovoj seine Abneigung gegen Geld mit Argumenten aus dem literarischen Diskurs der Intelligencija, er erwähnt z.B. ein Gefühl des Ekels bei der Betrachtung von Scheinen und Münzen, das man bereits bei Dostoevskij findet[356] (они (деньги- M.S.) мне не нравятся, я испытываю даже некоторое чувство брезгливости – Ogonjok 16/1997) oder proklamiert Glück fern jeglicher materieller Werte: »Ich bin so glücklich im Leben, weil ich nur wenige Bedürfnisse habe« (Понимаете, я счастлив в жизни тем, что у меня на самом деле потребностей очень мало – ebd.). Somit inszeniert Borovoj sein eigenes Image, das den geschichtlich verankerten Vorstellungen von Geld als gesellschaftlichem und individuellem Übel entspricht. Auf diese Weise versucht er, die Sympathien der Leser, die nicht zuletzt Wähler sind (Borovoj kandidierte zu dieser Zeit für die russische Duma), auf seine Seite zu ziehen.

Diese Ambivalenz in der Bewertung der neuen Großunternehmer kann teilweise dadurch erklärt werden, dass im Gegensatz zu den Neuen Russen, die im Diskurs meistens »stumm« bleiben, die Oligarchen verstärkt das Wort erteilt bekommen und sich so im Diskurs positiv selbst inszenieren können. Wenn über die Oligarchen gesprochen oder geschrieben wird, wandelt sich dieses Bild, und weniger positive Stimmen entwerfen den Oligarchentypus. Diese Beobachtung hat nicht zuletzt damit zu tun, dass zu dieser Zeit finanzschwere Unternehmer die Macht der Medien für sich entdeckten und die Medien, die sich unter ihrer Kontrolle befanden, eine präferentielle Berichterstattung über und Imagepflege für ihre Besitzer betrieben. Diesen Punkt werde ich im nächsten Abschnitt genauer untersuchen.

4.5.3.4 Gegendiskursive Tendenzen

Die Kampfstimmung, die in vielen Artikeln gegen die russischen Großunternehmer evoziert und sprachlich untermauert wird, hat kontextuell gesehen einen realen Bezug zum großen Kampf auf der wirtschaftlichen Arena Mitte

356 Dazu ausführlicher Kapitel 3.3.

der 90er Jahre um die besten »Filetstücke« der noch staatlichen oder teilstaatlichen Betriebe und Firmen. In der Umverteilung der Eigentümerrechte in der so genannten zweiten Phase der Privatisierung kam es viel auf den Bekanntheitsgrad, das Image und die guten Verbindungen zu staatlichen Strukturen an. In dieser Zeit entfaltete sich die diskursive Macht in einer bisher nie da gewesenen Größenordnung.

Man sprach in diesem Zusammenhang von einem »Informationskrieg«, in dem verschiedene Medieneigentümer versuchten, ihre Konkurrenten zu kompromittieren und sich selbst in einem positiven Licht darzustellen. Auf dieser Kontextfolie entstanden spezifische Tendenzen, die man auf den ersten Blick als gegendiskursiv bezeichnen kann; ohne Berücksichtigung nicht-diskursiver Praktiken kann man diese Entwicklung jedoch nur schwer erklären. Am Beispiel des Artikels *Bankenformierung: ein Spiel ohne Regeln* (*БАНКформирование: игра без правил* – Ogonjok 31/1997) werde ich versuchen, diese Tendenzen genauer unter die Lupe zu nehmen und die sprachlichen Elemente, die sich mit den nicht-diskursiven in einer bizarren Art und Weise verzahnen, zu analysieren. Der Text kreist um eine Reihe von diskursiven Ereignissen, die einen unmittelbaren Bezug zu den Privatisierungsprozessen in Russland aufweisen:

1. Privatisierung des staatlichen Betriebs »Azot« durch die ONEXIM-Bank:
»Es wurden Fehltritte bei der Privatisierung des »Azot«-Unternehmens aufgedeckt. Potanin wurde beschuldigt, zwei Drittel des staatlichen Budgets in seine Finanzgruppe zu überführen« (Вскрыты нарушения в приватизации череповецкого «Азота». Потанин обвинен в переводе двух третей госбюджета в свою финансовую группу).

2. Privatisierung von »Svjazinvest«, des größten Telekommunikationsunternehmens Russlands durch die zyprische Firma »Mustcom« (gegründet unter anderen durch die ONEXIM-Bank):

- »am 25. Juli kauft die zyprische Firma »Mustcom« 25% der Aktien von Svjazinvest für 1,875 Milliarden Dollar«
(25 % и одна акция »Связьинвеста« куплена за 1 миллиард 875 миллионов долларов кипрской компанией Mustcom);
- »am 26. Juli wird in VREMJA, den Abendnachrichten des [TV-Senders] ORT diese Übernahme vom Kommentatoren Sergej Dorenko kritisiert«
(В программе ВРЕМЯ с критикой сделки »ОНЭКСИМбанка« и связанных с ним структур и госчиновников выступил комментатор ОРТ Сергей Доренко);

- »am 29. Juli verkündete der Stellvertretende Premierminister Boris Nemcov, dass das Ganze eine ‚ehrliche Auktion war', ungeachtet der Tatsache, dass ‚auf die Regierung ein beispielloser, unverschämter Druck ausgeübt wurde'«
(Первый вице-премьер Борис Немцов заявил, что »состоялся честный аукцион«,»несмотря на беспрецедентное, хамское давление на власть«);
- »Reichtum wird in Russland durch die Nähe zur Macht gemacht. Der letzte große Skandal verbunden mit der Privatisierung von »Svjazinvest« ist ein Tropfen des trüben Wassers, in dem sich die Moral des hiesigen großen Business widerspiegelt«
(богатство в России делается за счет близости к власти. Последний громкий скандал, связанный с приватизацией »Связьинвеста«, в этом ряду -- капля мутной воды, в которой отразились нравы отечественного большого бизнеса).
3. Kauf der Ölkompanie »Sibneft«:
- »Es wird vermutet, dass Boris Berezovskij hinter dem Ölunternehmen ‚Sibneft' steht«
(нефтяная компания »Сибнефть«, за которой, как считается, стоит Борис Березовский);
-»Laut IZVESTIJA war Berezovskij einer der Mitbegründer des Ölunternehmens ‚Sibneft'«
(По информации ИЗВЕСТИЙ, Березовский был одним из тех, кто стоял у истоков создания »Сибнефти«).
Diese diskursiven Ereignisse bewertet das Presseorgan OGONJOK unterschiedlich. Einerseits stellt es die Privatisierungen, die zu Gunsten der ONEXIM-Bank ausgefallen sind, als Betrug dar. Dies spiegelt sich in der aggressiven Wortwahl wider, wie »Fehltritte«, »(Potanin wird) beschuldigt«, »(vom TV-Sender ORT) kritisiert«, »staatliches Geld wird überführt«. Die Aussage von Nemcov, dass die ganze Sache angeblich »eine ehrliche Auktion war«, dementiert man sofort, da »beispielloser, unverschämter Druck auf die Regierung ausgeübt wurde«. Die Zeitschrift OGONJOK prangert den Kauf des Telekommunikationsunternehmens Svjazinvest durch die ONEXIM-Bank als Skandal an.

Andererseits präsentiert der besagte Artikel jene diskursiven Ereignisse neutral, die sich um Berezovskijs geschäftliche Übernahmen drehen. Die Darstellung dieser Privatisierungsaktionen enthält keine negative Wertung. Allerdings fällt auf, dass der Autor auf der sprachlichen Ebene bewusst Distanz zur faktischen Klärung der Eigentumsverhältnisse in den von Berezovskij aufgekauften Unternehmen inszeniert: »Es wird vermutet, dass Boris Berezovskij hinter dem Ölunternehmen ‚Sibneft' steht«; »Laut IZVESTIJA war Berezovskij einer der Mitbegründer des Ölunternehmens ‚Sibneft'.« Hinter der geäußerten Vermutung und dem Hinweis auf die Tageszeitung IZVESTIJA als Quelle der Information könnten sich zwei Absichten verbergen: Entweder entbindet sich der Autor von der Verantwortung für den Wahrheitsgehalt seiner Mitteilung oder er versucht, den Anteil Berezovskijs am Privatisierungsprozess herunterzuspielen. Besonders in jener Zeit, als Berezovskij eine hohe politische Position im Sicherheitsrat besetzte und öffentlich seinen Rückzug aus den kommerziellen Strukturen verkündete, war es wichtig, ihn auf der diskursiven Ebene fern von wirtschaftlichen Interessen zu präsentieren.

Die zweite Hälfte dieses Artikels stellt sieben der so genannten »reichsten Russen« mit entsprechender Bewertung vor. Einen Anstoß dafür gab die amerikanische Illustrierte FORBES im Juli 1997, als sie ein Ranking der reichsten Menschen der Welt veröffentlichte. Unter ihnen figurierten sechs russische Bankiers, Industrielle und Medienmagnaten wie Berezovskij (AVTOvaz), Michail Chodorkovskij (damals Präsident von »Rosprom«), Rem Vjachirev (Gazprom), Vladimir Potanin (ONEXIM-MFK), Vladimir Gusinskij (Media-MOST), Vagit Alekperov (LUKoil). Das Presseorgan OGONJOK versucht zunächst auf textueller Ebene, die Glaubwürdigkeit der amerikanischen Zeitschrift zu hinterfragen und appelliert direkt daran, dass man einem »Boulevardblatt« wie FORBES kein »Vertrauen schenken kann« (конечно, доверия к полубульварному ФОРБСУ никакого). Diese Aussagen bestätigt aus der Expertenperspektive ein Interview mit Irina Jasina, der stellvertretenden Direktorin von PRIME-TASS, der Agentur für Wirtschaftsinformationen. Sie präsentiert ihre Argumentation in einem ganzseitigen Text und betont darin die Unmöglichkeit, das Vermögen russischer Großunternehmer genau zu bestimmen. Dabei wird auf sprachlicher Ebene die Unglaubwürdigkeit der Informationen aus der amerikanischen Presse bei der Beurteilung des Reichtums russischer Magnaten systematisch konstruiert:

- »die Daten von FORBES bezüglich der russischen Reichen kann man nicht ernst nehmen« (к системе подсчета ФОРБСА, так же как и к полученным данным, касающимся русских, нельзя относиться серьезно);
- »die Aussagen von Paul Chlebnikov scheinen in der Form, wie sie in der Presse wiedergegeben werden, seltsam zu sein« (Слова Пола

Хлебникова, в том виде по крайней мере, как их воспроизводят в печати, кажутся очень странными);

- »Die ‚Interviews' (mit den Konkurrenten –M.S.) kann man nicht als sichere Informationsquelle betrachten« (Эти «интервью» нельзя квалифицировать как надежный информационный источник);
- »die Kalkulationen von FORBES basierten auf Gerüchten« (ФОРБС основывался на слухах);
- »die Wahrhaftigkeit solcher Schemata wurde von niemanden bewiesen«(но истинность этих схем никем не доказана);
- »FORBES kann nicht wissen, (wie viel Geld Berezovskij besitzt – M.S.)« (Но журнал ФОРБС об этом знать ничего не может);
- »FORBES macht damit nur Werbung für sich« (ФОРБС делает себе рекламу).

An dieser Stelle verzahnt sich der ökonomische Diskurs über die größten russischen Unternehmer zusätzlich mit dem nationalen. Die Gründe für die falschen oder nicht geprüften Informationen liegen nach Meinung der Expertin vor allem im westlichen Diskurs über Russland. Sie sagt explizit:

der Grund liegt darin, dass die »Neuen Russen« ein sehr modisches Thema im Westen sind. In ihren Finanz-Hitparaden passiert nichts Neues. Es gibt nichts, wofür sie den Leser interessieren könnten. Und hier kommt Russland, wo auf den Straßen Bären und Milliardäre spazieren gehen« (Все дело в том, что «новые русские» -- очень модная на Западе тема. В их финансовых «хит-парадах» почти никаких изменений не происходит. Нечем читателя заинтересовать. А тут Россия, где по улицам бродят медведи и миллиардеры).

Durch diese Verquickung beider Diskurse werden die russischen Großunternehmer diskursiv verteidigt, dem Westen wird vorgeworfen, das Thema Russland immer nur einseitig darzustellen. Auf diese Weise wird die Glaubwürdigkeit der westlichen Presse zusätzlich in Frage gestellt. Durch die groteske Aussage, dass »auf den russischen Straßen Bären und Milliardäre laufen« werden alle anderen Aussagen bezüglich der russischen Oligarchen unterminiert.

Der Name Berezovskij, der zu dieser Zeit der Miteigentümer der Zeitschrift OGONJOK war, fällt im Laufe des Artikels viermal in Kontexten, die nach einem ähnlichen Schema aufgebaut sind: »Er (Gusinskij - M.S.) kann seinen

Konkurrenten (Berezovskij - M.S.) nicht objektiv beurteilen« (не может он объективно оценить конкурента); »FORBES kann nicht wissen«; Boris Berezovskij ist der einzige der »Sechs« (Superreichen – M.S.), der die Angaben von Forbes widerlegte« (Борис Березовский – единственный из »шестерки«, кто опроверг данные ФОРБСА); »Berezovskij verklagte das Journal wegen Verleumdung« (Березовский подал на журнал в суд за клевету). Somit wird im Text eine Strategie verfolgt, die sich durch bewussten Rekurs auf den angeblich unglaubwürdigen, ignoranten oder irrationalen Diskurs über Berezovskij auszeichnet, um ihn von allen eventuellen Beschuldigungen freizusprechen.

Dagegen präsentiert der Artikel die Konkurrenten Berezovskijs negativ oder bestenfalls neutral und bringt vor allem Berezovskijs damaligen Hauptrivalen Potanin einerseits mit Skandalen in Verbindung »skandalöses Investitionsprojekt von Potanin« (скандальный инвестиционный проект); »geheime Absprachen« (тайный сговор с Потаниным); »brach ein Skandal um die Lieferung der Kampfflugzeuge nach Indien aus« (грянул скандал, связанный с поставками истребителей в Индию) und andererseits mit dem Kreml' »er war der Initiator des Vorschlags, gegen große Anteile an staatlichen Unternehmen der russischen Regierung einen Kredit zu gewähren« (выступил инициатором предложения дать правительству кредит в обмен на передачу во временное управление части акций крупных госпредприятий); »dieses Konglomerat (von Potanins Unternehmen – M.S.) ist ganz eng mit dem Kreml' verbunden« (этот конгломерат очень тесно связан с Кремлем).

Zusammenfassend lässt sich sagen, dass an diesem Artikel durch die Analyse exemplarisch der »doppelte Boden« diskursiver Inszenierung russischer Großunternehmer sichtbar gemacht werden konnte. Zum einen sind gegendiskursive Tendenzen feststellbar, die einige Unternehmer, wie Berezovskij oder Gusinskij, rechtfertigend und sogar als Opfer nicht nur falscher Berichterstattung, sondern auch realer Attentate seitens der Konkurrenten oder der politischen Gegner darstellen. Andererseits jedoch werden die Konkurrenten der besagten Großunternehmer (wie Potanin oder Rem Vjachirev) eindeutig in schlechtem Licht dargestellt.

Auf der diskursiven Ebene scheinen zwei Typen von Oligarchen zu agieren: die guten und die bösen. Die Medieneigentümer versuchten verstärkt ihre wirtschaftliche Macht in diskursive zu transformieren, was zu gewissen Verzerrungen und Einschränkungen auf der Ebene der medialen Texte führte. Mit

Hilfe der sprachlichen Argumentation inszenierten die Besitzer der Zeitschriften und Zeitungen, wie Berezovskij in OGONJOK, ihr neutrales oder auch positives Image und »schwärzten« ihre wirtschaftlichen oder politischen Kontrahenten an. Der reale »Informationskrieg« und der Kampf um die Umverteilung ökonomischer und politischer Ressourcen offenbarten sich somit durch die Sprache und loteten die Grenzen der diskursiven Ordnung aufs Neue aus. Auch Roman Abramovič, der später die Zeitschrift OGONJOK übernahm (am Ende des Jahres 1998), erfährt im Diskurs eine Neubewertung seines Images. In dieser Zeit ist ein bemerkbarer quantitativer Anstieg der diskursiven Fragmente zu beobachten, in denen ein positives Bild des jungen Oligarchen konstruiert wird. Dabei wird sprachlich gezielt ein Schwerpunkt auf die Jugend und Bescheidenheiten des Großunternehmers gelegt. Diese Eigenschaften sollen ihn zuerst von den gewohnten Vorstellungen über die neuen Großunternehmer abheben, die sich im Diskurs vor allem durch ein protziges, überhebliches Auftreten und nicht mehr jugendliches Alter auszeichnen. Abramovič dagegen wird als »gern lächelnder, sympathischer junger Mann« (Оригинал оказался улыбчивым и обаятельным молодым человеком – Ogonjok 36/1999) charakterisiert, dabei wird auf die Echtheit dieses nach außen transportierten Bildes (оригинал) hingewiesen. Er ist energisch und dies »bereitet ihm Freude« (радостный от переполнявшей его энергии), diese Energie möchte er gegen die alten Strukturen und die »alte Garde der regionalen Wirtschaftsfunktionäre« (церемониться со »старой гвардией« директоров здесь не собираются)(ebd.) richten, vor denen er offensichtlich keine Angst hat. Somit wird Oligarch Abramovič als Gegenpol zu der verkrusteten, noch aus sowjetischen Zeiten stammenden Kaste der Nomenklatur aufgebaut und als neue Aussicht auf eine normale wirtschaftliche Entwicklung des Landes inszeniert.

Ein neuer Held wird erschaffen, mit dem die Hoffnungen der russischen Regionen verbunden werden: »Ohne die modernen Industriellen wird es für die Region schwer sein« (без прихода современных промышленников району придется туго). Das Wort »Held« fällt nicht zufällig in diesem Kontext: »Das Volk erkannte seinen Helden« (Народ узнал в лицо своего героя). Auch seine Karriere vom Kleinunternehmer zu Beginn der Transformation zum Oligarchen wird diskursiv positiv gewertet, was, wie bereits aufgezeigt wurde, so bejahend nicht immer dargestellt wird: »Sein klar gezeichneter Weg vom Kooperatoren zum Oligarchen vermittelte Hoffnung und Optimismus«

(четко очерченный путь из кооператоров в олигархи вселял надежду и оптимизм).

Eine andere gegendiskursive Strategie, die innerhalb des untersuchten Diskurses festgestellt werden konnte, äußert sich in der bewussten Steigerung negativer Konnotationen, die am Ende ins Absurde geführt und dadurch völlig entkräftet werden. Zum in den russischen Medien geführten Diskurs über Abramovič wird auf diese Weise ein Gegendiskurs gestartet, der die Sinnlosigkeit des ersten entlarven sollte.

Öffnen Sie die »MK«[357] und lesen Sie: die Idee, Lenin umzubestatten, stammt anscheinend von Roman Abramovič. Seid mutiger, Ihr, Propheten! Warum so kleinlich! Lasst uns die gewagten Vermutungen fortsetzen! Die Affäre mit der Schnellstraße aus Moskau nach Petersburg hat sich Abramovič ausgedacht. Den Staatsbankrott hat Abramovič herbeigeführt. Die Staatsschulden in untragbarer Höhe hat Abramovič verursacht. Wir haben die höchste Abtreibungsrate in Europa wegen Abramovič. Den ganzen falschen Wodka hat auch Abramovič gebrannt. Den Nord- und Südpol hat Abramovič entdeckt. Puschkin hat auch Abramovič getötet. Die ‚Titanic' hat Abramovič (alias Eisberg) versenkt. Abramovič ist unser alles!«[358] (Ogonjok 19/1999).

Dadurch wird zusätzlich Kritik an der aktuellen Politik und dem Verlauf der wirtschaftlichen Reformen geübt. Später wird auf gesellschaftliche Probleme hingewiesen und als Apogäum der absurden Behauptungen wird auf historisches Material zurückgegriffen. Außerdem ist eine Verquickung mit dem antisemitischem Diskurs sichtbar, die in der Argumentation der aneinandergereihten Vorwürfe[359] und im grotesken Wortspiel – »Abramovič (alias Eis-

357 Gemeint ist die Boulevard-Zeitung MOSKOVSKIJ KOMSOMOLEC.

358 »Открывайте «МК» и читайте: идея перезахоронения Ленина, оказывается, принадлежит Роману Абрамовичу. Смелей, ясновидящие! Что ж вы так мелочитесь? Давайте продолжим смелые догадки! Аферу со скоростной дорогой из Москвы в Петербург придумал Абрамович. Дефолт организовал Абрамович. Внешних долгов на неподъемную сумму набрал Абрамович. Самый высокий в Европе уровень абортов у нас из-за Абрамовича. Всю поддельную водку в России гонит Абрамович. Северный и Южный полюса открыл Абрамович. Пушкина убил Абрамович. «Титаник» затопил Абрамович (он же Айсберг). Абрамович - это наше все!«

359 Vg. dazu Larissa Lissjutkina »Ewige Juden, ewiges Russland«. http://www.oeko-net.de/kommune/kommune05-06/kjuden.htm (letzter Zugriff 30.11.2010).

berg)«[360] – erkennbar wird. An dieser Stelle wird der historische Diskurs revitalisiert und an die aktuelle Entwicklung angeschlossen, indem auf ethnische Phobien und Ängste der russischen Bevölkerung, genährt durch ökonomische Lasten und Bürden des Systemwechsels, Traumata des Zerfalls der Sowjetunion, des Scheiterns der infantilen Illusionen der Aufbruchszeit, hingewiesen wird.[361]

Andere Beispiele für gegendiskursive Tendenzen sind nicht allzu zahlreich, aber auch diese rekurrieren auf die Notwendigkeit, der ökonomischen Elite Gehör zu verschaffen und auf die Unmöglichkeit einer effektiven wirtschaftlichen Entwicklung ohne diese Akteure. Besonders vor den Wahlen 1996 wurde diese »Notwendigkeit« mehrmals im Diskurs präsentiert. Die einflussreichen Unternehmer unterstützten diejenigen Präsidentschaftskandidaten finanziell, die ihrer Meinung nach die besten Bedingungen für die weitere Entwicklung des ökonomischen Sektors und die politische Sicherheit in der Zukunft garantieren konnten. Die Großunternehmer werden in diesem Kontext diskursiv zur »Elite« des Landes erhoben, die »andere, ernstere Interessen« vertreten (у элиты другой интерес – Ogonjok 21/1995). Sie seien darin interessiert, dass Politiker eine »normale ökonomische Sphäre« schafften und dafür seien sie bereit, viel Geld zu investieren (обеспечить бизнесу нормальную среду обитания. Это стоит дорого, но бизнесмены готовы эти деньги дать – ebd.). Als Argument für diese Meinung wird die Stimme eines russischen Oligarchen im Diskurs hörbar, die in direkter Rede zum Ausdruck kommt.

Oleg Bojko, ein einflussreicher russischer Businessman: ‚Wir brauchen keine Führer, wir brauchen eine stabile Basis der Vernunft und gesunden Konservatismus. Deswegen ist es wichtig, jegliche Kataklysmen zu vermeiden'. (Олег Бойко, влиятельный русский бизнесмен: «Нам не нужны вожди, нам нужен базис вменяемости и здорового

360 Das Wort »Eisberg« wird im doppelten Sinne gebraucht: einmal im üblichen Verständnis des Wortes als schwimmende Eismasse, an der die »Titanic« zugrunde ging (im Russischen, wie deutsch, »Айсберг«), die zweite Bedeutung rekurriert auf die angeblich jüdische Herkunft des Namens »Eisberg«.

361 So schreibt Larissa Lissjutkina, dass die Mehrheit der Bevölkerung sich als Verlierer der Transformation empfinde und sich von den politischen und wirtschaftlichen Eliten ausgeraubt, verraten und im Stich gelassen fühle. Der Regimewechsel von 1991 sei im Bewusstsein von zahlreichen Bevölkerungsgruppen zur nationalen Katastrophe stilisiert worden. Nur 22 Prozent der Bevölkerung bewerteten heute die Reformen als positiv, 56 Prozent dagegen als negativ. Als Gewinner stünden dagegen jüdische Oligarchen und Politiker im Rampenlicht. (Vgl. Lissjutkina 2010).

консерватизма. Для этого важно избегать любых катаклизмов – ebd.).

Dies unterstützt die oben vorgebrachte These, dass der Typus Oligarch öfter als andere Unternehmer-Typen im Diskurs das Recht zu sprechen bekommt und auf diese Weise das eigene Image »korrigieren« bzw. erzeugen kann. Dass dieses »Recht« vielleicht erst »erkauft« werden musste, sei dahin gestellt. Dem durchschnittlichen Leser bleiben die damit verbundenen nicht-diskursiven Praktiken meist verborgen, auch durch die Analyse können diesbezüglich lediglich Annahmen präsentiert werden.

Fazit

Zusammenfassend kann man sagen, dass der Typus »Oligarch« einen einfluss- und kapitalreichen Unternehmer repräsentiert, der im OGONJOK-Diskurs eindeutig zu den am negativsten bewerteten Unternehmertypen gehört. Aus der quantitativen Analyse geht hervor, dass dieser Typus des Unternehmers besonders zu wichtigen politischen Ereignissen (wie Duma- und Präsidentschaftswahlen) auf dem medialen Parkett auftrat. Das hängt zum einen damit zusammen, dass die Großunternehmer durch die Finanzierung von Kandidaten, deren Loyalität sie sich versichern wollten, in diese Prozesse eingebunden waren, zum anderen stellten einige der »Oligarchen« sich selbst als mögliche Duma-Abgeordnete oder gar als Präsidentschaftskandidaten zur Wahl. So konnte man zu dieser Zeit die intensive Transformation von ökonomischem in symbolisches Kapital beobachten, die im Diskurs auf verschiedene Weise artikuliert wird.

Auf der Suche nach wichtigen Schlüsselbegriffen und Metaphern, mit Hilfe derer dieser Typus konstruiert wird, stieß man auf eine reiche Palette von Bedeutungen und diskursiven Verknüpfungen. Interessanterweise bezieht sich die Mehrheit der Schlüsselbegriffe auf die historischen und literarischen Diskurse und reproduziert in den aktuellen Texten alte Konnotationen, die immer noch ein starkes diskursives Potential innehaben und oft negativ besetzt sind. Die diachronen Ebenen kann man in zwei zeitliche Abschnitte unterteilen, zum einen sind das die Bedeutungen, die bereits aus der vorrevolutionären Zeit stammen, wie z.B. »Aristokrat«, »König«, »Mäzen«, zum anderen sind das Begriffe, die eindeutig der sowjetischen Periode zuzuordnen sind, wie z.B. »Nomenklaturkapitalist«, »Monopolist«, »General«, »Komsomolkader«. Auch das literarische Material, das bei der diskursiven Beschaffenheit des Oligarchen-Typus bemüht wird, entstammt literarischen Werken verschiedener Epochen (z.B. Saltykov-Ščedrin, Giljarovskij neben den sowjetischen Autoren Il'f und Petrov, Aleksandr Volkov und Michail Bulgakov). Auffallend in dieser Hinsicht war ein häufiger Rekurs auf die Bücher und Filme westlicher Autoren, wie Dreiser, Marquez, Shaw u.a., die jedoch bereits zu sowjetischen Zeiten ideologie- und diskurskonform waren, da sie die destruktive Kraft des Geldes künstlerisch zur Schau stellten.

Die pejorative Bedeutung des Oligarchen-Typus wurde häufig durch zoomorphe Metaphern, wie z.B. »Hai«, »Krake«, »Monster«, »wildes Tier« sprachlich erzeugt, was etwas überraschend wirkte, weil dies bei der Analyse anderer Unternehmertypen nicht in diesem Maße als konstituierendes Element festgestellt werden konnte. Die These des Linguisten Čudinov kann dabei als Erklärung dienen, er weist darauf hin, dass die Aktivierung von Naturmetaphern im politischen und medialen Diskurs Russlands oft dann geschieht, wenn auf die nationale Ebene rekurriert wird und wenn es um nationale Sicherheit geht, die durch »gefährliche Tiere« bedroht werde. Die politisch und wirtschaftlich einflussreichen Großunternehmer werden somit als nationale Gefahr gesehen.

Ein weiterer wichtiger diskursiver Baustein des Oligarchen-Typus besteht in der häufigen Thematisierung der Nomenklaturerfahrungen heutiger Industrie- und Bankengiganten. Dabei verfestigen sich im Diskurs zwei gegensätzliche Meinungen, die diese »Vergangenheit« unterschiedlich bewerten. Eine Ausbalancierungstendenz wird deutlich, in der die jüngeren Komsomolfunktionäre im Vergleich zu den alten Parteikadern rehabilitiert werden, letztere jedoch eindeutig zu den am negativsten bewerteten ökonomischen Akteuren gehören.

Die Untersuchung der diskursiven Strategie der Abgrenzung und Gegenüberstellung hat gezeigt, dass der Typus Oligarch am häufigsten durch die Frage der Moral aus der Gemeinschaft diskursiv ausgeschlossen wird. Dabei spielen die geschichtlichen Wertevorstellungen, die von der russischen Intelligencija im literarischen und publizistischen Diskurs geprägt wurden und bis in die heutige Zeit offensichtlich nicht an Aktualität eingebüßt haben, eine entscheidende Rolle. Auf dieser Folie werden die neuen Unternehmer einer Kritik und Stigmatisierung unterzogen. Auffallend war in diesem Zusammenhang die ebenfalls historisch verankerte Opposition zwischen dem Zentrum und den russischen Regionen, die immer schon als Stiefkinder des machtbesessenen, rücksichtslosen Zentrums dargestellt wurden. Dementsprechend werden auch jene »Oligarchen« bewertet, die jetzt eine ebensolche wirtschaftliche Ausbeutung betreiben wie zur sowjetischen Zeit die Machthaber in Moskau.

Im Laufe der Analyse konnten auch einige gegendiskursive Tendenzen festgestellt werden, die jedoch sehr stark mit nicht-diskursiven Praktiken verbunden sind. Mit der Umverteilung der Eigentumsrechte der wichtigen Medien der Russischen Föderation begann der so genannte »Informationskrieg« auf der diskursiven Ebene. Die Medieneigentümer nutzten ihre Zeitschriften, Zeitungen und TV-Sender, um ihr eigenes Image in gewünschter Weise zu errichten, gleichzeitig wurden auf dieser Weise die wirtschaftlichen und politischen Konkurrenten »bekämpft«. So konnte man durch die Feinanalyse aufzeigen, wie Großunternehmer und OGONJOK-Inhaber Berezovskij und Abramovič ihr Bild in dem untersuchten Presseperiodikum regelrecht »aufpolieren«, ihre Opponenten jedoch, wie Potanin oder Vjachirev, eindeutig diskursiv diskreditieren. So wird auf sprachlicher Ebene suggeriert, dass es zwei Typen von »Oligarchen« gebe, die »guten«, die Reformen anstrebten, liberale Politiker unterstützten und sich um die Belange der Regionen kümmerten, und die »bösen«, deren Tätigkeit von Skandalen und Betrug umwoben sei und die nur ihren eigenen Profit ohne Rücksicht auf die nationalen Bedürfnisse anstrebten. Auf diese Weise wird versucht, den Diskurs über die Großunternehmer zu »korrigieren«, was jedoch angesichts der durch die Analyse aufgezeigten ablehnenden Deutungen kaum ins Gewicht fällt. Somit wird der Typus »Oligarch« trotz der identifizierten gegendiskursiven Tendenzen nicht nur als eine der negativsten Erscheinungen der Transformationszeit konstruiert, er wird im Verlaufe des untersuchten Diskurses sogar als nationale Gefahr gebrandmarkt.

4.5.4 Feinanalyse 3: Der »Intellektuelle«

Der dritte Typus, der im Rahmen der Feinanalyse untersucht wird, erscheint im OGONJOK-Diskurs zwar nicht so häufig wie die Unternehmertypen der »Neue Russe« und der »Oligarch«, jedoch ist seine diskursive Repräsentanz quantitativ und qualitativ nicht weniger bedeutsam. Der »Intellektuelle« bildet im gewissen Sinne einen Gegenpol zu den meist negativ dargestellten Großunternehmern und den russischen *nouveau riche* und zeichnet sich durch einen von der russischen Intelligencija geprägten Moral- und Wertekodex aus, den er auf seine Geschäftstätigkeit überträgt. Wegen der historischen Anerkennung und positiven Konnotationen dieser moralischen Prinzipien wird das ökonomische Handeln dieser Akteure auf der diskursiven Ebene neu bewertet, was im Laufe der Analyse verdeutlicht werden soll.

Die quantitative Verteilung des Typus »Intellektueller« im Verlaufe des untersuchten Diskurses hängt, wie bereits oft beobachtet, mit den diskursiven Ereignissen zusammen. So konnte man eine besondere Präsenz dieses Unternehmertypus zu den Zeiten der Wahlen (Duma - und Präsidentenwahlen) Ende 1995 (11 Diskursfragmente) und im Jahr 1996 (14 Diskursfragmente) beobachten. Im Vergleich zu dem Jahr davor (1994 – 4 Diskursfragmente) und dem Jahr nach den Wahlen (1997 – nur 2 Diskursfragmente) bedeutet dies eine merkliche Steigerung und hängt mit der allgemeinen diskursiven Tendenz der Aktivierung aller liberalen und ökonomischen Stimmen zur Verhinderung der Vorherrschaft der Kommunisten bei den Wahlen zusammen, die auch bei der Untersuchung anderer Typen (siehe Kapitel »Oligarch«) festzustellen war.

Tab. 9: Quantitative Verteilung des Typus »Intellektueller« im Zeitverlauf

Jahr	1994	1995	1996	1997	1998	1999
Anzahl der Diskurs-fragmente	4	11	14	2	13	5

Die Besonderheit, die den Typus »Intellektueller« in quantitativer Hinsicht von den anderen Unternehmertypen unterscheidet, besteht im explosionsartigen Ansteigen der Repräsentationen dieses wirtschaftlichen Akteurs von 2 Diskursfragmenten 1997 auf 13 im Jahre 1998. Kein anderer Typus wird so häufig im untersuchten Diskurs des Jahres der großen russischen Krise zur Sprache gebracht wie der »Intellektuelle«. Dies hängt überwiegend damit zusammen, dass die ökonomische Krise in erster Linie als die Tragödie der Mittelklasse, deren Repräsentant vor allem der »Intellektueller« ist, begriffen und sprachlich auf diese Weise konstruiert wurde, eine These, die im Weiteren ausführlicher entfaltet werden soll. Im Jahr nach der russischen Krise findet man vereinzelt diskursive Verweise auf diesen Unternehmertypus, der in 5 Artikeln repräsentiert wird.

Die Feinanalyse des Typus »Intellektueller« wird nach dem bereits vorgestellten Analyseschema untersucht. Dabei werden die wichtigsten Schlüsselbegriffe und Metaphern analysiert, mit deren Hilfe dieser Typus sprachlich entwickelt wird. Die Auseinandersetzung mit der diskursiven Strategie der Gegenüberstellung und Abgrenzung soll weitere Schlüsse über die diskursive Beschaffenheit des »intellektuellen Unternehmers« ermöglichen. Auf der Ebene der Argumentationsmuster werden diejenigen Beispiele analysiert, die sich explizit und implizit auf Werte und Moralfragen beziehen. Anschließend sollen die gegendiskursiven Tendenzen identifiziert und in die Analyse einbezogen werden.

4.5.4.1 Schlüsselbegriffe und Metaphern

Im Laufe der Analyse konnten mehrere metaphorische Konzepte identifiziert werden, die das Thema »intellektueller Unternehmer« widerspiegeln. Die Tabelle 9 soll zunächst einen Überblick über diese Konzepte geben, die im Folgenden genauer analysiert werden.

Die wichtigsten Begriffe und Metaphern gruppieren sich um vier Zielbereiche, die den Typus »Intellektueller« beschreiben: die quantitativ überragenden sind die Bereiche, die einerseits auf die intellektuellen Fähigkeiten dieses Unternehmertypus rekurrieren, andererseits auf seine ökonomischen Talente. Dem historischen und literarischen Diskurs werden einige Vorlagen entnommen, mit deren Hilfe der untersuchte Typus sprachlich konstruiert wird. Diese meist personifizierten Vergleiche entstammen nicht nur der russischen Literatur, sondern auffallend oft auch der westeuropäischen (Don Quijote, Rastignac). Wie diese weisen auch die historischen Persönlichkeiten, die bei der Konstruktion des Intellektuellen bemüht werden, ambivalente Züge auf (Tretjakov, als bekannter russischer Mäzen und Kunstsammler neben Šamil, dem Anführer der muslimischen Bergvölker Dagestans und Tschetscheniens beim Widerstand gegen die russische Eroberung des Kaukasus). Überraschenderweise häufen sich die Vergleiche und Metaphern aus dem psychologischen Bereich; die intellektuellen Unternehmer werden im Diskurs als »Verrückte« oder »Geisteskranke« bezeichnet – allerdings wird dies im weiteren Text wieder verworfen und der Diskurs über den angeblich »verrückten« intellektuellen Unternehmer korrigiert.

Tab. 10: Metaphorische Konzepte (Typus »Intellektueller«)

	Russisch	Deutsch
Intellektuelle Fähigkeiten	Проповедник	Prophet
	Любитель поговорить о судьбе России	ein Freund der Gespräche über das Schicksal Russlands
	Читатель журнала ДЕНЬГИ	Ein Leser der Zeitschrift GELD
	Человек разных дарований	Ein Mensch mit diversen Talenten
	Философско мыслящий человек	Ein philosophisch denkender Mensch
	Носитель интеллекта	Intellektträger
	Умница	Ein kluger Kopf
	Борец за идею	Kämpfer für eine Idee
Ökonomische Talente	Организатор	Organisator
	Самый главный бухгалтер	der wichtigste Buchhalter
	Биржевой спекулянт от искусства	Börsenspekulant auf dem Kunstmarkt
	Влиятельный участник рынка	Einflussreicher Marktteilnehmer
	Средний класс	Mittelklasse
	Лоцман	Lotse
	Чемпион	Champion
	Непререкаемый авторитет	unbestreitbare Autorität
Literarische und historische Vorlagen	Экономический Дон Кихот	Ökonomischer Don Quijote
	Деточкин	Detočkin
	Третьяков	Tretjakov
	Шамиль	Schamil
	Растиньяк	Rastignac
	Буратино	Buratino
Psychologische Eigenschaften	Сумасшедший	Verrückter
	Псих	Geisteskranke
	Ненормальный	Nicht normaler Mensch
	Дети	Kinder
	Оптимист	Optimist

Das Überwiegen der Begriffe und Metaphern, die die intellektuellen Fähigkeiten dieses Unternehmertypus betonen, weist darauf hin, dass er nicht einfach ein wirtschaftlicher Akteur wie alle anderen ist, sondern darüber hinaus eine bestimmte Position vertritt, einen bestimmten gesellschaftlichen Status hat und ein Vertreter einer bestimmten Gruppe, nämlich der Intelligencija, ist.

Die Metapher »Prediger« (*Проповедник идеи экономического самоуправления трудящихся* – Ogonjok 40/1996), die in diesem Zusammenhang gebraucht wird, tangiert den religiösen Quellbereich: Ein Prediger in den christlichen Kirchen ist der Überbringer der biblischen Botschaft durch die Predigt, durch die Verkündigung und Auslegung des Wortes Gottes nach der kirchlichen Lehre. Im aktualisierten Kontext im OGONJOK-Diskurs verliert dieses Bild zwar seine religiöse Färbung, die positive Konnotation und die Bedeutung der Besonderheit, des Auserwähltseins, des Wissens fließt aber in die aktuelle diskursive Beschaffenheit des »intellektuellen Unternehmers« mit ein. An dieser Stelle wird der Begriff »Prediger« reaktualisiert, wobei hier nicht das Wort Gottes verkündet wird, sondern die Idee der ökonomischen Selbstverwaltung der Arbeiter. Diese Idee entstammt ihrerseits dem historischen Diskurs der Slawophilen, die das Modell der ökonomischen und sozialen Verwaltung (*zemstovo*)[362] als Idealbild der russischen Gesellschaft sahen[363]; somit werden diese Vorstellungen im aktuellen Mediendiskurs fortgeführt.

Der »Intellektuelle« tendiert auf diese Weise in den Augen der Textproduzenten und -rezipienten zum slawophil geprägten nationalen Denken, das er auch auf die wirtschaftliche Sphäre zu übertragen versucht. Dieses Charakteristikum des Typus »Intellektueller« wird im Verlaufe des untersuchten Diskurses zu einem der wichtigsten diskursiven Marker, was im Weiteren verdeutlicht wird.

Aber der Unternehmer aus der Schicht der Intelligencija ist in dieser Hinsicht noch etwas anderes, er ist nicht nur der »Prediger« einer Idee, sondern auch ihr Vorbereiter (»ein philosophisch denkender Mensch«) und »Kämpfer für eine Idee«. Die Metapher »Kämpfer« (*Борец за идею* – Ogonjok 21/1999) entspringt zwar dem militärischen Quellbereich, der Zusatz »für eine Idee« verschiebt diese Bedeutung aber auf eine Auseinandersetzung in der geistigen oder auch diskursiven Welt. Somit wird der intellektuelle Unternehmer diskur-

362 *Zemstvo* bedeutet Landschaftsvertretung und bezeichnete lokale Selbstverwaltungseinheiten auf Kreis- und Gouvernementsebene, die 1864 im Zuge liberaler Reformen in Russland eingeführt wurden. Der Aufgabenbereich der lokalen Verwaltungen enthielt unter anderem das Gesundheits-, Bildungs- und Verkehrswesen, die Wohlfahrtspflege und die Armenfürsorge, die Industrie, den Handel und die Landwirtschaft.

363 Bei A. Solženicyn findet man den Rückgriff auf die Zemstvo als politische Struktur zur Rettung des Landes. (Vgl. Solženicyn (1990): *Rossija, kotoruju my poterjali.* Moskva).

siv in die historische Tradition der russischen Intelligencija gestellt, die ihre Verwirklichung in der Hervorbringung von Ideen und im Kampf um diese sah. Die anderen Begriffe und Beschreibungen zielen ebenfalls darauf ab, den untersuchten Unternehmertypus mit den für die russische Intelligenzschicht typischen Eigenschaften und Gewohnheiten in Verbindung zu bringen: »der Mensch mit vielen Talenten«, »kluger Kopf«, »der Intellektträger« und »der Mensch, der gern über das Schicksal« seiner Heimat diskutiert. Somit ist die diskursive Einordnung dieses Typus in die Schicht der russischen Intelligencija und ihre Denkweise eindeutig sprachlich untermauert.

Ein neuer Aspekt, der in diesem Zusammenhang diskursiv entfaltet wird, bezieht sich auf die ökonomische Tätigkeit des intellektuellen Unternehmers, der dem historischen Intellektuellen eher fremd war: Man findet in den literarischen und historischen Diskursen grundsätzlich eine ablehnende Haltung der Intelligencija gegenüber wirtschaftlich determinierter Tätigkeit. Wie bereits im Kapitel 3 angemerkt worden war, avancierte die Intelligencija in Russland zum Träger der so genannten »Werterationalität«[364]. In ihrer Orientierung auf das Erreichen höherer moralischer und auch religiöser Werte bildete sie den geistigen Gegenpol zu den Unternehmern, bei denen die Erlangung der eigenen Ziele auf dem für sie vorteilhaftesten Weg im Vordergrund stand (»praktische Rationalität«).

Russische Schriftsteller, die im Zuge der Kommerzialisierung der literarischen Sphäre gezwungen waren, als selbstständige Unternehmer tätig zu werden, gerieten durch diese Einstellung in einen Konflikt und beschritten unterschiedliche Wege bei dem Versuch, dieses Dilemma zu lösen. So arbeitete z.B. Puškin für sich ein Konzept aus, in dem er eine scharfe Grenze zwischen dem Dichten einerseits und dem Verkauf seiner Werke andererseits zog. [365]

Die neuen russischen intellektuellen Unternehmer versuchen ebenfalls, dieses Dilemma zu lösen, sie tun dies jedoch auf ihre eigene Art und Weise. Die Begriffe und Metaphern, die in diesem thematischen Komplex zur Sprache kommen, verraten zum Teil diese Lösung. Zu den Talenten und moralischen Prinzipien, die dem Typus »Intellektueller« zuerkannt werden, kommen noch Bedeutungen, die z.B. auf das Streben, Volksnähe zu schaffen, rekurrieren: »Sein Klient ist ein einfacher, nicht besonders reicher. Das Volk sozusagen« (Клиент у него простой, небогатый. Народ – Ogonjok 27/1996). Er ist eine

364 Weber 1988, S. 386.

365 Siehe dazu ausführlicher Kapitel 3.1.

»unbestreitbare Autorität« (Непререкаемый авторитет – ebd.) unter den »einfachen« Menschen. Er tut alles dafür, diese Nabelschnur (Интеллигентская пуповина – Ogonjok 36/1998), die ihn mit dem Volk verbindet, nicht zu durchtrennen.

Außerdem zeichnet er sich in seinem wirtschaftlichen Tun durch Beweggründe aus, die nicht auf Materialität abzielen. Ähnlich wie im russischen literarischen Diskurs wird auf den Seiten der meinungsbildenden Zeitschrift OGONJOK sichtbar gemacht, dass ein Unternehmertypus im Diskurs nur dann positiv konnotiert wird, wenn er von einer Idee, einer Leidenschaft, und nicht einfach von ökonomischem Kalkül getrieben wird. Diese These, die historisch in der russischen Kultur verankert ist, wird in den folgenden Aussagen aufs Neue reproduziert: »Der Erfolg bedeutet vor allem das Gefühl des Fliegens« (Скорее всего, успех -- это ощущение полета – Ogonjok 33/1996), ein Unternehmer sagt von sich selbst, dass »er von Geist und Energie erfüllt ist«, die er den Menschen zur Verfügung stelle, er »gebiert eine Idee und führt sie zu Ende« (Пока у меня есть дух, энергия! Пожалуйста -- используйте. Я рождаю идею и довожу до конца – ebd.). Ein anderer Unternehmer verbindet beides in sich: »Boris Nuraliev hat gelernt, die schöpferischen Ambitionen verbindet er mit der schwierigen Arbeit des Organisators« (Борис Нуралиев научился - творческие амбиции он совместил с тяжелым трудом управленца - Ogonjok 27/1996).

Andere erfolgreiche intellektuelle Unternehmer schaffen eine Grenze zwischen ihrer ökonomischen Tätigkeit und ihrer geistigen Welt, was wiederum an die literarischen Gegenmodelle gegenüber der kapitalistisch determinierten Welt erinnert.[366] Die heutigen Unternehmer behaupten, dass »sie zwar sehr erfolgreich sind, jedoch keine Freude bei der geschäftlichen Tätigkeit empfinden« (справляется он с этим (бизнесом - M.S.) хорошо, хотя особой радости от бизнеса никогда не испытывал - Ogonjok 51-52/1998). Freude finden sie in einer immateriellen, künstlerischen oder spirituellen Beschäftigung: »Nach dem Arbeitstag fahren viele in Kasinos oder Clubs, um sich zu entspannen, ich jedoch fahre nach Hause, um zu malen« (Все после трудового дня едут расслабляться в казино или ночные клубы, а я - домой, рисовать – ebd.). Sie haben immaterielle Träume und verwirklichen sich in Bereichen, in denen sie eine echte Aufgabe sehen; so hat Goša, ein sehr erfolgreicher intellektueller Unternehmer, »einen immateriellen Traum. Von

366 Siehe dazu ausführlicher Kapitel 3.

Kindheit an liebte er die Bardenlieder« (Но была у Гоши одна совершенно нематериальная мечта. С детства любил он авторскую песню – Ogonjok 13/1999). Künstler zu unterstützen, ihnen eine Möglichkeit zu geben, ihre Talente zu entwickeln, macht er zu einer Aufgabe, die er erfolgreich im Leben umsetzt und in der er gleichzeitig eine geistige Erfüllung erlebt.

Die Vergleiche und Metaphern, die in diesem Zusammenhang gebraucht werden, rekurrieren auf den Intelligencija-Diskurs; sogar wenn über die ökonomischen Talente der intellektuellen Unternehmer gesprochen wird, werden sie diskursiv mit Attributen des historischen Intellektuellen versehen: »Erfolg als Fliegen«, »vom Geist erfüllt«, »eine Idee gebären«, »schöpferische Ambitionen«, »immaterieller Traum« usw. Durch diese geistig geprägte Aureole avancieren die intellektuellen Unternehmer zu positiven Helden im OGONJOK-Diskurs, und es kann darüber hinaus vermutet werden, dass auf diese Weise ein positiver Held der neuen ökonomischen Epoche im Russland der Transformationszeit insgesamt konstruiert wird. Nicht zufällig wird mit Hilfe der Metapher »Lotse«, der sein »Schiff« sicher auf das offene Meer gebracht hat (Лоцманы вывели корабль на большую воду – Ogonjok 30/1996) auf die diskursiv anerkannte führende Rolle dieses Unternehmertypus unter den neuen wirtschaftlichen Bedingungen rekurriert.

Diese Anerkennung hängt nicht zuletzt damit zusammen, dass dem intellektuellen Unternehmer hohe Professionalität zugesprochen wird. Dies ist ein neuer Aspekt im Unternehmerdiskurs der meinungsbildenden Zeitschrift OGONJOK: In Verbindung mit keinem anderen Unternehmer wird diesem Charakteristikum so viel Platz eingeräumt wie in Verbindung mit dem »Intellektuellen«. Man findet wiederholt Aussagen, die die »rettende« Wirkung des Wissens und des professionellen Könnens dieser Unternehmer herausstellen.

Professionelle Fähigkeiten und die Bereitschaft, richtig zu arbeiten, ist der Geldbeutel in dem vorzeitig angezogenen Anzug, den man behalten soll, wenn man den Anzug zurückgeben muss. Sie erlauben einem, nicht bloß gegen die Macht zu kämpfen oder vor ihr zu kriechen, sondern einfach weiter zu arbeiten, ohne auf sie angewiesen zu sein (Профессиональный навык, умение работать - тот бумажник в кармане преждевременно надетого пиджака, который следует оставить, возвращая пиджак. Он позволит не бороться с властью, не выслуживаться перед ней, а попросту работать, не очень обращая внимание на нее – Ogonjok 36/1998).

Besonders in der Zeit der russischen Wirtschaftskrise häufen sich die diskursiven Appelle, sich auf die eigene Professionalität und eine tüchtige Arbeit ungeachtet aller ökonomischen Kataklysmen zu verlassen. Diese Professionalität hat ihre Wurzeln zum einen in der sowjetischen Zeit (»Den erfahrenen sowjetischen Ingenieur können auch die Marktverhältnisse nicht überraschen« (Матерого советского инженера даже рыночные отношения не застанут врасплох – Ogonjok 27/1996), zum anderen haben die Vertreter der russischen Mittelklasse während der Transformationszeit gelernt, »nicht nur nach westlichem Vorbild zu konsumieren, sondern auch zu produzieren. Der heutige durchschnittliche arbeitende Russlandbewohner ist viel professioneller als der sowjetische Mensch in allem, was er tut« (наш middle class познал не только западный стиль потребления, но и производства. Сегодняшний среднестатистический работоспособный россиянин куда профессиональнее советского человека, чем бы он ни занимался – Ogonjok 36/1998).

Die diskursive Anerkennung der professionellen Fähigkeiten des Typus »Intellektueller« lässt sich auch anhand positiv konnotierter Adjektive ablesen: Es ist im Laufe der Analyse augenfällig geworden, dass diese Unternehmer oft mit Adjektiven wie »ehrlicher (Unternehmer)« (честный предприниматель), »ausgezeichneter (Organisator)« (великолепный организатор), »außerordentlicher (Optimist)« (чрезвычайный оптимист), »unbestreitbare (Autorität)« (непререкаемый авторитет) beschrieben werden, die die außerordentlich positiven Eigenschaften dieses Typus in den Vordergrund stellen. Auch Superlative, wie »der einflussreichste Mensch auf dem russischen Computermarkt« (Борис Нуралиев в прошлом году признан самым влиятельным человеком на отечественном компьютерном рынке) und »der wichtigste Buchhalter« (самый главный бухгалтер) unterstreichen ihre Besonderheit und ihre Wichtigkeit für den russischen Markt.

Der nächste Bildbereich entspringt dem psychologischen Diskurs. In einigen Diskursfragmenten werden diese Unternehmer als »Geisteskranke« (Бориса Нуралиева очень любят называть сумасшедшим – Ogonjok 27/1996) und »Verrückte« (психи на свободе – ebd.) bezeichnet. Sie haben »wahnsinnige Ideen« (безумная идея – ebd.), die die anderen zuerst als »Unsinn« (Бред, конечно, - сказал мне один его высокопоставленный сотрудник – ebd.) abstempeln. Die neuen Unternehmer werden allerdings nur im metaphorischen Sinne als »Wahnsinnige« bezeichnet, aus dem Kontext wird ersichtlich, dass »Wahnsinn« vor allem unternehmerischen Mut, Risikobereitschaft und innovative Ideen bedeutet, die der Intellektuelle trotz aller Vorurteile und allem Misstrauen in die Tat umsetzt. So wird die negativ konnotierte Bewertung diskursiv umgedreht und bekommt eine ausgesprochen positive Färbung.

Das Motiv des »Verrücktseins« als »Anderssein« hat ebenfalls historische diskursive Spuren. Im literarischen und geschichtlichen Diskurs findet man Beispiele, in denen die Andersdenkenden von der Gesellschaft oder von den Machthabern als Wahnsinnige stigmatisiert wurden[367]. So wird z.B. der Protagonist Čackij der bekannten Verskomödie *Verstand schafft Leiden* (*Горе от ума* - 1823) von Aleksandr Griboedov wegen seiner freien Denkweise, die der allgemeingültigen widerspricht und diese für eine kurze Zeit erschüttert, für verrückt erklärt, um die Wahrheit seiner Worte und seiner satirischen Bemerkungen zu entkräften. Auch Michail Bulgakov benutzt dieses Motiv in seinem Roman *Der Meister und Margarita* (*Мастер и Маргарита* – 1940), um die Praktiken der sowjetischen Machthabenden zu entlarven, mit denen sie die andersdenkenden Intellektuellen und Künstler mundtot gemacht hatten.

Aus der Geschichte des sowjetischen Staates ist ebenfalls bekannt, dass viele Dissidenten trotz geistiger Gesundheit in Nervenkliniken eingeliefert wurden: neben so prominenten Dissidenten wie dem Ex-Generalmajor Pjotr Grigorenko, dem Moskauer Kunstmaler Viktor Kuznecov, dem Mathematiker Leonid Pljušč oder dem Biologen Žores Medvedev auch zahllose Bürger, die auffällig geworden waren. »Geisteskrankheit« meinte bloß mangelnde Anpassung des Einzelnen ans kommunistisch geeinte Kollektiv, und unter "Therapie" verstanden die Psychiater vor allem die Assimilation des Einzelnen in die Gemeinschaft.[368] Auf dieser Folie wird der intellektuelle Unternehmer zum »ökonomischen Dissidenten« erhoben, der sich der Übermacht der Gemeinschaft

367 Man findet in der russischen Literatur zahlreiche Beispiele des »literarischen Wahnsinns«. Bereits in der romantischen Auffassung galt der Wahnsinn als Protest gegen die Allmächtigkeit des Verstandes, des Symbols der Aufklärung. Die Romantik bezweifelte, dass die Vernunft allein ausreiche, Mensch und Welt zu erfassen. Sie glaubte, um die Existenz einer anderen, »inneren« Welt zu wissen. Die Menschen, die diese Welt zu verkünden begehrten, wurden oft als Wahnsinnige angesehen. Dies war jedoch kein vernichtender Wahnsinn, sondern er hob die Persönlichkeit über ihre eigenen Grenzen hinweg. Puschkin greift dieses Motiv auf, um verschiedene Auffassungen von Persönlichkeit in der Welt zu beschreiben (*Der eherne Reiter* und *Pique Dame*), Nikolaj Gogol benutzt ebenfalls den »Wahnsinn«, mit dem er seine Protagonisten durchleuchtet und die Entwicklung des Wahnsinns zur Handlung seiner Erzählungen macht (*Aufzeichnugnen eines Wahnsinnigen, Die Nase, Der Mantel*), für Fedor Dostoevskij bieten die psychologischen Motive ein fruchtbares Feld, um die Seele des Menschen als Kampfplatz verschiedener Prinzipien, Gefühle und Ideen darzustellen (*Doppelgänger, Der Idiot, Herr Procharčin* u.a.).

368 Ausführlicher dazu Bloch, Sydney/Peter Reddaway (1982): *Dissident oder geisteskrank? Missbrauch der Psychiatrie in der Sowjetunion.* München: Piper Verlag.

widersetzt und seine angeblich »verrückte« Idee verwirklicht. Sein Verhalten widerspricht oft den allgemeingültigen Vorstellungen über die Handlungen eines reichen Menschen. So träumt der Unternehmer Kroš (»verrückter Kroš«), der ökonomisch sehr erfolgreich ist, nicht »von einer Villa in Kalifornien oder in den Alpen«, nicht von einem teuren Auto (»sogar einen ‚Zaporožec' braucht er nicht«), obwohl er es sich leisten könnte, sondern von dem, was er am meisten liebt, von »der Tundra und Tee mit Torfbeeren« (А ненормальному Крошу, которому по средствам участок со всеми причиндалами если не в Калифорнии, так в Альпах, но которому даже »Запорожец« на фиг не нужен, под флоридскими пальмами приснился чай с морошкой и дымом. Сколько его ни корми - в тундру смотрит – Ogonjok 21/1999). Die Metapher »verrückt« (ненормальный) impliziert in diesem Fall die Abweichung von der Norm, der allgemeingültigen Auffassung eines bestimmten Verhaltens, die jedoch durch die Kontextualisierung eine positive Konnotation erfährt.

Im Laufe der Analyse ließ sich außerdem feststellen, dass bei den Zuschreibungen zum Typus »Intellektueller« auffallend oft literarisches Material herangezogen wird. Nicht nur die Unternehmer selbst werden mit literarischen Figuren verglichen, auch in der Argumentation der Autoren sind oft literarische Spuren zu finden. Die Tabelle 10 auf der folgenden Seite gibt einen Überblick über die Verquickungen des Unternehmerdiskurses mit dem literarischen und dem Filmdiskurs.

Wie man sehen kann, sind die literarischen Verweise zahlreich und sehr heterogen. Man findet den diskursiven Rückgriff auf die Werke der klassischen russischen (N.G. Černyševskij, L.N. Tolstoj) wie auch auf westeuropäische und amerikanische Schriftsteller (J.W. Goethe, Miguel de Cervantes, Honoré de Balzac, Oscar Wilde, William Shakespeare, Ray Bradbury), die quantitativ sogar überwiegen. Auch einige Hinweise auf die aktuelle russische Poesie und Prosa (I. Irtenjev, V. Pelevin, J. Kim) und auf die sowjetische Literatur (O. Mandelstam, A. Voznesenskij, Alexej Tolstoj) finden Eingang in den untersuchten medialen Diskurs. Auch russische Filme (*Vorsicht, Autodieb* (Берегись автомобиля – 1966, Regie Ė. Rjazanov) und *Moskau glaubt den Tränen nicht* (Москва слезам не верит – 1979, Regie W. Menšov) liefern diskursives Material, um die intellektuellen Unternehmer mit den positiven Bedeutungen auszustatten, die den Protagonisten dieser Filme seit langem eigen sind, was im Weiteren zu verdeutlichen ist.

Ich werde mich auf einige wichtige Literarisierungen des Typus »Intellektueller« konzentrieren, um bestimmte Bedeutungen herauszufiltern, mit deren Hilfe dieser Typus sprachlich konstruiert wird. Viele der identifizierten literarischen Figuren tendieren zu Prototypen, die im medialen und im Alltagsdiskurs verankert sind. Sie sind mit bestimmten, immer wieder aufs Neue reproduzierten Bedeutungen aufgeladen, die zum einen zur Vereinfachung des diskursiven Kommunikationsprozesses führen, zum anderen die Literaturlastigkeit dieser diskursiven Gemeinschaft verraten.

Aus der Analyse geht hervor, dass der Unternehmertypus des Intellektuellen nicht mit literarischen Unternehmerfiguren verglichen wird, sondern sehr oft mit romantischen, selbstlosen Helden, die entweder einer immateriellen Idee nachjagen oder ihre persönlichen Interessen den Interessen der Gemeinschaft unterordnen.

Tab. 11: Intertextuelle Verweise (Typus »Intellektueller«)

Klassische russische Literatur	
N.Černyševskij *Was tun?* (*Что делать?* – 1862)	»Где деньги?!» - вот третий, после «кто виноват» и «что делать», русский вопрос«
Lev Tolstoj *Hadschi Murat* (*Хаджи Мурат* - postum 1912)	»У Боллоева - умницы, красавца, селф - мейд -мена, эдакого Третьякова, Морозова и толстовского Шамиля вместе взятых - в этот момент изменялось лицо.«
Sowjetische Literatur	
Andrej Voznesenskij (1933 -2010)	»Андрей Вознесенский называл Церетели ‚прорабом перестройки'«
Osip Mandelstam (1891 -1938)	»Так, мой добрый приятель, работоголик и умница, врубающийся легко в игру на какой -то там бирже и, к слову сказать, все еще прослаивающий сухую цифирь уместной цитатой из Мандельштама«
Alexej Tolstoj *Buratino und das goldene Schlüsselchen* (*Буратино или Золотой ключик* -1936)	»Все мы немножко Буратины«
Postperestrojka –Literatur	
Igor Irtenjev (1947)	»по строчке Иртеньева ‚поэтам нужно подавать'«
Viktor Pelevin *Buddhas kleiner Finger* (*Чапаев и пустота* -1996)	»'Сникерс' и пустота«
Westeuropäische und US -amerikanische Literatur	
J.W. Goethe *Faust* (1808)	»Герой Гете искал формулу вечной жизни.

	Семеро интеллектуалов -учредителей пивбара имени Фауста вывели формулу возрождения многострадальной отечественной экономики.« »Кто это так лихо загнул про вечность? Гете? Башковитый был немец.«
Miguel de Cervantes *Don Quijote* (1605)	»Экономический Дон Кихот и Дульсинея Тобосская в год девятый от начала ‚перестройки' торгуют в центре Москвы пивом«
Oscar Wilde *Das Bildnis des Dorian Gray* (1890)	»В бизнесе есть ‚новые русские' без затей и те, кто делает вид, что остался собой, напоминая историю о Дориане Грее и его портрете.«
Ray Bradbury (1920)	»Американский писатель -фантаст Рей Брэдбери давно, еще в 70 -х, предупреждал человечество о грядущем вселенском орекламливании«
Honoré de Balzac *Vater Goriot* (1834)	»То пермский, не то омский растиньяк, он в середине 80 -х поступил в МГУ«
Film	
Film *Vorsicht, Autodieb* (1966)(*Берегись автомобиля* - Regisseur Eldar Rjazanov)	»Деточкины всегда такие непонятные«
Film *Moskau glaubt den Tränen nicht* (1979)(*Москва слезам не верит* - Regisseur Vladimir Men'šov	»Нашего человека зовут Гоша - - совсем как главного положительного героя оскароносного блокбастера ‚Москва слезам не верит'«

Aus der literaturwissenschaftlich motivierten Diskursanalyse der russischen Literatur (siehe Kapitel 3) ging hervor, dass dort die Unternehmerfiguren fast nie aus der Intelligencija stammen. Die Helden von Ostrovskij, Gorkij, Čechov, Melnikov-Pečerskij u.a. stammen fast ausschließlich aus dem Unternehmermilieu (kaufmännische Schicht oder später Industrielle) oder der Bauernschaft. Wie bereits erwähnt, eignete sich der Intellektuelle nicht für die Rolle eines praktischen Helden, ihm wurde die Rolle des positiven Helden vorgesehen, fern jeglicher kommerzieller Interessen. Es kann vermutet werden, dass aus diesen Gründen die diskursive Konstituierung des Typus »Intellektueller« nur aus der Reihe der positiven literarischen Helden geschöpft werden konnte. So werden die Intellektuellen aus dem Artikel *Beim Faust* (*У Фауста* - Ogonjok 30/1996) als »ökonomische Don Quijotes« bezeichnet. Diese literarische Figur dient als Sinnbild für einen versponnenen Idealisten, der im zweiten Band des

Romans vom Narren zum Weisen wird. In der Aktualisierung dieser Figur im OGONJOK-Diskurs werden seine idealistischen Motive und seine etwas kindliche Naivität auf das ökonomische Verhalten der neu gebackenen intellektuellen Unternehmer übertragen. Somit werden sie mit positiven Bedeutungen ausgestattet, die sie zu Sympathieträgern für die Leser werden lassen.

Ein anderer Idealist, der in Verbindung mit dem Typus »Intellektueller« zitiert wird, ist Jurij Detočkin, der Protagonist des Filmes *Vorsicht, Autodieb*, der ebenfalls von idealistischen Motiven geleitet wird. Er versucht, die Gerechtigkeit wiederherzuzustellen, indem er die Autos reicher Betrüger stiehlt und verkauft; das Geld, das er dafür bekommt, spendet er an Kinderheime. Obwohl er ein Verbrechen begeht, wird er mit so vielen positiven Eigenschaften versehen, dass er unweigerlich zu einem der positivsten Helden der sowjetischen Filmgeschichte gehört und als Antwort eines Intellektuellen auf die Habgier sowjetischer Bürokraten gesehen wird. Der mit Detočkin verglichene Unternehmer bildet unter den neuen ökonomischen Bedingungen eine diskursive Opposition zu den so genannten »Neuen Russen«; auch er gibt das Geld, das er von den »Neuen Russen« für seine Arbeit bekommt, den Kindern (Kinderkunststudio) (Он исполняет причуды »новых русских«, а деньги вкладывает в детскую студию – Ogonjok 21/1996). Seine Motivation und sein Handeln werden von ideellen Zielen geleitet, was in der neuen kapitalistischen Gesellschaft nicht selbstverständlich ist: »Detočkins sind immer so unbegreiflich« (Деточкины всегда такие непонятные – ebd.) Mit der Pluralform des Namens »Detočkin« wird der Unternehmer in die Reihe selbstloser, fern materieller Interessen stehender Helden gestellt und diskursiv positiv markiert.

Einige literarische Vorlagen werden im untersuchten Diskurs neu gedeutet. So wird z.B. der literarischen Figur Rastignac aus dem Roman *Vater Goriot* von Honoré de Balzac nur ein Teil der Bedeutungen bei der Repräsentation in OGONJOK entnommen, nämlich seine Herkunft aus der Provinz und seine wissenschaftlichen Interessen, denen er am Anfang des Romans ergeben ist. Seine spätere Loslösung von den integren Wurzeln und von seinen idealistischen, wissenschaftlichen Zielen und seine völlige Hingabe an Karriere und Geld werden im aktuellen diskursiven Abschnitt ausgeblendet. Der intellektuelle Unternehmer, der als »Omsker Rastignac« bezeichnet wird, verfolgt zu Beginn seiner Laufbahn ähnliche Motive, er kommt aus der russischen Provinz und will an der renommiertesten Hochschule des Landes studieren (Не то пермский, не то омский растиньяк, он в середине 80 -х поступил в

МГУ – Ogonjok 39/1998). Seine weitere Entwicklung ähnelt jedoch nicht der des literarischen Rastignac: er macht zwar Karriere, aber sein Wesen ändert sich nicht, er ist nach wie vor von Ideen geleitet (Игоря, у которого можно было разжиться идеей) und macht sich Sorgen um die instabile Lage in Russland. Somit wird die diskursive Bewertung der literarischen Figur Rastignac umgedeutet, nur diejenigen Bedeutungen werden reproduziert, die dem positiven Helden entsprechen.

Der Vergleich des erfolgreichen Unternehmers in dem Artikel *Die Lehre vom September* (*Сентябрьский урок* – Ogonjok 39/1998) mit der sowohl historischen als auch literarischen Figur Šamil aus dem Roman *Hadschi-Murat* (*Хаджи-Мурат* – 1904) von Lev Tolstoj lässt verschiedene Interpretationsmöglichkeiten zu. Aus dem Kontext wird ersichtlich, dass diesem Unternehmer ausschließlich positive Eigenschaften zugeschrieben werden: Er ist »ein Schlaukopf, ein schöner Mann, ein self-made-man, ein Tretjakov, Morozov und tolstojscher Šamil« (у Боллоева - - умницы, красавца, селф -мейд -мена, эдакого Третьякова, Морозова и толстовского Шамиля вместе взятых). Auf dieser Folie birgt die Wiederaufnahme der Figur Šamils einige Widersprüche in sich. Der Autor bezieht sich offensichtlich nicht auf die historische Figur des tschetschenischen Widerstandskämpfers, sondern auf ihre literarische Verarbeitung bei Lev Tolstoj. Wenn man jedoch genau den Roman *Hadschi-Murat*[369] betrachtet, findet man in der Charakterisierung des Šamil kaum positive Eigenschaften. Er ist, zusammen mit der Figur des Zaren Nikolaj, viel mehr ein Sinnbild für einen machtbesessenen, grausamen Herrscher, einen Despot fern jeder Moral und Menschlichkeit. Desto erstaunlicher scheint die Reaktivierung dieses literarischen Helden in Bezug auf diesen positiven Unternehmertypus. Entweder wird damit nur auf die imposanten äußerlichen Charakteristika dieser Figur rekurriert (auch bei Tolstoj wird Šamil als ein schöner, starker Mann beschrieben) wobei die anderen, negativen Eigenschaften ausgeblendet werden. Oder man hat es hier mit einer diskursiven Verschiebung zu tun, bei der die Konnotationen, mit denen eigentlich Hadschi Murat als Sinnbild eines außergewöhnlichen, mutigen, willensstarken und leidenschaftlichen Helden ausgestattet ist, im OGONJOK-Diskurs auf einen anderen Helden des Romans, nämlich Šamil, übertragen und somit die ursprüngliche, literarische Vorlage verändert wird.

369 Tolstoi, Leo N (2001): *Hadschi Murat. Ein Roman aus dem Kaukasus.* Zürich: Manesse Verlag.

Diese Figur, die bei der Beschreibung des intellektuellen Unternehmers herangezogen wird, bleibt auf diese Weise uneindeutig und für eine Interpretation offen. Bei meiner Analyse tendiere ich zur zweiten Erklärung und vermute eine unbeabsichtigte diskursive Verschiebung, die man nicht als Versuch eines Gegendiskurses auffassen sollte, weil die anderen Konnotationen (»ein Schlaukopf, ein schöner Mann« usw.), die im gleichen Kontext gebraucht werden, auf eindeutig positive Bedeutungen hinweisen.

4.5.4.2 Die diskursive Strategie der Gegenüberstellung und Abgrenzung

Im Rahmen der Feinanalyse konnte man diese diskursive Strategie besonders bei der Konstituierung des Typus »Neuer Russe« und etwas weniger beim »Oligarchen« beobachten. Bei der Untersuchung des Typus »Intellektueller« konnte ebenfalls das Verfahren der diskursiven Abgrenzung und Gegenüberstellung identifiziert werden, jedoch unter einem anderen Vorzeichen, als es bei dem »Neuen Russen« und dem »Oligarchen« der Fall war. Der »Intellektuelle« ist »exklusiv«, aber nicht in Abgrenzung zur übrigen Bevölkerung – was mit einer negativen Wertung verbunden wäre – sondern in Opposition zu den diskursiven »Feinden« (»Oligarch«, »neue Russen«, der Staat) des transformierten Russlands; seine »Exklusivität« hat den Charakter des Auserwähltseins, seiner besonderen Rolle in der Gesellschaft.

Im Laufe der Analyse konnten folgende Oppositionen identifiziert werden, die genau diesen exklusiven Charakter sprachlich untermauern:

- »Intellektuelle« vs. »Banditen«
- »Intellektuelle« vs. »Neue Russen«
- »Intellektuelle« vs. »Oligarchen«
- »Intellektuelle« vs. Ausländische Unternehmer
- »Intellektuelle« vs. Staat (Beamte)

Die »intellektuellen« Unternehmer als Oppositionen zu den »Banditen«, die als Subsummierung des kriminellen Elements (auch kriminelle Unternehmer - siehe Kapitel 4.4.1.) verstanden werden, bilden insoweit einen Gegenpol, als sie versuchen, mit ehrlichen Methoden und mit Hilfe der Kultur die ökonomische Sphäre zu erobern und zu verändern:

An den Wänden des Cafés hängen Zitate aus ‚Faust'. Nach einem Schluck vom dunklen ‚Guinness', einem Bissen vom gegrillten Schweinefleisch und nach dem Lesen des klugen Gedankens zum Thema ‚Menschen sterben für Metall' bist du kein Bandit mehr, sondern ein seriöser Mensch im Prozesse der Aneignung der klassischen Weltliteratur (На стенах в рамочках цитаты из «Фауста» развешаны. Отхлебнешь «Гиннеса» темного бочкового, закушаешь свининой парной жаренной на гриле, прочтешь на стенке умную мысль на тему «Люди гибнут за металл» - - и уже не бандит в натуре, а серьезный человек в процессе приобщения к мировой классике – Ogonjok 30/1996).

In dieser Aussage wird deutlich, dass die neuen Unternehmer nicht nur eine neue Geschäftskultur vertreten, sondern auch versuchen, mit Hilfe von Literatur die Menschen zu verbessern. So sollte aus einem »Banditen« nach dem Lesen von *Faust* ein »seriöser Mensch« werden. Die intellektuellen Unternehmer werden auf diese Weise nicht nur zum Vorreiter auf dem ökonomischen Feld, sondern erfüllen weiterhin die Kulturträgermission, die in den historischen Intelligencija-Diskursen fest verankert ist.

Der zweite Oppositionsblock bezieht sich auf die Gegenüberstellung zwischen dem »Intellektuellen« und dem »Neuen Russen«. Diese diskursive Strategie wird in dreifacher Weise vollzogen: zum Ersten seien die »Intellektuellen« im Vergleich zu den »Neuen Russen«, wie bereits festgestellt, von immateriellen Zielen geleitet:

Valerij Kondratjev stiehlt bei den »Neuen Russen«. Er verwirklicht ihre Launen und das Geld investiert er in ein Kinderhilfsprojekt (Валерий Кондратьев в последнее время ворует у "новых русских". Он исполняет причуды "новых русских", а деньги вкладывает в детскую студию (Ogonjok 21/1996).

Zum Zweiten seien die intellektuellen Unternehmer, was die geistigen und professionellen Fähigkeiten betrifft, den »Neuen Russen« bei weiten überlegen:

Boris hat bemerkt, dass in sein Büro auch die ,Coolen', alle in Leder und Velours, kommen, auf das Programm ,Buchhalter' schauen wie die Kuh aufs neue Tor und dann weggehen. Es hat sich herausgestellt, dass sie das Programm nicht nahmen, weil es ihnen zu billig war und billig ist für sie nicht interessant (Борис стал замечать, что в офис приходят «крутые», все в коже и замше, смотрят на «Бухгалтерию» как баран на ворота, разворачиваются и уходят. Оказалось, не брали они программу потому, что дешевая, а им дешевое западло – Ogonjok 27/1996).

Die »Neuen Russen« werden als die »Coolen« (крутые) bezeichnet; dieser Begriff hat im Alltags- und Mediendiskurs seinen festen Platz. Es wird auf ähnlicher Weise argumentiert wie in den Witzen über die »Neuen Russen« (siehe Kapitel 4.5.2.): Sie handelten irrational und schätzten den Wert eines Gegenstandes nicht nach seiner Bedeutung, sondern nach seinem Preis, was auf ihren antiökonomischen Habitus hinweise. Der »Intellektuelle« schaffe dagegen nicht nur ein hervorragendes Produkt, sondern mache es auch für das Volk zugänglich.

Zum Dritten führe die Betätigung des »intellektuellen« Unternehmers auf dem ökonomischen Feld im Gegensatz zu der des »Neuen Russen« nicht zum Verlust seiner moralischen Prinzipien und seiner Integrität.

Im Business gibt es »Neue Russen« ohne Ideen und die, die vorgeben, sich selbst treu geblieben zu sein, wie in der Geschichte über Dorian Gray und sein Porträt. Die ökonomische Tätigkeit hat alle gebrochen, aber Nuraliev ließ sie in Ruhe, weil ihn das Business nicht interessiert (В бизнесе есть «новые русские» без затей и те, кто делает вид, что остался собой, напоминая историю о Дориане Грее и его портрете. Бизнес переломал всех. А Нуралиева оставил в покое. Потому что его бизнес не интересует – ebd.).

Aus dieser Aussage kann man explizieren, dass die wirtschaftliche Aktivität einen Menschen verändere, ihn seine Grundsätze verwerfen und ihn zu einem Monster, wie Dorian Gray in der Erzählung von Oscar Wilde, werden lasse. Gleichzeitig wird darauf hingewiesen, dass die Vertreter des Typus »Intellektueller« dieser Gefahr widerstünden, weil sie eigentlich kein rein ökonomisches Interesse verfolgten. Ihre Ziele lägen vielmehr, wie bereits erwähnt, in der professionellen Verwirklichung, in der Erfüllung einer gesellschaftlichen Pflicht (wie z.B. dem Dienst am Volk) oder in der Verfolgung einer Idee oder eines ideellen Traumes.

Die nächste diskursive Kontrahentenkombination entfaltet sich in der Gegenüberstellung des »Intellektuellen« und des »Oligarchen«. Die Argumentation wird auf ähnliche Weise aufgebaut wie die Opposition zum »Neuen Russen«: die »Oligarchen« täten nichts Nützliches für die Gemeinschaft (»was haben sie Sinnvolles im Leben getan?« (Что они путного сделали в этой жизни? – Ogonjok 13/1999); sie schadeten nur der russischen Gesellschaft (»sie können nichts außer Niederträchtigkeiten« (Ничего, кроме гадостей, делать не умеют – ebd.)) und sie seien im Vergleich zum positiven Unternehmertypus unprofessionell und unwissend (»sie sind Amateure und Dilettanten« (любительщина и дилетантство сплошное – ebd.)). Im extremen Gegensatz dazu sei alles, was der »Intellektuelle« (»unser Mensch«) mache, »praktisch, fühlbar und professionell« (Все, что сделал наш человек, - материально, осязаемо и профессионально – ebd.). Die sprachliche Markierung »unser Mensch« verrät die diskursive Position des Autors, der sich als Repräsentant des Volkes sprachlich inszeniert und den »Intellektuellen« als den Verfechter der nationalen Interessen konstruiert. Auf dieser Folie wird der »Oligarch« auf der entgegengesetzten Seite platziert und somit zum Zerstörer der russischen Entwicklung degradiert.

Auch ausländische Unternehmer, die bereits im Rahmen der Strukturanalyse ausführlicher untersucht wurden, bilden an einigen Stellen im OGONJOK-Diskurs eine Opposition zum »Intellektuellen«. Die Bedeutungen, die sich in der Strukturanalyse herausschälten, wie z.B. die »ökonomische Unersättlichkeit«, die »Vernachlässigung des menschlichen Faktors in den Geschäftsbeziehungen«, die »Kompromisslosigkeit« ausländischer Unternehmer, werden im Kontext des »intellektuellen Unternehmers« reproduziert. »Man sollte den ausländischen (Unternehmern – M.S.) nicht den Finger in den Mund legen, sonst beißen sie den Arm bis zum Ellenbogen ab und spucken die Armbanduhr aus. Hinter ihrem Rücken steht das große Geld« (А вот зарубежным палец в рот не клади - откусят руку по локоть и часы выплюнут. За ними огромные деньги – Ogonjok 27/1996). Im Gegensatz dazu verlasse sich der russische intellektuelle Unternehmer auf sein Wissen und seine Fähigkeiten und nicht auf raubtierähnliche Methoden und das große Geld: »Auf diese Art Überlegungen antwortete Nuraliev, dass der ehemalige sowjetische Ingenieur nicht nur das könne« (На эти мудрые рассуждения Нуралиев отвечал, что нужно подумать и что бывший советский инженер и не такое может – Ogonjok 27/1996).

Das letzte Oppositionspaar entsteht aus dem historisch gewachsenen Konflikt zwischen der Intelligencija und dem Staat. Die ökonomisch agierende Intelligenz der 90er Jahre im postsowjetischen Russland begreift sich, ähnlich wie ihre historischen Vorgänger, als ein Gegenpart zu den Machthabenden.

Nur wählt sie jetzt nicht den Weg des Protestes und der Revolution, sondern der Verselbstständigung und daraus erwachsenden Nichtbeachtung der staatlichen Willkür. Es wird diskursiv zuerkannt, dass die sowjetische Intelligencija nicht im Stande war, diese Emanzipation vom Staat durchzusetzen, die postsowjetische sieht darin die einzige Perspektive, um nicht unterzugehen.

Die sowjetische Intelligencija konnte die Frage der Beziehung zur Macht nicht lösen, weil sie professionell nichts konnte. Die Intelligenz konnte nur leben, jedoch nicht arbeiten (war das vielleicht die Ursache des Untergangs der damaligen Ordnung?) (Советская интеллигенция никогда не могла решить вопрос об отношении к власти, ибо профессионально была несостоятельна. Интеллигенция умела лишь жить, но не работать (не это ли, кстати, и сгубило тогдашний строй?) –Ogonjok 38/1998).

Den Ausweg, den die heutige Intelligencija sucht, liegt nach Meinung der OGONJOK-Autoren in ihren beruflichen Fähigkeiten und in der Arbeit; dies mache die »intellektuellen« Unternehmer unabhängig von der Übermacht des Staates:

Die Berufserfahrung und der Arbeitsfleiß erlauben es, nicht bloß gegen die Macht zu kämpfen, vor ihr zu kriechen, sondern stattdessen einfach zu handeln, ohne sie zu beachten. (Профессиональный навык, умение работать позволит не бороться с властью, не выслуживаться перед ней, а попросту работать, не очень обращая внимание на нее – ebd.).

Diese Argumentation ähnelt der aus dem Sammelband *Vechi* (*Вехи* – 1909), in dem die schreibenden Vertreter der Intelligencija (Nikolaj Berdjaev, Petr Struwe, Sergej Bulgakov, Semjon Frank u.a.) ihre gesellschaftspolitischen Überlegungen mit der sozialen und wirtschaftlichen Realität Russlands zu »harmonisieren« versuchten. Sie öffneten Anfang des 20. Jahrhunderts einen Gegendiskurs, indem sie das Primat der Ökonomie gegenüber der Politik betonten und den antikapitalistischen Duktus der radikalen Intelligenz scharf verurteilten. Sie stellten fest, dass der ökonomische Materialismus auf dem russischen Boden seinen objektiven Charakter verlor und das Moment der produktiven Arbeit in die zweite Reihe gerückt war. Sie kritisierten die Vernachlässigung der Arbeit an sich und die häufig damit einhergehende fachliche Inkompetenz.[370] Im aktuellen Diskurs werden diese historischen Argumentationsmuster aufgegriffen und weiter geführt, um die Notwendigkeit der Arbeit und der ökonomischen Entwicklung an Stelle des politischen Kampfes zu untermauern.

4.5.4.3 Argumentationsmuster (Werte und Wertewandel)

Im nächsten Analyseschritt sollen die wichtigsten Argumentationsmuster über das Verhältnis des Typus »Intellektueller« zu Wertfragen, als relevante Orientierungsmuster der russischen Gesellschaft der Transformationszeit, identifiziert und interpretiert werden.

Während der Analyse ist offensichtlich geworden, dass die »intellektuellen« Unternehmer auf diskursiver Ebene zu Verfechtern der nationalen Idee, die sie als wichtiges Gut und Orientierungsmuster betrachten, erhoben werden. Zum Teil stammen diese Bedeutungen aus dem historischen Diskurs der Intelligencija, die im Verlaufe des 19. und 20. Jahrhunderts aus unterschiedlichen geistigen Lagern (Slawophile vs. Westler) unermüdliche Diskussionen darüber führte, welche Mission Russland auf der Welt zu erfüllen habe und welchen Entwicklungsweg es einschlagen solle. Sie prägten in philosophischen und literarischen Diskursen die Vorstellungen über die russische nationale Idee, die sie mit ihrer eigenen Aufgabe und Mission verbanden.

Im aktuellen Diskurs finden wir die Spuren dieser historischen Debatte. Die nun ökonomisch agierende Intelligenz beschäftigt sich weiterhin mit den Fragen der Bestimmung Russlands und seines Images in Westeuropa. In diesem Zusammenhang findet man Argumentationsmuster, die sich im Laufe des Diskurses wiederholen und verfestigen. Sie beziehen sich auf zwei Positionen im OGONJOK-Diskurs, die von »Intellektuellen« vertreten werden: die der Slawophilen und die entgegengesetzte der Westler. Die slawophil gesinnten Unternehmer wollen ihre Tätigkeit ausschließlich auf russischem Boden errichten, um die Produkte ihrer Arbeit der russischen Bevölkerung zugänglich zu machen, sie argumentieren in diesem Sinne: »Das ist mein Land, sind meine Menschen« (это моя земля, мои люди – Ogonjok 40/1998). Sie wollen dem Westen »ein Russland mit menschlichem Gesicht zeigen« (Кирилллов задался целью показать миру «Россию с человеческим лицом» – Ogonjok

370 Siehe ausführlicher Schlögel, Karl (Hrsg.)(1990): *Vechi - Wegzeichen: zur Krise der russischen Intelligenz.* Frankfurt a. M.

15/1996) und glauben, dass nur durch die Vermittlung russischer Kultur und russischer Kunst der Westen Russland besser verstehen könne (Он уверен, что через понимание русского искусства Запад лучше поймет Россию – ebd.). So wird diskursiv ihre nationale Idee konstruiert, die auch darin besteht, dass jeder zum eigenen Boden (почва) zurückfinden solle; diese Argumentation wird einige Male im Diskurs reproduziert:

Er rettet einfach sein Lieblingsstückchen Heimat. Wenn jeder ein Stückchen retten wird… Vielleicht besteht darin unsere nationale Idee?« (Он просто спасает любимый кусочек Родины. Если б каждый спас по кусочку... Может, в этом и состоит наша национальная идея? – Ogonjok 21/1999).

Die »Westler« unter den »Intellektuellen« sprechen zwar Russland seine Eigenart nicht ab, plädieren jedoch für einen Weg der Reformen und für das Durchbrechen von alten nationalen Vorstellungen. Sie argumentieren gegen den erstarrten russischen Großpatriotismus und betrachten ihn sogar als Bremse der heutigen Entwicklung:

Wir müssen das Bildungssystem, die Kultur reformieren. Man sollte aus dem kollektiven Bewusstsein die Vorstellung verbannen, dass wir die Größten auf der Welt sind. (Надо реформировать образование. Надо реформировать культуру. Надо вышибать из массового сознания то, что мы и так самые великие на свете! – Ogonjok 13/1999)

Sie berufen sich auf historische Beispiele und beziehen die Figur des Zaren Peter I. in ihre Argumentation mit ein. So findet man ein Argumentationsmuster, in dem die Bedeutung dieser umstrittenen geschichtlichen Persönlichkeit im Sinne der westlerischen Position präsentiert wird:

Peter I. führte Reformen ein, die den damaligen historischen Werten nicht entsprachen, nichtsdestotrotz hob er Russland dadurch auf eine höhere Entwicklungsstufe. (Но Петр Первый сделал Россию мировой державой, тоже вел реформы, несовместимые с тогдашними ценностями России – ebd.)

Die »intellektuellen« Unternehmer untermauern mit diesem historischen Material ihre eigene Position im Diskurs, die für Russland ausschließlich einen Weg der Reformen vorsieht. Auch das Verhältnis zum Geld als einem umstrittenen Wert in dem nun marktwirtschaftlich orientierten Russland wird argumentativ auf eine bestimmte Weise sprachlich gestützt. Es wird evident gemacht, dass die »intellektuellen« Unternehmer diesen »Wert« als einen marginalen in ihrem Leben betrachten. Man findet in diesem Zusammenhang folgende Argumentationsmuster: »das Geld ist nicht das eigentliche Ziel« (Вряд ли деньги для него самоцель – Ogonjok 42/1995), »wenn ich das Geld (für karitative Zwecke – M.S.) ausgebe, habe ich mehr Spaß dabei« (Но я когда трачу деньги, я больше удовольствия получаю –Ogonjok 33/1996), »wir schämen uns noch deswegen (für den ökonomischen Erfolg –M.S.)« (нам еще этого немножечко стыдно – Ogonjok 39/1997). Erneut wird auf die bereits beschriebenen Bedeutungen rekurriert, die das Geld als Wert degradieren, indem auf den antiökonomischen Habitus der Intelligencija, die das Berühren von Geld als schamhaft und unrein empfindet und das Geld lieber weggibt als es hortet und vermehrt, hingewiesen wird.

Die immateriellen Werte treten auf dieser Argumentationsfolie in den Vordergrund, darin werden sogar die Lösung und die Bewältigungsstrategie der negativen Folgen der Transformationsprozesse in der russischen Gesellschaft (wie die russische Krise 1998) gesehen:

Das Ziel des Lebens heute ist nicht eine Eigentumswohnung und nicht das Geld auf dem Konto und sogar nicht der Versuch, die Reste davon vor der bankrotten Bank zu retten, sondern das private Leben. (Цель жизни сегодня - не квартира и не счет текущий, и даже не попытка вытащить остатки его из лопнувшего банка, а личная жизнь – Ogonjok 51 -52/1998).

Die Argumentation der Autoren bekommt dabei nicht selten eine psychologische und sogar religiöse Färbung, indem die Abkehr vom Materiellen als Rettung und Buße der Intelligencija zugleich gesehen wird: »Das Materielle zieht heute nach unten. Und vom Leiden über das Nicht-Erworbene befreit das Schuldbekenntnis« (Материальное сегодня часто тянет на дно. А от страданий по некупленному избавит признание вины – ebd.). Obwohl aus dem Kontext nicht genau ersichtlich ist, von welcher Art von Schuldbekenntnis die Rede ist: Es wird auf den praktischen und nicht metaphysischen Charakter der Schuld hingewiesen (Осознание вины сегодня - - это не метафизический (и интеллигентски бессмысленный), а чисто практический акт – ebd.) – was dahinter verborgen ist, bleibt für Interpretationen offen. Das Zitat kann mit christlicher Buße nach dem »materiellen« Sündenfall in Verbindung gebracht werden, aber auch mit dem Schuldbekenntnis eines vom Kollektiv abgedrifteten Intellektuellen, der sich dadurch wieder in seine Obhut begibt. Argumentativ wird suggeriert, dass diese religiös motivierte symbolische Handlung von realem Leiden, verursacht durch die ökonomisch determinierte Welt und ihre Tücken, befreie.

Zu den wichtigsten Werten des »intellektuellen« Unternehmers gehören, den identifizierten Argumentationsmustern nach, Familie und Kinder. Man findet folgende Aussagen, die im Verlauf des Diskurses wiederkehren: »Er liebt Kinder sehr« (Он очень любит детей – Ogonjok 13/1999); »Er gibt sein Geld fremden Kindern« (деньги вкладывает в чужих детей – Ogonjok 22/1996); »Die Eltern wollen nicht, dass sie wie ein ‚neues russisches Kind' aufwächst« (не хотят родители, чтобы она росла »новым русским ребенком« – Ogonjok 27/1996); »Die Familie ist der Ort, wo wir einander immer helfen können« (семья: то место, где мы наверняка можем друг другу помочь – Ogonjok 36/1998). Der Familie, als einem ideellen Wert, kommt durch diese Aussagen eine hohe Bedeutung in der Wertehierarchie des »intellektuellen« Unternehmers zu. Sie agiert als ein Gegenpart zur wirtschaftlich determinierten Welt und bildet einen Halt in seinem Leben, der ihn vor »physischem und psychischem Verfall« unter den neuen gesellschaftlichen Bedingungen bewahrt. »Kinder« dienen als Symbol für den kommerzfreien Bereich; sie stellen das Tauschmodell »Gefühl gegen Geld« in Frage. Wenn man »sie liebt«, »ihnen sein Geld gibt« und sie vor den Versuchungen des Reichtums fernhalten möchte, offenbart man somit seine ehrlichen, inkommensurablen Ziele, man bekommt dadurch eine moralische Indulgenz. Auf diese Weise konstruierte argumentative Muster vermitteln dem Leser einen Eindruck von der Reinheit der Absichten der »intellektuellen« Unternehmer, ihrer moralischen Unhinterfragbarkeit.

4.5.4.4 Gegendiskursive Tendenzen

Als Ergebnis der Analyse kann man festhalten, dass der Typus des »Intellektuellen« auf eine bestimmte Weise im Diskurs repräsentiert wird. Zum einen wird er als ein positiver Gegenpart zu anderen Unternehmertypen (»Neuer Russe«, »Oligarch«, »Ausländer«), die die austauschbare Welt des Kapitals vertreten, dargestellt, zum anderen wird er diskursiv entsprechend der historischen Tradition der russische Intelligenz zum Kultur- und Hoffnungsträger der instabilen Gesellschaft im Umbruch erhoben. Diese Deutungsschemata beherrschen die diskursive Darstellung dieses Unternehmertypus und werden im Verlaufe des untersuchten Diskurses aufs Neue reproduziert.

Da sich der Diskurs über den »intellektuellen« Unternehmer als ziemlich homogen erwiesen hat, konnten im Gegensatz zu anderen Unternehmertypen nur wenige gegendiskursive Tendenzen identifiziert werden. Diese Aussagen bezogen sich in vielen Fällen entgegen der dominierenden Argumentationsweise auf die Veränderungen des sozialen Lebens und die Notwendigkeit, immaterielle Ideale aufzugeben und sich den Regeln des wirtschaftlich determinierten Lebens zu beugen. Die »intellektuellen« Unternehmer werden in solchen Diskursfragmenten als ökonomische Akteure dargestellt, deren Aufgabe darin bestehe, im sich neuformierenden wirtschaftlichen Raum einen profitablen Platz zu finden und ihre Energien auf den Gelderwerb zu richten. Man findet hier kaum den moralischen Anspruch, diese Tätigkeit mit idealistischen Motiven und Zielen zu verbinden, sondern es wird vor allem auf ökonomisches Kalkül und Rationalität rekurriert. So gibt der kunstschaffende Unternehmer preis, dass »er zwar als Künstler frei ist, von der Notwendigkeit jedoch, Geld verdienen zu müssen, nicht befreit ist« (Я свободен как художник, но я не свободен от необходимости постоянно зарабатывать – Ogonjok 4/1995). Der Gelderwerb wird in dieser Aussage als eine unverzichtbare Bedingung für die künstlerische Tätigkeit gesehen. Er wird nicht verschleiert und nicht sprachlich mit idealistischem Glorienschein versehen. Auch der diskursive Bruch in der Aussage »‘Wo ist das Geld?!‘ – das ist die dritte russische Frage nach den Fragen ‚Wer ist schuld‘ und ‚Was tun‘« («Где деньги?!» - - вот третий, после «кто виноват» и «что делать», русский вопрос – Ogonjok 40/1996) unterstützt diese These.

Die neue Frage nach dem Geld erscheint im alten Kontext des literarischen und philosophischen Diskurses, der gerade diese dritte Frage ständig ausblendete oder verurteilte. Durch die Verquickung des neuen wirtschaftlichen mit dem alten Diskurs der Intelligencija wird ein diskursiver Bruch evoziert, der ein Umdenken über die Rolle der Intelligencija in der russischen Gesellschaft sichtbar macht. Diesen Bruch und die damit verbundenen Bedeutungen kann man als gegendiskursiv bezeichnen, weil er eine neue Denkweise repräsentiert, die im historischen und auch noch im aktuellen Diskurs lediglich marginale Stellung innehat.

Weitere Elemente des Gegendiskurses beziehen sich auf das Wertevakuum, in dem sich die russische Bevölkerung nach dem Zerfall der Sowjetunion befand. Die Problematik des Identitäts- und Werteverlustes wird auf rationale Weise gelöst, indem expliziert wird,

wenn die alte Welt zu Bruch geht und die neue entsteht, werden die Ideale zu Staub und an ihrer Stelle tritt Leere ein, die die geschickten Unternehmer als einen Werberaum nutzen« (Когда рушится старый мир и возникает новый, в пыль рассыпаются идеалы, а на их месте образуется пустота. Которую умелые бизнесмены используют как рекламное пространство – Ogonjok 3/1998).

Hier ist die Anspielung auf Viktor Pelevins Roman *Buddhas kleiner Finger* (russ. *Чапаев и пустота* - 1996) evident, nur bleibt von dem kritischen Anspruch des postmodernen Autors, der gerade diese Vereinnahmung der kommerziellen Sphäre bloßstellt, keine Spur. Die neuen intellektuellen Werbemacher sehen darin eine günstige Möglichkeit, ihren ökonomischen Erfolg auf der semantischen Leere einer Gesellschaft aufzubauen und diese mit neuen konsumfreundlichen Bedeutungen zu füllen. Daraus entwickeln die neuen »intellektuellen« Businessleute ihre eigene Geldphilosophie, die man in keinem Intelligencija-Diskurs vorfindet:

Das Geld ist ein Äquivalent des Lebens. Wenn ich ein falsches Verhältnis zum Geld des Auftraggebers habe, dann habe ich ein falsches Verhältnis zu seinem Leben (Деньги - - это эквивалент жизни. Если я неправильно отношусь к деньгам заказчика, значит, я неправильно отношусь к его жизни – ebd.).

Diese nach mathematischen Gesetzen ausgelegte Formel setzt das Geld dem Leben gleich und offenbart somit die Allmächtigkeit des Mammons, die die Intellektuellen mit all ihrer Schreibkraft zu verhindern versuchten. In diesem Fall findet die neue Einstellung zum Geld und zum Geschäft einen Riss im Diskurs, der, wie aus der Analyse hervorgeht, noch zur Untersuchungszeit ziemlich hermetisch gegen solche Aussagen war. Es kann vermutet werden, dass diese Argumentationsweisen hinsichtlich des Geldes und des ökonomischen Erfolges von gegendiskursiven zu vorherrschenden tendieren werden oder bereits eine dominante Stellung eingenommen haben. Die diskursanalytischen Untersuchungen aktueller Medien- und Literaturtexte können konkretere Anhaltspunkte für diese These liefern. Aus den letzten soziologischen und historischen Untersuchungen kann bereits jetzt entnommen werden, dass die traditionellen, idealistischen Werte in Russland immer mehr an Bedeutung verlieren, gleichzeitig ist eine Aufwertung materieller Werte in allen Schichten der russischen Bevölkerung zu beobachten[371].

Die Analyse hat gezeigt, dass der Typus »Intellektueller« zum Verfechter der russischen nationalen Idee in ihrer dualen (slawophilen und westlerischen) Ausprägung auserkoren wurde. Alle »intellektuellen« Unternehmer im Diskurs bewegen sich zwischen diesen geistigen Polen, an einer Stelle jedoch findet sich eine konträre Meinung, die die diskursiven Grenzen überschreitet, und die ich deswegen als gegendiskursiv betrachte. Ein »intellektueller« Unternehmer äußert sich über die nationale Idee folgendermaßen:

Das ganze Land soll zurück zu seinem Selbst kriechen. Wir wollen jedoch nach vorne schreiten, zum weltumfassenden Kulturkontext, zur Integration (пусть вся страна ползет назад, к своей самости. Мы же хотим идти вперед, в мировой культурный контекст, к интеграции – Ogonjok 18/1998).

Diese Aussage befindet sich insoweit außerhalb des dominanten Diskurses, weil hier eine Position vertreten wird, die sich von der Verbindung zu Russland als einem besonderen Land mit eigener (Kultur-)Geschichte und eigenem Entwicklungsweg loslöst. Dieser Unternehmer will diesen patriotischen Ballast hinter sich lassen, die Entwicklung nicht innerhalb eines begrenzten nationalen Raumes durchlaufen, sondern im breiteren kulturellen Kontext agieren. Durch das Verb »kriechen« (ползти) wird die abwertende Haltung des sprechenden Unternehmers gegenüber der nationalen Gesinnung deutlich, die sowohl den slawophil orientierten als auch westlerisch geprägten Debatten eigen ist. Auf diese Weise schafft er eine neue diskursive Position, die sich von der vorherrschenden distanziert.

371 Vgl. Kääriäinen, Kimmo (1997): Krise der Moral oder unmoralische Gesellschaft? In: *Berichte des BIOst* 26/1997; Kreuter, Barbara (2008): *Wertewandel und Institutionsbildung im heutigen Russland*. VDM Verlag; Solovej, Valerij (2009): Russland ohne Kultur? In: *Moskauer Deutsche Zeitung*, 07.07.2009.

Fazit

Zusammenfassend lässt sich sagen, dass sich der Typus des »Intellektuellen« im Verlaufe des Diskurses durch die zugewiesenen Bedeutungen von den anderen untersuchten Unternehmertypen deutlich abhebt. Aus der Analyse geht hervor, dass die überwiegende Zahl der Metaphern und literarischen Vergleiche, mit Hilfe deren der Typus des »Intellektuellen« konstruiert wird, die positive diskursive Beschaffenheit dieses Typus auf sprachlicher Ebene unterstützen. Sie rekurrieren nicht nur auf seine intellektuellen Fähigkeiten, sondern auch auf seine moralische Prinzipien, seine nationale Verankerung und sein wachsendes professionelles Wissen und seine Fähigkeiten im ökonomischen Bereich.

Im Laufe der Analyse kristallisierten sich einige diskursive Strategien heraus, in denen der »intellektuelle« Unternehmer einen Gegenpart zu denjenigen gesellschaftlichen Akteuren (»Oligarch«, »Neuer Russe«, »Ausländer«) bildet, die als Bremse der wirtschaftlichen und sozialen Entwicklung Russlands gebrandmarkt werden. Geleitet von idealistischen und nicht selten patriotischen Motiven werden die »intellektuellen« Unternehmer auf diskursiver Ebene als Hoffnungsträger des Landes inszeniert. Durch ihre Hingabe an moralische Prinzipien und die Idee der produktiven Arbeit wird ihnen eine besondere Stellung im Diskurs eingeräumt. Auf der einen Seite wird somit an die historischen, philosophischen und literarischen Diskurse angeknüpft, in deren Rahmen diese besondere Stellung sprachlich untermauert wird, auf der anderen Seite wird auf der Folie sich verändernder ökonomischer Verhältnisse ein neues Verständnis der Rolle der Intelligencija in der Gesellschaft produziert.

Durch die sich wiederholende Argumentation werden diese Deutungsmuster verfestigt. In Bezug auf die Wertefrage kommen vor allem die immateriellen, inkommensurablen Werte zur Sprache, die in der Wertehierarchie des »intellektuellen« Unternehmers immer noch hohe Priorität besitzen. Man findet Argumentationsmuster, die auf die Verbundenheit dieses Typus mit dem eigenen Land und den dort lebenden Menschen rekurrieren. Innerhalb des Diskurses werden zwei Positionen sichtbar, aus denen die Unternehmer argumentieren: eine des slawophil gesinnten Patrioten, der für Russland einen eigenen Weg vorsieht und die ausländischen Unternehmer verteufelt, und die andere des nach Westen orientierten Akteurs, der die Reformen und die Anbindung an Europa begrüßt, jedoch ebenfalls für die Integrität Russlands plädiert.

Zwar wird offengelegt, dass der »Intellektuelle« im Kreislauf der Wirtschaft agiert, sein Verhältnis zum Geld wird jedoch nicht auf ein rationales reduziert. Im Diskurs werden Gegenmodelle (Kunst, Kinder, Freunde, karitative Arbeit usw.) fern kommerzieller Interessen präsentiert, in denen dieser Unternehmer seine Erfüllung findet. Es wird unterstrichen, dass Geld und Erfolg nicht die wichtigsten Ziele dieses Unternehmers sind, sondern ideelle Werte. Darin wird auch die Lösung für die schweren Folgen der wirtschaftlichen Missstände gesehen. Es wird diskursiv darauf rekurriert, dass das Materielle keinen Halt im Leben biete und die Lossagung davon und die Rückkehr zu »traditionellen« Werten die einzige rettende Alternative darstelle. Auf dieser Folie werden »traditionelle« Orientierungsmuster, wie Familie, Kinder, Freunde, aufgewertet.

Im Gegensatz zu den anderen Unternehmertypen stellte sich der Diskurs über den »Intellektuellen« als ziemlich homogen und hermetisch heraus. Es waren nur einige gegendiskursive Tendenzen feststellbar, die ein neues Verständnis von Geld und ökonomischem Erfolg fern jeglicher idealistischer und immaterieller Motive explizieren. Im Rahmen des untersuchten Zeitraumes wirkt dieser Bruch im Diskurs als unbedeutend, angesichts der neuesten Entwicklung kann jedoch vermutet werden, dass dieser Gegendiskurs eine dominantere Stellung einnehmen wird. Dies wäre eine interessante Aufgabe für weitere Forschung.

4.6 Gesamtanalyse

Dieser Teil trägt alle relevanten Ergebnisse der Struktur- und Feinanalysen des Unternehmerdiskursstranges in der Zeitschrift OGONJOK zusammen und reflektiert die gewonnenen Ergebnisse.

Im Laufe der Analyse konnten mehrere Unternehmertypen identifiziert und untersucht werden. Diese Beobachtung weist auf eine breite Ausdifferenziertheit dieses ökonomischen Akteurs der Transformationszeit hin. Die breite Palette an Unternehmern wird jedoch in ihren Einzelkomponenten unterschiedlich bewertet. Die Entscheidung hinsichtlich der positiven, negativen oder auch neutralen Bewertung eines Unternehmertypus hängt der Analyse zufolge von den entscheidenden Bedeutungen, die dem jeweiligen Typus zugeschrieben werden, ab.

Hier kristallisieren sich bestimmte Deutungsmuster heraus, die im Laufe des untersuchten Diskurses (re)produziert und aktualisiert werden. Ein wiederkehrendes positives Deutungsschema bezieht sich auf die diskursive »Veredelung« wirtschaftlicher Interessen durch immaterielle Ziele und Motivationen. Nur diejenigen Unternehmertypen werden von den Produzenten und Rezipienten des Diskurses als wichtige gesellschaftliche Akteure anerkannt, die ihre ökonomisch determinierte Aufgabe mit ideellen Prinzipien verbinden.

Damit korrespondiert unmittelbar die Bedeutung ökonomischer Aktivität als Verpflichtung der Gemeinschaft gegenüber, von der ein Tribut gefordert wird. Dieses religiös und historisch geprägte Verständnis rekurriert zum einen auf die Ablehnung des individuellen Erfolgs und der Bereicherung in den Postulaten des russisch-orthodoxen Glaubens, in dem nur eine auf das Wohl der Gemeinschaft ausgerichtete Geschäftstätigkeit als nützlich erachtet wurde. Zum anderen weist es auf den der russischen geistigen Elite immanenten Anspruch des Dienstes am Vaterland und am Volk hin, den sie auch auf andere Bereiche des gesellschaftlichen Lebens übertrug.

Weitere positiv konnotierte Zuschreibungen explizieren den kreativen, sogar leidenschaftlichen, von einer Idee beflügelten Charakter von Unternehmertätigkeit. Auf diese Weise wird versucht, den rationalen, kalkulierenden ökonomischen Habitus, der in den diachronen Diskursen der Literatur und der Religion abgelehnt und stigmatisiert wird, durch eine emotionale, schöpferische, beinahe spirituelle Gesinnung aufzuwerten.

Diese Deutungsmuster wurden bereits durch den literarischen Diskurs der russischen Intelligencija transportiert, wie die Untersuchungen zur Literatur gezeigt haben (Kapitel 3.), und finden in den aktuellen Medien ihre Aktualisierung. Nach wie vor scheint eine starke Bipolarität zwischen den idealistischen, kollektivistischen, fern jeglicher materieller Interessen stehenden Prinzipien und Werten der russischen Intelligencija und den ökonomischen, rationalen und individualistischen Maximen der Unternehmer zu bestehen, die die Akzeptanz dieser ökonomischen Gruppe in der Gesellschaft entscheidend behindern.

Im Laufe der Analyse konnten darüber hinaus mehrere Diskursverschränkungen identifiziert werden, die auf wichtige Verbindungen der Unternehmerthematik mit anderen diskursiven Bereichen hinweisen. Dies waren vor allem Verquickungen mit den politischen, juristischen, aber auch mit den psychologischen, naturwissenschaftlichen, nationalen sowie Gender-Diskursen. So wurde z.B. durch die Analyse der Verbindung mit dem Gender-Diskurs ein deutlicher Bruch in der Präsentation des Bildes der Frau im Rahmen des Unternehmerdiskurses erkennbar. Ein neuer Typus einer erfolgreichen, unabhängigen, selbstbewussten Geschäftsfrau betritt die diskursive Arena der Medien. Dieser Wandel wird aus zwei Perspektiven sprachlich konstituiert: einerseits wird er als die Befreiung der »neuen« russischen Frau von den gesellschaftlich auferlegten und historisch determinierten Zwängen im Streben nach individueller Entfaltung und Erfolg begriffen.

Andererseits wird darauf rekurriert, dass diese Veränderungen mit gewissen Schwierigkeiten und Gefahren verbunden sind. Die unternehmerischen Frauen sind viel stärker dem Druck des Staates und der kriminellen Strukturen ausgesetzt als ihre männlichen Kollegen, nicht zuletzt deshalb, weil ihre Interessen als Unternehmerinnen im Geschlechtervergleich schwächer vertreten sind. Im Diskurs wird dies mit angeblich »typisch weiblichen Eigenschaften« wie Emotionalität begründet, die sie darin behinderten, mit den Männern in der wirtschaftlichen Sphäre zu konkurrieren. Somit werden der Frau zwar die nötigen Talente und Eigenschaften für eine Unternehmertätigkeit zuerkannt, dennoch scheitert sie im Endeffekt an den institutionellen Barrieren und den diskursiv verfestigten Vorurteilen.

Eine weitere interessante Verschränkung des Unternehmerdiskurses bietet die Verbindung zum nationalen Diskurs. Die historisch verankerte Dichotomie »Westen vs. Russland« wird häufig als Erklärungsfolie auf die wirtschaftlichen Verhältnisse übertragen. So wird z.B. der Typus des ausländischen

Unternehmers anhand dieser Bipolarität konstruiert. Einerseits wird er als skrupelloser Ausbeuter des russischen Bodens dargestellt und die Dominanz des Westens auf dem russischen Wirtschaftsparkett wird als gefährliche Entwicklung diskursiv in Szene gesetzt. Andererseits erscheint der ausländische Unternehmer als Retter der geschwächten russischen Wirtschaft, mit dem gewisse Hoffnungen auf Besserung verbunden werden, im Diskurs. Die Wertung des ausländischen Unternehmers pendelt zwischen diesen dem russischen nationalen Diskurs immanenten Extremen, die einerseits von den Westlern und andererseits von den slawophil gesinnten Schriftstellern und Philosophen in den diachronen Literatur- und Philosophietexten zum Ausdruck gebracht wurden.

Auch der Unternehmertypus des »Intellektuellen« wird auffallend oft in diesen Begrifflichkeiten des nationalen Diskurses beschrieben, wobei auf seine Verbundenheit mit dem eigenen Land und dem Volk rekurriert wird. Seine positiv konnotierte Eigenschaft besteht nicht zuletzt darin, dass er seine Unternehmertätigkeit innerhalb des eigenen Landes und im Sinne des Wohles für sein Vaterland und das russische Volk ausrichtet. Hier traten zwei diskursive Positionen dieses Typus hervor: eine des slawophil gesinnten Patrioten, der für Russland einen eigenen Weg vorsieht und die ausländischen Unternehmer desavouiert, und die andere des nach Westen orientierten Akteurs, der die Reformen und die Anbindung an Europa zwar begrüßt, jedoch ebenfalls für die Integrität Russlands plädiert. Auch hier wird die Fortschreibung der historischen nationalen Debatte auf der medialen Ebene offensichtlich.

Durch die Diskursanalyse ließ sich feststellen, dass die in den Spezialdiskursen häufig hergestellte Verbindung des russischen Unternehmers mit der Kriminalität im Mediendiskurs nur teilweise reproduziert wird. Die Verschränkungen mit dem Kriminalitätsdiskurs verlaufen anders als in den Spezialdiskursen und auch in den Alltagsdiskursen, was ich vor der Analyse angesichts der vorherrschenden Bedeutung des kriminellen russischen Unternehmers nicht vermutete. Zwar wird das kriminelle Handeln einiger russischer Wirtschaftsakteure nicht völlig geleugnet, jedoch anders bewertet. Der kriminelle Hintergrund der russischen Wirtschaft wird als Folge des sowjetischen Systems erklärt: Die jahrzehntelange Ablehnung des privaten Eigentums, der unternehmerischen Freiheit, der individuellen Verantwortung hätten das russische Unternehmertum zu einem Schattendasein verdammt. Die Veränderung dieser Strukturen sei mühsam und bedürfe Zeit und bestimmter günstiger institutioneller und formeller Voraussetzungen. Durch die Verzahnung staatlicher und ökonomischer Interessen und die Interventionen der russischen Bürokratie in die wirtschaftlichen Abläufe würden diese Erneuerungen zusätzlich erschwert. Die Unternehmer werden aus dieser Sicht eher als Opfer des Systems denn als kriminelle Täter betrachtet. Darüber hinaus wird eine sich vollziehende Transformation vom kriminellen zum legal agierenden Unternehmer evoziert. Diese Entwicklung des Unternehmerdiskurses wird nicht nur auf der Ebene der Medien nachvollzogen, sondern auch in der aktuellen russischen Literatur zum Ausdruck gebracht.

Die Strukturanalyse hat gezeigt, dass trotz der festgestellten breiten Ausdifferenziertheit der russischen Unternehmerschicht in OGONJOK sich bestimmte Typen durch deutliche quantitative Dominanz und qualitative Bedeutungsbreite von den übrigen abheben. Dies veranlasste mich dazu, die drei repräsentativsten Unternehmertypen, nämlich den Typus »Neuer Russe«, den »Oligarchen« und den »Intellektuellen« einer detaillierten Untersuchung zu unterziehen. Die Ergebnisse dieser Feinanalysen wurden bereits ausführlich dargestellt, an dieser Stelle sollen diese im Zusammenhang betrachtet und zu einer Gesamtaussage geführt werden.

Wenn man den ganzen Unternehmerdiskursstrang im Rahmen der Zeitschrift OGONJOK zu überblicken versucht, wird man schnell feststellen, dass die Konstituierung und die Bewertung dieses ökonomischen Akteurs aus verschiedenen Diskurspositionen der Textproduzenten erfolgen und die Unternehmer jeweils mit Hilfe von dominierenden Typus-Konstruktionen kategorisiert werden. Es scheint jedoch so zu sein, dass die drei wichtigsten Unternehmertypen verschiedene Pole der Wertungsskala belegen und somit das große Spektrum der Bedeutungen umfassen.

Entsprechend den Analyseergebnissen besetzt der Typus »Oligarch«, der einen einfluss- und kapitalreichen Unternehmer repräsentiert, den am negativsten bewerteten diskursiven Pol. Dies ist nicht einfach nur mit seinem offensiv zur Schau gestellten Reichtum zu erklären, sondern ist mit den komplexen Verläufen der Transformationsprozesse verbunden. Der medial präsentierte politische Einfluss des »Oligarchen« und die zunehmende Mächtigkeit des ökonomischen Kapitals riefen unter den unsicheren ökonomischen und politischen Bedingungen Zweifel und Ängste hervor. Die neuen »Könige« und »Monopolisten«, wie sie betitelt werden, werden nicht nur als Aspiranten auf die Macht, sondern auch als Gefahr für die traditionellen Werte und Moralvorstellungen gesehen. Dieses Misstrauen wird zusätzlich aus dem historischen Material geschöpft. Dementsprechend seien die neuen Großunternehmer die maskierte alte Nomenklatur, die in neuen Gewändern ihre Machteinflussräume ausdehne.

Die geschichtlich verankerte ablehnende Haltung der russischen Leser gegenüber der staatlichen Macht und der Willkür der Bürokratie fließt in die Konstruktion des »Oligarchen« mit ein. Durch zahlreiche Tiermetaphern mit pejorativer Konnotation (»Hai«, »Krake«, »Monster«, »wildes Tier« u.a.), durch häufige Verwendung der Lexik aus dem Militär - (»General«, »Waldgeneral«, »Expansion«, »gepanzerte Autos«, »Datschenburg«, »Kampf« u.a.) und dem Kriminalitätsdiskurs (»Mafiosi«, »Schurke«, »zivilisierter Bandit« u.a.) wird die negative Bedeutung des Typus »Oligarch« sprachlich untermauert.

Die literarischen Vergleiche wie »Goldgardisten«, »Zauberer der Smaragdenstadt«, »Cowperwood« u.a., die im aktuellen Diskurs aktualisiert werden, dienen der Unterstützung der obigen Argumentation der OGONJOK-Autoren. Die davon abweichenden Positionen, die den »Oligarchen«-Typus als einen reformfreundlichen, liberal gesinnten und wohltätigen Unternehmer präsentieren, sind nicht sehr zahlreich und stark mit dem redaktionellen Einfluss der Medieneigentümer von OGONJOK verbunden, die daran interessiert sind, das eigene Image aufzubessern. Nichtdestotrotz wird besonders dieser Unternehmertypus im OGONJOK-Diskurs als negativste Folge der russischen Transformation und als eine Gefahr für die russische Entwicklung konstruiert.

Auf der anderen Seite der Bewertungsskala wird der Typus »Intellektueller« platziert. Wegen seiner ausgesprochen positiven Bewertung und eindeutigen Anerkennung im OGONJOK-Diskurs bildet dieser Typus den diskursiven Gegenpart zu den ökonomischen Antihelden (zu den der Typus »Oligarch«, »Neuer Russe«, aber auch »Ausländischer Unternehmer« gezählt werden können). Die Konstituierung der Unternehmer scheint auf dem Prinzip der Polarität aufgebaut zu sein, die nach Jurij Lotman der ganzen russischen Kultur immanent ist und ihren Ausdruck in der »dualen Natur ihrer Strukturen«[372] findet. Vielleicht ist man deswegen bemüht, den dualistischen Gegenpart besonders überzeugend zu konstruieren. Auf jeden Fall kann man nach der Analyse konstatieren, dass der »Intellektuelle« in seiner positiven sprachlichen Beschaffenheit ein Gegengewicht zu den übrigen Unternehmertypen darstellt und als solches auch konstruiert wird.

372 Lotman Ju./Uspenskij, B. (1997): Die Rolle dualistischer Modelle in der Dynamik der russischen Kultur (bis zum Ende des 18. Jahrhunderts). In: *Poetica*, Band 9, 1/1997, S. 1-40.

Die Metaphern und literarischen Vergleiche, die bei seiner diskursiven Konturierung verwendet werden, rekurrieren nicht nur auf seine intellektuellen Fähigkeiten, sondern vor allem auf seine hohen moralischen Prinzipien, auf seine nationale Gesinnung und auf seine neu erworbenen Eigenschaften, wie professionelles Wissen und ökonomische Talente. Dabei stehen seine Moralität und sein Patriotismus im Einklang mit dem historisch geführten Intelligencija-Diskurs, seine Professionalität und ihm zuerkannte Kompetenz im wirtschaftlichen Bereich sind relativ neue Eigenschaften, die früher eher zu den Gegendiskursen gezählt werden konnten (vgl. *Vechi*-Debatte im Abschnitt 4.5.4.).

Dadurch wird auch ein neues Bild eines »handelnden« Intellektuellen produziert, das den früheren Zuschreibungen eher entgegensteht. Die diskursive Umwertung des »Intellektuellen« wird jedoch nicht grundlegend vollzogen, seine wirtschaftliche Tätigkeit wird der Tradition entsprechend mit einer Aureole immaterieller Zielsetzungen und Motivationen umgeben und dadurch dem historischen Verständnis der russischen Intelligencija angepasst. Es wird wiederholt die Meinung dargelegt – und dadurch verfestigt –, dass der »Intellektuelle« die traditionellen untauschbaren Werte immer vor die materiellen stelle. Darin wird auch das Dilemma der russischen Intellektuellen, gefangen zwischen dem Kommerz des alltäglichen Lebens und dem Idealismus des Denkens, das am Beispiel der schreibenden Elite im Teil 3.1. dargelegt wurde, offensichtlich gemacht. Es wird erstaunlicherweise auf die gleiche Weise diskursiv gelöst, wie es die russischen Schriftsteller bereits versucht hatten, nämlich durch die Trennung beider Bereiche.

Die Konstituierung dieses Unternehmertypus erfolgt auffallend oft mit Hilfe literarischen Materials. Literarische Idealisten und Sinnsucher wie Don Quijote, Faust, Detočkin u.a. werden in diesem Unternehmertypen reproduziert. Die OGONJOK-Autoren integrieren Textfragmente aus Werken von Černyševskij und Gercen neben der subversiven Lyrik Osip Mandelštams in den geführten Unternehmerdiskurs, zitieren Shakespeare und den Science-Fiction-Autor Ray Bradbury, lassen Tolstoj und Pelevin für den »Intellektuellen« sprechen. Diese auffallend häufige Reaktivierung des literarischen Argumentationsmaterials geschieht nicht zufällig, gerade diese Zusammensetzung von Werken lässt die Vermutung aufkommen, dass es sich genau um die literarischen Richtungen und Autoren handelt, die die intellektuelle Elite Russlands am meisten historisch und auch gegenwärtig beeinflussten. Durch die literarische »Ummantelung« des Typus »Intellektueller« wird seine Nähe zur historischen Intelligencija und ihren Prinzipien evoziert. Die führende Rolle der alten Intelligencija, die diese in der Transformationszeit immer weiter eingebüßt hatte, sollte von der »handelnden«, professionell kompetenten Intelligenzschicht, die die alten und die neuen Prinzipien in sich vereint, übernommen werden.

Zwischen diesen beiden Polen des Unternehmerdiskurses findet man zwar zahlreiche andere Konstruktionen des russischen Unternehmers, die jedoch quantitativ bei weitem zurückstehen und deswegen nur eine marginale Stellung im Diskurs einnehmen. Eine Ausnahme bildet der Typus »Neuer Russe«, der quantitativ sehr präsent ist und gewissermaßen zwischen diesen beiden Polen steht, jedoch ohne klar umrissene diskursive Struktur. Im Laufe der Analyse konnte man feststellen, dass dieser Typus viel differenzierter, aber auch diffuser dargestellt wird, als es vor dem Hintergrund seiner negativen Bewertung in diversen russischen sowie westlichen Diskursen zu vermuten wäre.

Das Bild des »Neuen Russen« ist ambivalent und die ihm zugeschriebenen Bedeutungen pendeln zwischen der Vorstellung von einem starken ökonomischen Akteur mit gewissen Sonderrechten und der Offenlegung seines destruktiven Verhaltens als Wahnsinniger, seines Leidens als Opfer des Systems sowie seiner kindlichen Naivität.

Auch die literarischen Vorlagen, die bei der Konstituierung dieses Typus verwendet werden, rekurrieren auf seine Vielschichtigkeit. Er ist dementsprechend ein schelmischer Abenteurer der neuen ökonomischen Ordnung, wie Ostap Bender aus dem Roman *Zwölf Stühle*, aber auch ein amoralischer Betrüger, wie Gogol's Čičikov, sowie ein ungebildeter Hohlkopf, wie der Fonvizinsche Landjunker Mitrofanuška.

Einerseits wird er als neuer Träger der Geldideologie präsentiert, der seine ganzen Energien auf die Akkumulierung von Kapital und Konsum richtet. Vor allem Geld, aber auch Arbeit und Beruf, werden zu den wichtigsten Werten dieser Gruppe erklärt. Als Träger austauschbarer Werte werden die »Neuen Russen« indirekt der Intelligencija als anerkannter Verfechterin immaterieller Werte gegenübergestellt. Somit wird der historische diskursive Konflikt zwischen Intelligencija und Unternehmertum, der vor allem im Literaturdiskurs ausgetragen wurde, im aktuellen Mediendiskurs fortgesetzt.

Andererseits wird das neue Geldverständnis, das untrennbar mit der Verrichtung einer Arbeit verbunden ist, an einigen Stellen im untersuchten Diskurs aufgewertet. Der »Neue Russe« avanciert, sobald er sein Geld durch harte, ehrliche Arbeit verdient, zum ökonomischen Hoffnungsträger. An diesen Stellen, die man in der Untersuchungszeit noch als gegendiskursiv bezeichnen kann, wird das neue Verständnis der Rolle ökonomischer Akteure in der russischen Gesellschaft offensichtlich.

Als Ergebnis der Analyse kann festgehalten werden, dass der diskursive Kampf um die Deutung des russischen Unternehmers am Beispiel des Typus »Neuer Russe« besonders evident ist. Man konnte den Beginn einer diskursiven Umwertung des Unternehmertypus beobachten, dessen Bedeutung bis dahin in seinen negativen Konnotationen fest zementiert zu sein schien. Auf diese Weise treten neue Interpretationen in Konkurrenz und Konflikt zu den zuvor bestehenden. Diese Beobachtung unterstützt die von Foucault postulierte These über den diskontinuierlichen Charakter der diskursiven Abläufe, die von zuweilen abrupten Brüchen gekennzeichnet sind und spiegelt den Charakter der diskursiven Veränderungen der Transformationszeit wider.

Somit konnten durch die Struktur- und Feinanalysen die vorherrschenden diskursiven Strukturen und Deutungsmuster des Unternehmerdiskurses identifiziert und analysiert werden. Es wurden die dominierenden Stränge sowie diskursiven Brüche herausgearbeitet, die Verschränkungen mit anderen relevanten Diskursen als auch Abweichungen von der spezialdiskursiven Deutung der Unternehmerproblematik untersucht.

Die am Anfang der Arbeit aufgestellte These über die kontinuierliche Reproduzierung des literarischen Diskurses in den aktuellen russischen Medien konnte anhand der exemplarischen Analyse bestätigt werden. An vielen Stellen konnte man die Fortsetzung des von der russischen schreibenden Intelligencija historisch geführten Diskurses feststellen, der jedoch von neuen diskursiven Tendenzen und Bedeutungen, geprägt durch die veränderten Bedingungen der russischen politischen und wirtschaftlichen Transformation, partiell überlagert und modifiziert wird.

5 Resümee

Die diskursanalytische Untersuchung russischer literarischer und medialer Texte hat gezeigt, dass das Thema »Unternehmertum« hier auf eine spezifische, der russischen Kultur eigene Weise verarbeitet wird. Es ist mir gelungen, den Verlauf des Unternehmerdiskurses zu rekonstruieren, der Anfang des 19. Jahrhunderts durch die Kommerzialisierung der russischen Gesellschaft insgesamt und der literarischen Sphäre insbesondere entfacht wurde und in die aufs Neue geführten Debatten der Transformationszeit der 90er Jahre des 20. Jahrhunderts mündete.

Die Anwendung der diskursanalytischen Perspektive und Methode hat sich für meine Arbeit als fruchtbar erwiesen, da sie mir ermöglichte, sowohl einen diachronen als auch einen synchronen Schnitt durch den untersuchten Unternehmerdiskurs vorzunehmen. Durch die Analyse konnte ich die wichtigsten literarischen Diskursstränge zu diesem Thema identifizieren und herausarbeiten und ihre Fortsetzung bzw. Modifikation in den aktuellen medialen Diskursen nachzeichnen.

Dabei wurde offensichtlich, dass nicht nur die literarischen Unternehmerbilder fortgeschrieben werden, sondern vor allem der von der russischen geistigen Elite, der Intelligencija, vertretene und im Laufe der Zeit verfestigte antiökonomische Duktus in den Medien reproduziert und aktualisiert wird. Auf dieser Folie konstituiert und bewertet der untersuchte Diskurs die alten und die neuen wirtschaftlichen Akteure. Die Langlebigkeit und die Beständigkeit dieses diskursiven Selektions- und Ausschließungsmechanismus erklären in gewissem Maße die bis in die heutige Zeit andauernde Ablehnung materieller Interessen und ökonomischer Tätigkeit in den russischen Diskursen und behindern die Internalisierung wirtschaftlicher Transformation.

Darüber hinaus richtete sich meine Diskursanalyse nicht nur auf die vorherrschenden Strukturen des Unternehmerdiskurses, sondern auch auf seine Brüche und Diskontinuitäten. In der Untersuchung sowohl der literarischen als auch der medialen Texte habe ich Tendenzen feststellen können, in denen ein neues Verständnis der Bedeutung und der Funktion des Unternehmers in der Gesellschaft artikuliert wird. An diesen Stellen findet teilweise eine Revision und eine Umwertung des alten Bildes statt, indem ökonomisch gesinnten und effizient handelnden Menschen eine gewisse diskursive Anerkennung entgegen gebracht und ihnen eine positive Bedeutung zugeschrieben wird. Diese neuen Tendenzen könnten in der Zukunft an Intensität gewinnen und die Wahrnehmung der Unternehmer in der russischen Gesellschaft entscheidend verändern.

Die am Anfang meiner Arbeit (der Dialog mit Chodorkovskij) vermutete und im Laufe der Analyse bestätigte partielle diskursive Umwertung der russischen Unternehmerklasse seitens der Literaten und Journalisten als Vertretern der russischen Intelligencija deutet auf Ansätze des Umdenkens und eine Abkehr von der traditionellen Geringschätzung der ökonomischen Werte in der russischen Gesellschaft hin.

Aus literaturwissenschaftlicher Perspektive erwies sich die Erweiterung des methodischen Instrumentariums um den Ansatz der Diskursanalyse insoweit als produktiv, als dass sich dadurch mein Forschungsblick auf die Literatur verschoben hat: weg von der Interpretation einzelner Werke als aus der Intention eines Autors entstandener Produkte hin zu einem Verständnis von Literatur als einem eigenständigen Diskurs, der das Wissen über den Unternehmer nicht einfach nur transportiert, sondern vielmehr aus dem integrativen Interdiskursspiel die Vorstellungen und Szenarien darüber erst produziert und somit die Wahrnehmung des Unternehmers in der Gesellschaft entscheidend mitprägt.

Zum anderen bietet die Diskursanalyse einen Analyserahmen für die Untersuchung eines großen Fundus an literarischen Texten, die ich in ihrem jeweiligen historischen Entstehungskontext betrachtet habe. In diesem Sinne konnte ich Bedingungen identifizieren, die den Verlauf des literarischen Unternehmerdiskurses mitprägten: so konnte z.B. die zunehmende Kommerzialisierung des literarischen Feldes und das damit verbundene Dilemma russischer Autoren, das häufig zur Isolierung und einer gewissen Verfemung der wirtschaftlichen Verhältnisse führte, synchron und diachron dargestellt werden; auch historische Ereignisse und Transformationen, die durch vorherrschende Ideologien die meist ablehnende Haltung gegenüber der ökonomischen Sphäre und ihrer Akteure produzierten, konnten im Zusammenhang beobachtet werden usw. Dabei wurden sowohl vorherrschende als auch gegendiskursive Tendenzen festgehalten und erklärt.

Außerdem führte die untersuchte historisch bedingte Neuhierarchisierung der Diskurse in der Transformationszeit und der damit verbundene Übergang von der jahrhundertelangen Vorrangstellung der Literatur als meinungsbildender Instanz zur führenden Stellung der Publizistik in Russland zur Erweiterung meiner Forschungsperspektive auf publizistische Texte. Dies forderte, in Anlehnung an die Interdiskurstheorie von Jürgen Link, eine Erweiterung meines Verständnisses von literarischen Texten, so dass ich auch mediale Texte in ihrer interdiskursiven Funktion untersuchen konnte. Vor allem für die bis dahin stark literaturorientierte Diskursgesellschaft Russlands bot dieser Wechsel der Perspektive einen interessanten Ansatz für meine Untersuchung, da ich so zum einen die Verzahnung und die (Re)Integration des literarischen Materials auf der medialen Ebene untersuchen, zum anderen das Narrative als Strukturprinzip russischer Pressediskurse analysieren konnte.

Anschließend erlaubte mir der kritische Anspruch der diskursanalytischen Methode, einige Mechanismen und Strategien der literarischen und medialen Konstituierung des russischen Unternehmers offenzulegen, die sonst nicht sichtbar geworden wären. Hier sind insbesondere die diskursiven Auswirkungen der vorherrschende Dominanz des antiökonomischen Ethos der russischen Intelligencija auf den Unternehmerdiskurs zu nennen, die Bedeutung der historisch verankerten Macht des literaturkritischen Diskurses in Russland, der die Bewertung der ökonomischen Gruppe stark mitbestimmte und korrigierte oder auch die sprachliche »Aufwertung« wirtschaftlicher Tätigkeit in Verbindung mit immateriellen Motiven und nationalen Interessen. Dem kritischen Ansatz ist auch meine Annahme geschuldet, dass die durch die Analyse ans Licht gekommenen Veränderungen im Unternehmerdiskurs dazu beitragen könnten, alternative Wahrnehmungsmöglichkeiten zu etablieren und so vielleicht eine steigende Akzeptanz der Unternehmerschaft in der russischen Gesellschaft und somit eine erfolgreichere ökonomische Umgestaltung bewirken könnten.

Anhang

Exkurs 1: Spezialdiskursive Ereignisse (1994-1999)
Privatisierung (1994-1998)

Der Privatisierungsprozess[373] wurde zu einer der wichtigsten ökonomischen Reformen der Transformation. Ab Mitte 1994 wurde die zweite Phase der Privatisierung gestartet. Dabei wurden die Staatsbetriebe auf den so genannten Aktien-Kredit-Swaps (Pfandauktionen) versteigert. [374] Das Konzept der Swaps wurde von einem Konsortium russischer Großbanken ausgearbeitet. Die führenden russischen Banken gewährten der Regierung Kredite von etwa 9. Mrd. Rubel (damals ca. 2 Mrd. USD) zur Deckung des Haushaltsdefizits und erhielten als Sicherheit Aktien der staatlichen Unternehmen[375].

Die größten Banken avancierten zu den wichtigsten Akteuren der Privatisierung. Der Kreis potentieller Bieter auf den Pfandauktionen war sehr übersichtlich. Hinter der Mehrheit der abgegebenen Gebote standen zwei Großbanken, Oneksim und Menatep. Die Mindestgebote waren sehr niedrig angesetzt, so konnten die einflussreichen Banken die verpfändeten Aktienpakete deutlich unter ihrem Marktwert erwerben. Es kam zur Diskriminierung konkurrierender Bieter und zu Korruptionsvorwürfen. Da der Staat die Schulden nicht begleichen konnte, gingen alle 1995 verpfändeten Aktien Ende 1998 in den Besitz der Gläubiger über.[376] Auf diese Weise wurden viele Bankiers zu den größten Industriellen des Landes, so wurde z.B. Chodorkovskij als Besitzer der Menatep-Bank der Eigentümer von Jukos-Unternehmen und Potanin (Oneximbank) übernahm Norilsk Nickel. Es fand eine Verquickung des Finanz- und Industriekapitals statt, was zur verstärkten Herausbildung von Finanz-Industriellen-Gruppen (FIG) führte. Somit entstand im Zuge der Privatisierung eine ziemlich heterogene Unternehmerschicht. Auf der einen Seite handelte es sich um zahlreiche Klein- und Mittelunternehmer, die den Handel und den Dienstleistungssektor bedienten, auf der anderen Seite stand überwiegend die alte politische und wirtschaftliche Nomenklatur, die sich während der Privatisierung einen Startvorsprung gesichert hatte und jetzt die Mehrheit der Anteile »ihrer« Unternehmen für sich bean-

373 In der ersten Phase der Privatisierung vom 1. Oktober 1992 bis zum 31. Januar 1993 wurden an 144 Millionen Bürger der Russischen Föderation Voucher verteilt. Leider verstand die Mehrheit der Bevölkerung kaum den Sinn und den Wert des ihnen überreichten Papiers. Sie fühlten sich ungenügend über das Privatisierungsprogramm und die Verwendung der Voucher von der Regierung informiert. Der direkte Einsatz der Privatisierungsgutscheine bei Auktionen war außerdem mit einigen Schwierigkeiten verbunden. Zwar entstand eine große Anzahl an Investmentfonds, die um die Gutscheine der Bürger warben, aber unter diesen befand sich ein großer Anteil an Firmen, die die Unkenntnis der Bevölkerung und das Fehlen staatlicher Kontrolle ausnutzten, um sich Vorteile zu verschaffen. Erst der Zusammenbruch großer Fonds, die nach dem Pyramiden-System aufgebaut waren (wie »MMM-Invest«, »Tibet« oder »Neftalmasinvest«), führte in der zweiten Hälfte des Jahres 1994 zu einer verstärkten staatlichen Kontrolle in diesem Bereich. (Vgl. Radygin A. (1999): *Institutionelle Probleme der Entwicklung des korporativen Sektors. Eigentum, Kontrolle, Kapitalmarkt.* Moskva: IET).

374 Viele Großunternehmen wurden unter ihrem tatsächlichen Marktpreis verkauft. So wurde z.B. die Moskauer Automobilfabrik »ZIL« für nur 4 Mio. USD versteigert, ihr tatsächlicher Wert belief sich zur damaligen Zeit auf mehr als 1 Mrd. USD. Mehr als 125.000 Betriebe wurden im Durchschnitt für 1300 USD verkauft, nach verschiedenen Bewertungen zwischen 70 und 300 Mal billiger als der Marktpreis. (Vgl. Pleines 2003, S. 168).

375 Pleines 2003, S. 169.

376 Ebenda, S. 170.

spruchte. Auf diese Weise entstand der Unternehmertypus der so genannten Oligarchen[377], die mit ihren hervorragenden Beziehungen zu Regierungskreisen große Konzerne gründen konnten.

Parlamentswahlen (Dezember 1995)

Im Dezember 1995 fanden die Parlamentswahlen statt. Das extreme Sparprogramm der Regierung zeigte keine eindeutigen Ergebnisse und ging mit einer Senkung des Lebensstandards der Bevölkerung einher, die als besonders schmerzlich empfunden wurde.[378] Diese wenig durchdachten Sparmaßnahmen kurz vor den Wahlen führten dazu, dass es in der neuen Duma zu einer Übermacht der Kommunisten kam.

Präsidentschaftswahlen (1996)

Das Jahr 1996 wurde von den anstehenden Präsidentschaftswahlen dominiert. Die wichtigsten Kandidaten (Präsident Jelzin und der Vorsitzende der kommunistischen Partei Zjuganov) vertraten aus ökonomischer und politischer Sicht absolut konträre Ansichten hinsichtlich der Zukunft des Landes. Besonders die populistische Politik Zjuganovs, der eine Rückkehr zu den planwirtschaftlichen Verhältnissen und die Reprivatisierung des staatlichen Eigentums propagierte, versetzte die wirtschaftlichen Akteure in eine unsichere Lage und hemmte die Entfaltung der Investitions- und Produktionstätigkeit. Ferner bestand die Gefahr, dass die Wahlstrategie Jelzins, die auf vielen schwer realisierbaren Versprechungen basierte, scheitern würde.Unter solchen Umständen plädierten die Berater Jelzin für eine vorsichtige Wahlstrategie. Außerdem unterstützten die Gewinner der neuen russischen Marktwirtschaft (vor allem große Industrielle und Bankiers), die am Sieg Jelzins dringend interessiert waren, die Wahlkampagne Jelzins finanziell. Nach dem Sieg Jelzins, der nicht ohne diese finanzielle Hilfe der Oligarchen möglich gewesen wäre, gab es Hoffnung auf baldige tiefgreifende Reformen und eine konsequente Wirtschaftpolitik. Aber bald wurde klar, dass ein baldiges russisches Wirtschaftswunder sehr schwer zu realisieren sein würde. Die Krankheit des Präsidenten Jelzin verstärkte zusätzlich die herrschende politische Unsicherheit. Die Opposition im Parlament fühlte sich gerechtfertigt, wichtige Reformen zu sabotieren.

Ein weiteres Problem bestand in der existierenden und durch die Wahlen gestärkten Verquickung von Regierung und wirtschaftlichen Interessengruppen. Die Repräsentanten großer Unternehmen und Banken gelangten zu dieser Zeit nicht nur in Parlament und Regierung zu Einfluss und waren dort zunehmend präsent, sondern gehörten auch zu den engsten Vertrauten des Präsidenten. Sie waren gewissermaßen die Gläubiger des Präsidenten, die nun die Begleichung der Schulden als Gegenleistung für ihre großzügige Wahlunterstützung erwarteten. Diese wirtschaftlichen Gruppen waren weniger an der Fortsetzung des Reformprozesses und der Schaffung einer funktionierenden marktwirtschaftlichen Ordnung interessiert, sondern setzten sich vielmehr für die Stärkung ihrer monopolartigen Wirtschaftsstrukturen und die Erlangung zusätzlicher Vorteile seitens der Regierung ein. Diese Politik erhielt in den Spezialdiskursen die

377 Auf den Begriff »Oligarch« wird im Kapitel 4.5.3. näher eingegangen.

378 Man konnte tatsächlich die Inflationsrate im März 1995 auf 2% und im April sogar auf 0.5% senken. Der Preis dafür war sehr hoch. Man konnte in dieser Zeit einen starken Rückgang der Industrieproduktion, Verringerung des Einkommens (auf 6%) und einen Rückgang der Investitionstätigkeit beobachten. (Vgl. Mau, V./Sinelnikov, S./Trofimov, G. (1996): Makroėkonomičeskaja stabilizacija i tendencii ėkonomičeskoj politiki v Rossii v 1995-1996 godach. In: *Voprosy ėkonomiki*, 5/1996, S. 34).

Bezeichnung »oligarchischer Kapitalismus« und stellte eine weitere Gefahr für die demokratische Entwicklung Russlands dar.[379]
Die einflussreichen russischen Großunternehmer versuchten nicht nur, die Wirtschaftspolitik der Regierung zu ihren Gunsten zu beeinflussen, sondern bekämpften sich aufgrund divergierender Interessen auch gegenseitig. Das paralysierte die Reformbemühungen zusätzlich. Der erwartete wirtschaftliche Boom nach den Präsidentschaftswahlen blieb aus. Zwar erreichte die russische Wirtschaft im Jahr 1997 die besten Ergebnisse seit Beginn der wirtschaftlichen Veränderungen, doch andere strukturelle und fiskalische Schwierigkeiten trübten die Hoffnung auf eine nachhaltige Verbesserung des ökonomischen Systems.

Weltwirtschaftskrise (Oktober 1997)

Im selben Jahr setzten in Asien die ersten Anzeichen einer weltweiten Finanzkrise ein. Unter den oben beschriebenen Bedingungen war Russland sehr anfällig für die importierte Finanzkrise. Die schnell anwachsende Verschuldung des Staates auf dem Binnenmarkt, die bedrohliche Zunahme der kurzfristigen ausländischen Investitionen, die schwache Weltmarktkonjunktur für die wichtigsten Exportgüter Russlands (Öl und Gas) ebneten der im August 1998 folgenden Finanzkrise geradezu den Weg. Im ersten Quartal 1997 waren die Steuereinnahmen besonders niedrig, was zusätzlich die vorhandenen Fiskalprobleme verschärfte. Der Einfluss der wirtschaftlichen Gruppen zeigte sich verstärkt auf verschiedenen politischen Ebenen und spaltete die Regierung in einzelne Interessengruppierungen. Das führte zu andauernden internen Konflikten, die weitere Reformen im wirtschaftlichen Bereich nahezu unmöglich machten.[380]
1997 nahm das Gewicht ausländischer Investoren, die vor allem in kurzfristige Staatsanleihen (GKO) ihr Geld investierten, immer mehr zu und beeinflusste den russischen Markt stark.[381] Diese Tatsache hatte diskrepante Folgen für die russische Wirtschaft. Einerseits trug sie zur Finanzstabilisierung bei und verlangsamte die Verschuldung des Staates. Andererseits bestand die Gefahr, dass im Falle einer instabilen Situation auf den Weltmärkten ein massiver Abfluss des ausländischen Kapitals die Stabilität der nationalen Währung extrem gefährden könnte. Diese Befürchtungen wurden Wirklichkeit, als in der zweiten Hälfte des Jahres 1997 die Skepsis ausländischer Investoren angesichts der weltweiten Finanzkrise den russischen Markt erfasste. Den massiven Abfluss von kurzfristigen Investitionen betrachten die Ökonomen als einen wichtigen Grund für die schnelle Rubelentwertung und für die folgende Zahlungskrise des russischen Staates.[382] Dem Staat wurde somit die Möglichkeit entzogen, den heimischen Markt vor den schwerwiegenden externen Erschütterungen zu schützen. Ein weiteres Zeichen der anwachsenden Krise war die augenfällig gewordene Schwäche des russischen Bankensektors, die auf die protektionistische Politik des Staates und der Zentralbank einerseits und die mangelnden Kompetenz und die Unerfahrenheit des russischen Bankmanagements andererseits zurückzuführen war.[383]

379 Archipov, S./Batkibekov, S./Drobischevski, S. (1998): *Makroökonomische Stabilisierung und die Fiskalkrise. In: Transformationswirtschaft. Eine Werksammlung über die Wirtschaftspolitik im postkommunistischen Russland.* Moskau: IET, S. 47.

380 Ebenda, S. 342.

381 Die ausländischen Investitionen in die Wertpapiere der föderalen Regierung erhöhten sich im Laufe des Jahres um 7 Mrd. USD. (Vgl. Peissotchenko 2002, S. 202).

382 Vgl. Archipov u.a. 1998; Mau u.a. 1998; Peissotchenko 2002.

383 Peissotchenko 2002, S. 207f.

Der Abfluss des ausländischen Finanzkapitals versetzte dem russischen Bankensystem einen erheblichen Schlag. Bereits Anfang 1997 konnten mehrere Banken nicht mehr ihren Verpflichtungen nachkommen und standen vor dem Bankrott. Die internen politischen Konflikte verschärften die Situation zusätzlich und erschwerten ferner die Abwendung der Finanzkrise.

Russische Finanzkrise (August 1998)

Im Laufe des Jahres 1998 nahm der Druck auf die russische Währung immer mehr zu, die Währungsreserven schwanden unaufhaltsam, die enorme Außenverschuldung drohte sich in einer starken Rubelabwertung zu entladen. Alle Versuche, die Situation unter Kontrolle zu bringen, schlugen fehl. Am 17. August 1998 brach schließlich die Finanzkrise aus, die sich eigentlich in drei Krisen widerspiegelte. Zum einen gab der Staat seine Zahlungsunfähigkeit bekannt und stoppte teilweise die Bezahlung seiner Verpflichtungen. Zum anderen büßte die russische Währung innerhalb von drei Wochen zwei Drittel ihres Wertes ein. Und schließlich brach das Bankensystem weitgehend zusammen, da fast alle großen Banken ihre Zahlungsunfähigkeit einräumten. Angesichts dieser dramatischen Entwicklung bahnte sich eine neue politische Krise an. Präsident Jelzin ordnete die Formierung einer neuen Regierung unter Primakov an, in der die kommunistische Beteiligung wieder an Stärke gewann. Die Krise schwächte in den Augen der Bevölkerung die Position liberaler Wirtschaftspolitiker und führte zu verstärkter Kritik an den marktwirtschaftlichen Reformen insgesamt.

Folgen der Finanzkrise (1998-1999)

Trotz aller negativen Folgen der Finanzkrise gab es auch positive Effekte. Im folgenden Jahr verbesserte sich die wirtschaftliche Situation in Russland. Die Abwertung des Rubels hatte positive Auswirkungen auf die einheimische Produktion. Die russischen Unternehmen konnten ihr Angebot auf dem Binnenmarkt erweitern und somit die Industrieproduktion steigern.[384] Somit verbesserte sich die finanzielle Lage vieler Betriebe erheblich, was angesichts der Krise kaum zu erwarten gewesen war. Bereits ab der zweiten Hälfte des Jahres konnte man ein erneutes Wachstum des realen Einkommens der Bevölkerung feststellen. Außerdem führte die Finanzkrise im August 1998 zur Umverteilung der Eigentumsverhältnisse in der russischen Wirtschaft. Aufgrund tiefer Einbrüche und Verluste im Bankensektor wurden viele Finanzgruppen wirtschaftlich geschwächt. Die exportierenden Rohstoffindustriegruppen gingen dagegen gestärkt aus der Krise hervor. Es kam zu einer gewissen Eigentumsumverteilung nach dem eigentlichen Privatisierungsprozess.

Die größten Finanzgruppen des Landes schrumpften rapide mit dem Default des Staates. Viele Banken waren gezwungen, ihre Investitionsportfolios und weniger profitable Unternehmen zu verkaufen, um ihre Schulden zu begleichen.[385] Das veränderte das wirtschaftliche Verhalten der ehemals mächtigen Finanzgruppen. Die einst aggressive Expansion in den lukrativsten Bereichen der russischen Wirtschaft wurde zum bloßen Überlebenskampf. Die Finanzgruppen konnten sich nicht mehr auf die Unterstützung des Staates verlassen, weil der Staat selbst nicht in der Lage war, den ausstehenden Forderungen und Verpflichtungen nachzukommen.[386] Die Regierung und das Parlament hatten erkannt, dass die vor der Krise betriebene Budgetpolitik

384 Importe gingen um 30% zurück und wurden größtenteils durch inländische Erzeugnisse substituiert. Daraus resultierte ein Anstieg des BIP 1999 um 3,2%, der Industrieproduktion sogar um 8%. Der Handelsbilanzüberschuss betrug 36 Mrd. USD. (Vgl. Peissotchenko 2002).

385 Radygin 1999, S. 109f.

386 Peissotchenko 2002, S. 222.

nicht mehr haltbar war und zogen Konsequenzen daraus. 1999 wurde zum ersten Mal in der postsowjetischen Geschichte ein Staatsbudget mit einem geplanten Überschuss der Einnahmen festgelegt, das überraschenderweise auch realisiert wurde. Die Finanzgruppen wurden somit dazu gezwungen, mit ihrem privaten Kapitel zu arbeiten, was die Wettbewerbssituation im Bankensektor verbesserte.

Von der Krise konnten auch die kleineren Unternehmen profitieren und ihre wirtschaftliche Position ausbauen. Zu den Gewinnern der Krise gehörten ebenfalls die staatlich kontrollierten Unternehmen im Bereich der natürlichen Monopole. Ihre Anlagen blieben von der Finanzkrise fast unberührt. Somit wurden die größten russischen Exportunternehmen (wie z.B. Gazprom) zum Kern der russischen Wirtschaft. Ihre wachsende wirtschaftliche Position bedeutete gleichzeitig steigenden politischen Einfluss, den diese Unternehmen für ihre Expansionspläne nutzten.[387]

Dem russischen Staat gelang es nach der Krise, die eigene Position wieder zu stabilisieren. Durch externe Faktoren, wie die günstige Konjunktur für die wichtigsten Exportgüter Russlands (Öl und Gas), wurde es der Regierung möglich, Haushaltüberschüsse zu erzielen und die Außenschuldverpflichtungen zu begleichen.[388] Die gestärkte Rolle des Staates wurde in der Putin-Ära noch weiter ausgebaut. Das erlaubte der Regierung und dem Präsidenten, intensiv in die wirtschaftlichen Prozesse in Russland zu intervenieren.

387 So startete z.B. das Unternehmen Gazprom Versuche, seine Position in der Metallverarbeitungsindustrie und im Mediengeschäft zu verstärken.

388 Ulukajev, A. (1998): *Političeskie problemy vtoroj volny ėkonomičeskich reform. In: Političeskie problemy ėkonomičeskich reform: sravnitel'nyj analiz.* Moskva: IET, S. 2.

Exkurs 2: Unternehmertypologien in den soziologischen und ökonomischen Spezialdiskursen
Die schwierigen ökonomischen, politischen, rechtlichen und sozialen Bedingungen der Transformationszeit zeichneten die Entwicklungswege russischer Unternehmer aus, die sehr heterogen waren und manchmal schwer identifizierbar sind. Die Defizite liegen vor allem im mangelnden Informationsangebot zu verschiedenen Aspekten der Unternehmertätigkeit. Da es für diese Zeit keine zuverlässigen sozio-ökonomischen Statistiken gibt, füllen überwiegend soziologische Untersuchungen und die Medien dieses Informationsvakuum aus[389].

Im folgenden Exkurs soll ein kurzer Überblick über die Typologien russischer Unternehmer aus dem russischen und deutschen Spezialdiskurs gegeben werden; dieser Überblick erhebt keinen Anspruch auf Vollständigkeit, sondern soll bestimmte Tendenzen zu erfassen versuchen, wie über die russischen Unternehmer im Rahmen des wissenschaftlichen (soziologischen und ökonomischen) Diskurses gedacht und kommuniziert wird.

Im Rahmen des neu konzeptualisierten Faches »Ökonomische Soziologie« in Russland Anfang der 90er Jahre wird wiederholt die Frage gestellt, welche Rolle die Unternehmer in der Gesellschaft spielen und wie man sie sozialwissenschaftlich als Gruppe erfassen und ihre Rolle sowie die Zusammensetzung dieser Gruppe beschreiben kann. Soziologen wie J.L. Kačanov und V. Radaev stellen fest, dass die soziale Gruppe der Unternehmer zwar schon längst in der russischen Gesellschaft präsent ist, sie jedoch in der soziologischen Erfahrung oft ignoriert wird.[390]

Eine der ersten, die versucht haben, eine Typologie der sich neu formierenden Gruppe der Unternehmer auf der Grundlage empirischer Erhebungen zu erstellen, war Tatjana Zaslavskaja, die bekannteste russische Soziologin. Dabei versucht sie nicht nur den Kern der Unternehmergruppe, den Unternehmer/Eigentümer zu erfassen, sondern bezieht marginale Gruppen, die an der Schwelle zwischen dem privaten und dem staatlichen Sektor agieren, ein. Sie unterscheidet dabei:

Klassische Unternehmer (predprinimatel') – Eigentümer vor allem kleiner Unternehmen und Firmen, die sie selbst leiten. Sie verbinden diese selbstständige Tätigkeit mit keiner zusätzlichen Beschäftigung als Arbeitnehmer;

Selbstbeschäftigte (samozanjatye) – betreiben die sogenannte »individuelle Arbeitstätigkeit« (für gewöhnlich) Ein-Mann-Unternehmen, die mit eigenen Produktionsmitteln und Geräten ausgestattet sind. Es sind vor allem hochqualifizierte Arbeiter und Fachleute;

Businessmen/Manager (biznesmeny-menedžery) – angestellte Leiter von kleinen und mittleren Unternehmen im privaten Sektor, die ihre Manager-Tätigkeit mit eigenem Business in anderen Firmen verbinden;

Teilzeit-Unternehmer (polupredprinimateli) – Arbeitnehmer vor allem im privaten Sektor, die gleichzeitig als Einzelunternehmer wirtschaftlich aktiv sind;

Manager/Miteigentümer (menedžery-sobstvenniki) – Führungskräfte von kleinen und mittleren Unternehmen vor allem in den Aktiengesellschaften, die einen bedeutenden Aktienanteil am Unternehmen besitzen.[391]

Zaslavskaja unterscheidet fünf Unternehmertypen, die sie hingegen nicht Unternehmer nennt, sondern Businessschicht (biznes-sloj).[392] Diese Abgrenzung beruht auf der engen Auffassung des Wortes »Unternehmer«, den Zaslavskaja mit dem klassischen Typus des Unternehmers

389 Zaslavskaja, T. (1995): *Biznes-sloj rossijskogo obščestva: suščnost', struktura, status.* Moskva, S. 20.

390 Vgl. Radaev, V. (1992): *Emerging Russian Entrepreneurship as Viewed by the Experts.* Paper presented to the First European Conference of Sociology, Vienna, 26.-29. August.

391 Zaslavskaja 1995, S. 19.

392 Ebenda, S. 20.

assoziiert, der der Eigentümer des Unternehmens ist und keine andere Tätigkeit als Arbeitnehmer ausübt. Unter diese Gruppe fallen vor allem die Typen Klassischer Unternehmer und Selbstbeschäftigte. Die Gruppe der klassischen Unternehmer ist auch nicht homogen. Der Status und die Tätigkeitsfelder dieser Wirtschaftsakteure unterscheiden sich vor allem durch den Umfang ihrer Geschäftsaktivität: die Großunternehmer (Eigentümer von Banken und Börsen, Führungskräfte der FIG (Finanz-Industriellen-Gruppen)) einerseits und die Kleinunternehmer (Restaurant-, Laden- und Werkstattbesitzer) andererseits. Die Selbstbeschäftigten sind Personen, die einer individuellen Arbeitstätigkeit nachgehen, sie unterscheiden sich von der ersten Gruppe durch den individuellen Charakter ihrer Geschäftstätigkeit, die keine organisatorische Komponente beinhaltet. Um noch andere Erscheinungen unternehmerischer Tätigkeit in der Transformationsgesellschaft Russlands zu erfassen, beschreibt Zaslavskaja Typen, die eine besondere Form wirtschaftlicher Aktivität ausüben: zwischen dem privaten und staatlichen ökonomischen Sektor, zwischen Selbstständigkeit und Abhängigkeit, zwischen Risikobereitschaft und Vorsicht. Hier unterscheidet sie zwei Typen: die Teilzeit-Unternehmer und die Manager/Unternehmer.
Der erste Typus ist eine verbreitete Erscheinung von Übergangsökonomien, in denen der Risikofaktor einer selbstständigen Tätigkeit wegen des unsicheren ökonomischen und gesetzlichen Rahmens unverhältnismäßig hoch ist. Unter solchen Bedingungen versuchen diese Unternehmer, ihren Arbeitnehmerstatus zu erhalten und parallel dazu wirtschaftlich auf dem Markt zu agieren. Diese Position schützt sie im gewissen Maße vor ökonomischen Risikofaktoren, indem sie von den sozialen Leistungen des Staates (Partizipation an staatlichen Privilegien und Netzwerken) profitieren oder sich den Zugang zu staatlichen Ressourcen (billige Rohstoffe, Material und Energiequellen) ermöglichen können. Auch diese Gruppe ist keineswegs homogen. Ihre Grenzen reichen von Führungskräften großer staatlicher Industrie- und Finanzkonzerne bis zum einfachen Arbeiter, der seine privaten Dienstleistungen auf dem Markt anbietet. Ein interessantes Phänomen der Übergangswirtschaft stellt der Typus Manager dar. Obwohl die Manager keine Unternehmer im klassischen Sinne sind, weil sie kein Eigentum am Unternehmen (abgesehen von Aktienbesitz) haben und im Rahmen einer betrieblichen Hierarchie agieren, tragen sie in einer instabilen Wirtschaft viel größere Verantwortung und verfügen durch die Schwäche der staatlichen Kontrolle über eine viel weiter ausgeprägte unternehmerische Freiheit als in stabilen Ökonomien.[393] Als Ergebnis ihrer Untersuchung hebt Zaslavskaja die Heterogenität und die Identifizierungsschwäche der unternehmerischen Schicht in Russland hervor, die durch ihren Massencharakter und einen steigenden ökonomischen Einfluss gekennzeichnet ist.[394]
Nach anderen Typisierungskriterien arbeiten russische Soziologen wie Tyomkina, die die Unternehmer nach der soziologischen Herkunft unterscheidet.[395] Ryvkina und Pavlenko stellen eine Unternehmertypologie nach dem Einsatz von Managementmethoden innerhalb des Unternehmens auf[396] und Radaev versucht, die russischen Unternehmer nach dem Grad ihrer Ab-

393 Čepurenko, Alexander (1994): *Das Kleinunternehmertum in Russland.* Köln, S 79; Smol'kov, V.N. (1994): Predprinimatel'stvo kak osobyj vid dejatel'nosti. In: *Socis* 1/1994, S. 19.

394 Zaslavskaja 1995, S. 32.

395 Tyomkina, A. (1991): *The Formation of the Ruling Elite during the Transition to Democracy (the Interaktion of political and Economic Elites).* Paper, presented in Prague, Soros Foundation (CEU): Course: Economic Elites and Institutions in Comparative Perspectives, 2.-7. September, S. 4f.

396 Ryvkina, R./Pavlenko, S. (1988): Managerial Behaviour of Executives of Agricultural Enterprises. In: *Soviet Sociology*, 3/1988, S. 73f.

hängigkeit von staatlichen und kriminellen Strukturen zu sondern[397]. Diese Typologien stellen einen besonderen Aspekt der breiten Palette der Unternehmer dar, die für die vorliegende Arbeit von zweitrangiger Bedeutung sind und hier nicht näher erläutert werden.

Innerhalb des deutschen ökonomischen Spezialdiskurses findet man ebenfalls einige Typologien russischer Unternehmer, die je verschiede Akzente und Kriterien hervorheben. Einen Versuch, verschiedene Unternehmererscheinungen in Russland zu rekonstruieren, unternehmen die deutschen Ökonomen W. Eberwein und J. Tholen. Sie bauen ihre Typologie nach folgenden Differenzierungskriterien auf: zum einen nach der Einstellung der Unternehmer zur Marktwirtschaft und zum anderen nach ihrem Verhältnis zur Privatisierung, was die Autoren als zwei zentrale Dimensionen des ökonomischen Transformationsprozesses in Russland auffassen.[398])

Eberwein und Tholen unterscheiden vier Typen von Unternehmern:

Typ I ist der Markt-Unternehmer, darunter werden die Unternehmensleiter meist größerer Industriebetriebe gefasst, die wegen des ökonomischen und gesellschaftlichen Wandels bereit waren, sich von der Planwirtschaft loszusagen und auf die Marktwirtschaft einzurichten. Sie unterstützten die Eigenständigkeit der Unternehmen, d.h. die Tätigkeit in eigener Verantwortung und auf eigene Rechnung. Dabei vertraten sie die Idee der »sozialistischen Marktwirtschaft«, einer Marktwirtschaft ohne Privatisierung des Eigentums an Produktionsmitteln oder befürworteten die Insider-Privatisierung. Bei diesem Typus des Unternehmers handelte es sich meistens um reformorientierte wirtschaftliche Akteure, die allerdings die Einführung eines manchesterliberalen Kapitalismus ablehnten[399]. Die berufliche und gesellschaftliche Zusammensetzung dieser Gruppe war ziemlich heterogen: man findet unter ihnen ehemalige staatliche Manager aus dem Wirtschaftssektor, die versuchten, unter den neuen Bedingungen ihre Betriebe auf den marktwirtschaftlichen Weg zu führen, aber auch Vertreter der ehemaligen politischen Nomenklatura, die sich mit Hilfe ihres politischen Einflusses hohe Positionen in den Unternehmen gesichert hatten, jedoch ihre Unternehmen an die neuen Bedingungen anzupassen und nach außen innovativ zu wirken versuchten. Somit unterschieden sie sich von jenen ehemaligen Kollegen, die ihre Position ausschließlich für die eigene Bereicherung besetzt hatten und daher gesellschaftlich und wirtschaftlich destruktiv wirkten. Diesem Typus war auch eine Reihe Quereinsteiger zuzurechnen. Dies waren vor allem kreative Intellektuelle, oft Wissenschaftler, die neue erfolgreiche Unternehmen gründeten. Diese Gruppe der Unternehmer entdeckte an sich neue, vorher nicht gebrauchte Qualifikationen und Kompetenzen und entwickelte sie weiter.[400]

Der zweite Typus der Unternehmer, der traditionalistische Manager, lehnte im Gegensatz zu dem Markt-Unternehmer nicht nur die Privatisierung, sondern auch die Etablierung eines Marktsystems entschieden ab. Sie wünschten sich die Rückkehr zur alten Ordnung und hielten an den politischen und ökonomischen Traditionen fest. Auf der individuellen Linie strebten diese wirtschaftlichen Akteure vor allem nach der Sicherung der eigenen Positionen und Privilegien. Dieser Typus des Unternehmers war besonders zu Beginn des Transformationsprozesses anzutreffen.

Der dritte Typus, der so genannte Entrepreneur, war Befürworter sowohl der Privatisierung als auch des marktwirtschaftlichen Systems. Der Entrepreneur agierte überwiegend im Handels-

397 Radaev 1992.

398 Eberwein, W./Tholen, J. (1994): *Zwischen Markt und Mafia: russische Manager auf dem schwierigen Weg in eine offene Gesellschaft.* Frankfurt a. M.

399 Ebenda, S. 261.

400 Vgl. Ebenda, S. 262.

und Dienstleistungssektor, meist in Klein- oder seltener in Mittelbetrieben. Sein Ziel war vor allem, kurzfristig und schnell Gewinne zu sichern, sein Interesse lag weniger in einem langfristigen, kontinuierlichen gesellschaftlichen und ökonomischen Wandel in Richtung einer sozialen Marktwirtschaft. Diese Gruppe war soziologisch sehr heterogen, hier waren sowohl die ehemalige Nomenklatura als auch Wissenschaftler und Künstler, aber auch viele andere Bevölkerungsgruppen anzutreffen. Dieser Typus des Unternehmers wurde besonders am Anfang der Transformation im Westen als aktiver wirtschaftlicher Akteur und Hoffnungsträger der auflebenden Ökonomie begrüßt. Später erkannte man, dass sein Interesse meist nur für kurzfristige Profite reichte. Auf der anderen Seite übernahm gerade der Entrepreneur im Russland der Umbruchzeit die soziale Rolle und Funktion des Unternehmers, der in einem marktwirtschaftlichen System als treibende Kraft eine wichtige Rolle übernimmt.[401]

Der letzte Typus ist der Mafioso, der wie der Entrepreneur an der Erzielung individueller Gewinne interessiert war, dies jedoch mit Hilfe krimineller Praktiken verwirklichte. Seine Wurzeln reichten sowohl in das »traditionelle Milieu« der Kriminellen als auch in die Reihen der staatlichen Bürokratie. Der »Mafioso« begrüßte zwar die Privatisierung, weil sie den Rahmen für sein Handeln und seine Profite schaffte, der Marktwirtschaft gegenüber verhielt er sich aber gleichgültig. Er trug keinen marktwirtschaftlichen Gedanken in sich, sondern nutzte die Unstimmigkeiten und Lücken des noch nicht ganz funktionierenden Marktsystems. Er hatte gar kein Interesse an der Entstehung einer intakten Marktwirtschaft, die Normen und Rechtsgarantien mit sich bringt und somit illegale Machenschaften, Korruption und Schwarzmarkttätigkeit, als ein ideales Handlungsfeld des Mafioso, erschwert.

Über die Verbreitung der Mafiosi in der russischen Wirtschaft kann man nur schwer genaue Aussagen machen, da die Mafia in Russland nicht eindeutig definiert ist. Dies hängt vor allem damit zusammen, das in der russischen Gesellschaft jahrzehntelang das private Eigentum und seine Vermehrung verpönt und gar verachtet war. Diese Situation wird noch dadurch verschärft, dass die Privatisierung in Russland mit großer materieller und sozialer Ungleichmäßigkeit verbunden war.[402] Das verstärkte zusätzlich die Vorurteile und Ressentiments gegenüber den neuen Unternehmern.[403] Zwar gab es auch in sowjetischen Zeiten Korruption und wirtschaftliche Kriminalität, sie waren jedoch nicht von solchem Ausmaß und wurden in das System eingebettet und damit kalkulierbar. In der Umbruchphase entstanden wenig transparente Verflechtungen zwischen privaten Unternehmen, staatlichen Beamten und kriminellen Strukturen. Eberwein und Tholen vertreten die Meinung, dass ungeachtet dieser Entwicklung die Bedeutung der Mafia im wirtschaftlichen Leben Russlands oft durch öffentliche Diskurse größer dargestellt wurde, als sie in Wirklichkeit war.[404] Jedoch bestreiten sie auch nicht, dass Korrupti-

401 Ebenda, S. 265.

402 Vom 1. Oktober 1992 bis zum 31. Januar 1993 wurden an 144 Millionen Bürger der Russischen Föderation Gutscheine verteilt. Leider verstand die Mehrheit der Bevölkerung kaum den Sinn und den Wert des ihnen überreichten Papiers. Sie fühlten sich ungenügend über das Privatisierungsprogramm und die Verwendung der Gutscheine von der Regierung informiert. Der direkte Einsatz der Privatisierungsgutscheine bei Auktionen war außerdem mit einigen Schwierigkeiten verbunden. Zwar entstand eine große Anzahl an Investmentfonds, die um die Gutscheine der Bürger warben, aber unter diesen befand sich ein großer Anteil an Firmen, die die Unkenntnis der Bevölkerung und das Fehlen staatlicher Kontrolle ausnutzten, um sich Vorteile zu verschaffen. Erst der Zusammenbruch großer Fonds in der zweiten Hälfte des Jahres 1994, wie »MMM-Invest«, »Tibet« oder »Neftalmasinvest«, die leicht als nach dem Pyramidensystem aufgebaute Betrügerfirmen zu erkennen waren, führte zu einer verstärkten Kontrolle seitens des Staates.

403 Vgl. Zaslavskaja 1995, S. 55f.

404 Vgl. Eberwein/Tholen 1994, S. 267.

on und wirtschaftliche Kriminalität die Entwicklung der russischen Wirtschaft im Transformationsprozess behinderten. Sie richteten nicht nur einen ökonomischen Schaden an, sondern diskreditierten auf längere Sicht marktwirtschaftliche Prinzipien und prägten das negative Image der neuen Unternehmerschicht.

Diese Typologie richtet sich in erster Linie auf die Rolle der Unternehmer im Transformationsprozess. Dem Markt-Unternehmer wird dabei die führende Rolle zugewiesen, gleichzeitig wird dem Entrepreneur diese Rolle aberkannt. Der Traditionalist und der Mafioso agieren dagegen als Bremse und Störfaktor ökonomischer Prozesse. Eberwein/Tholen halten fest, dass die identifizierten Unternehmertypen in sich sehr differenziert und heterogen sind, deswegen konnte noch kein einheitliches Denk- und Handlungsgefüge der Unternehmer als einer gesellschaftlichen Gruppe entstehen.

Exkurs 3: Begriff »Oligarch« in Spezialdiskursen

Der Begriff »Oligarchie« kommt ursprünglich aus dem Griechischen und bedeutet »die Herrschaft der Wenigen«. Allerdings wurde der Oligarch als Vertreter dieser Herrschaftsordnung in der klassischen Philosophie (z.B. bei Plato) nicht eindeutig negativ belegt. In Russland wurde der Begriff »Oligarchie« Anfang des 20. Jahrhunderts aus französischen marxistischen Publikationen übernommen. Durch Lenins Klassiker »Imperialismus« gelangte der Begriff schließlich in den politischen Diskurs und war als undemokratisches Herrschaftssystem eindeutig negativ konnotiert. Nach der Definition Lenins bedeutete Oligarchie die dunkle Finanzmacht des bösen nichtproduktiven Kapitals, das die Politik beherrsche.

In den überwiegend wirtschaftswissenschaftlichen Arbeiten[405] zu diesem Thema wird erklärt, dass während der Transformation der Begriff Oligarch von den liberalen Kräften erneut aufgegriffen wurde, um damit die finanzschweren, politisch einflussreichen Gruppen zu bezeichnen und sie als Reformbremse zu kritisieren. Die Hauptelemente der Bedeutung, die bereits Anfang des 20. Jahrhunderts bestimmt wurden, bleiben somit erhalten: die Superreichen, die nicht produktiv sind, aber politischen Einfluss haben und so die Politik determinieren, die jetzt allerdings nicht mehr den kommunistischen, sondern den liberalen Kurs hindern.[406] Im politischen Diskurs wurde der Begriff zum ersten Mal von Nemzov 1998 in Davos benutzt und löste damals einen großen Skandal aus. In seiner Rede vor den versammelten Wirtschaftsbossen und Staatsoberhäuptern sagte er: »Mit wem verhandelt ihr hier eigentlich, mit wem redet ihr - das ist die russische Oligarchie.« Es gibt die Ansicht, dass Berezovskij selbst das Wort »Oligarch«, jedoch in seiner positiven Bedeutung, in den politischen Sprachgebrauch einführen wollte.[407]

In der Bevölkerung dominiert der negativ belegte Oligarchenbegriff, der fast ein Schimpfwort ist. Die Demokratiefrage steht für sie jedoch in diesem Zusammenhang erstaunlicherweise nicht im Mittelpunkt. Die negative Bewertung speist sich somit nicht aus der Illegitimität des politischen Einflusses der Oligarchen, sondern aus der Illegitimität ihrer Bereicherung. In den Augen der Bevölkerung sind sie nur zur ihrem Reichtum gekommen, weil sie es dem Gemeinwesen gestohlen haben. Diese Bewertung basiert auf dem Hintergrund der Erfahrungen, die Menschen mit dem Verlauf und den Ergebnissen der Privatisierung gemacht haben.[408]

Wer jedoch ein Oligarch ist und wann jemand als Oligarch charakterisiert wird, ist relativ frei und leicht austauschbar. Es gibt zwar Figuren, die eindeutig und grundsätzlich so belegt werden, wie Berezovskij, Gusinskij oder Chodorkovskij. Aber wer noch unter diesen Begriff fällt, ist nicht so festgeschrieben. Der Gebrauch des Begriff hängt nicht zuletzt damit zusammen, in welchem Kontext und in Verbindung mit welchen Akteuren der Oligarch auftaucht. Wenn

405 Fruchtmann, J. (2004): „Олигархия" – zum Werdegang eines politischen Schlagwortes. In: Blankenhorn, R./Blaszczak, J./Marzari, Robert (Hrsg.): *POLYSLAV Beiträge der Europäischen Slavistischen Linguistik.* München: Otto Sagner, S. 43-52; Kryštanoskaja, O. (1996): Finansovaja oligarchija v Rossii. In: *Izvestija*, 10.01.1996, S. 5; Pappe, J. (2000): *Oligarchi. Ėkonomičeskaja chronika.* Moskva; Segbers, Klaus/De Spiegeleire, Stephan (Hrsg.)(1995): *Post-Soviet Puzzles. Mapping the Political Economy of the Former Soviet Union.* Baden-Baden.

406 Vgl. Fruchtmann 2004.

407 Ebenda, S. 67.

408 Ebenda, S. 72.

409 Vgl. Pleines 2003, S. 14.

410 Die soziologische Studie »Russlands ‚Oligarchen': die Russen und ihre Wirtschaftselite (M.K. Gorschkov, A.L. Andreev, J. Fruchtmann) wurde im April 2004 vom Institut für komplexe Gesellschaftsstudien der Russischen Akademie der Wissenschaften in Zusammenarbeit mit der Vertretung der Friedrich Ebert-Stiftung in der Russischen Föderation erstellt.

jemand mit Wirtschaftkriminalität in Verbindung gebracht wird, dann wird der Begriff des Oligarchen oft bemüht. Entscheidend ist ebenfalls, welchen Verlauf die gemeinsamen Interessen zwischen den verschiedenen Unternehmensgruppen und politischen Akteuren nehmen. In Abhängigkeit davon werden Angriffe gefahren und das Schlagwort Oligarch benutzt.[409] »Oligarch« ist somit nicht nur im alltäglichen Diskurs eindeutig negativ besetzt, sondern auch im medialen und politischen Diskurs ein Schlüsselwort, das starke Reaktionen hervorruft. Auch in Umfragen[410] wird bestätigt, dass das Wort »Oligarch« stark negative Gefühle erzeugt, schlechter werden nur »Bankrott« und »Krise« gewertet. Erstaunlicherweise werden die Begriffe »Sponsor« oder »Mäzen« eindeutig positiv gewertet, obwohl damit vielleicht dieselbe, zuvor als »Oligarch« betitelte Person bezeichnet wird.

Exkurs 4: Vom Komsomolfunktionär zum Unternehmer
Eine ähnliche Auffassung von der Komsomolvergangenheit russischer Unternehmer findet man auch in Spezialdiskursen[411] Den hybriden Charakter der sowjetischen Gesellschaft vor der Perestrojka beschreibt ausführlich Yurchak in seinem Beitrag »Entrepreneuria Governmentality in Postsocialist Russial« (2002). Er unterstreicht, dass die staatlichen und die privaten Interessen sich in einem Konglomerat von unterschiedlichen Auffassungen der Regeln, Gesetze, Institutionen und offiziellen Plänen verflochten hatten. Die offizielle und private Sphäre bildeten keineswegs eine Dichotomie, sondern ergänzten einander und existierten in einem Dialogfeld oder in Hybridität.[412] Dies erlaubte, innerhalb des staatlich stark reglementierten Systems individuelle Unternehmenstätigkeit zu betreiben. So konnte die Komsomolorganisation, die ideologische Institution der jungen Generation, besonders am Ende der sowjetischen Ära, verschiedene Formen der unternehmerischen Aktivität ausprobieren, die später die Grundlage für die Gründung eigener Unternehmen bildeten. Diese Aktivitäten verliehen den Komsomolfunktionären ein neues pragmatisches Verständnis von Arbeit, Zeit, Geld usw.
In seinem Buch »Stealing the State: Control and Collapse in Soviet Institutions« vergleicht Steven Solnick den Komsomol der letzten Jahre der Sowjetunion mit einer primitiven »business school«[413]. Die Komsomolmitglieder in Führungspositionen hatten einen legalen Zugang zu offiziellen Ressourcen, die es ihnen erlaubten, quasi-private Geschäfte zu tätigen. In der Transformationszeit gründeten viele ehemalige Komsomolfunktionäre ein eigenes Unternehmen. Die unternehmerische Erfahrung, die sie schon zu Sowjetzeiten sammeln konnten, erleichterte ihnen den Sprung in die Selbstständigkeit. Diese Menschen hatten auch die Möglichkeit, die staatlichen finanziellen Ressourcen in die eigene wirtschaftliche Aktivität einzubeziehen; dieses Kapital nutzten sie später, um eigene Geschäfte aufzubauen. Nach dem XX. Komsomolkongress 1987 konnten die Komsomolkomitees ihre Gelder selbst verwalten, indem sie dazu legitimiert wurden, eigene Geldkonten zu eröffnen und zu kontrollieren. Manche Funktionäre verhielten sich passiv, andere dagegen begannen mit diesem Geld zu experimentieren.[414] Die regionalen Repräsentanten transferierten öffentliche Mittel in das Startkapital ihrer zukünftigen Firmen. Die ersten Geschäfte der unternehmenslustigen Komsomolmitglieder liefen über eine »Strohkonstruktion«[415] ab. Sie bildeten die so genannten Jugendzentren, deren Fassade ideologischen Forderungen entsprach, und nutzten diese für die legale Abwicklung eigener Geschäfte. Die Geldtransfers gingen über das Konto eines Jugendzentrums, die Ausgaben wurden so deklariert, dass sie sich im Rahmen des formalen ideologischen Feldes bewegten. In Wirklichkeit aber wurde das Geld dazu benutzt, z.B. ausländische Produkte, die in der Sowjetunion Mangelware waren, zu importieren. Die Differenz, die dabei entstand, wurde als Service- oder Beratungskosten deklariert. Auf diese Weise gelang es den jungen Komsomolfunktionären, ihr erstes Kapital zu verdienen, das sie später reinvestierten. Bevor die offizielle Registrierung privater Firmen

411 Siehe dazu: Solnik, Steven (1998): *Stealing the State: Control and Collapse in Soviet Institutions.* Cambridge: Harvard University Press; Yurchak, A. (2002): Entrepreneurial Governmentality in Postsocialist Russia. In: Bonnell, V. (Hrsg.): *The New Entrepreneurs of Europa and Asia.* Armonk: M.E. Sharpe.

412 Yurchak 2001, S. 292.

413 Solnick 1998, S. 118.

414 Vgl. Ebenda, S. 110f.

415 Das »Dach« (kryša) bot die Möglichkeit, private Geschäfte im Rahmen der offiziellen Sphäre zu tätigen. Später erweitere sich der Gebrauch dieses Begriffs auf die Bezeichnung der Protektion von privaten Geschäften durch kriminelle Gruppen.

416 Vgl. Yurchak 2002, S. 294.

erlaubt war, nutzten viele unabhängige Promoter die Jugendzentren als Fassade in der Öffentlichkeit für die Realisierung eigener Geschäftsprojekte, z.B. Reisen für ausländische Touristen, Konzerte unabhängiger Musikgruppen, Eröffnung von Videotheken und später Importe von Kleidung, Lebensmitteln und Ausrüstung.[416]

Literaturverzeichnis

ALLAN, D. (2002): Banks and the loans-for-shares auctions. In: LANE, D. (Hrsg.): Russian banking. Aldershot, S. 137-159

APPEL, H. (2000): The Ideological Determinants of Liberal Economic Reform. The Case of Privatization. In: World Politics, 52/2000, S. 520-549

ARCHIPOV, S./BATKIBEKOV, S./DROBISCHEVSKI, S. (1998): Makroökonomische Stabilisierung und die Fiskalkrise. In: Transformationswirtschaft. Eine Werksammlung über die Wirtschaftspolitik im postkommunistischen Russland. Moskau: IET

ARNOLD, H. L./DETERING, H. (Hrsg.)(1999): Grundzüge der Literaturwissenschaft, 3. Aufl.. München: Deutscher Taschenbuch Verlag

ASTANOVIČ, A./SYRMOLOTOV, D. (1999): Rossijskie banki v 1998 godu. Razvitie sistemnogo krizisa. In: Voprosy ėkonomiki, 5/1999, S. 43-64

BAASNER, R. (1996): Methoden und Modelle der Literaturwissenschaft. Eine Einführung. Berlin

BACHELARD, G. (1978): Die Bildung des wissenschaftlichen Geistes. Beitrag zu einer Psychoanalyse der objektiven Erkenntnis. Frankfurt a. M.: Suhrkamp

BACHELARD, G. (1980): Die Philosophie des Nein. Versuch einer Philosophie des neuen wissenschaftlichen Geistes. Frankfurt a. M.: Suhrkamp

BACHELARD, G. (1988): Der neue wissenschaftliche Geist. Frankfurt a. M.: Suhrkamp

BECKER, F./GERHARD, U./LINK, J. (1997): Moderne Kollektivsymbolik (Teil II). In: Internationales Archiv für Sozialgeschichte der deutschen Literatur, 1997/22, S. 70-154

BEDNARZ, K. (1992): Russland. Ein Volk sucht seine Zukunft. Hamburg

BERDJAEV, N.A. (1990): Istoki i smysl russkogo kommunizma. Moskva

BERLIN, P. (1913): Buržuazija v russkoj chodožestvennoj literature. In: Novaja Žizn', 1/1913

BLASI, J./KROUMOVA, M./KRUSE, D. (1997): Kremlin Capitalism: Privatizing the Russian Economy. Ithaca/London

BLOCH, S.Y/ REDDAWAY, P. (1982): Dissident oder geisteskrank? Missbrauch der Psychiatrie in der Sowjetunion. München: Piper Verlag

BLOMMAERT, J. (2004): Workshopping. Professional vision, practices and critique in discourse analysis. Gent: Academia Press

BLUMENBERG, H. (1960): Paradigmen zu einer Metaphorologie. In: Archiv für Begriffsgeschichte, 6/1960, S. 7 -14

BLUMENBERG, H. (1971): Beobachtungen an Metaphern. In: Archiv für Begriffsgeschichte, 1/1971, S. 161 -214

BLUMENBERG, H. (1983): Schiffbruch mit Zuschauer. Paradigma einer Daseinsmetapher. Frankfurt a. M.: Suhrkamp

BOCHANOV, V.P. (1992): Krupnaja buržuazija Rossii (konec XIXv.-1914). Moskva

BOHNENKAMP, B. /FRAHM, L. /LIEBRAND, C. /SCHNEIDER, I. (Hrsg.) (2005): Einführung in die Medienkulturwissenschaft. Münster.

BÖNKER, F./WIELGOHS, J. (2004): Kultur als Transformationsbarriere: Entwicklungslinien einer Diskussion. In: STYKOW, P./BEYER, J. (Hrsg.): Gesellschaft mit beschränkter Hoffnung? Die ungewisse Aussichtslosigkeit rationaler Politik. Wiesbaden: VS, S. 223-237

BÖNKER, F./BEICHELT, T./WIELGOHS, J. (2004): Kulturelle Determinanten postsozialistischer Gesellschaftsentwicklung. Ein Diskussionsüberblick. In: Berliner Debatte Initial, 5-6/2004, S. 4-12

BONNEL, V.E. (2002): The new entrepreneurs of Europe and Asia. Patterns of business development in Russia, Eastern Europe and China. Armonk, NY u.a.: Sharpe

BOURDIEU, P. (1999): Die Regeln der Kunst. Genese und Struktur des literarischen Feldes. Frankfurt a. M.

BOURDIEU, P. (2002): Der Einzige und sein Eigenheim. Hamburg: VSA

BOURDIEU, P. (2005a): The social structures of the economy. London: Polity

BOURDIEU, P. (2005b): Principles of economic anthropology. In: SMELSER/SWEDBERG (Hrsg.): Handbook of economic sociology. Princeton, S. 75-90

BOWLT, J. (1991): Kazimir Malevich, 1878-1935. University of Washington Press

BOYCKO, M./SHLEIFER, A./VISHNY, R. (1995): Privatizing Russia. Cambridge (Mass), London

BREUER, K. (1998): Subjektive Sichtweisen der Rolle des Alkohols bei der Lebensgestaltung. Münster

BUBLITZ, H. (Hrsg.) (1998): Das Geschlecht der Moderne. Genealogie und Archäologie der Geschlechterdifferenz. Frankfurt a. M./New York: Campus

BUBLITZ, H. (1999): Foucaults Archäologie des kollektiven Unbewussten. Frankfurt a. M./New York: Campus

BUBLITZ, H. (2003): Diskurs. Bielefeld: Transcript

ČECHOV, A. P. (1947): Polnoe sobranie sočinenij i pisem. Sočinenija 7. Moskva

ČEPURENKO, A. (1994): Das Kleinunternehmertum in Russland. Köln

CHARSEEVA, N.V. (2009): Obraz kupečestva v russkoj chodožestvennoj literature XIX načala XX veka. In: Istoričeskie nauki, 3-4/2009, S. 15-28

CHODORKOVSKIJ, M. (2010): Stat'i, dialogi, interv'ju. Moskva: »Ėksmo«

CHOULIARAKI, L./FAIRCLOUGH, N. (1999): Discourse in the Late Modernity. Rethinking Critical Discourse Analysis. Edinburgh: Edinburgh University Press

CLOWES, E. u.a. (Hrsg.) (1991): Between Tsar and People: Educated Society and the Quest for Public Identity in Late Imperial Russia. Princeton

CRAWFORD, B./LIJPHART, A. (1997): Old Legacies, New Institutions: Explaining Political and Economic Trajectories in Post-Communist Regimes. In: Dies. (Hrsg.): Liberalization and Leninist Legacies. Berkeley: The Regents of the University of California, S. 1-39

ČUDINOV, A.P. (2001): Rossija v metaforičeskom zerkale: kognitivnoe issledovanie političeskoj metafory 1991-2000. Jekaterinburg

DAHLMANN, D./SCHEIDE, C. (Hrsg.) (1998): »...das einzige Land in Europa, das eine große Zukunft vor sich hat.« Essen

DIAZ-BONE, R./KRELL, G. (Hrsg.) (2009): Diskurs und Ökonomie. Diskursanalytische Perspektiven auf Märkte und Organisationen. Wiesbaden: VS-Verlag

Die Entwicklung der Unternehmerstrukturen im Transformationsprozess der Russischen Föderation. Forschungsbericht (1997). Berlin

DOBROLJUBOV, N. (1947): Izbrannye sočinenija. OGIZ: Moskva

DORER, J. (1999): Das Internet und die Genealogie des Kommunikationsdispositivs: Ein medientheoretischer Ansatz nach Foucault. In: HEPP, A. /WINTER, R. (Hrsg.): Kultur-Medien-Macht. Cultural Studies und Medienanalyse. Opladen

DREWS, A./GERHARD, U./LINK, J. (1985): Moderne Kollektivsymbolik. In: Internationales Archiv für Sozialgeschichte der deutschen Literatur, 1. Sonderheft, S. 256-273

DREYFUS, H./RABINOW, P. (1994): Michael Foucault. Jenseits von Strukturalismus und Hermeneutik. Weinheim

DUMOVA, N.G. (1992): Moskovskie mecenaty. Moskva: Molodaja Gvardija

EBERWEIN, W./THOLEN, J. (1994): Zwischen Markt und Mafia: russische Manager auf dem schwierigen Weg in eine offene Gesellschaft. Frankfurt a. M.

ENGEL, C. (2002): Witze als Bewältigungsstrategie wirtschaftskultureller Transformationen. In: HÖHMANN, H.-H. (Hrsg.): Wirtschaft und Kultur im Transformationsprozess. Wirkungen, Interdependenzen, Konflikte. Bremen, S. 36-52

FAIRCLOUGH, N. (1992): Discourse and Social Change. Cambridge: Polity Press

FAIRCLOUGH, N. (1996): Technologisation of Discourse. In: CALDAS-COULTHARD, C./COULTHARD, M. (Hrsg.): Texts and Practices: Reading in Critical Discourse Analysis. London: Routledge, S. 92-106

FAIRCLOUGH, N. (2001): Critical Discourse Analysis as a method of Social-Scientific Research. In: WODAK, R./MEYER, M. (Hrsg.): Methods of Critical Discourse Analysis. London: Sage, S. 121-138

FAIRCLOUGH, N. (2003): Analysing Discourse: Textual Analysis for Social Research. London: Routledge

FAIRCLOUGH, N. (2005a): Critical Discourse Analysis. In: Marges Linguistiques, 9/2005

FAIRCLOUGH, N. (2005b): Critical Discourse Analysis in Trans-Disciplinary Research on Social Change: Transition, Re-Scaling, Poverty and Social Inclusion. In: Lodz Papers in Pragmatics, 1/2005, S. 37-58

FAIRCLOUGH, N. (2005c): Discourse in Processes of Social Change: »Transition« in Central and Eastern Europe. In: Britisch and American Studies, 11/2005, S. 9-34

FAIRCLOUGH, N. (2007): The Contribution of Discourse Analysis to Research on Social Change. In: FAIRCLOUGH, N./CORTESE, P./ARDIZZONE, P. (Hrsg.): Discourse in Contemporary Social change. Frankfurt a. M.: Peter Lang, S. 25-49

FAIRCLOUGH, N./JESSOP, R./SAYER, A. (2004): Critical Realism and Semiosis. In: JOSEPH, J./ROBERTS, J. (Hrsg.): Realism, Discourse and Dekonstruktion. London: Routledge, S. 23-42

FAIRCLOUGH, N./WODAK, R. (2008): The Bologna Process and the Knowledge-Based Economy: a Critical Discourse Analysis in Approach. In: FAIRCLOUGH, N./JESSOP, B./WODAK, R. (Hrsg.): Education and the Knowledge-based Economy in Europe. Amsterdam: Sense Publishers

FEDENEEVA, J. (1999): Mnogoznačnost' v leksike sovremennogo russkogo jazyka. Moskva

FEIN, E. (2003): Diskursanalyse als Baustein einer integraleren Transformationsforschung. In: Krisen und Konflikte im Osten Europas. Beiträge für die 11. Brühler Tagung junger Osteuropa-Experten, Arbeitspapiere und Materialien der Forschungsstelle Osteuropa Bremen (Hrsg.), S. 117-121

FINK-EITEL, H. (1989): Foucault zur Einführung. Hamburg

FISKE, J. (1994): Media Matters. Everyday Culture and Political Change. Minneapolis, London

FITZLYON, K. (1977): Before the Revolution: A View of Russia under the last Tsar. Allen Lane

FOHRMANN, J./MÜLLER, H. (Hrsg.)(1988): Diskurstheorien und Literaturwissenschaft. Frankfurt a. M.

FOUCAULT, M. (1973): Archäologie des Wissens. Frankfurt a. M.

FOUCAULT, M. (1977): Überwachen und Strafen. Die Geburt des Gefängnisses. Frankfurt a. M.

FOUCAULT, M. (1978): Dispositive der Macht. Über Sexualität, Wissen und Wahrheit. Berlin.

FOUCAULT, M. (1983): Der Wille zum Wissen. Sexualität und Wahrheit Bd.1. Frankfurt a. M.

FOUCAULT, M. (1984): Die Ordnung der Dinge. Frankfurt a. M.

FOUCAULT, M. (1988): Was ist ein Autor. In: Ders.: Schriften zur Literatur. Frankfurt a. M., S.7-31.

FOUCAULT, M. (1991): Die Ordnung der Diskurse. Frankfurt a. M.

FOUCAULT, M. (2001).: Die Vorrede zur Überschreitung. In: ders.: Schriften in vier Bänden. Band I, 1954-1969. Frankfurt a. M.

FRUCHTMANN, J. (2004): »Олигархия« – zum Werdegang eines politischen Schlagwortes. In: BLANKENHORN, R./BLASZCZAK, J./MARZARI, R. (Hrsg.): POLYSLAV Beiträge der Europäischen Slavistischen Linguistik. München: Otto Sagner, S. 43-52

GALASINSKA, A./KRZYŻANOWSKI, M. (Hrsg.) (2009): Discourse and Transformation in Central and Eastern Europe. Basingstoke, New York: Palgrave Macmillan

GAVLIN, A. (1994): Mecenatstvo v Rossii naučno-analitičeskij obzor'. Moskva: Rossijskaja Akad. Nauk

GEBHARD, J. (2006): Unternehmer im Russischen Reich. Sozialprofil, Symbolwelten, Integrationsstrategien im 19. Und frühen 20. Jahrhundert. Osnabrück: Fibre

GEISENHANSLÜKE, A. (2003): Einführung in die Literaturtheorie: von der Hermeneutik zu Medientheorie. Darmstadt

GENETTE, G. (1966-1972): Figures I-III. Paris

GENETTE, G. (1979): Introduction à l'Architexte. Paris.

GENETTE, G. (1998): Die Erzählung. München.

GOGOL, N. V. (1989): Die toten Seelen. Leipzig; Weimar: Kiepenheuer

GONČAROV, I. A. (2003): Oblomow. Frankfurt a. M.

GOR'KIJ, M. (1976): Foma Gordejew. München: Winkler

GROB, T. (2004): Inkommensurabilität, Tausch und Verschwendung: Puškin und das Geld. In: GUSKI, A./SCHMID, U. (Hrsg.), S. 329-359
GUREVIČ, A.JA. (1990): Srednevekovyj kupec. In: Odissej: čelovek v istorii. Moskva
GUSKI, A./SCHMID, U. (Hrsg.): Literatur und Kommerz im Russland des 19. Jahrhunderts. Institutionen, Akteure, Symbole. Zürich (Basler Studien zur Kulturgeschichte Osteuropas)
GUTNIK, W. (1997): Einschätzung der Reformen in der UdSSR und Russland durch deutsche Experten: von der romantischen Perestrojka bis zur krisenhaften Systemtransformation. Köln
GRUBER, H./MENZ, F. (2004): Introduktion: Language and Political Change: Micro- and Macro-Aspekts of a Contested Relationship. In: Journal of Language and Politics, 3(2)/2004, S. 175-189
HARE, R. (1962): Maxim Gorky: Romantic Realist and Conservative Revolutionary. London: Oxford University Press
HEIDENREICH, B./HELLER, K./HOFFMANN, M. (Hrsg.)(1996): Russlands unternehmerische Vergangenheit: ein Wegweiser in die Zukunft? Berlin
HEPP, A./WINTER, R. (Hrsg.)(1999): Kultur-Medien-Macht: Cultural Studies und Medienanalyse. Opladen/Wiesbaden: Westdeutscher Verlag
HILDERMEIER, M. (1986): Bürgertum und Stadt in Russland 1760-1870. Rechtliche Lage und soziale Struktur. Köln, Wien
HILDEMEIER, M. (1998): Zwischen Bürgertum und Adel: Unternehmer im Zarenreich. In: DAHLMANN/SCHEIDE (Hrsg.), S. 87-99
HISHOW, O. (1997): Makroökonomische Politik und Reformschritte im östlichen Europa. Berichte des BIOst, 25/1997
HÖHMANN, H.-H. (1996): Die Transformation zur Marktwirtschaft im Spannungsfeld von Politik und Gesellschaft. In Forschungsstelle Osteuropa (Hrsg.): Russland: Fragmente einer postsowjetischen Kultur. Bremen: Temmen
HÖHMANN, H.-H. (Hrsg.)(2002): Wirtschaft und Kultur im Transformationsprozeß. Wirkungen, Interdependenzen, Konflikte. Bremen: Temmen
HOLMGREN, B. (1999): Rewriting Capitalism: Literature and the Market in Late Tsarist Russia and the Kingdom of Poland. Pittsburgh: University of Pittsburgh Press
HÖRISCH, J. (1996): Kopf oder Zahl - Die Poesie des Geldes. Frankfurt a. M.
HÜBNER, P. (1998): Pressefreiheit in Russland. Großaktionäre als Zensoren? Berichte des BIOst, 34/1998
HÜBNER, P. (2000): Der Medienkampf Jelzin-Putin-Berezovskij gegen Lushkow-Primakow-Gussinskij. Berichte des BIOst, 5-6/2000
IL'F, I./PETROV, JE. (1979): Das goldene Kalb oder die Jagd nach der Million. Berlin: Verlag Volk und Welt
JACKSON, R. (1987): Chekhov: A Collection of critical Essays. New Jersey: Prentice-Hall
JÄGER, S./ LINK, J. (1993): Die vierte Gewalt. Rassismus und die Medien. Duisburg
JÄGER, S. (1996): BrandSätze. Rassismus im Alltag. 4. Aufl.. Duisburg
JÄGER, S. (2001): Kritische Diskursanalyse. Duisburg: DISS-Studien

JÄGER, S. (2004): Kritische Diskursanalyse. Eine Einführung. 4. Auflage. Münster: Unrast

JÄGER, S./ JÄGER, M. (2007): Deutungskämpfe. Theorie und Praxis angewandter Diskurstheorie. VS Verlag

JESSOP, B. (2002): The Future of the Capitalist State. Cambridge: Polity Press

JESSOP, B. (2004): The European Union and Recent Transformations of Statehood. In: PUNTSCHER-RIEKMANN, S./LATZER, M./MOKRE, M. (Hrsg.): The State of Europe: Transformations of Statehood from a European Perspective. Frankfurt a. M.: Campus, S. 75-94

JESSOP, B. (2005): The political Economy of Scale and European Governance. In: Tijdschrift voor Economische en Sociale Geografie, 96 (2)/2005, S. 225-230

JONES, P.R./KRZYŻANOWSKI, M. (2008): Identity, Belonging and Migration: Beyond Constructing »Others«. In: DELANTY, G./JONES, P.R./WODAK, R. (Hrsg.): Identity, Belonging and Migration. Liverpool, S. 38-53

KÄÄRIÄINEN, K. (1997): Krise der Moral oder unmoralische Gesellschaft? In: Berichte des BIOst 26/1997

KEAN, B. (1983): All the Empty Palaces: The Merchant Patrons of Modern Art in Prerevolutionary Russia. London: Barrie and Jenkins

KELLER, R. (2007): Diskursforschung. Eine Einführung für SozialwissenschaftlerInnen. 3. Auflage. Wiesbaden: VS Verlag für Sozialwissenschaften

KEROV, V.V. (1995): Rjabušinskije: dinastija staroobrjadcev-predprinimatelej. In: Staroobrjadčestvo: Istorija. Tradicii. Sovremennost'. Moskva

KITTLER, F./TURK, H. (Hrsg.)(1977): Urszenen. Literaturwissenschaft als Diskursanalyse und Diskurskritik. Frankfurt a. M.: Suhrkamp

KITTLER, F. (1985): Aufschreibesysteme 1800/1900. München: Wilhelm Fink Verlag

KLAWITTER, A./OSTHEIMER, M. (2008): Literaturtheorie – Ansätze und Anwendungen. Göttingen: Vandenhoeck & Ruprecht

KLEBNIKOV, P. (2001): Der Pate des Kreml. Boris Beresowski und die Macht der Oligarchen. München: Econ

KNIGGE, A. (1994): Maksim Gor'kij. Das literarische Werk. München: Wewel

KOLCKENBROCK-NETZ, J. (1988): Diskursanalyse und Narrativik. Voraussetzungen und Konsequenzen einer interdisziplinären Fragestellung. In: FOHRMANN, J./MÜLLER, H. (Hrsg.): Diskurstheorien und Literaturwissenschaft. Frankfurt a. M., S. 261-283

KOZLOVA, N.V. (1996): Nekotoryje čerty ličnostnogo obraza kupca XVIII veka. In: Mentalitet i kul'tura predprinimatelej Rossii XVII-XIX vv.. Moskva

KREISEL, A. (2001): Zwischen Information und Macht. Die russische Medienlandschaft. In: HÖHMANN, H.-H./SCHRÖDER, H.-H. (Hrsg.): Russland unter neuer Führung. Münster, S. 241–255

KREUTER, B. (2008): Wertewandel und Institutionsbildung im heutigen Russland. VDM Verlag

KREYE, A. (2001): Wirtschaftliche Transformation als koevolutorischer Prozeß von Wirtschaft und Regelebene: das Beispiel des russischen Transformationsprozesses. Frankfurt a. M.

KRYGIER, M. (1999): Institutional Optimism, Cultural Pessimism and the Rule of Law. In: Martin

KRYGIER, M./CZARNOTA, A. (Hrsg.): The Rule of Law after Communism: Problems and Prospects in East-Central Europe. Aldershot: Ashgate

KRYŠTANOSKAJA, O. (1996): Finansovaja oligarchija v Rossii. In: Izvestija, 10.01.1996, S. 5

LACLAU, E. (1981): Politik und Ideologie im Marxismus. Kapitalismus, Faschismus, Populismus. Berlin: Argument-Verlag

LACLAU, E./MOUFFE, C. (1991): Hegemonie und radikale Demokratie zur Dekonstruktion des Marxismus. Wien: Passagen-Verl.

LAKOFF, G./JOHNSON, M. (1998): Leben in Metaphern. Heidelberg

LAKOFF, G./JOHNSON, M. (1999): Philosophy In The Flesh: The Embodied Mind And Its Challenge To Western Thought. New York: Basic Books

LAUER, R. (2000): Geschichte der russischen Literatur von 1700 bis zur Gegenwart. München: Beck

LEBEDEWA, JE. (2008): Russische Träume. Die Slawophilen – ein Kulturphänomen. Frank&Timme Verlag

LINK, J. (1982): Kollektivsymbolik und Mediendiskurse. In: KultuRRevolution, 1/1982, S. 6-21

LINK, J. (1984): Über ein Modell synchroner Systeme von Kollektivsymbolen sowie seine Rolle bei der Diskurs-Konstitution. In: LINK, J./WÜLFING (Hrsg.): Bewegung und Stillstand in Metaphern. Stuttgart: Klett-Cotta

LINK, J. (1983): Elementare Literatur und generative Diskursanalyse. München: Fink, Wilhelm

LINK, J. (1988): Literaturanalyse als Interdiskursanalyse. Am Beispiel des Ursprungs literarischer Symbolik in der Kollektivsymbolik. In: FOHRMANN, J./MÜLLER, H. (Hrsg.), S. 284-307

LINK, J./ LINK-HEER, U. (1990): Diskurs/Interdiskurs und Literaturanalyse. In: LiLi, 77/1990, S. 88-99

LINK, J. (1992): Die Analyse der symbolischen Komponenten realer Ereignisse. Ein Beitrag der Diskurstheorie zur Analyse neorassistischer Äußerungen. In: OBST 46/1992, S. 37-54

LINK, J. (1996): Wie »ideologisch« war der Ideologiebegriff von Marx? Zur verkannten Materialität der Diskurse und Subjektivitäten im Marxschen Materialismus. In: SCHOLZ, R./BOGDAL, K.-M. (Hrsg.): Literaturtheorie und Geschichte: Zur Diskussion materialistischer Literaturwissenschaft. Opladen: Westdeutscher Verlag, S. 132-148

LOTMAN, JU./USPENSKIJ, B. (1997): Die Rolle dualistischer Modelle in der Dynamik der russischen Kultur (bis zum Ende des 18. Jahrhunderts). In: Poetica, Band 9, 1/1997, S. 1-40

MAI, B. (1993): Satire im Sowjetsozialismus. Bern u.a.: Lang

MAKARENKO, B. (1998): Russland nach den Wahlen: Reform oder Restauration? In: SPANGER H.-J. (Hrsg.): Russland und der Westen: von der "strategischen Partnerschaft" zur "Strategie der Partnerschaft". Campus, S. 58-80

MATHEWSON, R. (1975): The Positive Hero in Russian Literature. Stanford University Press

MAU, V./SINELNIKOV, S./TROFIMOV, G. (1996): Makroėkonomičeskaja stabilizacija i tendencii ėkonomičeskoj politiki v Rossii v 1995-1996 godach. In: Voprosy ėkonomiki, 5/1996

MAU, V./TROFIMOV, G. (1998): Svjaz' meždu makroėkonomičeskoj stabilizacijej i političeskimi processami. In: GAIDAR, J. (Hrsg.): Perechodnaja ėkonomika. Sbornik. Moskva: IET

MEDVEDEV, R. (1998): Kapitalizm v Rossii? Moskva: Prava čeloveka

MEISTER, M. (1990): Die Sprache, die nichts sagt und die nie schweigt. Literatur als Übertretung. In: ERDAMANN, E./ FORST,R./ HONNETH,A. (Hrsg.): Ethos der Moderne. Foucaults Kritik der Aufklärung. Frankfurt a. M., S. 260-279

MEL'NIKOV, P.I. (1963): Sobranije sočinenij v 6-ti tomach. Moskva

MEULEMANN, H. (1996): Werte und Wertewandel. Zur Identität einer geteilten und wieder vereinten Nation. Weinheim: Juventa

MUCHIN, A. A. (2000): Informacionnaja vojna v Rossii. Moskau

MÜTZEL, S. (2007): Marktkonstitution durch narrativen Wettbewerb. In: Berliner Journal für Soziologie, 17/2007, S. 451-464

NIELSEN, K./JESSOP, B./HAUSNER, J. (1995): Institutional Change in Post-Socialism. In: Dies. (Hrsg.): Strategic Choice and Path-Dependency in Post-Socialism. Aldershot: Elgar, S. 3-44

NORMAN, J. (1991): Pavel Tretiakov and Merchant Art Patronage, 1850-1900. In: CLOWES, E. (1991), S. 93-107

NOSOV, N.E. (1971): Russkij gorod i russkoje kupečestvo v XVI stoletii. In: Issledovanija po social'no-političeskoj istorii Rossii. Leningrad, S. 152-177

NÜNNING, A. (Hrsg.) (2001): Metzler Lexikon Literatur- und Kulturtheorie. Stuttgart

OEVERMANN, U. (2000): Die Struktur sozialer Deutungsmuster – Versuch einer Aktualisierung. Frankfurt a. M.

OWEN, T. C. (1981): Capitalism and Politics in Russia. A Social History of the Moscow Merchants, 1855-1905. Cambridge

PAPPE, J. (2000): Oligarchi. Ėkonomičeskaja chronika. Moskva

PEISSOTCHENKO, S. (2002): Politische Ökonomie der Systemtransformation: Russland 1985-2000. St. Gallen: Verlag Digicenter

PERLMAN, L. (1937): Russian Literature and the Businessman. New York

PETUCHOV, V. (1997): Die Rolle rußländischer Wirtschaftselite im Jahre 1996. In: Berichte des BIOst, 17/1997

PETUCHOV, V. (1999): Russland am Vorabend der Parlamentswahlen. In: Berichte des BIOst, 60/1999

PICKEL, A./WIESENTHAL, H. (1997): The Great Experiment: Debating Shock Therapy, Transition Theory, and the East German Experience. Boulder, CO: Westview

PLEINES, H. (1997): Entwicklungen im russischen Medienmarkt. Rundfunk und Presse zwischen staatlicher Kontrolle, wirtschaftlicher Krise und Konzentration. In: Medien Perspektiven, 7/1997, S. 391-399

PLEINES, H. (2000): Large-scale corruption and rent-seeking in the Russian banking sector. In: LEDENEVA, A./KURKCHIYAN, M. (Hrsg.): Economic crime in Russia. Den Haag, S. 191-207

PLEINES, H. (2003): Wirtschaftseliten und Politik im Russland der Jelzin-Ära (1994 - 99). Münster: Lit. Verlag

POLANYI, K. (1944): The Great Transformation. London: Beacon Press

PUŠKIN, A.S. (1999): Die Gedichte. Frankfurt a. M.: Insel-Verlag.

RADAEV, V. (1992): Emerging Russian Entrepreneurship as Viewed by the Experts. Paper presented to the First European Conference of Sociology, Vienna, 26.-29. August

RADYGIN, A. (1999): Institutionelle Probleme der Entwicklung des korporativen Sektors. Eigentum, Kontrolle, Kapitalmarkt. Moskva: IET

RIEBER, A. (1982): Merchants and Entrepreneurs in Imperial Russia. Chapel Hill: University of North Carolina Press

RIGGENBACH, H. (2004): Das russische Urheberrecht und die Honorarsituation im 19. Jahrhundert. In: GUSKI, A./SCHMID, U. (Hrsg.), S. 197-234

ROBSKI, O. (2007): Casual. Moskva: Izd. AST

RUCKMANN, J. A. (1984): The Moscow Business: A Social and Cultural Portrait of Two Generations 1840-1905. DeKalb (Ill.)

RYVKINA, R./PAVLENKO, S. (1988): Managerial Behaviour of Executives of Agricultural Enterprises. In: Soviet Sociology, 3/1988, S. 61-79

SAPPER, M./WEICHSEL, V./RADETZKAJA, O. (2010): Briefe aus dem Gefängnis. In: Osteuropa, 1/2010

SARASIN, P. (2006): Diskurstheorie und Geschichtswissenschaft. In: KELLER/HIRSELAND/SCHNEIDER/VIEHÖVER (Hrsg.): Handbuch Sozialwissenschaftliche Diskursanalyse. Band 1: Theorien und Methoden. 2. Auflage. Wiesbaden: VS Verlag für Sozialwissenschaften, S. 55-81

SASLAWSKAJA, T. (1993): Social Justice. In: Sociological Research, 1/1993, S. 47-66

SCHLÖGEL, K. (Hrsg.)(1990): Vechi - Wegzeichen: zur Krise der russischen Intelligenz. Frankfurt a. M.

SCHRÖDER, H.-H. (1998): Jelzin und die »Oligarchen«. In: Berichte des BIOst, 40/1998

SCHUMPETER, J. (1993): Theorie der wirtschaftlichen Entwicklung. Berlin

SCHWAPP-TRAPP, M. (2006): Diskurs als soziologisches Konzept. Bausteine für eine soziologisch orientierte Diskursanalyse. In: KELLER/HIRSELAND/SCHNEIDER/VIEHÖVER (Hrsg.): Handbuch Sozialwissenschaftliche Diskursanalyse. Band 1: Theorien und Methoden. 2. Auflage. Wiesbaden: VS Verlag für Sozialwissenschaften, S. 263-285

SEGBERS, K./DE SPIEGELEIRE, S. (Hrsg.)(1995): Post-Soviet Puzzles. Mapping the Political Economy of the Former Soviet Union. Baden-Baden

SHERR, B. (1988): Maxim Gorky. Boston: Twayne

SKLJAREVSKAJA, G.N. (1993): Metafora v sisteme jazyka. Spb.
SMOL'KOV, V.N. (1994): Predprinimatel'stvo kak osobyj vid dejatel'nosti. In: Socis 1/1994
SOBOLEVSKAJA, A. (1993): Duchovnyje istoki russkogo predprinimatel'stva. In: Voprosy ėkonomiki, 8/1993, S. 46
SOLNIK, S. (1998): Stealing the State: Control and Collapse in Soviet Institutions. Cambridge: Harvard University Press
SOLOVEJ, V. (2009): Russland ohne Kultur? In: Moskauer Deutsche Zeitung, 07.07.2009
SOLŽENICYN, A. (1990): Rossija, kotoruju my poterjali. Moskva
SOMBART, W. (1987): Der moderne Kapitalismus. München
SOMBART, W. (1987): Der Bourgeois. Berlin: Duncker u. Humblot
STÄDTKE, K. (Hrsg.)(2002): Russische Literaturgeschichte. Metzler Verlag.
STEFFEN, O. (1997): Die Einführung des Kapitalismus in Russland : Ursachen, Programme und Krise der Transformationspolitik. Hamburg: Lit.-Verlag
THIEẞEN, U. (2000): Banking crises in transition countries. Theory and empirical evidence. The case of Russia. Berlin: DIW Discussion Paper 193
TICHONOVA, A. (2004): Frazeologičeskij slovar' sovremennogo russkogo literaturnogo jazyka. Moskva: Nauka
TITZMANN, M. (1989): Kulturelles Wissen - Diskurs - Denksystem. Zu einigen Grundbegriffen in der Literaturgeschichtsschreibung. In: Zeitschrift für französische Sprache und Literatur, 1989/89, S.47-61
TITZMANN, M. (Hrsg.)(1991): Modelle des literarischen Strukturwandels. Tübingen: Niemayer
TOLSTOI, L. N. (2001): Hadschi Murat. Ein Roman aus dem Kaukasus. Manesse Verlag, Zürich
TRAUTMANN, L. (2002): Die Medien im russischen Transformationsprozess. Akteur oder Instrument der staatlichen Politik. Frankfurt a. M.
TRETJAKOV, V. (1997): Pis'mo ne B. N. Jel'cinu. In: Nezavisimaja gazeta, 23.04.1997
TYOMKINA, A. (1991): The Formation of the Ruling Elite during the Transition to Democracy (the Interaktion of political and Economic Elites). Paper, presented in Prague, Soros Foundation (CEU): Course: Economic Elites and Institutions in Comparative Perspectives, 2.-7. September
ULICKAJA, L. (2009): Brief 9. In: Novaja Gazeta, 11.09.2009
ULUKAJEV, A. (1998): Političeskie problemy vtoroj volny ėkonomičeskich reform. In: Političeskie problemy ėkonomičeskich reform: sravnitel'nyj analiz. Moskva: IET
VORONSKIJ, A. (1982): Izbrannye stat'i o literature. Moskva
WATTS, E. S. (1982): The Businessman in American Literature. Athens: University of Georgia Press
WEBER, M. (1988): Gesammelte Aufsätze zur Religionssoziologie. Bd. I. Tübingen
WEGMANN, N. (1988): Diskurse der Empfindsamkeit. Zur Geschichte eines Gefühls in der Literatur des 18. Jahrhunderts. Stuttgart: Metzler
WEGMANN, N. (2000): Bücherlabyrinthe. Suchen und Finden im alexandrinischen Zeitalter. Köln: Böhlau

WEST, J. L. (1991): The Riabushinsky Circle: Burzhuaziia and Obshchestvennost'. In: CLOWES, E. u.a. (Hrsg.) (1991), S. 41-56

WHITE, H. C. (2000): Modeling discourse in and around markets. In: Poetics 27, 2-3/2000, S. 117-133

WINKLER, H. (1999): Jenseits der Medien. Über den Charme der stummen Praxen und einen verdeckten Wahrheitsdiskurs. In: HEBEKER, E./KLEEMANN, F./NEYMANNS, H. (Hrsg.): Neue Medienumwelten. Zwischen Regulierungsprozessen und alltäglicher Aneignung. Frankfurt a.M., S. 44–61

WODAK, R. (2001): What CDA is about – a summary of its history, important concepts and its developments. In: WODAK, R./MEYER, M. (Hrsg.): Methods of Critical Discourse Analysis. London: Sage

YURCHAK, A. (2002): Entrepreneurial Governmentality in Postsocialist Russia. In: BONNELL, V. (Hrsg.): The New Entrepreneurs of Europa and Asia. Armonk: M.E. Sharpe

ZAPF, H. (2002): Dekonstruktion des Reinen. Hybridität und ihre Manifestationen im Werk von Ishmael Reed. Würzburg

ZASLAVSKAJA, T. (1995): Biznes-sloj rossijskogo obščestva: suščnost', struktura, status. Moskva

ZASURSKIJ, I. (2001). Rekonstrukcija Rossii. Mass-media i politika v 90-e gody. Moskva

ŽELVIS, V.I. (1999): Invektiva v političeskoj reči. In: Russkij jazyk v kontekste kul'tury. Jekaterinburg.

ZOŠČENKO, M. (1973): Das Himmelblaubuch. Berlin: Rütten & Loening

ZOŠČENKO, M. (1976): Neizdannyj Zoščenko. Ann Arbor, Mich.: Ardis

ZWEYNERT, J. (2002a): Eine Geschichte des ökonomischen Denkens in Russland 1805-1905. Metropolis-Verlag für Ökonomie, Gesellschaft und Politik GmbH

ZWEYNERT, J. (2002b): Die "ganzheitliche Gesellschaft" und die Transformation Rußlands. In: HÖHMANN, H.-H. (Hrsg.): Wirtschaft und Kultur im Transformationsprozeß. Wirkungen, Interdependenzen, Konflikte. Bremen: Edition Temmen

Internet-Quellen:

LISSJUTKINA, L. (2010): »Ewige Juden, ewiges Russland«. Online: http://www.oeko-net.de/kommune/kommune05-06/kjuden.htm (Stand: 30.11.2010).

Der Geläuterte. In: Spiegel-Online. Online: http://www.spiegel.de/thema/michail_chodorkowski/dossierarchiv-2.html (Stand: 14.02.2011)

LENIN, V. I.: Sobranie sočinenij. Online: http://leninvi.ru/book_view.jsp?idn=001556&page=620&format=html (Stand: 02.12.2010)

Ogonjok. Online: http://www.ogoniok.com/inside/hystory/ (Stand 22.03.2011)

OŻEGOV: Slovar' russkogo jazyka. Online: http://www.ozhegov.su/word_s-12732.html (Stand:24.11.2010)

OL'ŠANSKIJ, O. E.: Spikeriada, vremenščik. Online: http://slovo.dn.ua/spikeriada-vremenshik.html (Stand: 24.11.2010)

Putin prizval biznesmnov izbavitsja ot psichologii vremenščikov. RIA-Novosti 21.11.2009. Online: http://www.rian.ru/economy/20091121/194849577.html (Stand

Tabellenverzeichnis

Tab. 1: Überblick über die wichtigsten diskursiven Ereignisse 125
Tab. 2: Verteilung der Artikel im Zeitverlauf 128
Tab. 3: Quantitative Aufteilung der Unternehmertypen im Zeitverlauf 130
Tab. 4: Die quantitative Präsenz des Typus »Neuer Russe« im Zeitverlauf 164
Tab. 5: Überblick über die Metaphern und Bilder (Typus »Neuer Russe«) 166
Tab. 6: Gegendiskursive Tendenzen (Typus »Neuer Russe«) 188
Tab. 7: Quantitative Verteilung des Typus »Oligarch« im Zeitverlauf 194
Tab. 8: Bedeutungen des Typus »Oligarch« aus dem ökonomischen Bereich 197
Tab. 9: Quantitative Verteilung des Typus »Intellektueller« im Zeitverlauf 230
Tab. 10: Metaphorische Konzepte (Typus »Intellektueller«) 232
Tab. 11: Intertextuelle Verweise (Typus »Intellektueller«) 240

Danksagung

Mein besonderer Dank gilt zunächst Professorin Dr. Christa Ebert, die nicht nur die wissenschaftliche Betreuung meines Dissertationsprojekts übernommen und dessen Fortlauf durch kritische sowie anregende fachliche Diskussionen bereichert, sondern mich im Hinblick auf meine fachliche, berufliche und persönliche Weiterentwicklung stets gefördert und unterstützt hat. Für die bereitwillige Übernahme des Zweitgutachtens bedanke ich mich herzlich bei Frau Prof. Dr. Jekatherina Lebedewa.

Mein Dank gilt auch meinen Freunden und Kollegen an der Europa-Universität Viadrina, Agnieszka Brockmann, Rafał Żytyniec, Katja Stetsevych, Julia Bär, Justyna Chytra, Felicitas Macgilchrist, Tobias Meyer, William Dinkel, die mich mit ihrem Fachwissen, ihrer konstruktiven Kritik und ihren vielen Ideen tatkräftig unterstützt haben. Ich danke auch Marita Miekeley, die mir stets zuverlässige Ansprechpartnerin in allen administrativen Fragen war.
Für die mühevolle Arbeit des Korrekturlesens danke ich Inken Frost und Tobias Fiege.

Meiner Mutter, Ljudmila Smyshliaeva, danke ich für die unentwegte moralische Unterstützung und Zuversicht. Malte danke ich für seinen steten Zuspruch und die schöne Zeit in den kurzen Schreibpausen.

Meinem Sohn Timofey ist diese Arbeit gewidmet.

OST-WEST-EXPRESS. KULTUR UND ÜBERSETZUNG

Bd. 1 Dilek Dizdar: Translation. Um- und Irrwege. 394 Seiten. ISBN 978-3-86596-113-6

Bd. 2 Sigrid Freunek: Literarische Mündlichkeit und Übersetzung. Am Beispiel deutscher und russischer Erzähltexte. 344 Seiten. ISBN 978-3-86596-104-4

Bd. 3 Şebnem Bahadır: Verknüpfungen und Verschiebungen. Dolmetscherin, Dolmetschforscherin, Dolmetschausbilderin. 328 Seiten. ISBN 978-3-86596-131-0

Bd. 4 Jekatherina Lebedewa: Russische Träume. Die Slawophilen – ein Kulturphänomen. 340 Seiten. ISBN 978-3-86596-068-9

Bd. 5 Ina Müller: Die Übersetzung von Abstracts aus translationswissenschaftlicher Sicht (Russisch – Deutsch – Englisch). 392 Seiten. ISBN 978-3-86596-151-8

Bd. 6 Gabriela Lehmann-Carli, Silke Brohm, Hilmar Preuß: Göttinger und Moskauer Gelehrte und Publizisten im Spannungsfeld von russischer Historie, Reformimpulsen der Aufklärung und Petersburger Kulturpolitik. Mit einer Quellentextausgabe von Teilen der Korrespondenz zwischen den Moskauer Universitätsprofessoren Johann Gottlieb Buhle sowie Christian August Schlözer und dem Kurator der Moskauer Universität Michail Nikitič Murav'ev aus den Jahren 1803 bis 1807. 252 Seiten. ISBN 978-3-86596-166-2

Bd. 7 Stefan Schneider: An den Grenzen der Sprache. Eine Studie zur „Musikalität" am Beispiel der Lyrik des russischen Dichters Afanasij Fet. 698 Seiten. ISBN 978-3-86596-197-6

Bd. 8 Christine Engel/Birgit Menzel (Hg.): Kultur und/als Übersetzung. Russisch-deutsche Beziehungen im 20. und 21. Jahrhundert. 348 Seiten. ISBN 978-3-86596-300-0

Bd. 9 Gabriela Lehmann-Carli/Yvonne Drosihn/Ulrike Klitsche-Sowitzki: Russland zwischen Ost und West? Gratwanderungen nationaler Identität. 268 Seiten. ISBN 978-3-86596-338-3

Bd. 10 Werner Creutziger: Schöne neue Sprache. Essays. 168 Seiten. ISBN 978-3-86596-346-8

Bd. 11 Agnieszka Brockmann/Jekatherina Lebedewa/Maria Smyshliaeva/Rafał Żytyniec (Hg.): Kulturelle Grenzgänge. Festschrift für Christa Ebert zum 65. Geburtstag. 442 Seiten. ISBN 978-3-86596-323-9

Bd. 12 Birgit Menzel/Irina Alekseeva (Hg.) unter Mitarbeit von Irina Pohlan: Russische Übersetzungswissenschaft an der Schwelle zum 21. Jahrhundert. 248 Seiten. ISBN 978-3-86596-457-1

Bd. 13 Mihan Rouzbehani: Das Œuvre der amerikanischen Künstlerin Gwen Frostic. Der Nachlass, die Linolkunst und die Prosa unter dem Aspekt der Übersetzung. 430 Seiten. ISBN 978-3-86596-510-3

Frank & Timme

OST-WEST-EXPRESS. KULTUR UND ÜBERSETZUNG

Bd. 14 Gabriela Lehmann-Carli (Hg.) unter Mitarbeit von Hilmar Preuß: Empathie und Tabu(bruch) in Kultur, Literatur und Medizin. 364 Seiten. ISBN 978-3-86596-514-1

Bd. 15 Olga Hertfelder-Polschin: Verbanntes Denken – verbannte Sprache. Übersetzung und Rezeption des philosophischen Werkes von Nikolaj Berdjaev in Deutschland. 238 Seiten. ISBN 978-3-86596-529-5

Bd. 16 Ines Carola Baumgartl (Hg.): *Skythische Scherben* von Elizaveta Jur'evna Kuz'mina-Karavaeva – Ein Gedichtband des Silbernen Zeitalters. Originaltext und Übersetzung, mit einleitendem Essay und literaturgeschichtlicher Einordnung. 140 Seiten. ISBN 978-3-86596-474-8

Bd. 17 Maria Smyshliaeva: Von Čičikov bis Chodorkovskij: Unternehmer im Literatur- und Mediendiskurs Russlands. 300 Seiten. ISBN 978-3-86596-542-4

Bd. 18 Hilmar Preuß: Vorläufer der Intelligencija?! Bildungskonzepte und adliges Verhalten in der russischen Literatur und Kultur der Aufklärung. 432 Seiten. ISBN 987-3-86596-547-9

Bd. 19 Karl-Dieter Johannsmeyer/Gabriela Lehmann-Carli/Hilmar Preuß (Hg.): Empathie im Umgang mit dem Tabu(bruch). Kommunikative und narrative Strategien. 348 Seiten. ISBN 978-3-7329-0066-4

Bd. 20 Nora Scholz: „... essence has been revealed to me". Umkreisungen des Nondualen im Prosawerk von Vladimir Nabokov. 380 Seiten. ISBN 978-3-7329-0044-2

Bd. 21 Birgit Menzel/Christine Engel (Hg.): Rückkehr in die Fremde? Ethnische Remigration russlanddeutscher Spätaussiedler. 298 Seiten. ISBN 978-3-86596-466-3

Bd. 22 Julija Boguna: Lettland als übersetzte Nation. Garlieb Merkels *Die Letten* und ihre Rezeption im 19. Jahrhundert in Livland. 410 Seiten. ISBN 978-3-7329-0103-6

Bd. 23 Dilek Dizdar/Andreas Gipper/Michael Schreiber (Hg.): Nationenbildung und Übersetzung. 172 Seiten. ISBN 978-3-86596-421-2

Bd. 24 Klaus Städtke: Der Aristokrat als Autor? Die *Philosophischen Briefe* Petr Jakovlevič Čaadaevs und die russische Öffentlichkeit seiner Zeit. Ein Beitrag zur russischen Kulturgeschichte des 19. Jahrhunderts. 216 Seiten. ISBN 978-3-7329-0184-5

Bd. 25 Natascha Timoschkowa: Ein Mandeltraum. Übersetzungskritische Untersuchungen zur Rolle Ossip Mandelstamms im dichterischen Gesamtwerk Paul Celans. 498 Seiten. ISBN 978-3-7329-0186-9

Bd. 26 Jekatherina Lebedewa (Hg.), unter Mitarbeit von Anja Holderbaum: Tabu und Übersetzung. 254 Seiten. ISBN 978-3-7329-0034-3

Frank & Timme